Zonenfußball

Allgemeine Hinweise

Aus Gründen der besseren Lesbarkeit haben wir uns entschlossen, durchgängig die männliche (neutrale) Anredeform zu nutzen, die selbstverständlich die weibliche mit einschließt.

Das vorliegende Buch wurde sorgfältig erarbeitet. Dennoch erfolgen alle Angaben ohne Gewähr. Weder die Autoren noch der Verlag können für eventuelle Nachteile oder Schäden, die aus den im Buch vorgestellten Informationen resultieren, Haftung übernehmen.

Sollte diese Publikation Links auf Websiten Dritter enthalten, so übernehmen wir für deren Inhalte keine Haftung, da wir uns diese nicht zu eigen machen, sondern lediglich auf deren Stand zum Zeitpunkt der Erstveröffentlichung verweisen.

NIKLAS LÜDEMANN · FABIAN SEEGER

ZONEN FUSSBALL

THEORIE, METHODIK UND PRAXIS

200 TRAININGSFORMEN AUF DEM 9ER-FELD

Meyer & Meyer Verlag

Zonenfußball
Bibliografische Information der Deutschen Nationalbibliothek
Die Deutsche Nationalbibliothek verzeichnet diese Publikation in der
Deutschen Nationalbibliografie; detaillierte bibliografische Daten sind im Internet
über http://dnb.d-nb.de abrufbar.

Auckland, Beirut, Dubai, Hägendorf, Hongkong, Indianapolis, Kairo, Kapstadt,
Manila, Maidenhead, Neu-Delhi, Singapur, Sydney, Teheran, Wien
Member of the World Sport Publishers' Association (WSPA)

Gesamtherstellung: Print Consult GmbH, München

MIX
Paper from responsible sources
FSC® C084279

ISBN 978-3-8403-7720-4
E-Mail: verlag@m-m-sports.com
www.dersportverlag.de

INHALT

VORWORT

Das vorliegende Buch *Zonenfußball* versucht, einen Beitrag zur Verbesserung der technischen, taktischen und kognitiven Leistungsfähigkeit von Fußballern beizusteuern. Die Autoren setzen die langjährige Arbeit mit innovativen Spielflächen in immer wieder neuen Gewändern fort und unterstreichen den Spaß und die Lust an der Verbindung von verschiedenen Zonen mit unterschiedlichen Spielregeln. Das variantenreiche und abwechslungsreiche Bespielen von quadratischen Zonen steht im Mittelpunkt. Die Zusammenstellung ausgewählter Trainingsformen bildet eine sehr gute Zugriffsmöglichkeit für Trainer, die sich ebenfalls an den aktuellen Trends des Fußballs orientieren mögen.

Die vorgestellten Trainingsformen wurden in unterschiedlichsten Altersklassen und Spielniveaustufen umgesetzt und versuchen, bei den Spielern Spielfreude und Spielwitz zu entfachen. Dieser Spielwitz versucht ganz grundsätzlich auf Aspekte wie Motivation, Leidenschaft und Anstrengungsbereitschaft einzuwirken. Es geht um sich stetig verändernde Spiele – des schönsten Spiels wegen!

Im Trainingsaufbau des 9er-Felds ist vielseitiges Handeln, Üben in Wettbewerben und Spielen in zigfacher Varianz möglich. Die anspruchsvollen Aufgabenstellungen sprechen die Orientierungsfähigkeiten der Spieler an und stellen durch kunterbunte Spielfeldaufbauten motivierende Herausforderungen in den Bereichen Wahrnehmung und anschließender effizienter Entscheidungsfindung dar.

Mich freut besonders, dass einem, aus der engen Zusammenarbeit im Hamburger Fußball-Verband e. V. entsprungenen Impuls folgend, die Möglichkeiten des Quadrates und weiterführend auch des 9er-Felds erfasst wurden und um viele Varianten erweitert werden konnten. Dieses Buch ist ein weiterer Beitrag, um die kognitiven Spielleistungen zu erhöhen, sodass in den Spielflächen und Zonen qualitativ technische Handlungen angesteuert werden können und auch taktische Ziele des Spiels im 11 gegen 11 hier in kleineren Einheiten abgebildet werden.

So ist es meines Erachtens ein wichtiges Trainingsprinzip, mit den geometrischen Formen einen Teil des großen Spiels indirekt anzusteuern, was auch von den Spielern schnell erfasst wird, wenn in einer Spielphasenpause ein konkreter Dialog geführt wird. Darin steckt dann auch der Glaube an die Wirksamkeit dieser teilweise komplexen Spielformen, denn sie werden jeden Spieler verbessern und sie im großen Spiel später handlungsvariabler und spielkompetenter machen.

Insbesondere das 9er-Feld kann zur systematischen Zusammenführung von Teams eingesetzt werden. Darin steckt, dass die Distanzen zueinander laufend in den Räumen bespielt werden und zu einer Kompaktheit beitragen können. Das Timing von Kleingruppen wie auch von Mitspielern zueinander wird innerhalb der Zonen verbessert und technisch-taktische Verläufe im Zusammenspiel synchronisiert.

Zonenfußball vernetzt Spieler und Spielhandlungen miteinander, schafft eine starke Verbundenheit des Zusammenspiels und damit des Teamgedankens. Es fordert, permanent effektive Lösungen umzusetzen und dabei auf Mitspieler zu achten sowie zielführend und schnell zu agieren.

Je nach Einsatz und Leistungsniveau lassen sich auch konditionelle Verbesserungen mittels dieser Formen erzielen. Die durch quadratische Zonen organisierten Spielformen schulen auch gewandte Bewegungsabläufe. Das logisch aufgebaute Raster eines 9er-Felds bietet demnach alle Facetten von diagonalen Läufen, Bogenläufen und schnellen Richtungsänderungen. Gerade hier hat der Fußball in den letzten Jahren auf Topniveau hohe Anforderungen entwickelt, denen aufstrebende Nachwuchsfußballer über variable Motorik gerecht werden sollen.

Den Lesern wünsche ich mit diesem Buch viel Spaß beim Ausprobieren der Formen im Training und auch bei der Erschaffung neuer Variationen. Der Fußball hat noch viele Facetten für Training und Wettkampf parat, die es zu entdecken gilt – er ist noch nicht fertig!

Stephan Kerber

Hamburger Fußball-Verband e.V.
Verbandssportlehrer
Fußballlehrer

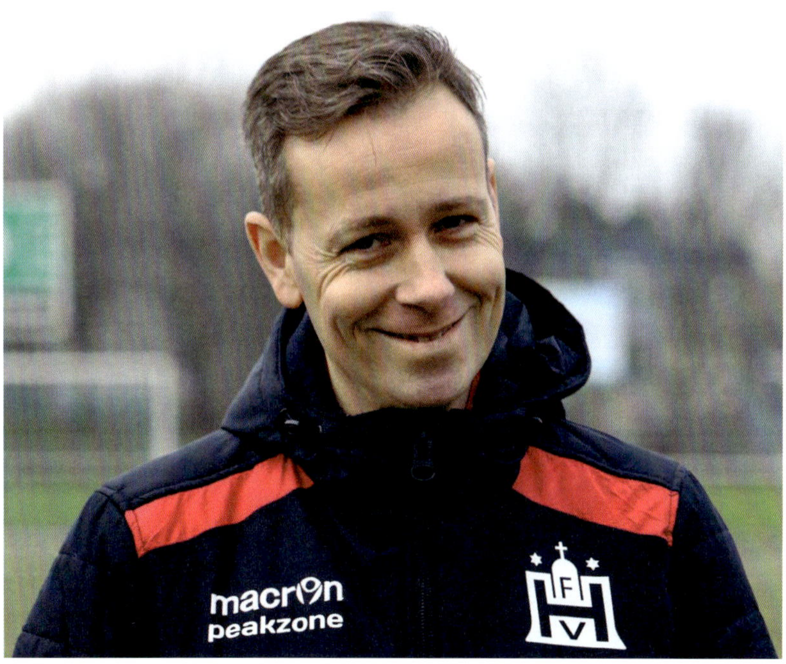

1 EINLEITUNG

Die Zielsetzungen von Fußballtrainern im Rahmen ihrer Arbeit mit der eigenen Mannschaft können sehr unterschiedlich sein. Sie können sich an Leistungsniveaus, Altersbereichen oder Spielklassenzugehörigkeiten ausrichten. Die Ziele eines im Breitensport aktiven Trainers können sich stark von den Zielen eines Trainers unterscheiden, der im leistungsorientierten Bereich oder gar im Spitzenfußball aktiv ist. Außerdem gelten in den jeweiligen Altersbereichen bis hin zum Erwachsenenfußball höchst verschiedenartige Voraussetzungen und Gegebenheiten.

Je nach Altersstufe der eigenen Trainingsgruppe besitzen die Spieler entsprechend unterschiedliche physische und psychische Merkmale, die wiederum Einfluss auf die erwähnten Zielsetzungen eines Trainers haben können. Zudem hat, unabhängig vom Leistungsniveau oder Altersbereich, jeder Trainer eine individuelle Sicht auf den Fußball und das Training, entwickelt eigene Herangehensweisen, Methoden sowie Konzepte und bildet seine eigene Trainerpersönlichkeit aus. Weitergedacht agiert jeder Trainer gemäß einer ganz eigenen und sehr individuellen Ausbildungs- oder Spielphilosophie.

Neben den unterschiedlichen Zielsetzungen und verschiedenen Vorgehensweisen bestehen aber auch Aspekte, die viele Trainer aufweisen. So sind das Training konditioneller Komponenten, die Optimierung von Bewegung und Technik oder die Verbesserung taktischer Verhaltensweisen grundlegende Themenschwerpunkte, mit denen sich viele Trainer im Trainingsalltag wiederkehrend beschäftigen. Mit diesen Inhalten wird auf die Verbesserung einzelner Spieler oder der gesamten Mannschaft abgezielt. Letztlich besteht das Bestreben, dass die Spieler in die Lage versetzt werden, Gelerntes unter Spieldruck anzuwenden. Das Handeln des Trainers dient schließlich der Optimierung von Spieler- und Spielverhalten.

In diesem Kontext helfen den Spielern konkrete Handlungsmuster und klar definierte Verhaltensweisen. In diesem Sinne werden Spieler in ihrem Verhalten gelenkt und geführt. Es können Vorgaben für ausgewählte Spielsituationen gelten, die optimales oder Erfolg versprechendes Spielhandeln beschreiben. Das Spiel stellt den Spieler allerdings auch vor unterschiedlichste Probleme und oftmals verändern sich Spielsituationen, sind unübersichtlich oder eher zufällig.

Neben den wiederkehrenden Spielsequenzen sollen die Spieler aber eben auch auf die Variabilität des Spiels reagieren können und sinnvolle Lösungen in unvorhersehbaren Spielsituationen finden. Es geht also in erster Linie auch darum, mündige und vor allem auch spielfähige Spieler zu entwickeln, die situationsadäquat Erfolg versprechende Lösungsstrategien entwickeln und eigenständig umsetzen können.

Mithilfe von Zonen ist es möglich, dass auf der einen Seite Spielverhalten strukturiert und gelenkt wird, aber auf der anderen Seite trotzdem Freiheitsgrade bestehen. Das Verhalten einzelner Spieler, Spielergruppen oder der gesamten Mannschaft kann über Zonen und Regeln manipuliert werden, ohne dabei den Lösungsweg alternativlos vorzugeben. Ganz im Gegenteil können Zonen helfen, um zielgerichtetes und Erfolg versprechendes Spielverhalten zu begünstigen und dabei Freiräume für unterschiedliche Handlungswege offenzulassen.

Die quadratische Eckzone des Strafraums kann als ein Raum definiert werden, welcher für einen offensiven Flügelspieler als besonders reizvoll eingestuft wird. Dieser Spieler wird grundsätzlich in Richtung des Strafraumecks geführt und versucht, in die definierte Zone einzudringen. Somit ist eine individuelle Zielzone definiert, welche als Prinzip die Bedrohung des Zentrums interessanter als ein Dribbling in Richtung Eckfahne einstuft.

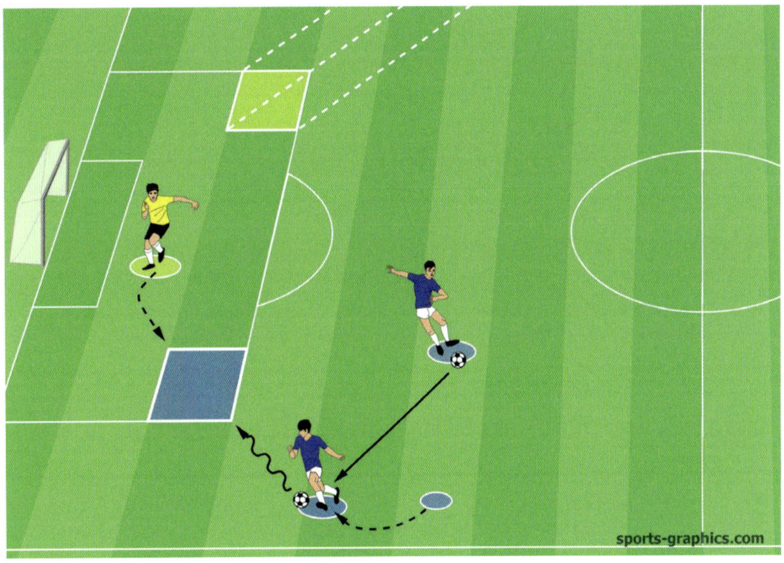

Abb. 1: Strafraumecke

Im Umkehrschluss stellt die gleiche Eckzone des Strafraums für einen Defensivspieler einen unbedingt zu verteidigenden Raum dar. Der Defensivspieler kann über die Definition dieser Zone dazu aufgefordert werden, das Eindringen des Offensivspielers zu verhindern, dadurch mutig nach vorne zu verteidigen, den Angreifer bereits außerhalb des Strafraums zu stellen und im Optimalfall fern des Zentrums zu halten oder in Richtung Seitenlinie abzudrängen.

Im gruppentaktischen Kontext hilft die Definition von horizontalen und vertikalen Ebenen in Themenschwerpunkten wie Kettenverhalten, Verschiebetätigkeit oder Freilaufverhalten. Die Abstimmung von mehreren Offensivspielern im Sinne getimter Freilaufbewegungen kann über die Provokation von Laufwegen in andere Ebenen verdeutlicht und angelegt werden. In diesem Zuge lassen sich tiefe und entgegenkommende Läufe aufeinander abstimmen. Gleiches gilt für gruppentaktische Verhaltensweisen im Defensivverbund. Durch nebeneinander definierte Zonen lässt sich Einfluss auf die Abstände zwischen einzelnen Spielern und die lückenlose Verschiebetätigkeit nehmen.

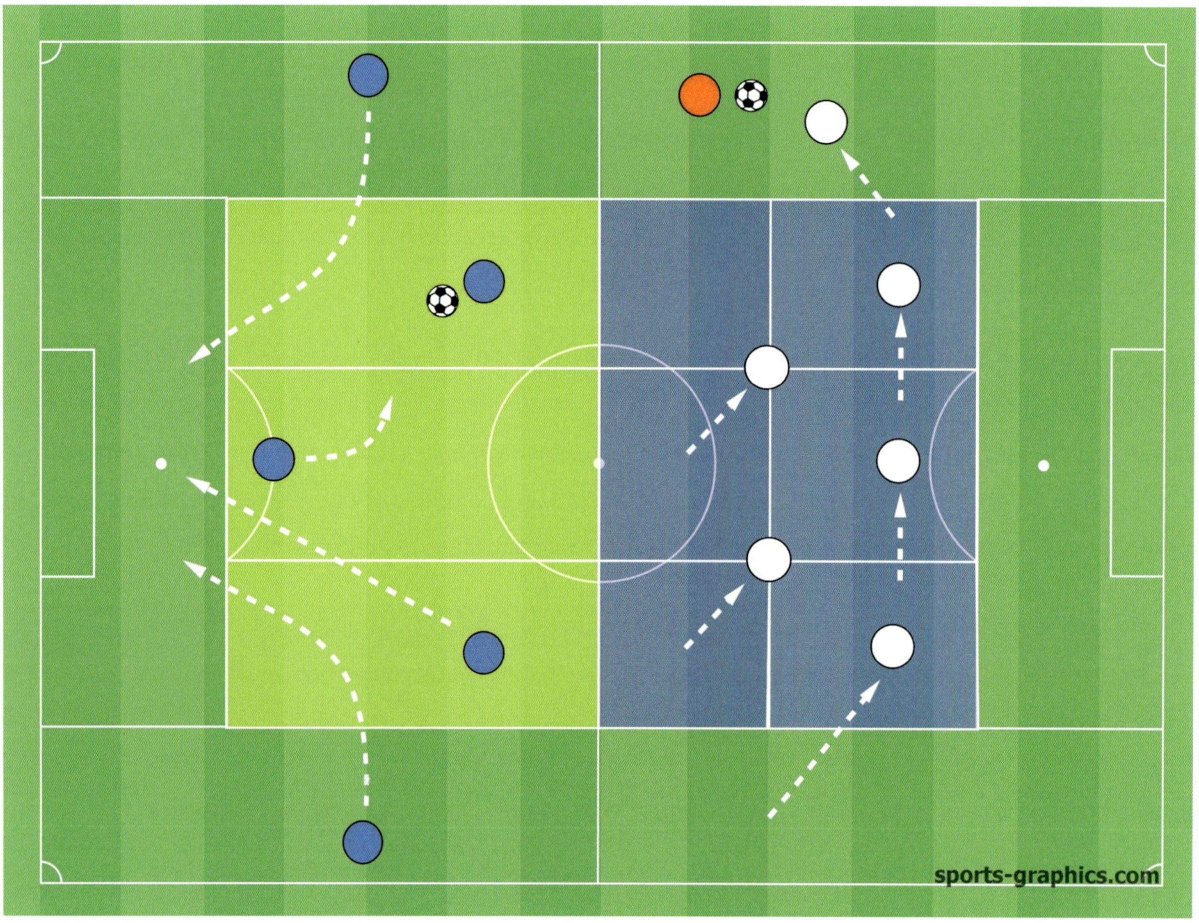

Abb. 2: Verschiebe- und Freilaufbewegungen

Die großflächige Strukturierung und Einteilung des Spielfelds ermöglicht die Einflussnahme auf das Verhalten des kompletten Teams. Durch diagonal angelegte Spielfeldbegrenzungen und die Aussparung der Eckbereiche lässt sich Offensivverhalten grundsätzlich in Richtung des gegnerischen Tors ausrichten. Auf der anderen Seite bedeutet es für den Defensivverbund das trichterförmige Fallen und die Torsicherung im zentralen Bereich. Durch eine einfache Zonengestaltung lässt sich die Aufmerksamkeit der Spieler offensiv und defensiv auf entscheidende Spielräume und Handlungsmuster fokussieren.

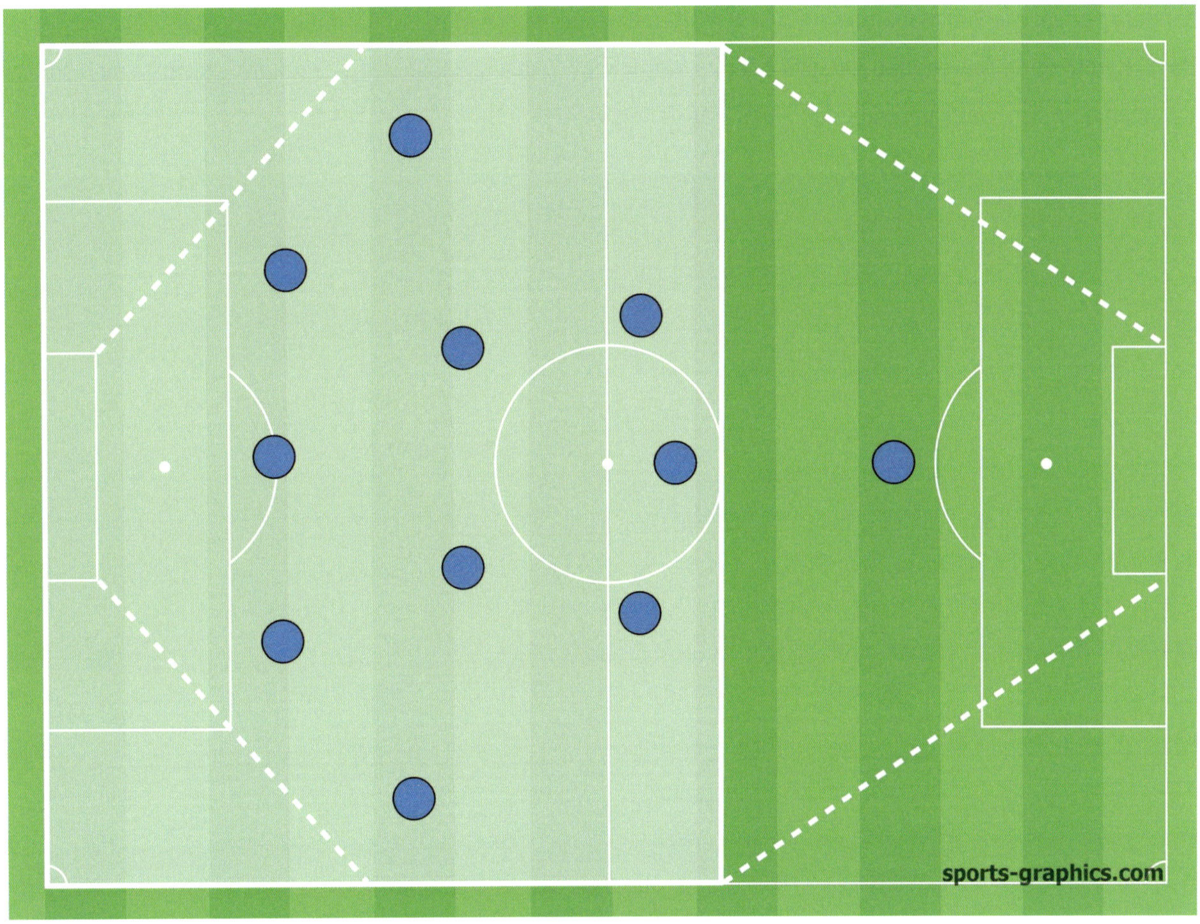

Abb. 3: Grundordnung

Die komplette Strukturierung des Strafraums hilft im Rahmen von Standardsituationen. Für die Erfolg versprechende Ausrichtung indirekter Freistöße oder Eckbälle lassen sich Zielzonen definieren, die es im Ballbesitz anzulaufen und zu bespielen gilt oder die es im Defensivbereich zu besetzen und zu verteidigen gilt. Mit einer klaren Bezeichnung lassen sich die spielentscheidenden Räume identifizieren und mit eigenen Spielern besetzen.

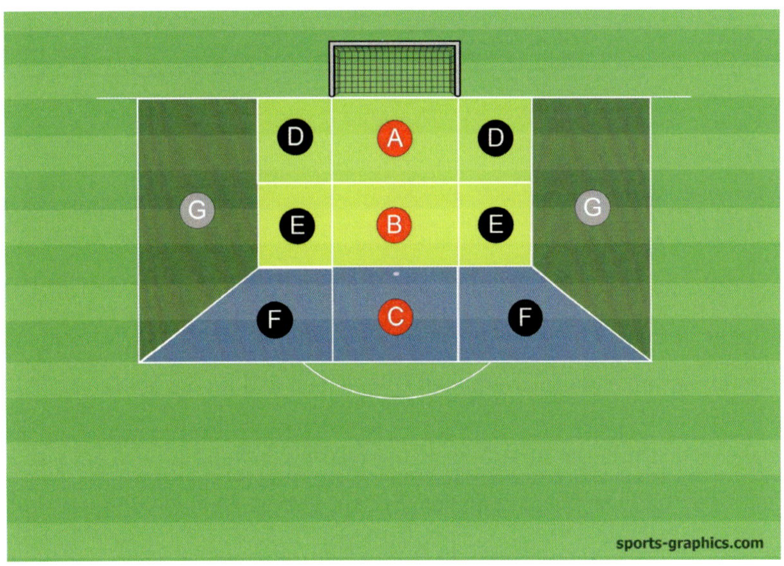

Abb. 4: Strafraumzonen

Der Gedanke des *Zonenfußballs* bezieht sich zunächst auf das Training. Im Training können mit Zonen konkrete Verhaltensweisen mit bestimmten Spielfeldbereichen verknüpft werden und spielorientiert verbunden werden. Durch Zonentraining können die in einem Raum besonders gewinnbringenden Handlungen besonders provoziert und begünstigt werden. Dieses Vorgehen beschränkt sich nicht nur auf die Verhaltensweisen eines einzelnen Spielers, sondern bezieht die Einflussnahme auf das Verhalten einer gesamten Mannschaft mit ein. Als Weiterführung findet das Gelernte dann Anwendung im Spiel oder im Wettkampf. Das angelegte Verhalten durch Zonentraining soll im Optimalfall in den Wettkampf überführt und transferiert werden.

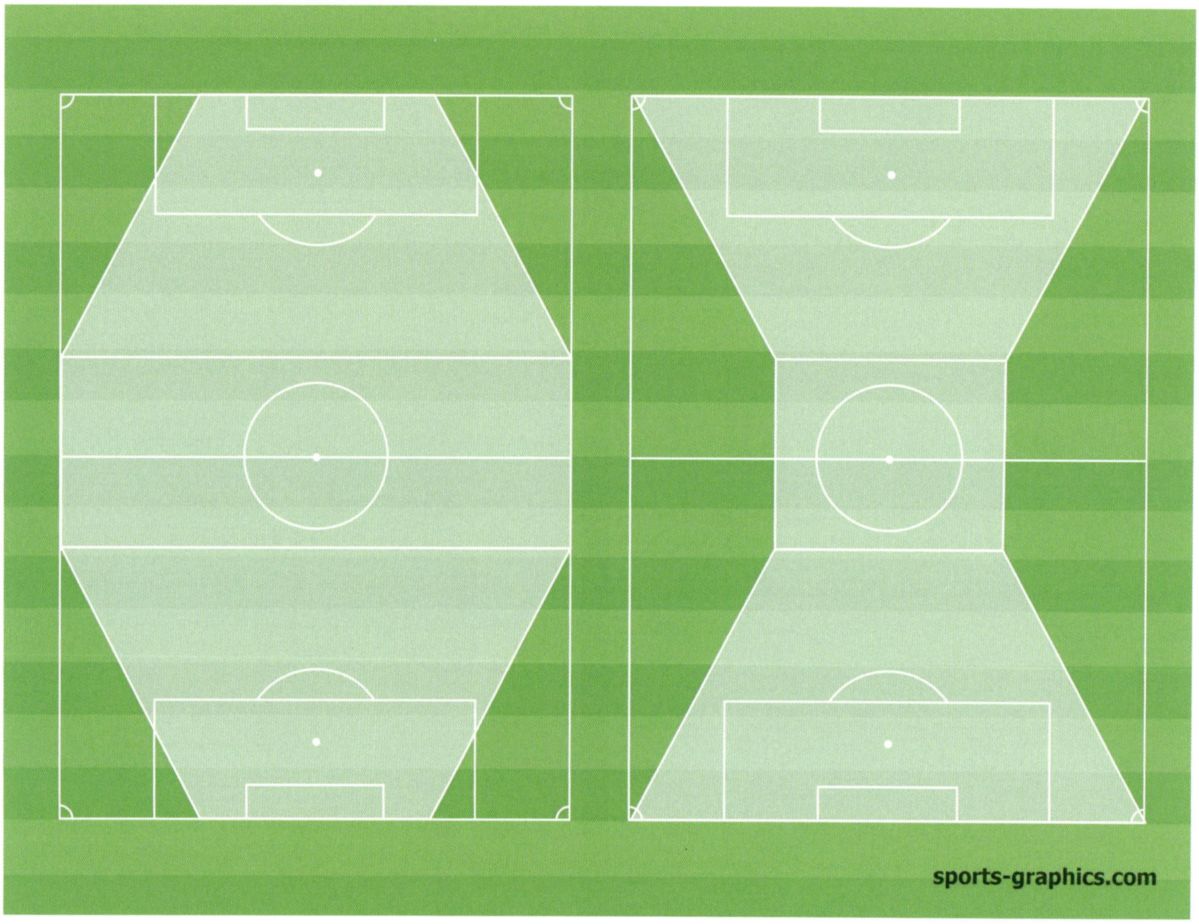

Abb. 5: Trichter und Sanduhr

Der Zonengedanke lässt sich auf das gesamte Spielfeld ausweiten. Die Einteilung des kompletten Spielfelds in verschiedene Zonen kann nicht nur dem einzelnen Spieler helfen, sondern lässt sich auch für die Vermittlung gruppen- oder mannschaftstaktischer Inhalte nutzen. Die Einteilung des Spielfelds in verschiedene Bereiche erfährt eine inhaltliche Erweiterung, indem die Zonen konkrete Namen bzw. Bezeichnungen erhalten, die das jeweils in der Zone zum Erfolg führende Spielverhalten beschreiben und für die Spieler verdeutlichen.

Dabei versucht dieser Ansatz, keine universelle Erklärung für das Spiel zu liefern, sondern soll den Spielern als Hilfestellung und Orientierung dienen. Es geht um die Formulierung von Prinzipien und um die Definition von Erfolg versprechendem Spielverhalten in bestimmten Spielräumen. Der zonenorientierte Ansatz lässt dabei Freiheit für die persönliche Trainerhandschrift und die eigene Ausbildungs- und Spielphilosophie. Es obliegt dem handelnden Coach, wie Zonen räumlich definiert werden und welches Spielverhalten in den einzelnen Zonen provoziert werden soll.

Die in diesem Buch vorgestellten theoretischen und praktischen Gedanken sind als Impulse und Anregungen zu verstehen, die zwar in der aufgeführten Form direkt in die Arbeit mit der eigenen Trainingsgruppe überführt werden können, aber viel mehr bei der Umsetzung eigener Gedanken helfen und unterstützen sollen.

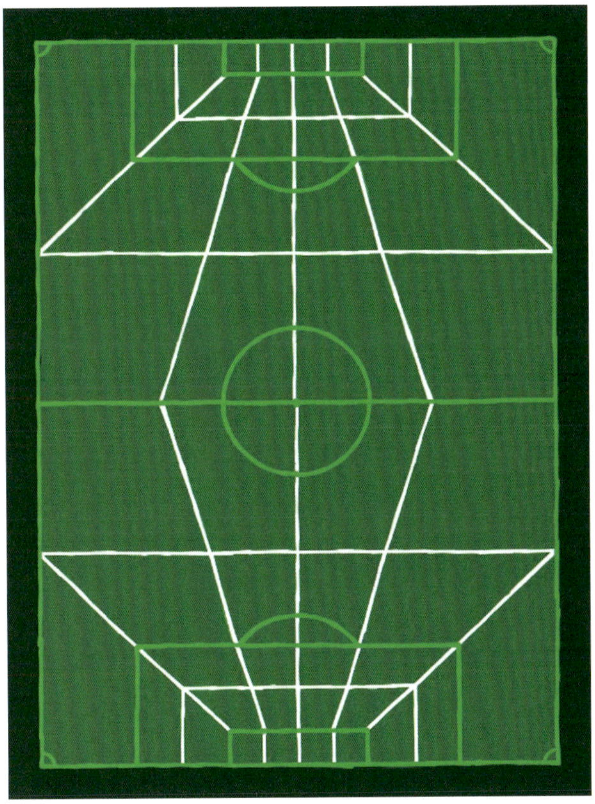

Abb. 6: Diagonalzonen, einfarbig

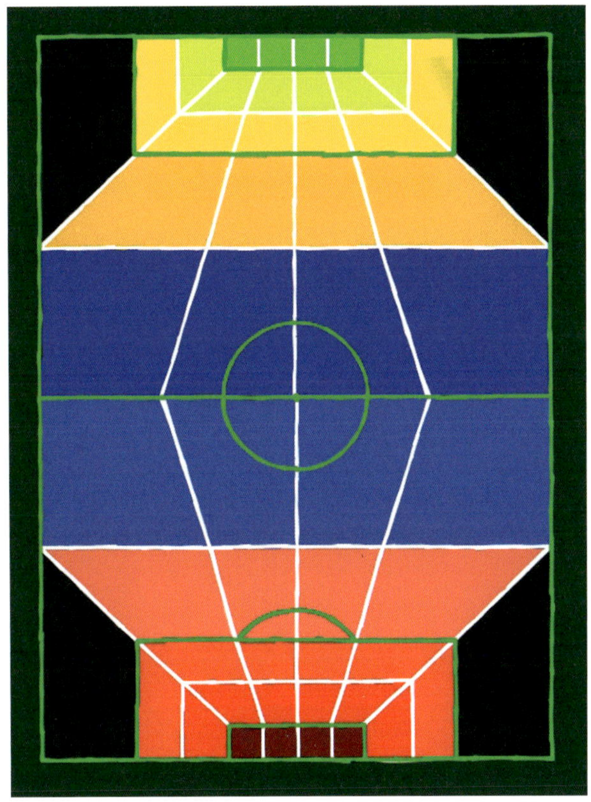

Abb. 7: Diagonalzonen, mehrfarbig

Die langjährige Arbeit mit Kindern und Erwachsenen auf unterschiedlichen Leistungsniveaus hat gezeigt, dass sich Lernen individuell unterschiedlich vollzieht und jeder Spieler und auch jede Gruppe andere Lernwege beschreitet. Die Strukturierung des Spielfelds in Kombination mit konkreten Verhaltensweisen mag bestimmten Spielern als wertvolle Hilfestellung dienen und Verstehensprozesse begünstigen. Die vorgestellten Ideen des Zonentrainings sollen letztlich dabei helfen, dass Trainer ihre persönlichen Zielsetzungen erreichen und ihre Spieler und Mannschaften besser machen. Das methodische Zonentraining und die didaktische Herangehensweise ist als ein weiteres Tool zu verstehen, welches dem Trainer helfen soll, um Spieler und Mannschaften spielkonzeptionell auszurichten, ohne Kreativität und Spielfreude einzuschränken.

Oliver Dittberner

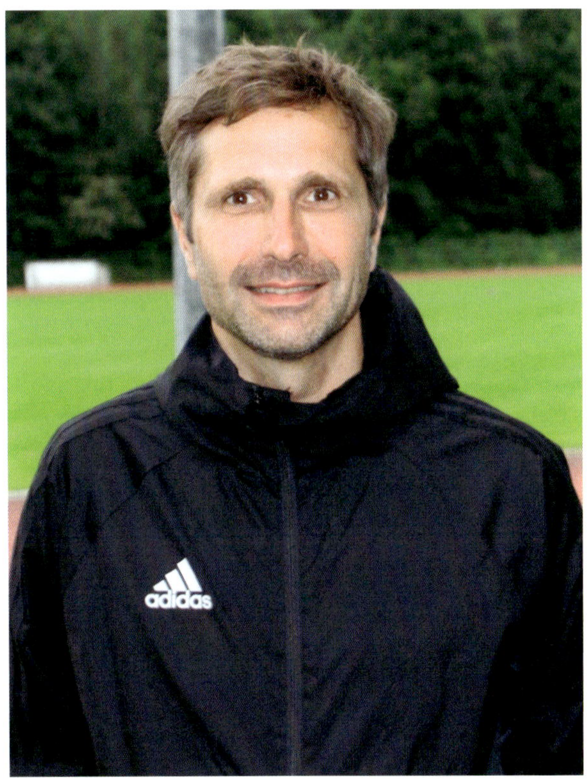

1.1 LEGENDE

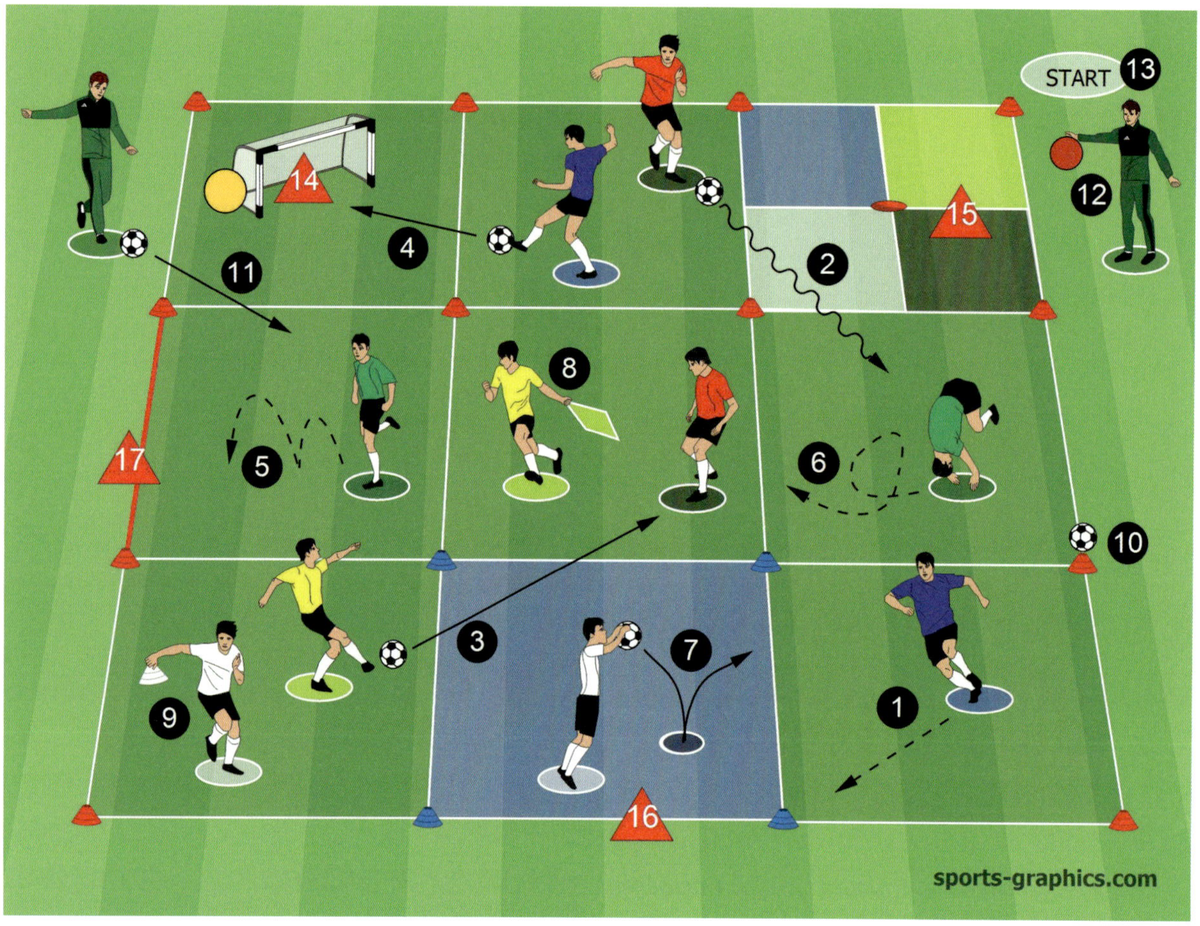

Abb. 8: Legende

1 – Laufweg (gestrichelte Linie)

2 – Dribbling (geschwungene Linie)

3 – Passweg (durchgezogene Linie)

4 – Schuss (durchgezogene Linie)

5 – Sprunglauf (gebogene Linie)

6 – Vorwärtsrolle (kreisrunde Linie)

7 – Der Spieler wirft einen Ball zu einem Mitspieler (durchgezogene Linie).

8 – Der Spieler hält ein Markierungsleibchen in der Hand.

9 – Der Spieler hält ein Markierungshütchen in der Hand.

10 – Ein Bonusball wird auf einem Markierungshütchen platziert.

11 – Der Trainer bringt einen neuen Ball ins Spiel.

12 – Der Trainer gibt ein visuelles Signal.

13 – Der Trainer gibt ein akustisches Signal.

14 – Minitore mit Farbmarkierung

15 – Aktionszone (klein)

16 – Aktionszone (groß)

17 – Aktionslinie

1.2 LESEHILFE

Das 9er-Feld als Spielfläche bietet zahllose Möglichkeiten im Rahmen der Trainingspraxis. Dabei ist der organisatorische Aufwand gering und vor allem der Aufbau mit wenig Materialeinsatz sehr schnell umgesetzt. Die trainerfreundlichen Anwendungsmöglichkeiten vermeiden zeitraubende Umbauphasen und steigern somit unmittelbar die Trainingsqualität, indem Wartezeiten verkürzt werden, ein höherer Trainingsfluss entsteht und die Trainingszeit optimal genutzt werden kann. Darüber hinaus erlaubt der Verbleib in einem Trainingsaufbau eine erhöhte Orientierung und Fokussierung der Spieler auf das entsprechende Trainingsthema.

Die Übungs- und Spielformen im 9er-Feld können im Sinne eines Bausteinprinzips verstanden werden und je nach Themenschwerpunkt miteinander kombiniert werden. Auf den Seiten 77, 183 und 219 in diesem Buch befinden sich exemplarische Trainingseinheiten zu den Trainingsschwerpunkten Dribbling, Passspiel und Torschuss. Diese kompletten Trainingseinheiten bestehen aus einem Aufwärmen, einem Hauptteil und einem Schlussteil und sollen einen Eindruck vermitteln, wie die einzelnen Trainingsformen aus diesem Buch miteinander kombiniert werden können. Alle dargestellten Trainingsformen stammen aus den einzelnen Kapiteln des Buchs und können über eine angefügte Seitenangabe entsprechend zurückverfolgt werden. Die Einheiten sind als Denkanstoß für Trainer zu verstehen, sodass eigene Trainingseinheiten entstehen, die sich an einem Themenschwerpunkt ausrichten und in einem Aufbau umgesetzt werden können.

1.3 AUTORENKONTAKT

Die Autoren stehen in regelmäßigem Austausch zu zahlreichen Trainerkollegen und Trainerkolleginnen. Dieser inhaltliche Austausch ist sehr gewinnbringend für die Trainingsarbeit auf dem Platz und hat darüber hinaus wichtige Denkanstöße für das Verfassen dieses Buchs gegeben.

Vielen Dank für die interessanten Diskussionen und Anregungen!

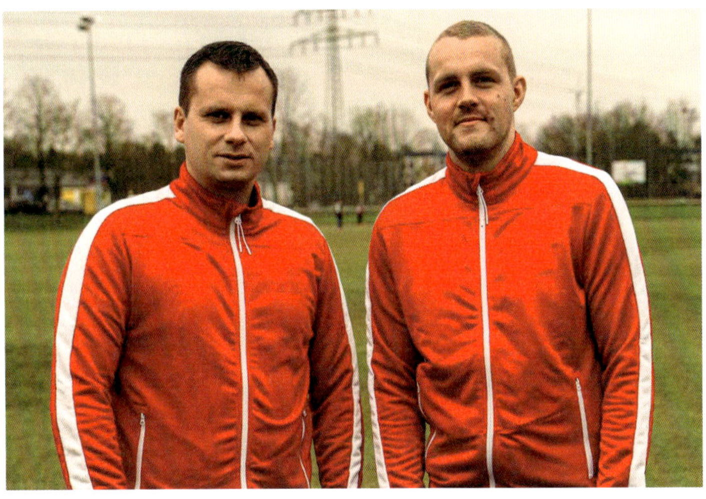

Die Autoren sind sehr an Rückmeldungen zu den in diesem Buch *Zonenfussball* vorgestellten Inhalten interessiert. Sofern inhaltliche Fragen auftreten oder weiterführende Gedanken entstehen, besteht die Möglichkeit zur Kontaktaufnahme per E-Mail: zonenfussball@web.de. Die Autoren freuen sich auf das Leserfeedback!

Niklas Lüdemann und Fabian Seeger
Kontakt: zonenfussball@web.de

2 THEORIE

Der theoretische Grundgedanke befasst sich mit einer Strukturierung der Spielfläche. Das Spielfeld wird zu diesem Zweck in unterschiedliche Zonen eingeteilt. Die Übungs- und Spielformen werden im strukturierten Spielfeld umgesetzt. Die einzelnen Zonen, Felder oder Bereiche werden mit Regelvariationen und Handlungsaufgaben verbunden. So bietet die einfache Zonenstruktur einen sehr vielschichtigen Erfahrungsraum und differenzierte Handlungsmöglichkeiten.

2.1 ALLGEMEINE BEDEUTUNG

» *RÄUME ERKENNEN* » *ZONEN BESPIELEN* » *TORE ERZIELEN*

Der Begriff *9er-Feld* beschreibt eine Spielfläche, welche aus neun quadratischen Zonen besteht. Diese neun Felder werden durch Markierungshütchen definiert. Im klassischen 9er-Feld grenzen die neun Quadrate unmittelbar aneinander und ergeben zusammengefasst eine große und ebenfalls quadratische Spielfläche. Die große Quadratfläche wird in Kombination mit den kleineren Quadratzonen für das Training als sehr variabel einsetzbarer Handlungsraum genutzt.

Im 9er-Feld lassen sich zahlreiche Übungs- und Spielformen durchführen. Der Aufbau des 9er-Felds kann je nach Schwerpunkt variiert werden, sodass zahlreiche Trainingsthemen angesteuert werden können. Während des Trainings werden die einzelnen Quadrate des 9er-Felds in unterschiedlicher Art und Weise belaufen und bespielt. Der Trainer kann die Felder mit verschiedenen Aufgaben und Zielsetzungen belegen und ihnen eine spezifische Bedeutung zukommen lassen.

Die Spieler sind dann aufgefordert, die Zonen den Vorgaben entsprechend zu bespielen. Somit richten die Spieler ihre Aktionen und ihr Verhalten ganz konkret an den Feldern und der entsprechenden Bedeutung aus. Die Aktionen der Spieler können individuell oder durch das Zusammenwirken mehrerer Akteure geprägt sein. Darüber hinaus kann das Bespielen und damit Schließen eines einzelnen Felds mit nachfolgenden Handlungen und Spielaktionen in anderen Feldern kombiniert werden oder mit Anschlussaktionen auf Tore verbunden werden.

Das 9er-Feld gibt einzelne Zonen als vielschichtiges Raster vor. Die Spieler können und sollen ihr Spielverhalten präzise an den Zonen ausrichten. Die Zonen gelten als markante Orientierungspunkte und lenken die Aufmerksamkeit der Spieler auf entscheidende Spielfeldbereiche. Das Training mit und im 9er-Feld basiert auf dem Gedanken, das Fußballfeld in bestimmte Bereiche zu untergliedern. In diesem Sinne wird eine grundsätzliche Einteilung in Quadrate und Rechtecke vorgenommen. Die Einteilung und Definition verschiedener Bereiche soll ermöglichen, dass bestimmte Handlungsmuster oder Technikaktionen mit ganz konkreten Spielfeldbereichen verbunden werden können.

Das Training im 9er-Feld zielt konsequenterweise auf eine Transferleistung und Anwendung im Wettkampf ab. Das im Training erworbene Spielverhalten in Verbindung mit Räumen, Zonen und Feldern soll letztlich auf das große Spiel übertragen und im Wettkampf angewendet werden.

2.2 SPEZIFISCHE BEDEUTUNG
» *TECHNIKAUFGABEN ERFÜLLEN* » *TAKTIKVORGABEN UMSETZEN*

Die Einteilung der Spielfläche als 9er-Feld in neun Quadrate gilt als konzeptionelle Grundlage zur Steuerung des Spielerverhaltens. Mithilfe der Zonen können technisch-taktische Handlungen ausgerichtet und abgefragt werden. Die neun Zonen dienen als Ausgangspunkt, um spezifische Technikaktionen, wie Dribblings, Finten, Richtungswechsel oder Pässe, und gruppentaktische Verhaltensweisen, wie Doppelpässe, Hinterlaufen oder das Spiel über den Dritten zu generieren. In den Spielformen rufen die offensiven Verhaltensweisen eine defensive Reaktion hervor, sodass im 9er-Feld auch defensive Handlungen trainiert und in bestimmten Räumen angelegt werden können.

Das Training im 9er-Feld beeinflusst grundlegend die Wahrnehmung der Spieler und versucht, eine grundsätzliche Fokussierung auf interessante, strategische und spielentscheidende Räume zu entwickeln. Einzelne Zonen werden als Zielräume definiert, sodass offensive und defensive Handlungen zielgerichtet durchgeführt werden müssen. Somit kann abgestimmtes Anbiet- und Freilaufverhalten, Timing im Zusammenspiel oder gemeinsames Entscheiden gefördert werden. Weiterführend können mithilfe der Felder konkrete Passrichtungen definiert, Dribblingwege vorgegeben, Passdistanzen angelegt und über die begrenzenden Markierungshütchen fiktive Gegenspieler symbolisiert werden.

Die spezifische Bedeutung der einzelnen Felder ist sehr variabel. Das 9er-Feld bietet zahlreiche Möglichkeiten, hält vielschichtige Zielsetzungen und differenzierte Aufgabenstellungen bereit. Die unzähligen Möglichkeiten gilt es, mit Blick auf das gewünschte Spielerverhalten, einzugrenzen und im Rahmen des aktuellen Trainingsthemas auszuschöpfen.

3 METHODIK

Das 9er-Feld bietet vielschichtige Möglichkeiten. Die neun quadratischen Zonen können individuell, in kleinen Gruppen oder in größeren Teams bespielt werden. Die möglichen Handlungen umfassen das Spiel mit Ball, das Spiel ohne Ball und das Spiel gegen den Ball. Gemäß dieser Kategorisierung finden technische Aktionen mit Ball wie Dribblings, Finten, Pässe oder Schüsse statt, zeigt sich Anbiet- und Freilaufverhalten ohne Ball im Sinne der Ballerwartung und ist Defensivverhalten als Reaktion auf die Vorhaben der Offensive gefordert.

Eine ähnliche Gliederung und Hierarchie kann auch für Spielhandlungen vorgenommen werden, an denen mehrere Spieler beteiligt sind. Diese komplexeren Abläufe greifen einzelne Aspekte der gruppentaktischen Angriffsmittel, wie Doppelpässe, Hinterlaufen oder Passkombinationen über Dritte, auf. Im Defensivspiel erfordern die komplexen Spielaktionen abgestimmtes Verteidigen durch Kettenverhalten, Tiefenstaffelung oder Pressingverhalten.

Zur Verdeutlichung des Potenzials im Rahmen der Trainingsgestaltung und Erläuterung methodischer Herangehensweisen blicken wir auf ausgewählte Anwendungsbeispiele. Die Anwendungsbeispiele im Sinne einer exemplarischen Feldnutzung sollen einen Eindruck zu möglichen Spieleraktionen liefern. Das geforderte Spielerverhalten kann gleichermaßen als Baustein oder Element in Übungs- und Spielformen integriert werden.

3.1 DER INDIVIDUELLE ANSATZ » *TECHNIKORIENTIERUNG*

Der erste methodische Schritt legt den Fokus auf das Bespielen einer einzelnen Zone. Das einzelne Quadrat wird in diesem Sinne individuell von einem einzelnen Spieler in Ballbesitz bespielt. Hierbei geht es in erster Linie um das Dribbling, das Passspiel und die Ballmitnahme. Dieser individuelle Ansatz orientiert sich vorrangig an Techniken und Bewegungsaufgaben mit Ball. Im Training bieten sich technikorientierte Übungsformen an, welche die gewünschten Techniken häufig generieren und wiederholen lassen.

3.2 DAS INDIVIDUELLE BESPIELEN DER FELDER MIT BALL

» *GRUNDLEGENDE TECHNIKEN*

Auf der individuellen Ebene geht es in erster Linie um schnelle Dribblings, Tempo- und Richtungsveränderungen, gerade und diagonale Pässe sowie beidfüßige Ballmitnahmen. Das Regelwerk zum Bespielen der Felder muss entsprechende Vorgaben machen, die das gewünschte Verhalten provozieren. Spielerverhalten im Sinne variabler Dribblings zeigt sich, wenn die Spieler als Vorgabe zwei parallele Linien mit Ball am Fuß (vgl. Abb. 9: Tempodribbling) oder zwei angrenzende Linien (vgl. Abb. 10: Dribbling mit Richtungswechsel) überqueren müssen.

Das Passspiel wird angesteuert, indem ein Pass über zwei parallele Linien (vgl. Abb. 11: Gerader Pass) oder ein Pass über zwei angrenzende Linien (vgl. Abb. 12: Diagonaler Pass) gespielt werden muss. Als Kombination von Dribbling und Pass kann die Aufgabenstellung so angepasst werden, dass nach dem Dribbling in eine Zone ein direkt anschließender Pass aus der Zone heraus (vgl. Abb. 13: Dribbling mit Anschlussaktion) oder nach einem Passerhalt in einer Zone das sofortige Dribbling aus der Zone heraus (vgl. Abb. 14: Passerhalt mit Anschlussaktion) erfolgen muss.

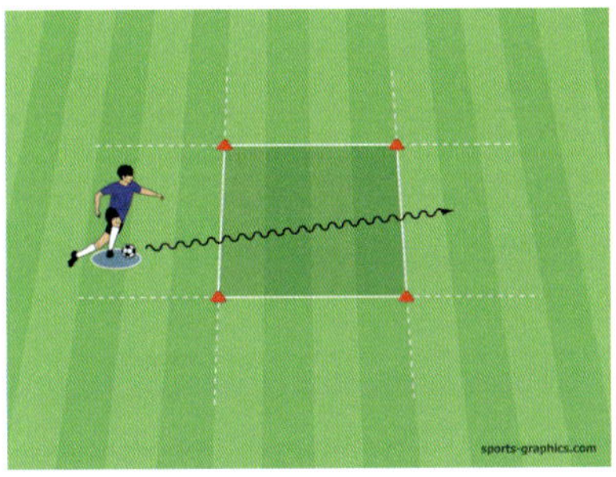

Abb. 9: Tempodribbling

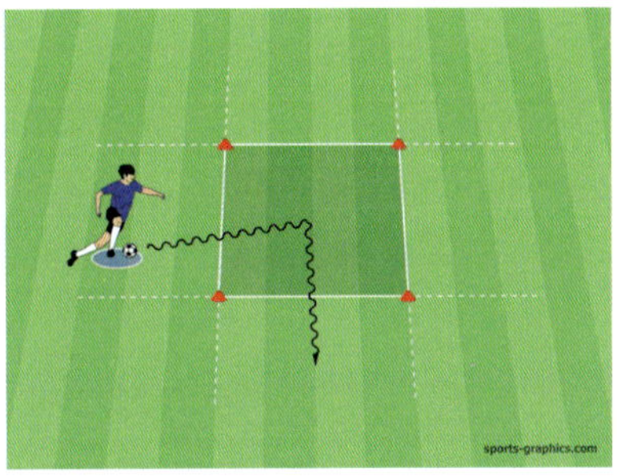

Abb. 10: Dribbling mit Richtungswechsel

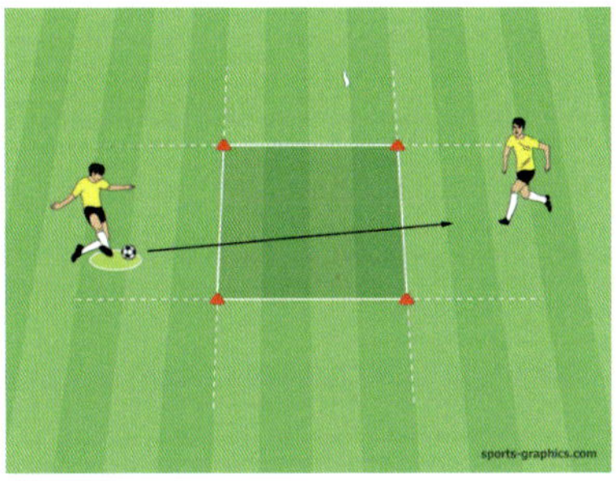

Abb. 11: Gerader Pass

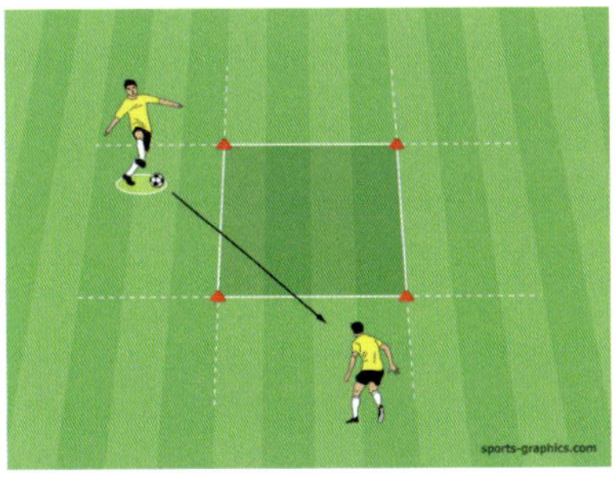

Abb. 12: Diagonaler Pass

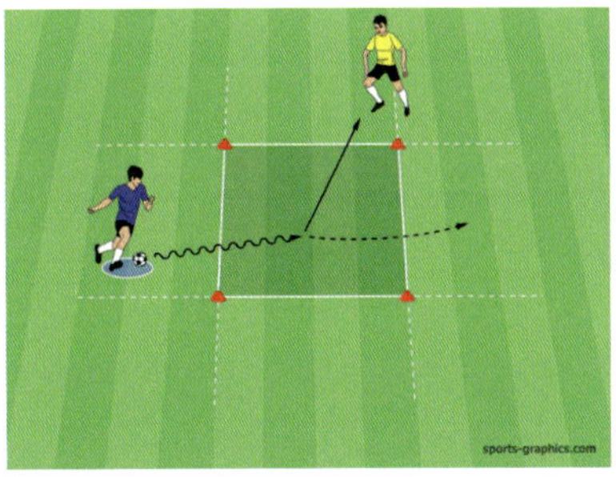

Abb. 13: Dribbling mit Anschlussaktion

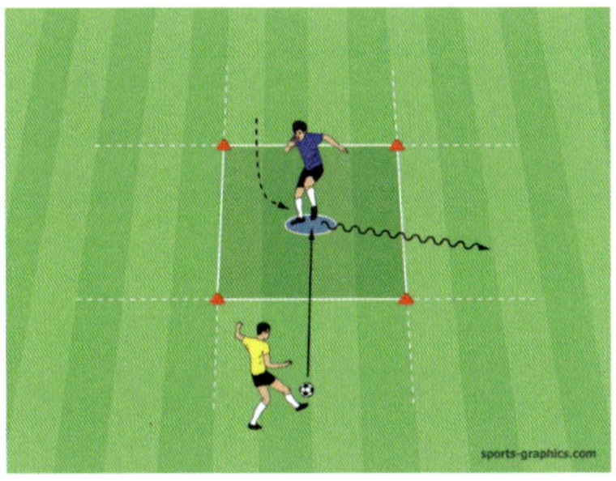

Abb. 14: Passerhalt mit Anschlussaktion

Die Zonen sind demnach als einzelne Aktionsfelder zu verstehen. Den Spielern werden konkrete und klar definierte Handlungen vorgegeben. In diesem Kontext lässt sich die einzelne Zone auch als Passfeld, Schussfeld, Fintenfeld oder Mitnahmefeld bezeichnen. Die Spielaktionen mit Anschlusshandlung oder Passempfänger verlassen teilweise die individuelle Ebene und münden im gemeinsamen Bespielen der Felder im Rahmen von Spielerpaaren oder kleineren Gruppen. Außerdem entsteht bereits eine erste Annäherung an das aufeinanderfolgende Bespielen mehrerer Zonen.

3.3 DAS INDIVIDUELLE BESPIELEN DER FELDER OHNE BALL
» *EINFACHES ANBIET- UND FREILAUFVERHALTEN*

Im Sinne der methodischen Reihe richtet sich der Blick im zweiten Schritt auf das Spielerverhalten ohne Ball. Um Anschlussaktionen der ballbesitzenden Spieler zu ermöglichen und um optimale Spielfortsetzungen generieren zu können, ist das Laufverhalten ohne Ball entscheidend. Die Spieler richten ihr Anbiet- und Freilaufverhalten am Ballbesitzer, an der aktuellen Aufgabe und dementsprechend unmittelbar an den Zonen aus. Dabei werden die Zonen gerade oder diagonal belaufen. Zudem positionieren sich die Spieler an den Rändern der Felder oder laufen sich parallel an den Seiten frei.

In diesem Sinne lassen sich die Zonen optimal nutzen, um das Anbiet- und Freilaufverhalten grundsätzlich anzulegen, zu strukturieren und letztlich zu verbessern. Dabei sind die Spieler gemäß der aktuellen Vorgabe im Spiel auf die Felder aufgefordert, offene Spielstellungen einzunehmen, Gegnerdruck zu entfliehen oder auf direktem Wege anspielbar zu sein. Das einfache Lösen aus der Tiefe von einem Gegenspieler kann ebenso wie das Verlassen des Deckungsschattens als Bogenlauf oder im Sinne seitlichen Absetzverhaltens trainiert werden.

Das individuelle Freilaufverhalten muss dabei stets im Timing mit einem Mitspieler umgesetzt werden. So zielt das Freilaufverhalten je nach aktueller Aufgabe auf einen Passerhalt in einer bestimmten Zone, auf das bewusste Freilassen eines entscheidenden Felds oder auf das Freiziehen eines Felds durch Binden eines Gegners ab.

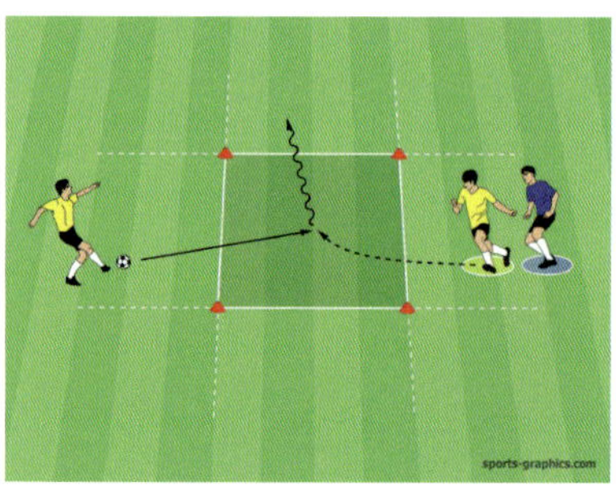

Abb. 15: Einfaches Entgegenkommen

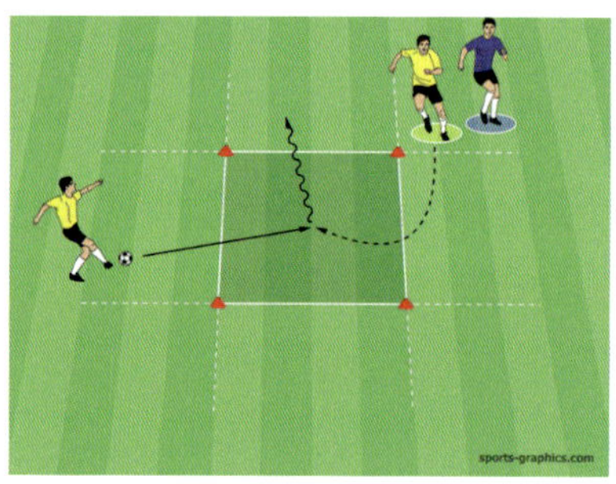

Abb. 16: Einfacher Bogenlauf

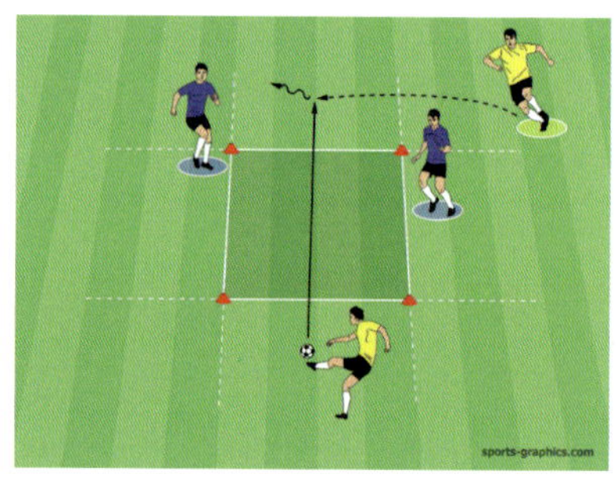

Abb. 17: Anbieten auf Lücke

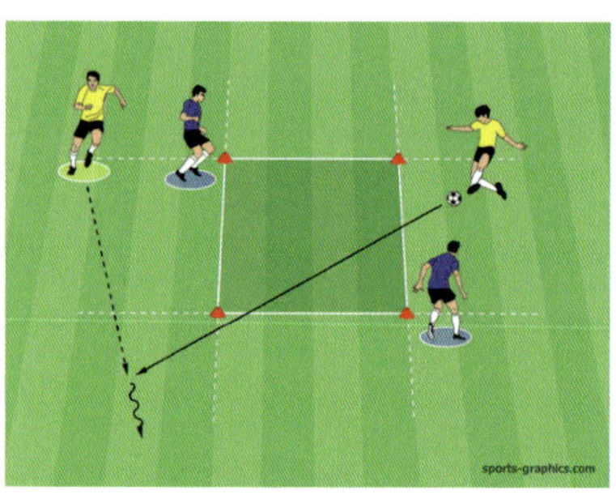

Abb. 18: Tiefe Läufe

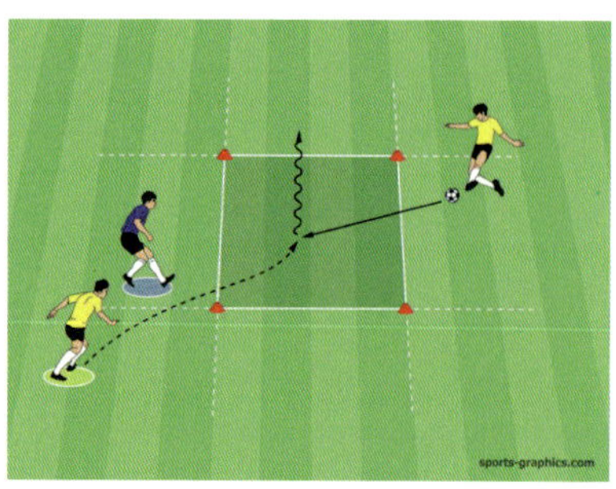

Abb. 19: Timing des Passempfängers

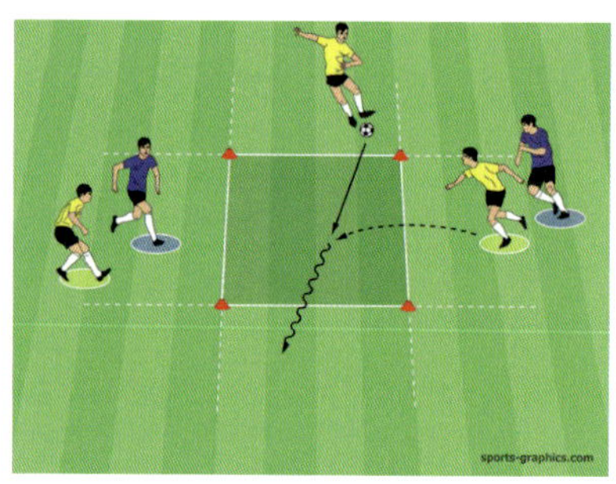

Abb. 20: Timing des Passgebers

Die Vorgaben zum Bespielen der Felder generieren im Rahmen des Anbiet- und Freilaufverhaltens Spielaktionen, die lineares Entgegenkommen in eine Zone (vgl. Abb. 15: Einfaches Entgegenkommen) oder bogenförmiges Lösen vom Gegner (vgl. Abb. 16: Einfacher Bogenlauf) beinhalten, um einen Passerhalt innerhalb einer Zone zu realisieren. Das Passspiel über längere Distanzen durch die Zonen akzentuiert seitliches Absetzverhalten in der

Tiefe mit Distanz zum Passgeber (vgl. Abb. 17: Anbieten auf Lücke) oder tiefe Läufe in freie Räume (vgl. Abb. 18: Tiefe Läufe).

Das Bespielen der Felder erfordert zudem optimales Timing, um im richtigen Moment eine Passoption zu schaffen (vgl. Abb. 19: Timing des Passempfängers) oder Zonen nur mit geringem Gegnerdruck (vgl. Abb. 20: Timing des Passgebers) bespielen zu können.

3.4 DAS INDIVIDUELLE BESPIELEN DER FELDER GEGEN DEN BALL
» *EINFACHE DEFENSIVAKTIONEN*

Die Vorgaben für einen Ballbesitzer zum Bespielen der Zonen nehmen nicht nur Einfluss auf das Anbiet- und Freilaufverhalten möglicher Mitspieler und potenzieller Passempfänger, sondern bedingen in Spielformen zeitgleich auch das Verhalten der Defensivspieler. Die Defensivaktionen richten sich nach der Aufgabe und den Lösungswegen der Offensive und versuchen, das Vorhaben zu unterbinden.

Das Spielfeld mit der Einteilung in Zonen fordert den Defensivspieler ständig zur Überprüfung seines individuellen Stellungsspiels auf. Um auch in der Defensive hohe Handlungsfähigkeit zu generieren, ist das Einnehmen von strategisch entscheidenden Spielpositionen (vgl. Abb. 21: Stellungsspiel) entscheidend.

Der einzelne Spieler sollte in Abstimmung mit seinen Teamkollegen möglichst in viele Zonen vorstoßen können, um diese im Bedarfsfall anzulaufen und zu verteidigen. Die Vorgaben für die Offensive begünstigen das Antizipieren von Pässen. Gemäß des Offensivspiels in Richtung einer bestimmten Zone bestehen für die Defensivspieler gute Möglichkeiten, einzelne Pässe vorauszuahnen und abzufangen (vgl. Abb. 22: Zuspiele unterbinden).

Wenn spielentscheidende Zonen identifiziert oder offensive Spielvorhaben schon im Ansatz erkannt werden können, dann entsteht durch das Stellungsspiel der Defensive das frühzeitige Verhindern von Offensivhandlungen und eine bestmögliche Positionierung zur Balleroberung (vgl. Abb. 23: Zonen zulaufen).

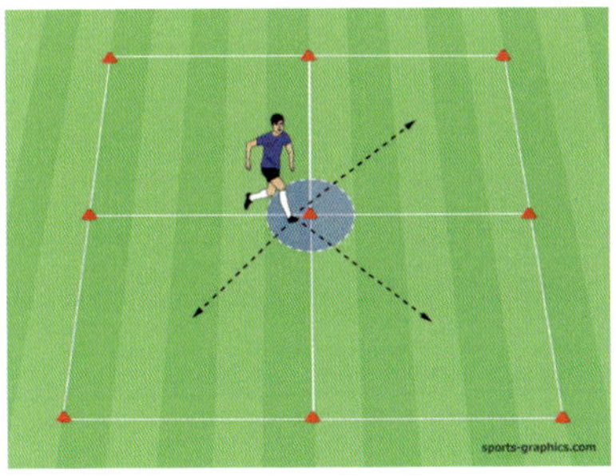

Abb. 21: Stellungsspiel

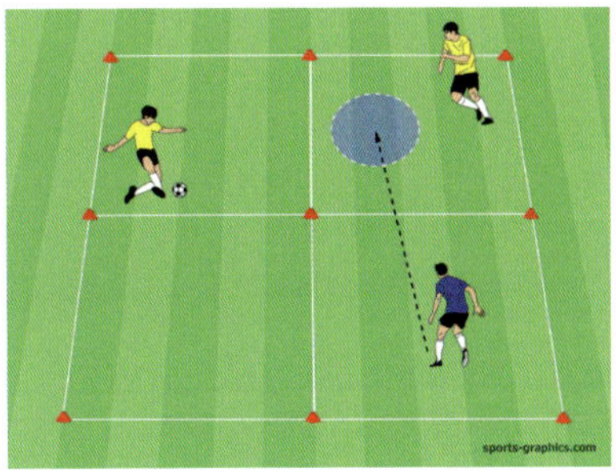

Abb. 22: Zuspiele unterbinden

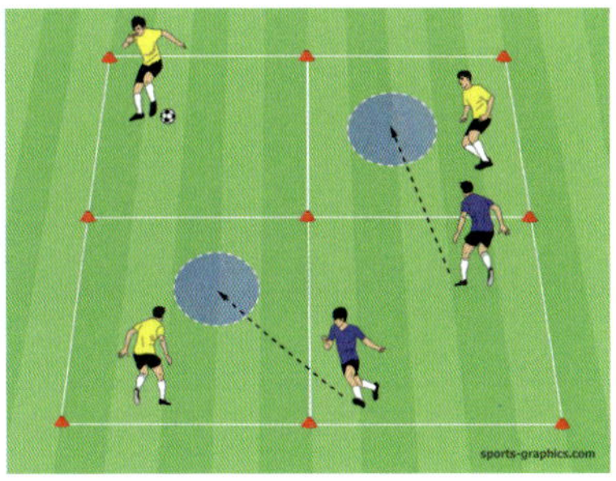

Abb. 23: Zonen zulaufen

Die Vorgaben für einen ballbesitzenden Spieler oder ein ballbesitzendes Team im Spiel in Bezug auf die Zonen ist also nicht nur zur Provokation offensiver Spielhandlungen zu verstehen. Vielmehr kann direkt und unmittelbar erwünschtes Defensivverhalten erzeugt und trainiert werden.

3.5 DER GRUPPENORIENTIERTE ANSATZ » *TAKTIKORIENTIERUNG*

Neben individuellen Handlungen hält die Einteilung des 9er-Felds und das Bespielen der einzelnen Zonen auch Spielaktionen bereit, an denen mehrere Spieler gemeinsam beteiligt sind. In diesem Sinne werden gruppentaktische Verhaltensmuster betrachtet. Dafür ist es denkbar, dass die unterschiedlichen Spielhandlungen auf individueller Ebene miteinander kombiniert werden. Die Zonen des 9er-Felds eignen sich, um die klassischen Aspekte gruppentaktischer Angriffsmittel und gruppentaktischer Abwehrstrategien herauszuarbeiten.

Grundsätzlich bauen auch im Kontext des 9er-Felds die gruppentaktischen Elemente auf den individuellen Handlungen auf. Im gruppentaktischen Kontext geht es also darum, dass einzelne Spieler abgestimmt mit ihren Mitspielern agieren, Zonen gemeinsam bespielen oder verteidigen und das Zonenspiel im Verbund angehen.

3.6 DAS BESPIELEN DER FELDER IM TEAM MIT BALL » *GRUPPENTAKTISCHE ANGRIFFSMITTEL*

Durch sinnvoll gewählte Vorgaben während des Übens und Spielens im 9er-Feld können methodisch gestufte Elemente der offensiven Gruppentaktik wie Übergeben und Übernehmen (vgl. Abb. 24: Übergeben und Übernehmen), Hinterlaufen (vgl. Abb. 25: Hinterlaufen), Doppelpässe (vgl. Abb. 26: Doppelpass), doppelte Doppelpässe (vgl. Abb. 27: Doppelter Doppelpass) oder wie enges oder weiträumiges Spiel über den Dritten (vgl. Abb. 28: Spiel über den Dritten 1 und Abb. 29: Spiel über den Dritten 2) angelegt und trainiert werden.

Um diese Handlungen zu erzeugen, kann der Trainer vorgeben, dass ein Balltausch in einer Zone erfolgen soll, zwei Pässe über zwei verschiedene Linien einer Zone erfolgen müssen oder ein Quadrat mit drei Spielern komplett umspielt werden muss. Diese Art von Vorgaben provoziert die erwünschten Angriffshandlungen.

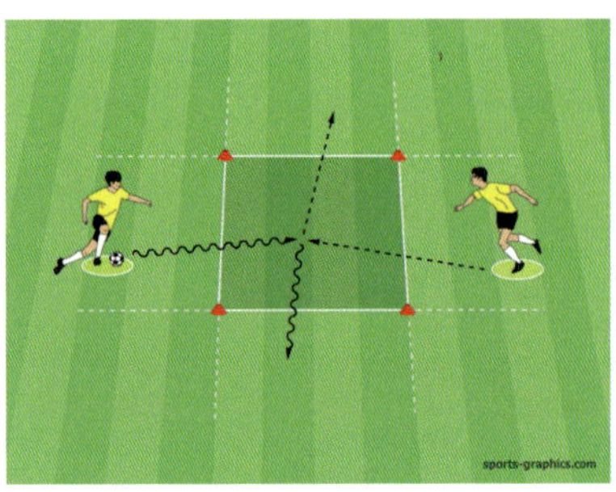

Abb. 24: Übergeben und Übernehmen

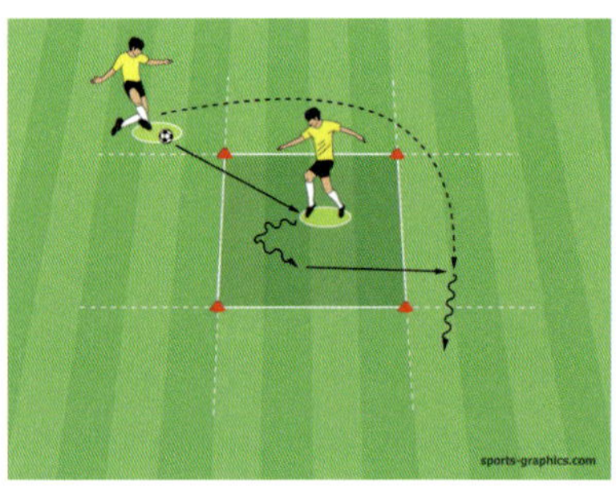

Abb. 25: Hinterlaufen

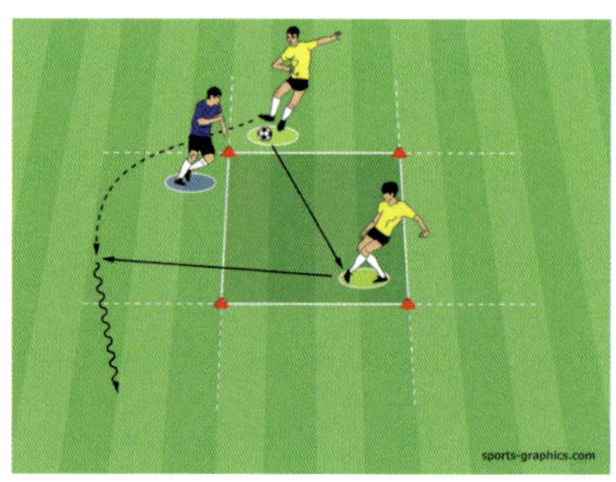

Abb. 26: Doppelpass

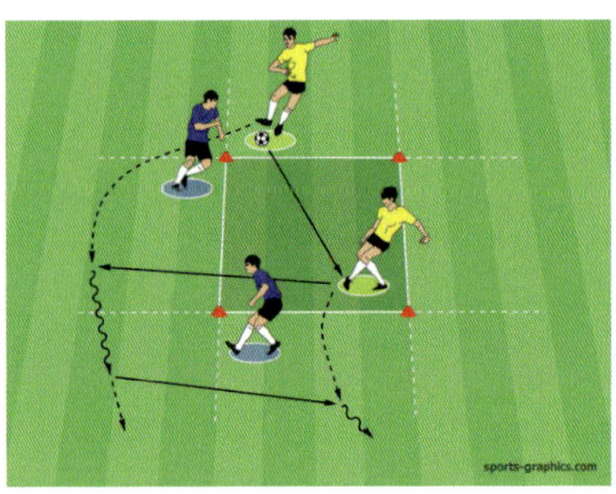

Abb. 27: Doppelter Doppelpass

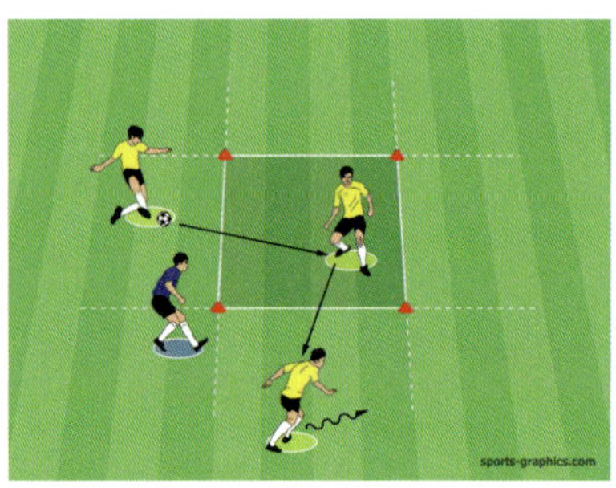

Abb. 28: Spiel über den Dritten 1

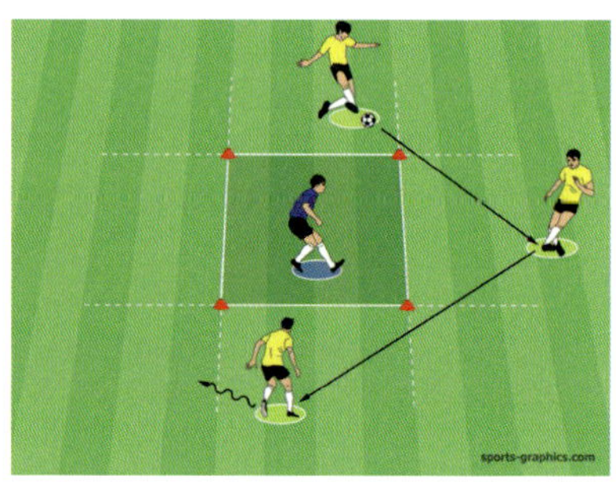

Abb. 29: Spiel über den Dritten 2

3.7 DAS BESPIELEN DER FELDER IM TEAM OHNE BALL

» *KOMPLEXES ANBIET- UND FREILAUFVERHALTEN*

Auch im Bereich der gruppentaktischen Abläufe lassen die Vorgaben zum Bespielen der Felder entsprechend notwendiges Anbiet- und Freilaufverhalten entstehen. Im Rahmen der Spielformen müssen mehrere Spieler abgestimmtes und zielorientiertes Positionsspiel vollziehen, um die gestellten Aufgaben im Verbund zu meistern. Die Komplexität der Spielformen wirkt mit hoher Intensität auf das Anbiet- und Freilaufverhalten.

Um einzelne Zonen zu bespielen, ist es häufig wichtig, unterschiedliche Anspielmöglichkeiten zu bieten. Somit bilden die Spieler vermehrt Dreiecke für variable Passoptionen (vgl. Abb. 30: Dreiecke bilden). Die Einteilung im 9er-Feld bietet sich weiterführend auch für sehr komplexe Spielhandlungen, wie das Besetzen unterschiedlicher Ebenen (vgl. Abb. 31: Ebenen besetzen) oder das Öffnen von Passwegen (vgl. Abb. 32: Passwege öffnen), an.

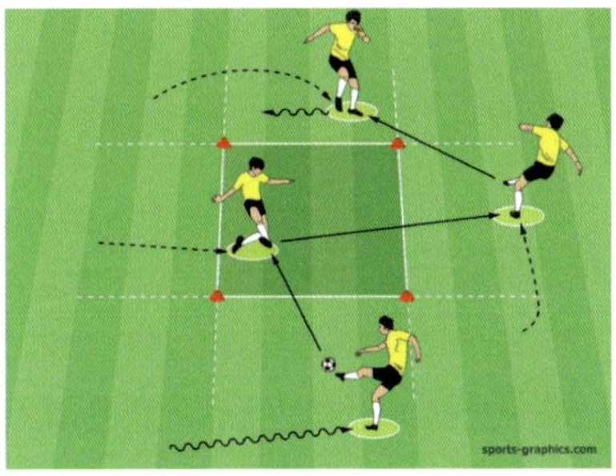

Abb. 30: Dreiecke bilden

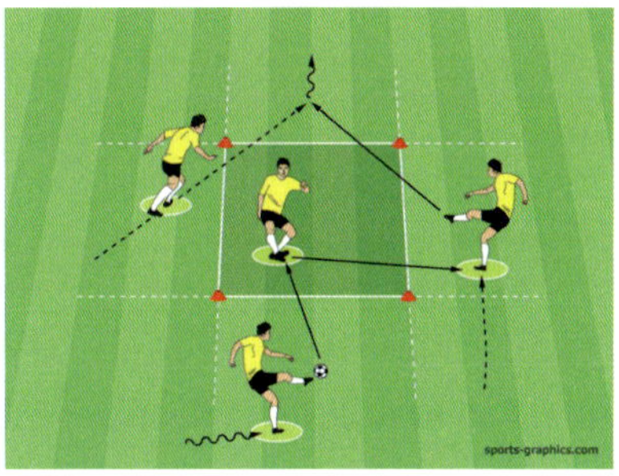

Abb. 31: Ebenen besetzen

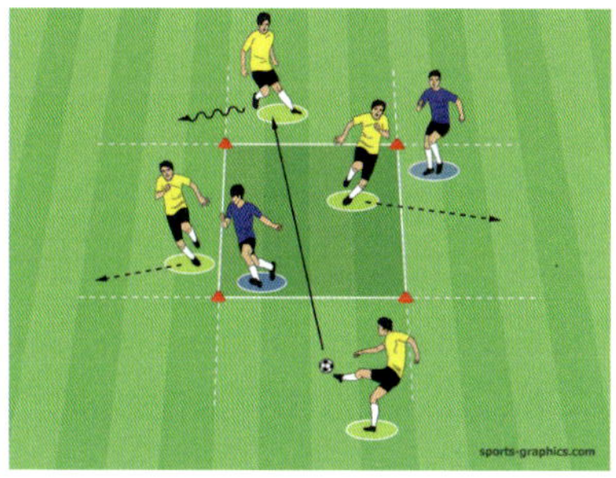

Abb. 32: Passwege öffnen

3.8 DAS BESPIELEN DER FELDER IM TEAM GEGEN DEN BALL

» *KOMPLEXE DEFENSIVAKTIONEN*

Neben den aufgezeigten Mitteln mit Ball ergibt sich durch die Einteilung des 9er-Felds differenziertes Defensivverhalten. Es zeigen sich über die offensivtaktischen Verhaltensweisen hinaus im Sinne einer effektiven Zonenverteidigung unterschiedlichste Defensivstrategien. Das Defensivverhalten in der Gruppe beinhaltet Spielelemente wie gestaffeltes Kettenverhalten (vgl. Abb. 33: Kettenverhalten), Schaffung von Überzahlsituationen in einzelnen Spielfeldbereichen (vgl. Abb. 34: Verdichten) oder Pressingverhalten (Abb. 35: Pressingzonen) in ausgewählten Räumen.

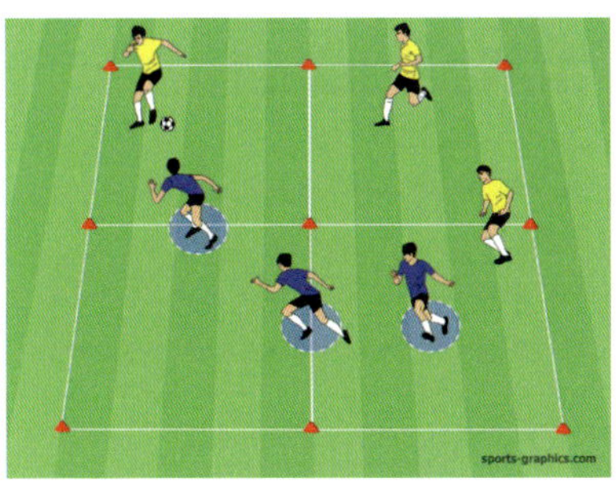

Abb. 33: Kettenverhalten

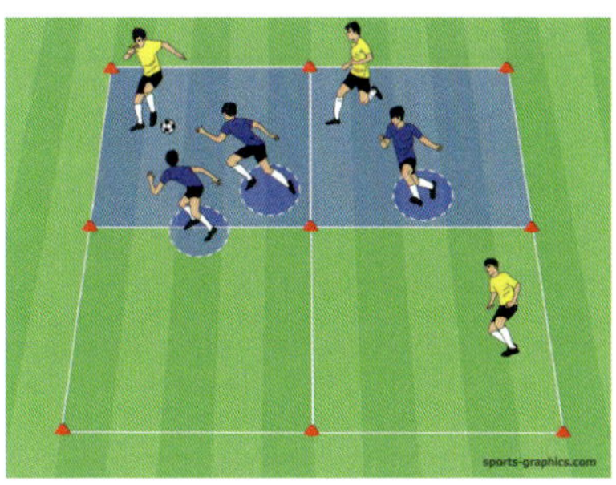

Abb. 34: Verdichten

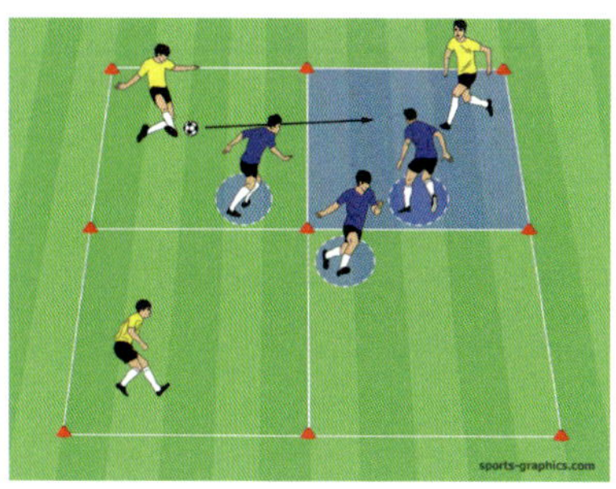

Abb. 35: Pressingzonen

4 DIFFERENZIERUNG

Die einzelnen Zonen im 9er-Feld enthalten, wie beschrieben, zahlreiche Ansätze zur Trainingsgestaltung. Weiterführend besteht die Möglichkeit, dass Zonen auf einer nächsten Ebene untergliedert werden, geteilt markiert werden oder einzelnen Linien und Flächen eine besondere Bedeutung gegeben wird.

4.1 DER DIFFERENZIERTE ANSATZ » *DETAILLIERTE ZONENNUTZUNG*

Die Ausdifferenzierung und Unterteilung einzelner Zonen bietet zusätzliche Möglichkeiten zur Umsetzung sehr präziser Technikaktionen oder für taktisches Detailcoaching. Die Differenzierung der Zonen und die damit verbundene Steigerung technisch-taktischer Anforderungen kann somit auch intensiver auf die kognitive Ebene einwirken. Dadurch können einzelne Komponenten der Handlungsschnelligkeit wie Wahrnehmung, Antizipation, Reaktion oder Entscheidungsfindung akzentuiert werden. Die Teilung einer Zone kann durch das Hinzufügen von Markierungshütchen entstehen. Diese Markierungen können sich in Größe, Form und Farbe von den vier Eckmarkierungen unterscheiden. Weiterführend sind Slalomstangen, Dummys oder Koordinationsreifen denkbar.

4.2 PRÄZISIERUNG DER AKTIONSFELDER » *TECHNIKORIENTIERUNG*

Die Gliederung einzelner Zonen bietet sich an, um enge Ballführung, Technikabläufe in Feinform oder Technik mit Präzisionsdruck zu trainieren. Die Verfeinerung der Zonen kann feinste Technikelemente und präzises Laufverhalten erzeugen. Durch das Training mit Übungsformen lassen sich diese Technikaktionen häufig und wiederholend implementieren.

Der mögliche Detailreichtum in einer Zone kann ebenso für Spielformen mit technischen Schwerpunkten genutzt werden. Die Differenzierung der einzelnen quadratischen Zone kann in Form einer Unterteilung mithilfe einer geraden Mittellinie (vgl. Abb. 36: Raumenge – Richtungswechsel) oder durch eine diagonale Trennungslinie (vgl. Abb. 37: Raumenge – Aufdrehen) vorgenommen werden. Außerdem ist eine Gliederung der Begrenzungslinien (vgl. Abb. 38: Liniennutzung – Fußwechsel) denkbar, sodass kürzere Schrittfolgen und vermehrte Fußarbeit provoziert werden können.

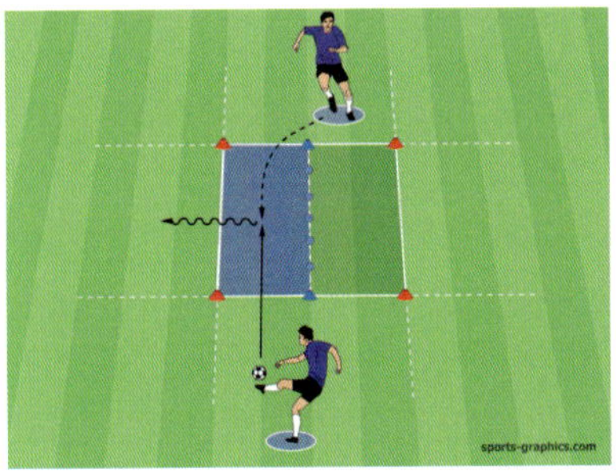

Abb. 36: Raumenge – Richtungswechsel

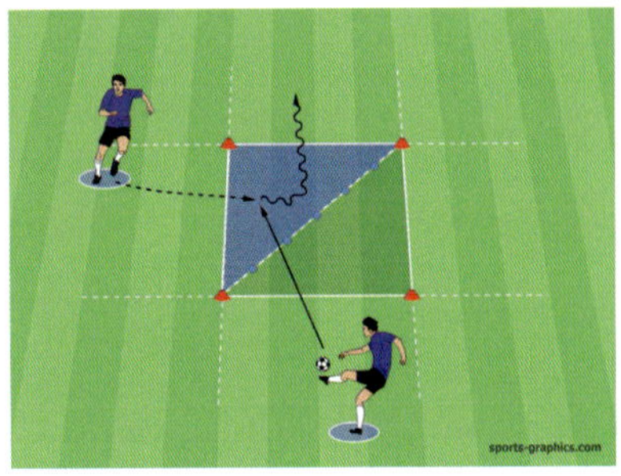

Abb. 37: Raumenge – Aufdrehen

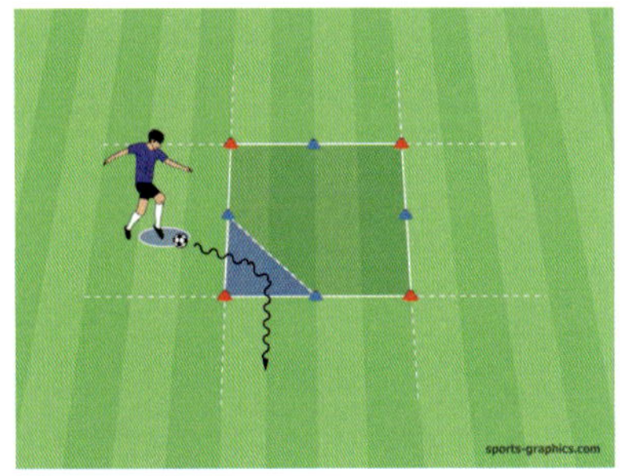

Abb. 38: Liniennutzung – Fußwechsel

4.3 PRÄZISIERUNG DER AKTIONSFELDER » *TAKTIKORIENTIERUNG*

Die einzelnen Eckpunkte, Linien oder Teilfelder der Zonen können auch spieltaktisch genutzt werden. Ihnen kann eine strategische Bedeutung gegeben werden, indem taktische Spielziele festgelegt werden. Somit kann der Trainer taktisch schulen und im Detail coachen. In diesem Sinne wird der Fokus auf optimiertes Timing und schnelle Entscheidungsfindung im Rahmen komplexer Offensiv- und Defensivhandlungen gelegt.

Für das Training dieser spieltaktischen Verhaltensweisen bieten sich komplexe Spielformen mit gruppen- oder mannschaftstaktischen Schwerpunkten an. Die Umsetzung dieser Trainingsschwerpunkte kann durch das Regelwerk unter Einbindung der Linien und Zonen organisiert werden. Eine einzelne Linie kann sowohl für einen ballbesitzenden Offensivspieler als auch für einen gegen den Ball agierenden Defensivspieler bedeutungsvoll sein.

So können hinsichtlich einzelner Linien konkrete Spielziele formuliert werden, die einen Ballbesitzer zum Dribbling über eine bestimmte Linie anhalten (vgl. Abb. 39: Durchbrechen) oder einen Defensivspieler auffordern, den ballbesitzenden Gegner über eine vorgegebene Linie abzudrängen (vgl. Abb. 40: Abdrängen). Durch Verbotszonen können komplette Teams oder ganze Mannschaften in ihrer grundsätzlichen Spielanlage angesprochen sein und auf entscheidende Spielfeldbereiche konzentriert werden (vgl. Abb. 41: Tabuzone).

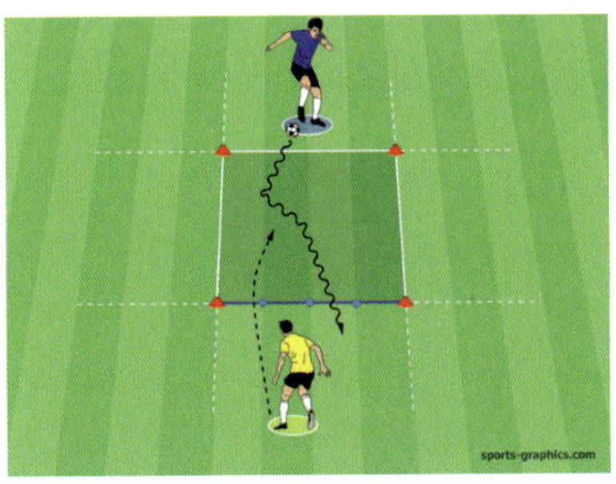

Abb. 39: Durchbrechen

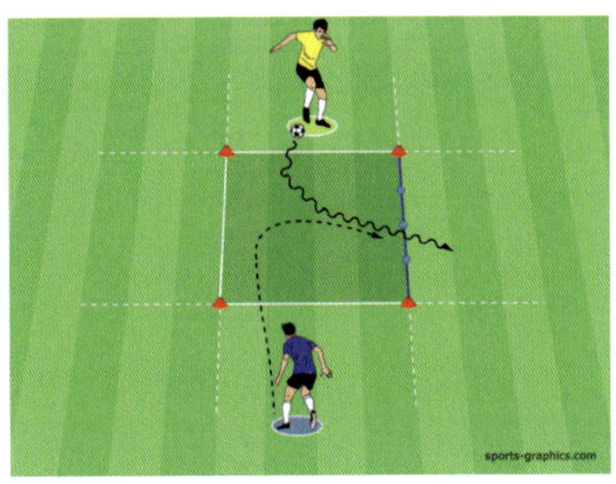

Abb. 40: Abdrängen

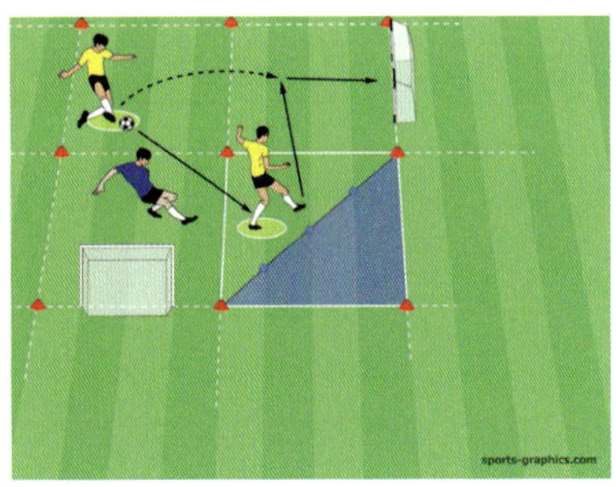

Abb. 41: Tabuzonen

5 TRANSFER

Das Trainingskonzept des 9er-Felds zielt auf eine Verbesserung der technisch-taktischen Spiel- und Wettkampfleistungen ab. Der Einfluss der Zonen auf das Spielerverhalten soll eine Transferleistung berücksichtigen, die es dem einzelnen Spieler erlaubt, das trainierte Verhalten unter Wettkampfbedingungen anzuwenden. Weiterführend soll auch das abgestimmte Verhalten mehrerer Spieler in verbesserte Spielleistungen münden. Das Training im 9er-Feld ist demnach als grundsätzliche Orientierungshilfe für das große Fußballspiel im 11 gegen 11 angelegt.

5.1 DIE UMSETZUNG IN EINZELNEN SPIELFELDZONEN

» *GRUPPENTAKTISCHE ANWENDUNG*

Im Rahmen gruppentaktischer Abläufe kann das Training im 9er-Feld helfen, dass mehrere Spieler als Verbund agieren und gemeinsam Offensiv- und Defensivhandlungen umsetzen. Dabei hilft das Zonentraining beim aufeinander abgestimmten Timing, beim Einhalten von Abständen, beim Anwenden von Schnittstellenpässen, beim Besetzen und Belaufen mehrerer Ebenen, beim Schließen von Lücken, beim Schaffen von Überzahlsituationen, beim Bilden von Abwehrdreiecken, beim Einnehmen von diagonalen Stellungen oder bei der Tiefenstaffelung (vgl. Abb. 42: Offensivverhalten und Abb. 43: Defensivverhalten). Die Markierungshütchen können zusätzlich als fiktive Gegenspieler fungieren, konkrete Orientierungspunkte darstellen und den Bezug zur realen Spielsituation vereinfachen.

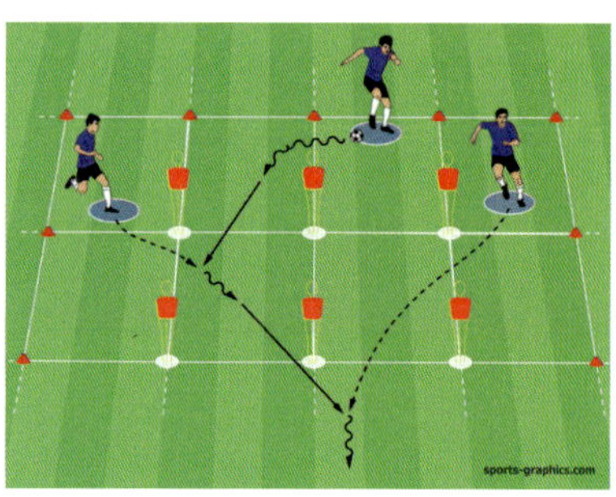

Abb. 42: Offensivverhalten

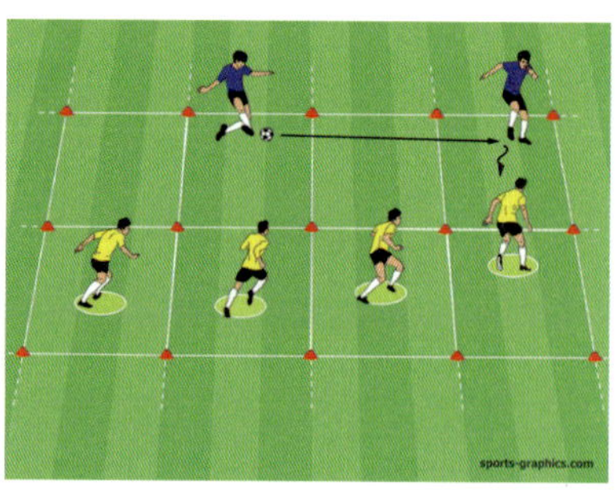

Abb. 43: Defensivverhalten

5.2 DIE UMSETZUNG AUF DEM GESAMTEN SPIELFELD
» *MANNSCHAFTSTAKTISCHE ANWENDUNG*

Das 9er-Feld und dessen Differenzierung und Erweiterung kann im weiter gefassten Kontext als umfangreiche Schablone für das gesamte Spielfeld verstanden werden (vgl. Abb. 44: Abwehrzonen, vgl. Abb. 45: Mittelfeldzonen und Abb. 46: Angriffszonen). In diesem Sinne hat der Zonenaufbau unmittelbaren Spielbezug und berührt die grundlegende Struktur der Mannschaftstaktik.

Die im Training genutzten Ausschnitte werden an den tatsächlichen Ort des Spielgeschehens während des Wettkampfs gebunden. Die im Training bespielten Zonen und das daraus entstandene Spielverhalten wird nun auf den Wettkampf übertragen. Optimalerweise zeigen sich die im Training angelegten Mechanismen über diesen Weg zielgerichtet und effizient im 11 gegen 11.

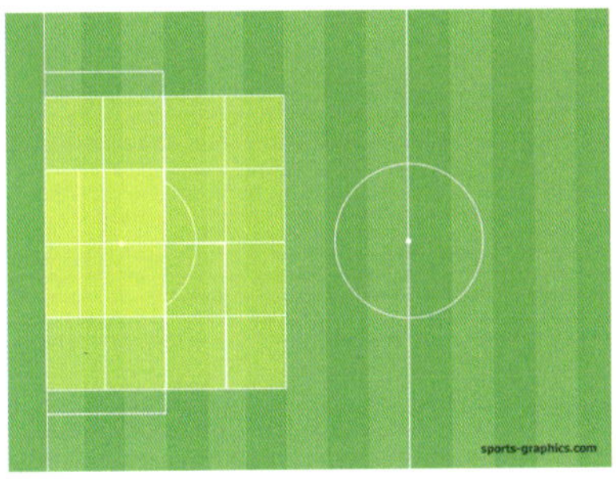

Abb. 44: Abwehrzonen

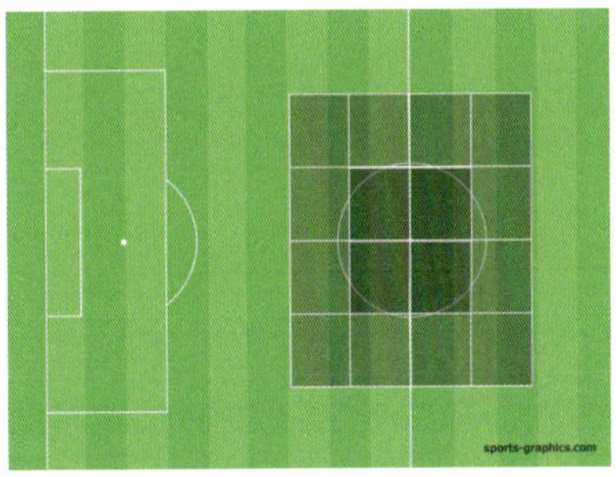

Abb. 45: Mittelfeldzonen

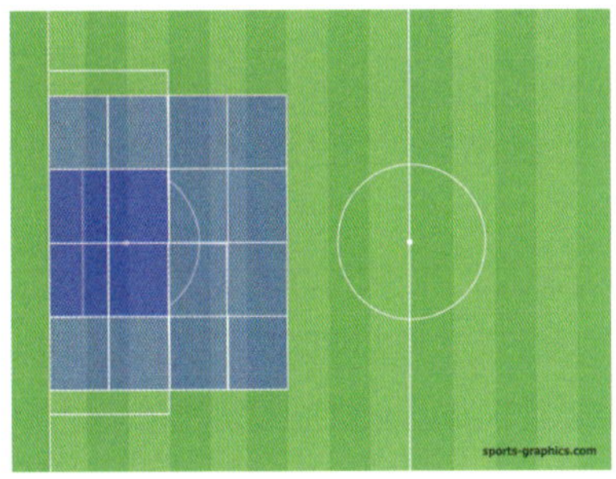

Abb. 46: Angriffszonen

5.3 DIE VERBINDUNG MIT SPIELPOSITIONEN
» *POSITIONSSPEZIFISCHE ANWENDUNG*

Im Rahmen der Abwehr-, Mittelfeld- und Angriffszonen können einzelne Bereiche mit konkreten Spielpositionen in Verbindung gebracht werden. Über diesen Weg können einzelne Spieler ihr Positionsspiel schärfen, Spiel- und Laufrichtungen konkret vorgegeben werden oder positionsspezifische Techniken und Verhaltensweisen in bestimmten Spielfeldbereichen automatisiert werden (vgl. Abb. 47: Abwehrpositionen, Abb. 48: Mittelfeldpositionen und Abb. 49: Angriffspositionen).

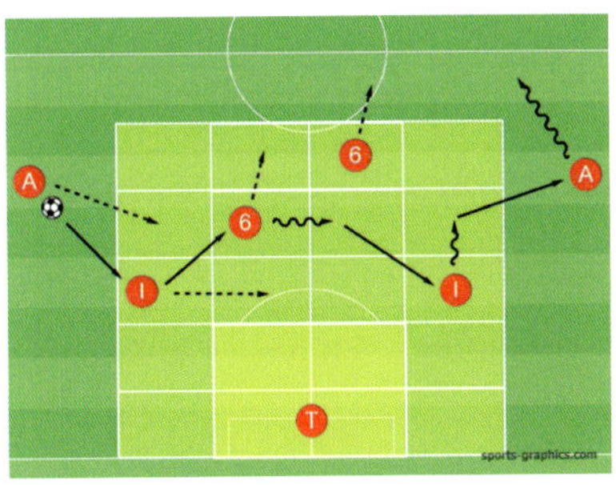

Abb. 47: Abwehrpositionen

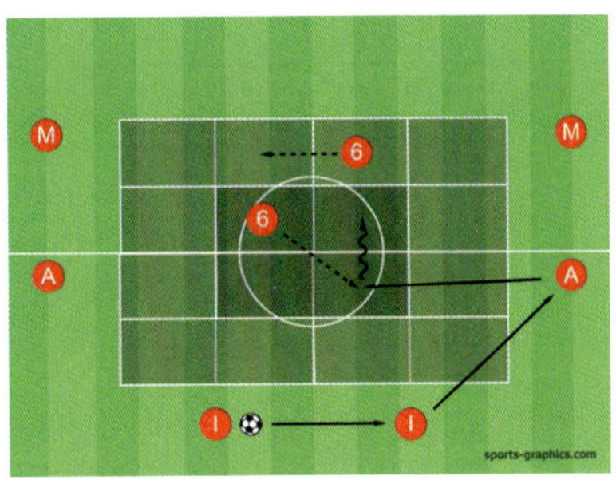

Abb. 48: Mittelfeldpositionen

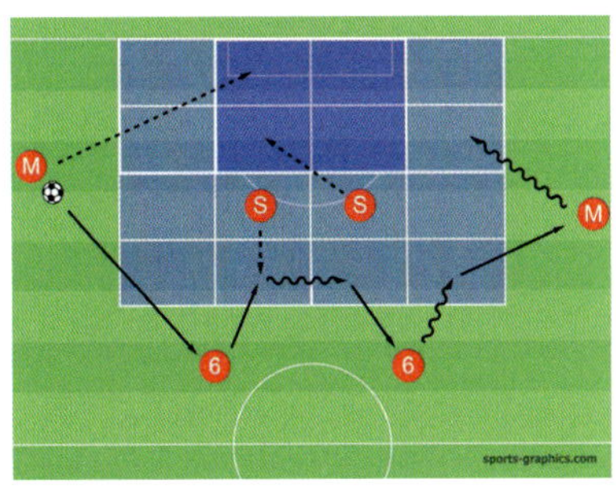

Abb. 49: Angriffspositionen

6 PRAXIS

Das 9er-Feld bietet im Rahmen der Trainingsgestaltung zahlreiche Möglichkeiten. Das 9er-Feld lässt sich in allen Altersbereichen einsetzen und ist für alle Leistungsniveaus geeignet. Entscheidend ist die inhaltliche Ausgestaltung durch Formulierung der spezifischen Aufgaben, durch das Aufstellen von Spielzielen und durch das Coachingverhalten des Trainers. Die Komplexität der Trainingsformen im 9er-Feld sollte sich am tatsächlichen Können der Spieler orientieren und entsprechend angepasst werden. Im zweiten Schritt kann sich die inhaltliche Ausgestaltung an einer Spielphilosophie oder Spielanlage orientieren. Grundsätzlich können im 9er-Feld nahezu alle Inhalte des modernen Fußballs trainiert werden.

6.1 DAS TRAININGSKONZEPT
» *FELDFORMEN* » *ZONENREGELN* » *FARBMARKIERUNGEN*

Die Trainingsplanung mit dem 9er-Feld kann zahlreiche Elemente beinhaltet. Entsprechend viele Schwerpunkte und Inhalte können trainiert werden. Der Ausdifferenzierung von Übungsformen zum Technikerwerb oder Spielformen zur Taktikschulung sind wenig Grenzen gesetzt. Grundsätzlich kann der Trainer einige zentrale Komponenten steuern, um die Zonengestaltung am Trainingsschwerpunkt auszurichten (vgl. Abb. 50 bis 73).

So können bestimmte Zonen mit farbigen Markierungshütchen abgesteckt werden, um diese mit unterschiedlichen Aufgaben zu belegen und für die Spieler leicht ersichtlich voneinander zu trennen. Die Farbigkeit einzelner Zonen oder Eckpunkte kann kreativ weiterentwickelt werden und mit Mini-, Klein- oder Großtoren kombiniert werden. Mithilfe von Farbsignalen können die farbigen Zonen optimal genutzt werden, um handlungsschnelle Verhaltensweisen oder komplexe Spielmomente zu erzeugen.

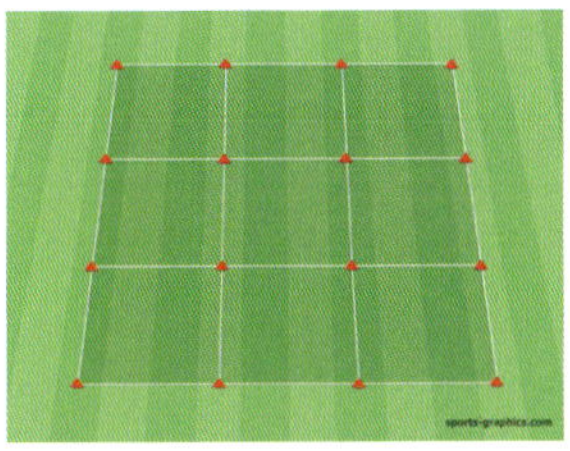

Abb. 50: Standard-9er-Feld

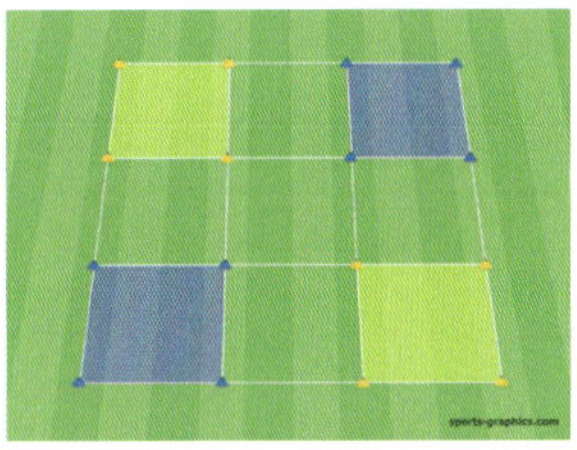

Abb. 51: Farbfeld 1

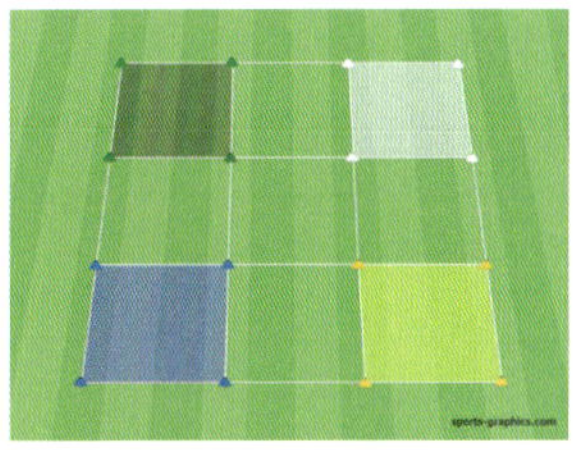

Abb. 52: Farbfeld 2

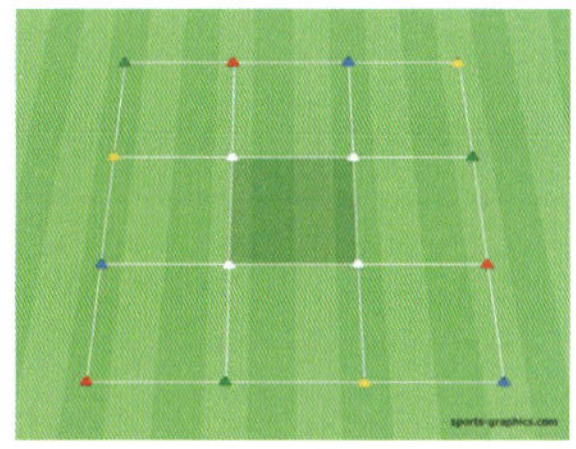

Abb. 53: Farbfeld 3

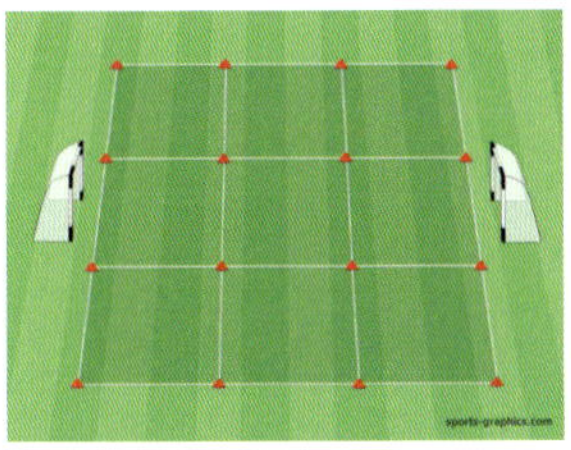

Abb. 54: Großtore

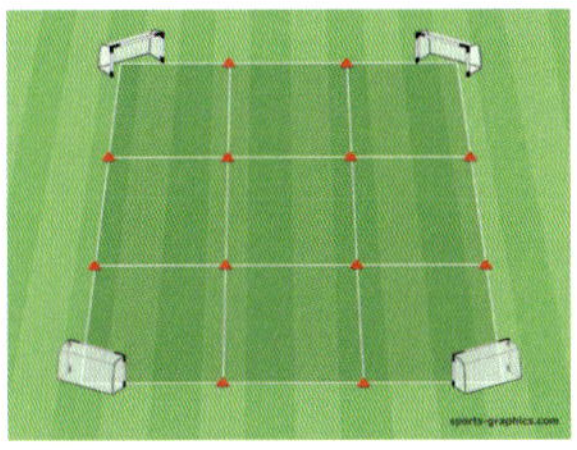

Abb. 55: Minitore

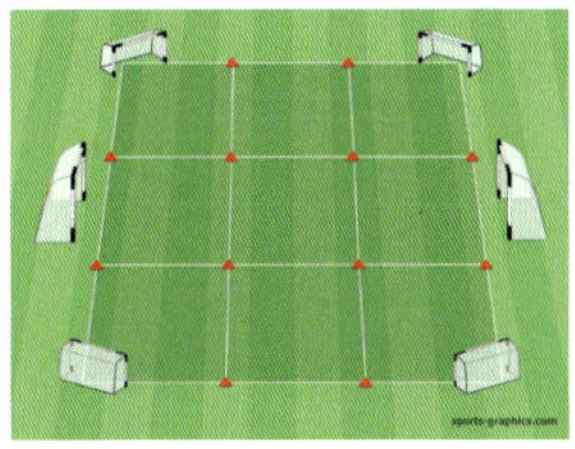

Abb. 56: Kombination

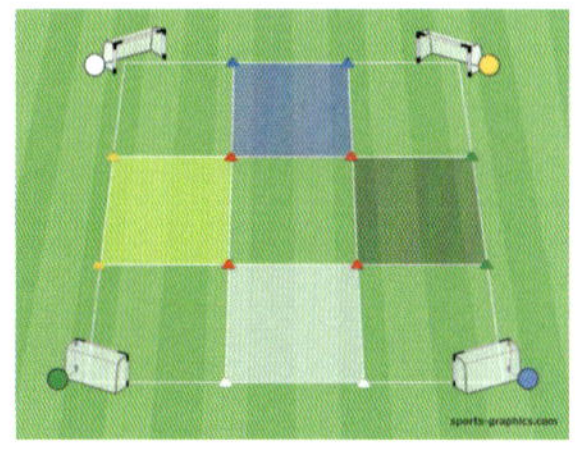

Abb. 57: Farbzuordnung

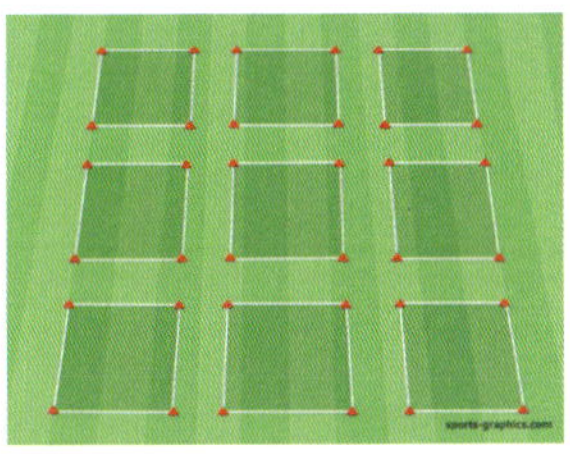

Abb. 58: Zwischenräume

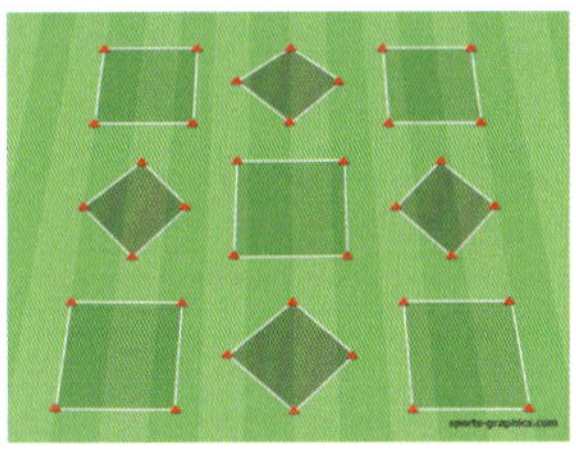

Abb. 59: Anordnung 1

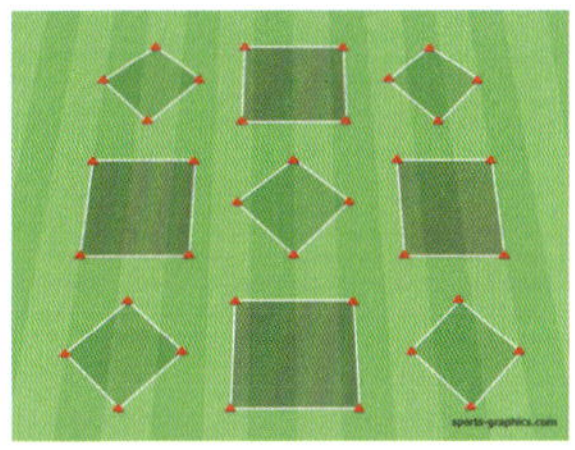

Abb. 60: Anordnung 2

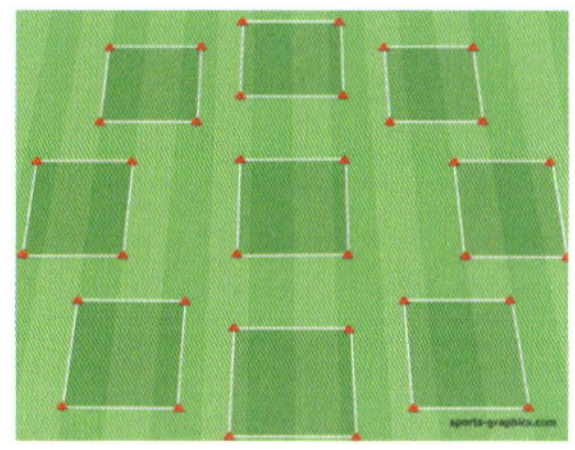

Abb. 61: Anordnung 3

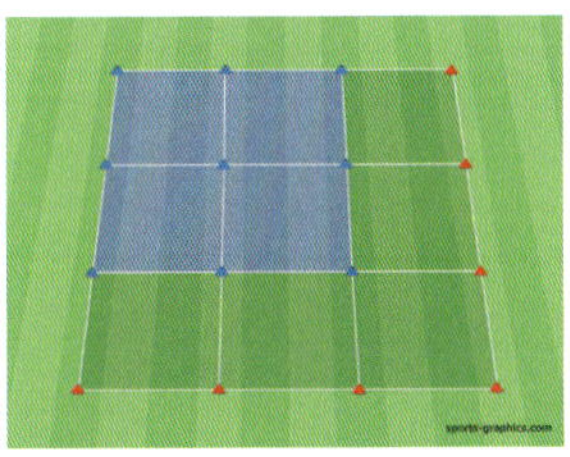

Abb. 62: Reduktion Quadrat

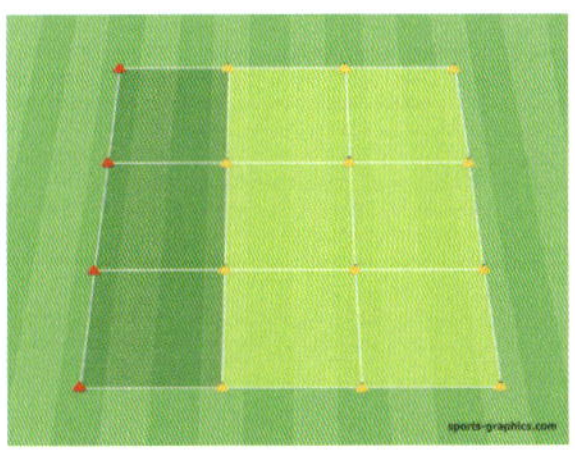

Abb. 63: Reduktion Schlauch

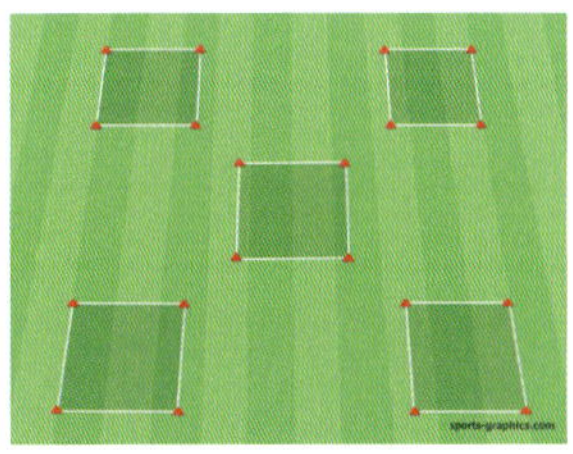

Abb. 64: Reduktion 5er-Feld

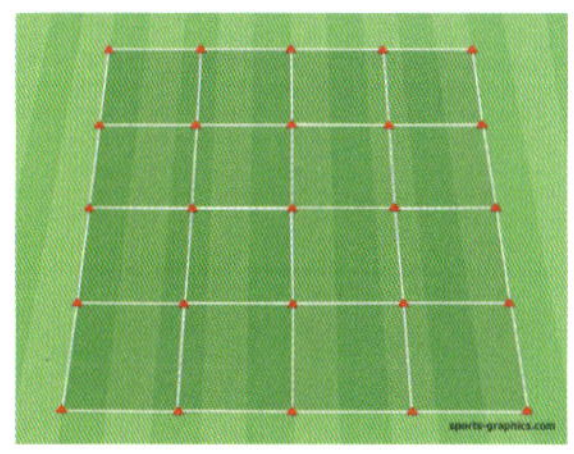

Abb. 65: Erweiterung 16er-Feld

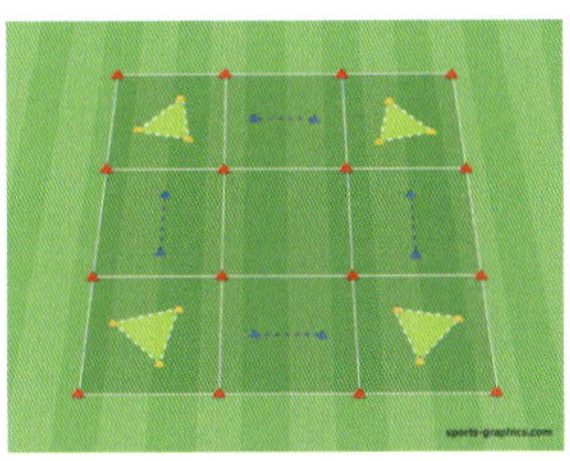

Abb. 66: Zonen 1

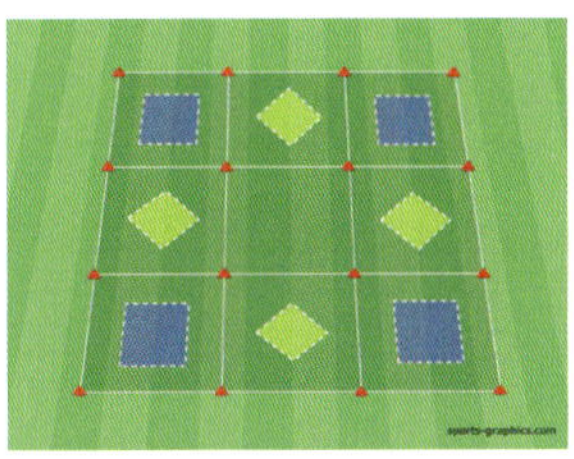

Abb. 67: Zonen 2

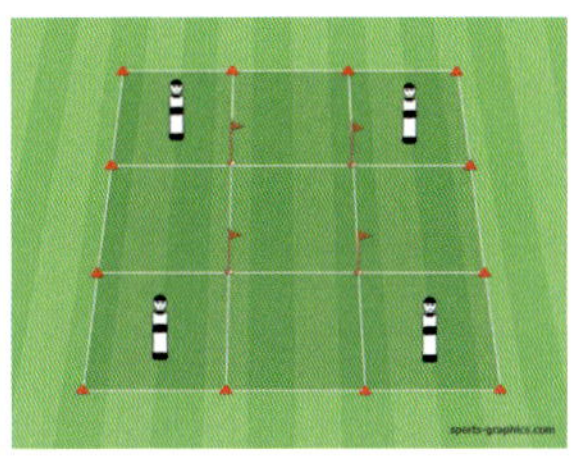

Abb. 68: Feldzonen

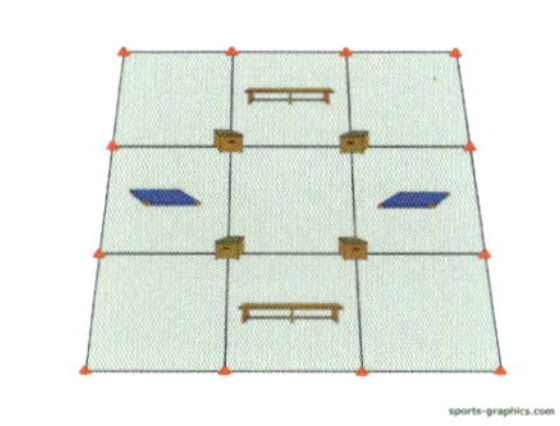

Abb. 69: Hallenzonen

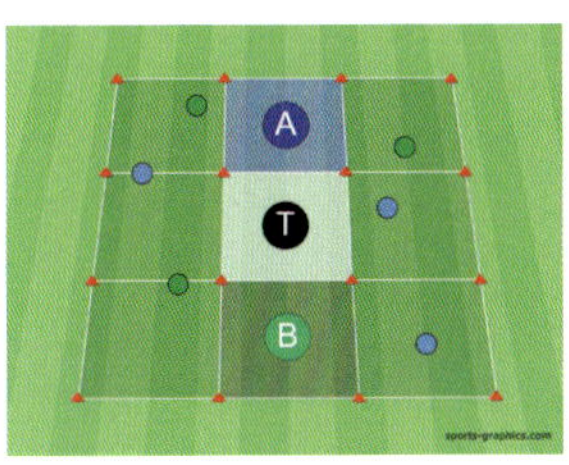

Abb. 70: Festlegung Spieler 1

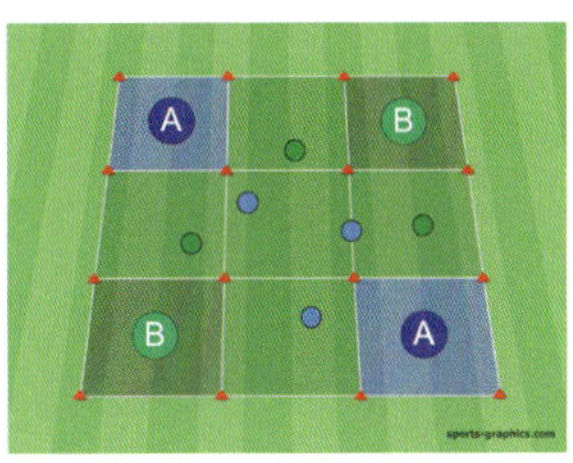

Abb. 71: Festlegung Spieler 2

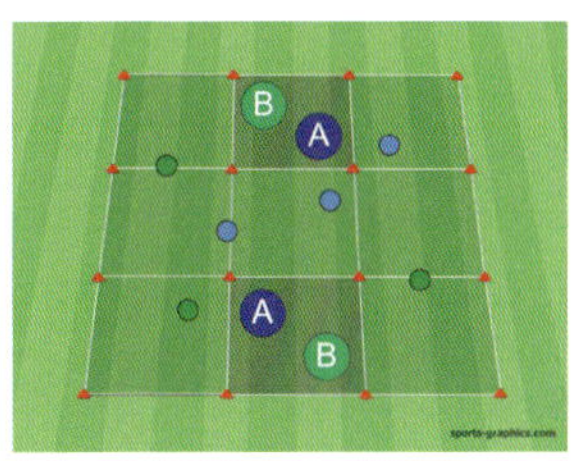

Abb. 72: 1-gegen-1-Zonen

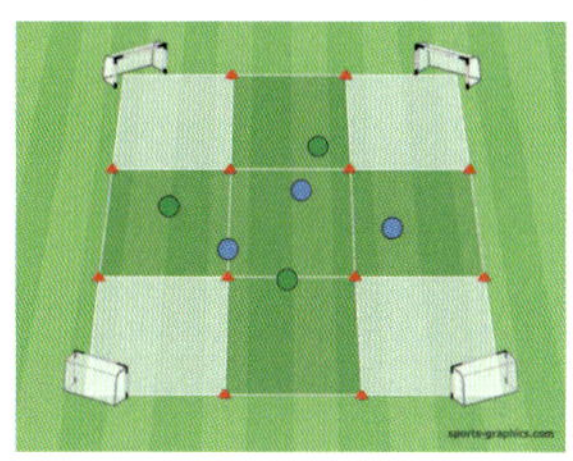

Abb. 73: Tabuzonen

Das Entzerren der Zonen mit unterschiedlicher Anordnung lässt Zwischenräume für weiteren Spielraum entstehen. Das Bespielen von quadratischen oder rechteckigen Teilbereichen des 9er-Felds ist eine ähnliche Variationsmöglichkeit wie die Reduzierung in weniger Zonen oder die Erweiterung um zusätzliche Felder. Die fortschreitende Erweiterung des Zonenprinzips umfasst den Einsatz von kleineren Feldern innerhalb einzelner Zonen, den Einsatz von Hilfsmitteln oder Geräten und das Aufstellen von Zonenregeln, für einzelne Spieler oder komplette Teams. In diesem Kontext können einzelne Spieler auf bestimmte Zonen festgelegt, permanente 1-gegen-1-Situationen in bestimmten Zonen angelegt oder nicht zu belaufende Tabuzonen eingerichtet werden.

6.2 DER TRAININGSAUFBAU

» FELDGRÖSSEN » ZONENMASSE » MARKIERUNGSHINWEISE

Die Größe von Spielfeldern und Spielflächen richtet sich in erster Linie nach dem Alter der Spieler und weiterführend auch am spezifischen Trainingsinhalt aus. In diesem Sinne wird auch das 9er-Feld bezüglich der Trainingsgruppe und des Trainingsthemas angepasst. Je jünger und entsprechend kleiner die Spieler sind, desto kleiner wird der Trainer das 9er-Feld anlegen. Über die Maße der Zonen nimmt er Einfluss auf Trainingsaspekte wie Zeitdruck, Raumdruck, Präzisionsdruck, Gegnerdruck, Laufstrecken oder Passdistanzen. Diese sind für die Erreichung der technisch-taktischen Trainingsziele entscheidend.

Als durchschnittliche Orientierungshilfe gilt ein 9er-Feld mit einer gesamten Seitenlänge von 30 x 30 Metern. Die einzelnen Zonen in diesem 9er-Feld besitzen entsprechende Seitenlängen von 10 x 10 m. Mit diesen Abmessungen lässt sich ein mittelgroßes 9er-Feld aufbauen, welches, wie beschrieben, je nach Bedarf verkleinert oder vergrößert werden kann. Im Rahmen dieser durchschnittlichen Größenordnungen können zusätzliche Formen mit ungefähren Seitenlängen von 3 x 3 m vorgeschlagen werden (vgl. Abb. 74: Feldgrößen).

Optimalerweise werden die verwendeten Markierungselemente, wie Hütchen, Pylonen oder Pads, ebenfalls altersgerecht und themenorientiert verwendet. Es bietet sich an, dass mit jüngeren Kindern mehrere Markierungen gesetzt werden, damit den Kindern das Erkennen der Zonen erleichtert wird. Mit Blick auf das themenspezifische Bespielen der Zonen und vor allem der Linien mit Ball können Störgrößen durch die sinnvolle Auswahl verschiedener Markierungselemente minimiert werden (vgl. Abb. 75: Markierungen).

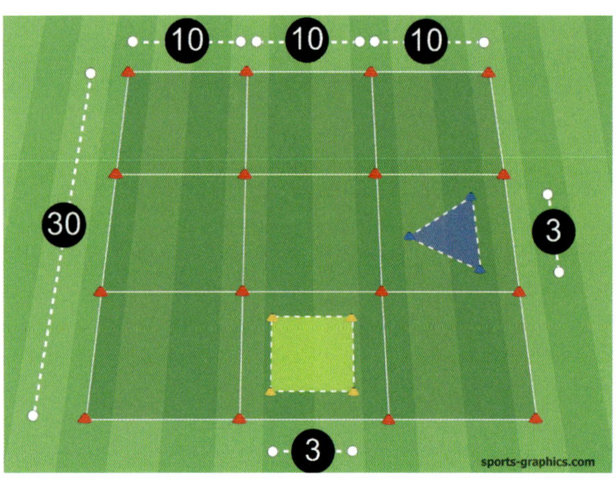

Abb. 74: Feldgrößen

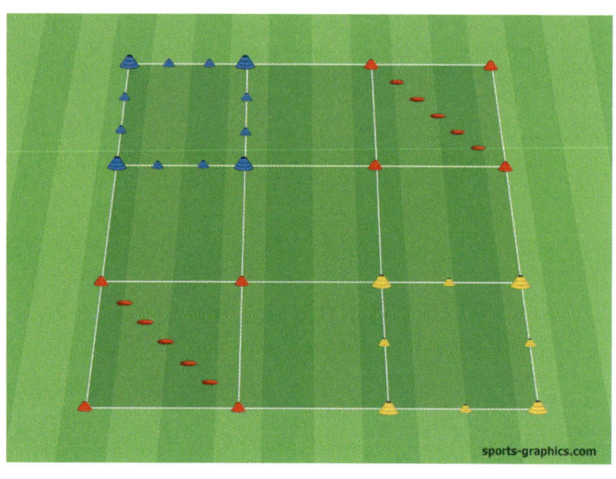

Abb. 75: Markierungen

6.3 PRAXISBEISPIELE

6.3.1 EINFACHES 9ER-FELD (30 x 30 m)

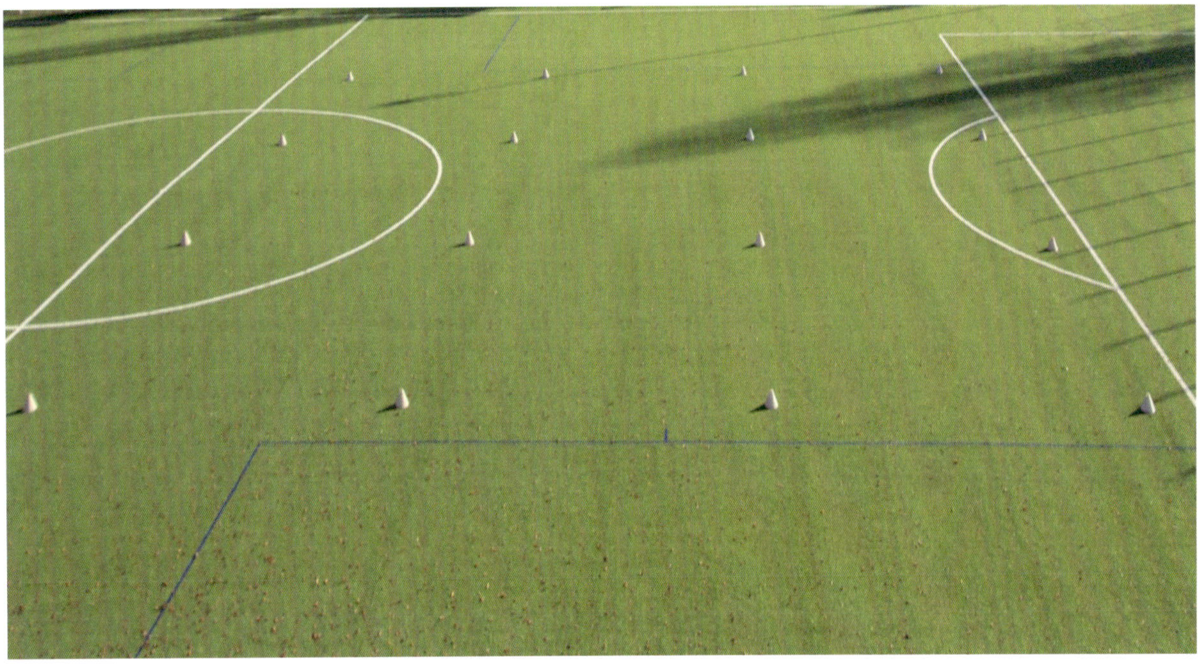

Abb. 76: Einfaches 9er-Feld (30 x 30 m), Praxis

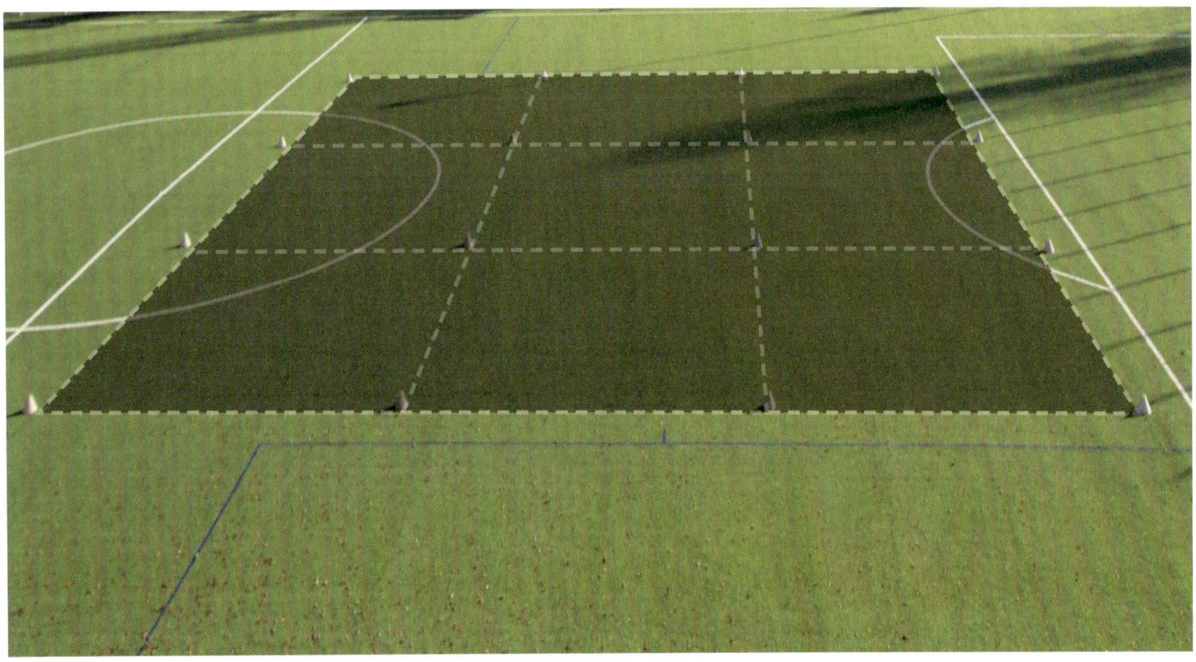

Abb. 77: Einfaches 9er-Feld (30 x 30 m), Vergleich

6.3.2 EINFACHES 9ER-FELD (18 x 18 m)

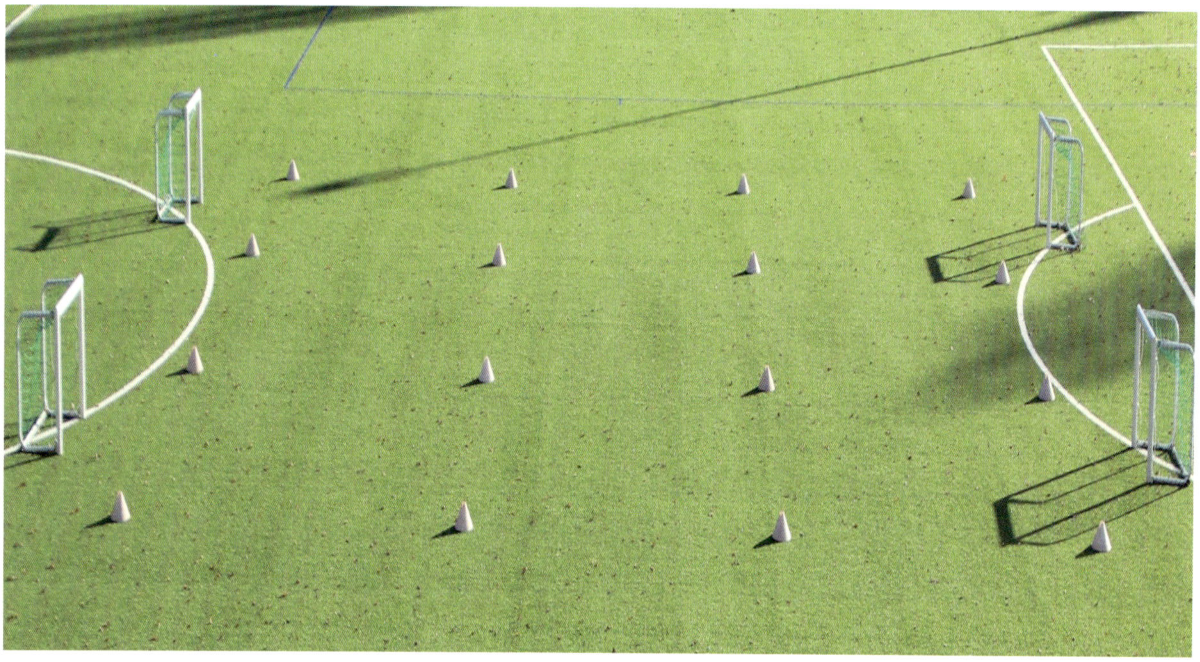

Abb. 78: Einfaches 9er-Feld (18 x 18 m), Praxis

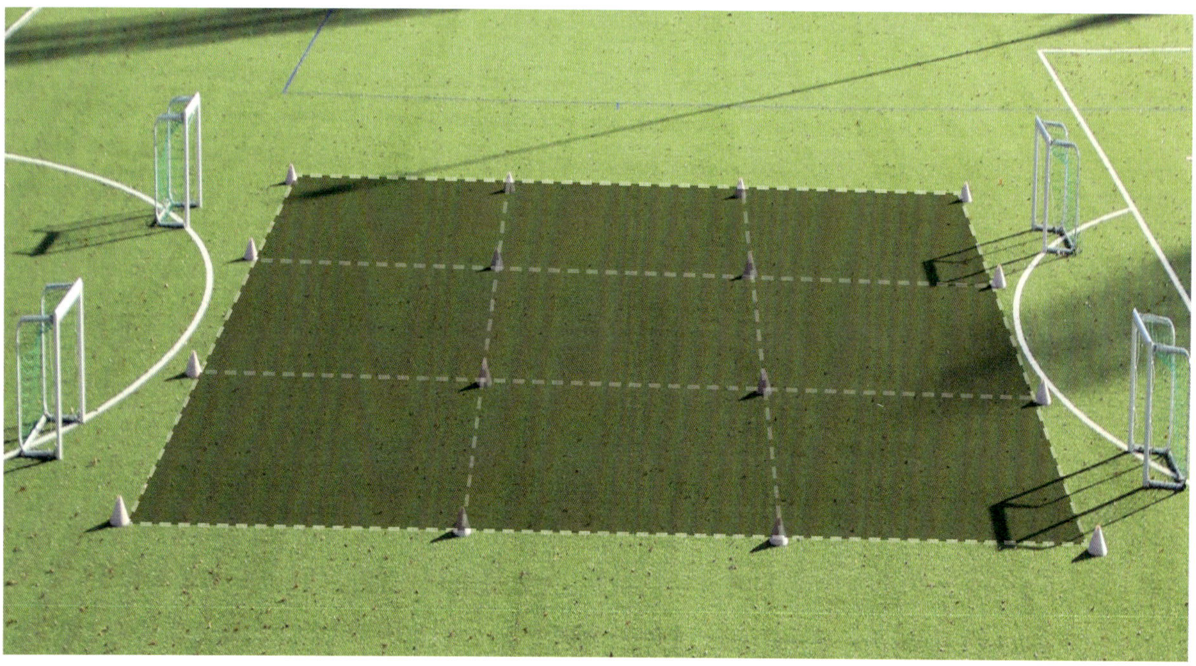

Abb. 79: Einfaches 9er-Feld (18 x 18 m), Vergleich

6.3.3 EINFACHES 9ER-FELD (MINITORE)

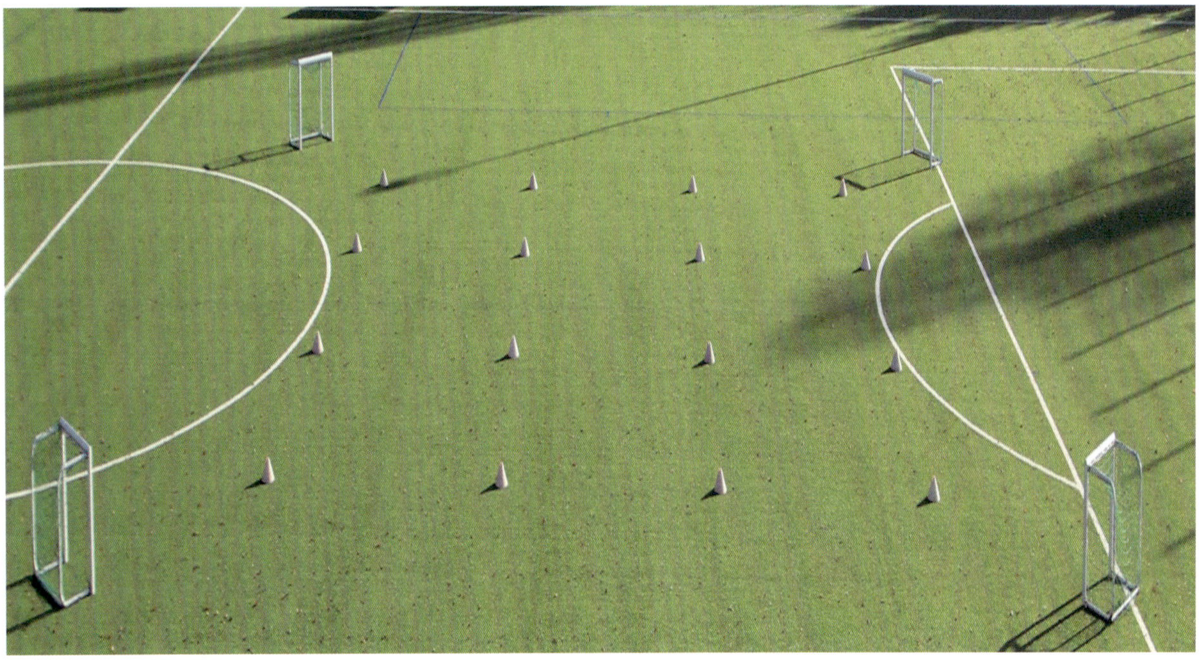

Abb. 80: Einfaches 9er-Feld (Minitore), Praxis

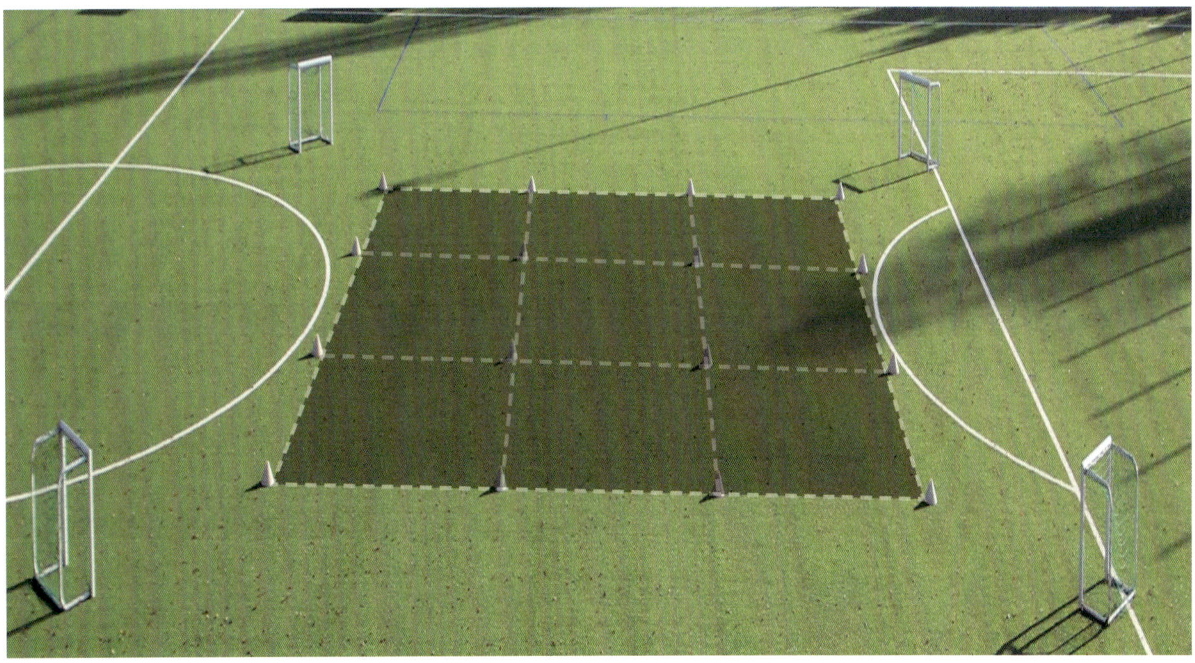

Abb. 81: Einfaches 9er-Feld (Minitore), Vergleich

6.3.4 EINFACHES 9ER-FELD (ZENTRALE ZONE)

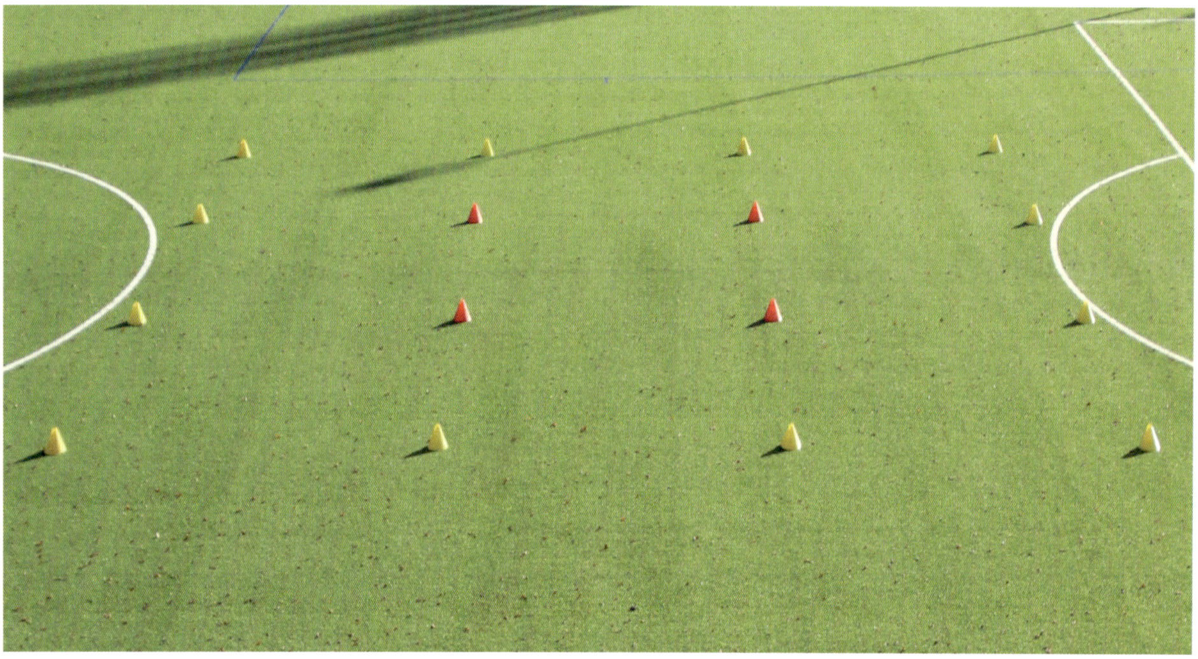

Abb. 82: Einfaches 9er-Feld (zentrale Zone), Praxis

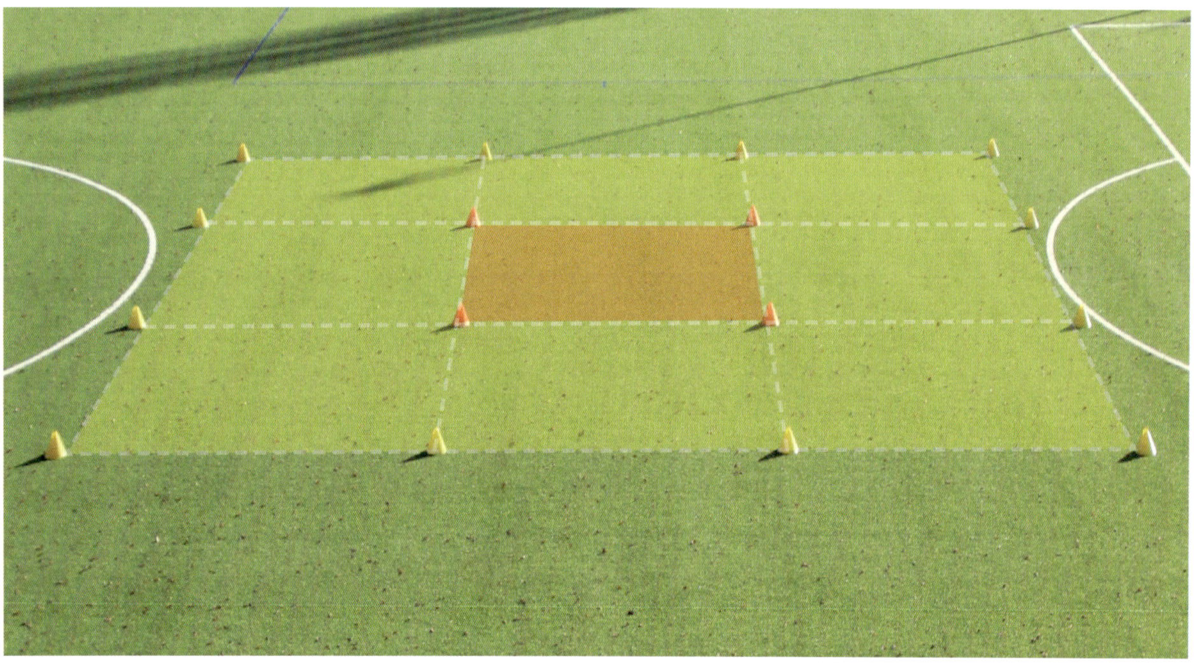

Abb. 83: Einfaches 9er-Feld (zentrale Zone), Vergleich

6.3.5 EINFACHES 9ER-FELD (FARBFELDER)

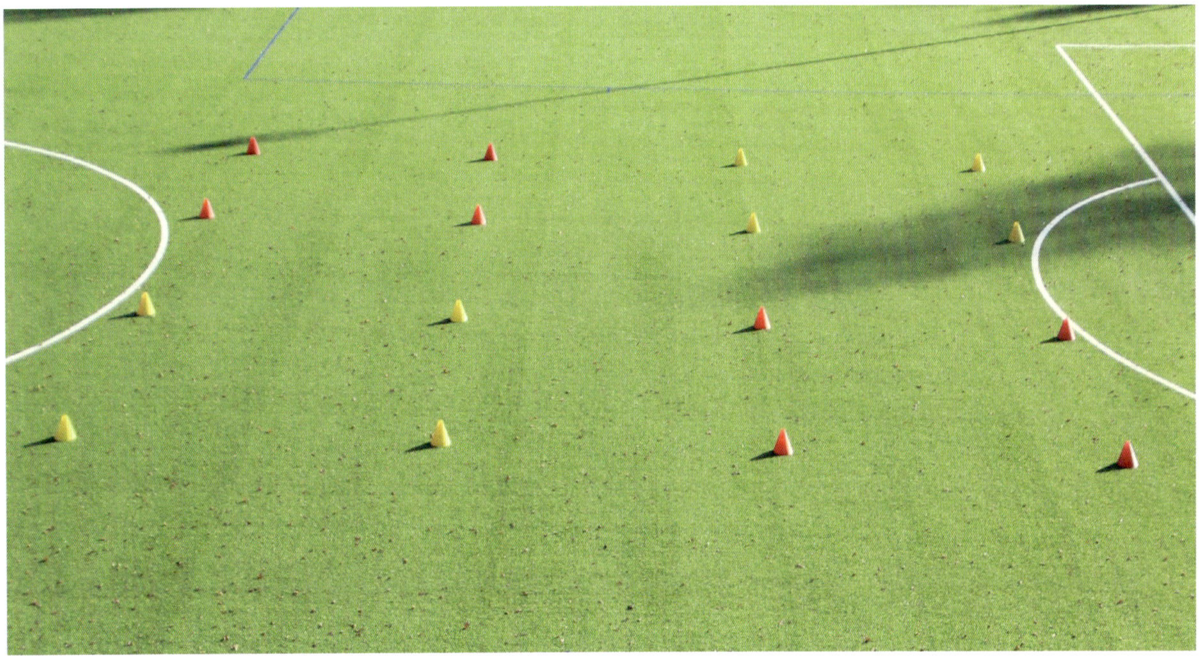

Abb. 84: Einfaches 9er-Feld (Farbfelder), Praxis

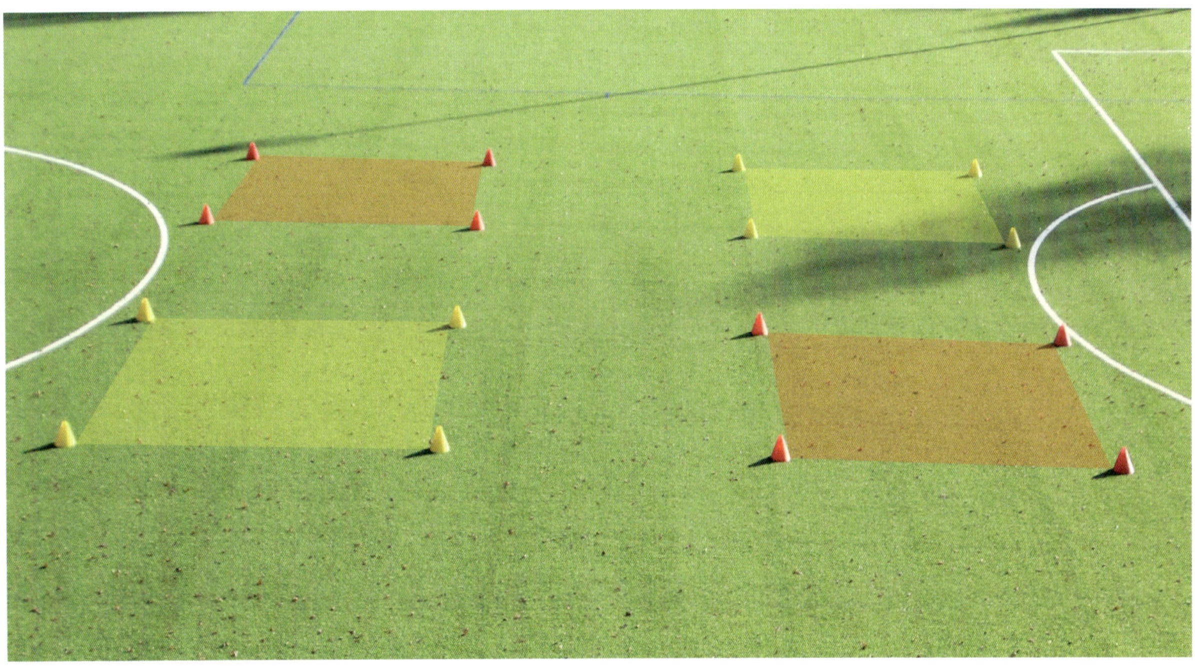

Abb. 85: Einfaches 9er-Feld (Farbfelder), Vergleich

6.3.6 EINFACHES 9ER-FELD (ZONENEINTEILUNG)

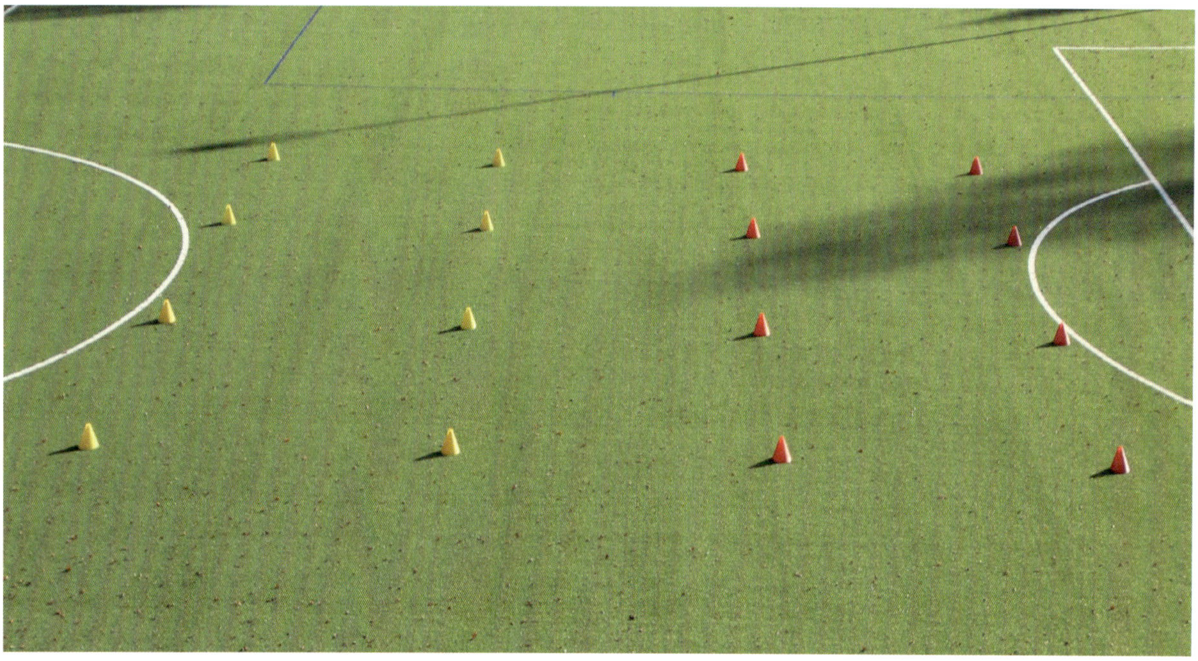

Abb. 86: Einfaches 9er-Feld (Zoneneinteilung), Praxis

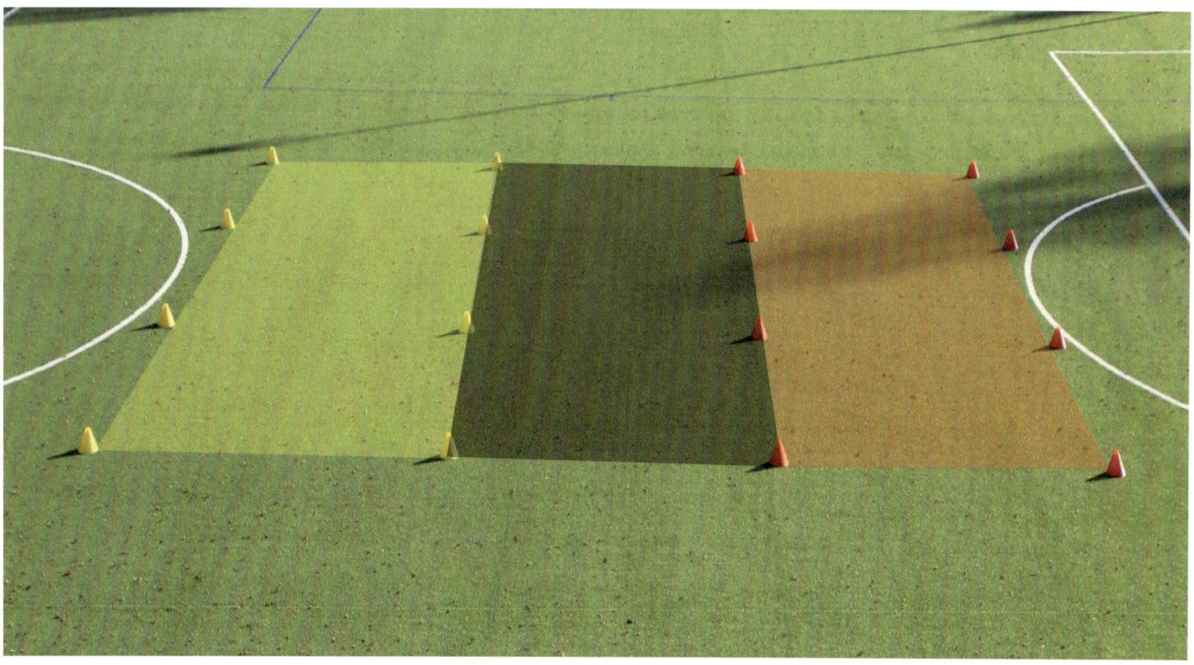

Abb. 87: Einfaches 9er Feld (Zoneneinteilung), Vergleich

6.3.7 9ER-FELD (ZWISCHENRÄUME)

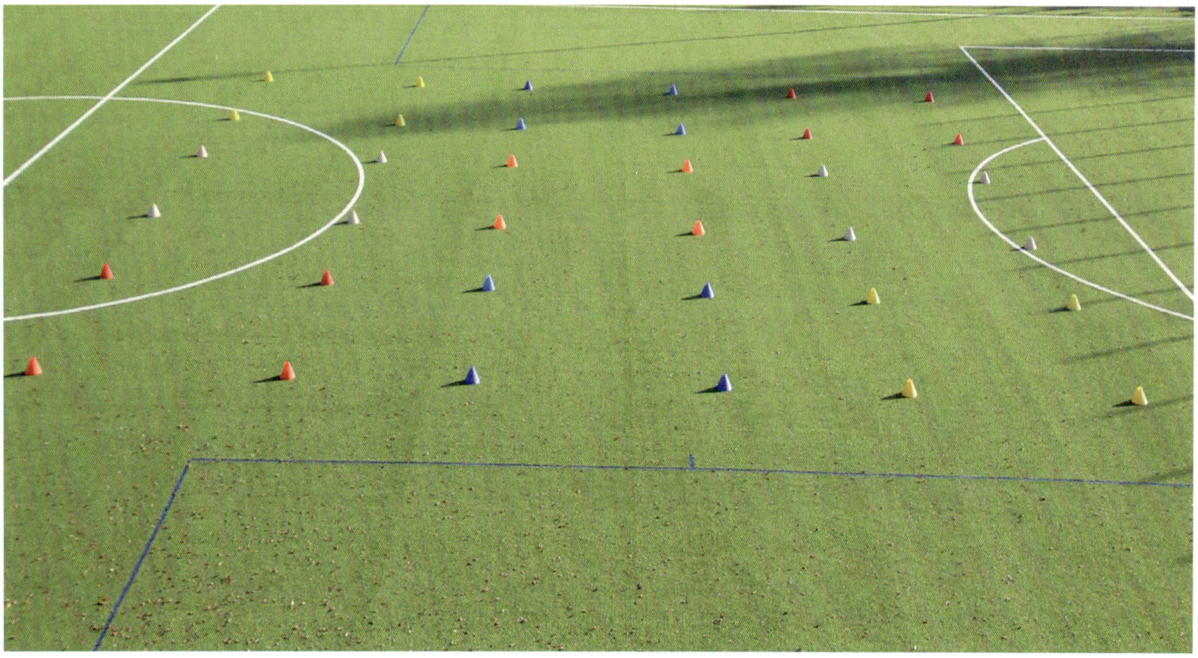

Abb. 88: 9er-Feld (Zwischenräume), Praxis

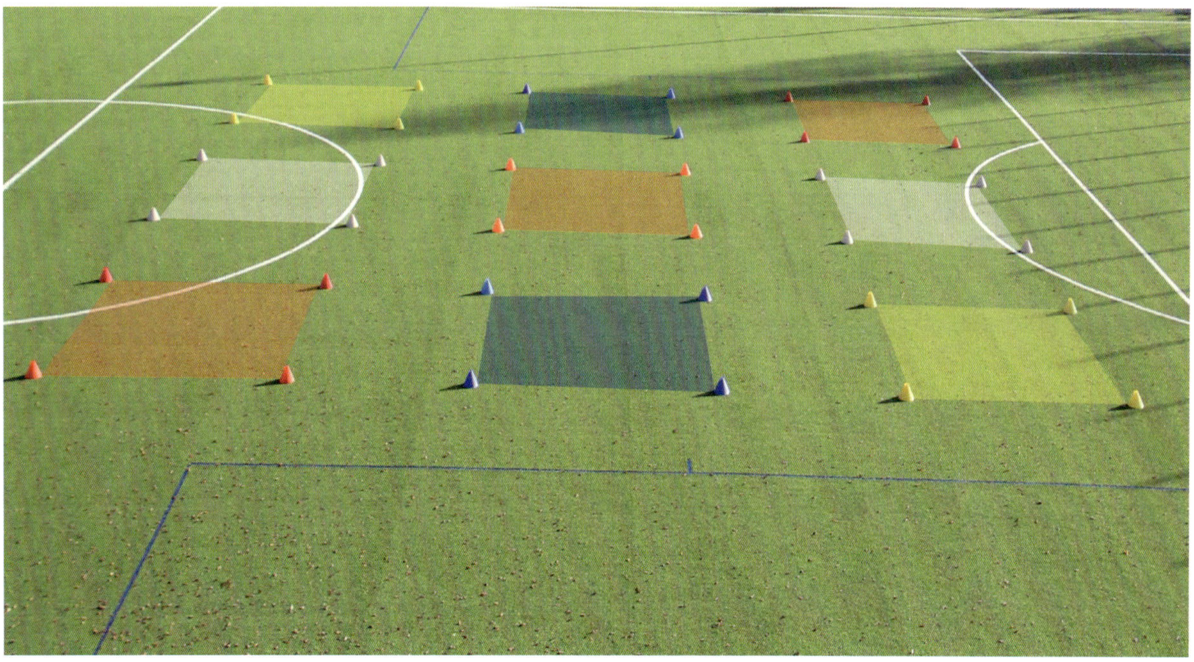

Abb. 89: 9er-Feld (Zwischenräume), Vergleich

7 AUFWÄRMSPIELE

Aufwärmspiele als Startsequenz einer Trainingseinheit sind in vielschichtiger Hinsicht sinnvoll. Neben der reinen muskulären Erwärmung, der Aktivierung des Kreislaufs sowie der Anbahnung von ersten kognitiven Prozessen zielen Aufwärmspiele auf einen positiven, motivationalen Trainingsstart ab und sollen die Sportler auf die anschließenden Trainingsschwerpunkte optimal vorbereiten. Vor diesem Hintergrund werden vorrangig Laufwettkämpfe und Fangspiele mit und ohne Ball bemüht. Die individuell angelegten Laufwettkämpfe zielen auf die Verbesserung der koordinativen Fähigkeiten und allgemeinmotorischer Prozesse ab. Die in Gruppen organisierten Laufwettkämpfe versuchen darüber hinaus, die Orientierung zu schulen und das Zusammenwirken mit den Mitspielern zu fördern.

Im Rahmen der Fangspiele werden ebenfalls verschiedene und abwechslungsreiche Bewegungs- und Ballaufgaben angeboten, welche die Sportler einerseits zum Sprinten und Jagen bringen und andererseits laufend Bewegungen mit Gegner-, Zeit- und Raumdruck kombinieren. Zur hauptteilorientierten Hinführung bieten die Aufwärmspiele zudem diverse fußballspezifische Bewegungen des Dribbelns und des Passens, die zur weiteren Sensibilisierung der Sportler für die anschließenden Aufgaben beitragen.

Die angeführten Übungen unterscheiden sich grundlegend in Laufwettkämpfe, Fangspiele und bereits fußballspezifische Aufgaben, wobei es in allen Bereichen zu Überschneidungen kommt. Die Übungen lassen die Spieler oftmals aus der freien Bewegung starten oder setzen diese sogar voraus. Andere Übungen sehen Startpositionen vor. Bei nahezu allen Aufwärmspielen kann die Anzahl der Spieler, die Größe des Felds und die Aufgabenstellung im Vergleich zu der Grafik verändert und individuell angepasst werden. Oftmals agiert der Trainer als Signalgeber für den Start oder eine spezifische Aufgabe innerhalb der Übung. Das Signal kann sowohl akustisch als Rufen, Klatschen oder Pfeifen gegeben werden als auch auf visuellem Wege übermittelt werden. In diesem Falle bieten sich Signale wie der gehobene Arm, ein aufgeprellter Ball oder ein gezeigtes Markierungshütchen an. Optimalerweise werden vorrangig visuelle Signale gesetzt, da die Spieler auch im Spiel vorrangig visuelle Signale wie Mitspieler, Gegner oder das Ballverhalten wahrnehmen müssen.

7.1 LAUFSPIEL (HANDLUNGSSCHNELLIGKEIT)

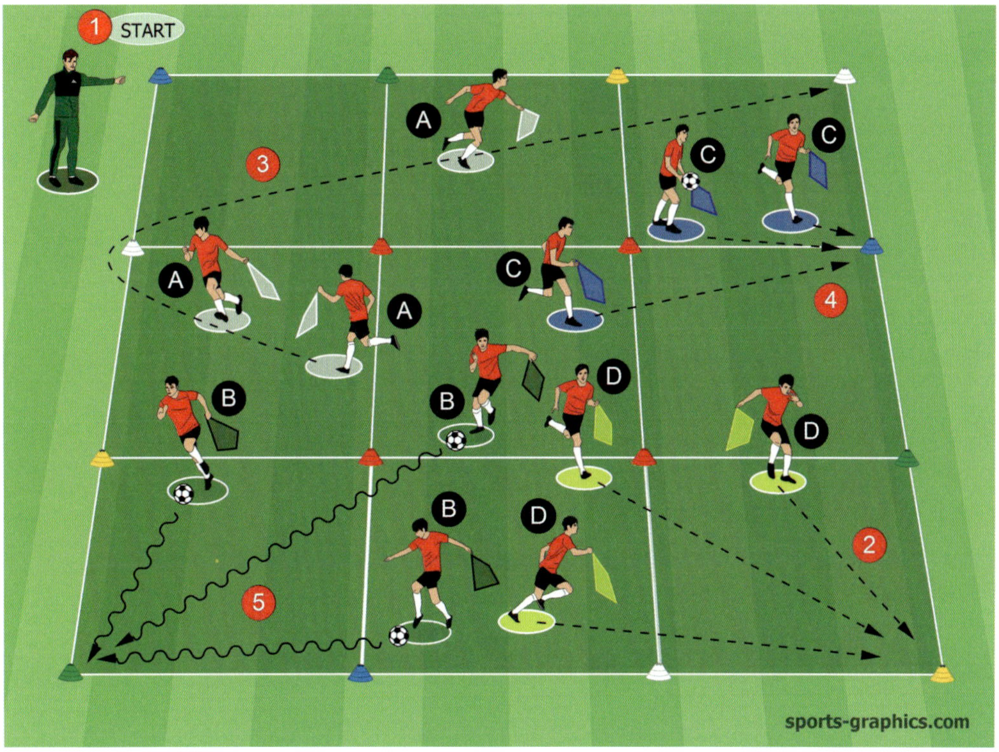

Durchführung

Jeder Spieler hält ein Leibchen in der Hand und bewegt sich frei im Feld. Es sind Leibchen in vier verschiedenen Farben im Umlauf, sodass vier Teams bestehen (vgl. Team GELB, Team WEISS, Team BLAU und Team SCHWARZ). Die Spieler tauschen ständig ihre Leibchen. Auf ein akustisches oder visuelles Trainersignal (vgl. 1) laufen die Spieler so schnell wie möglich an ein äußeres Markierungshütchen (vgl. 2). Die äußeren Markierungshütchen entsprechen farblich den Leibchen. Nach dem Trainersignal müssen die Spieler zu dem Markierungshütchen laufen, welches ihrer eigenen Leibchenfarbe entspricht (vgl. 2, Team GELB). Nachdem alle Spieler ihre äußere Position gefunden haben, startet ein neuer Durchlauf.

Varianten

- Nach dem Trainersignal umlaufen die Spieler zunächst ein Hütchen, welches ihrer Leibchenfarbe entspricht, um sich im Anschluss an einem Zielhütchen zu sammeln (vgl. 3, Team WEISS).
- Während des Leibchentauschs werden vier Bälle im Dribbling und Passspiel bewegt. Nach dem Trainersignal muss jedes Team einen Ball haben und mit zum Zielhütchen führen (vgl. 4).
- Jeder Spieler führt einen eigenen Ball und bewältigt die Aufgaben im Dribbling (vgl. 5).

7.2 LAUFWETTKAMPF #1

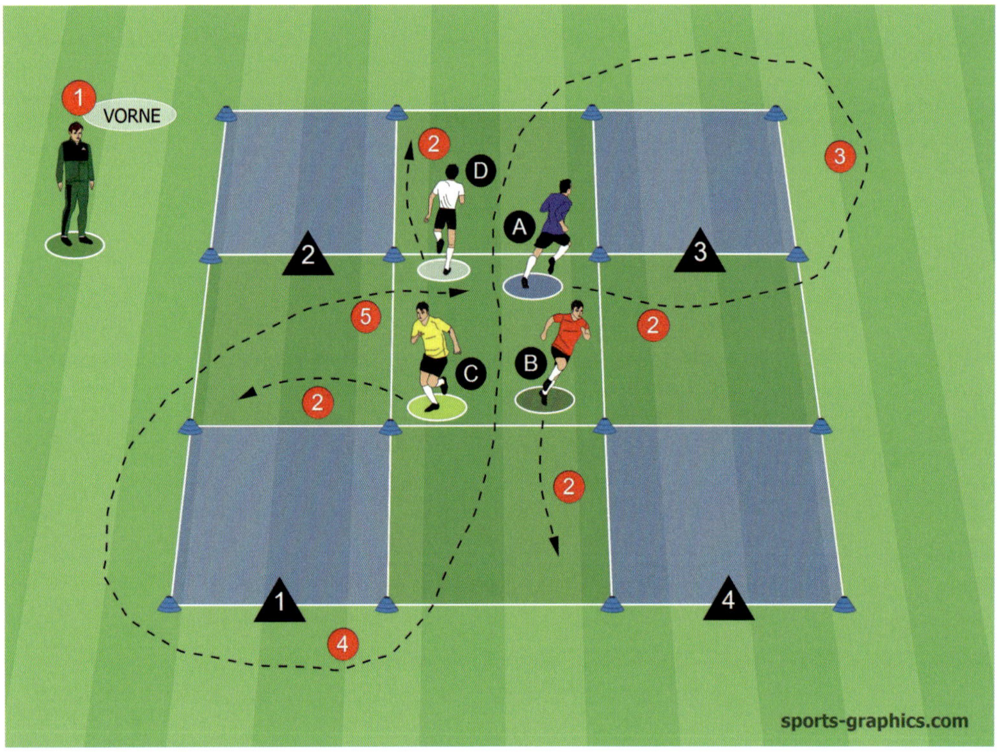

Durchführung

Die Spieler positionieren sich im zentralen Feld mit Blickrichtung nach außen. Spieler A blickt in Richtung Feld 3, Spieler B blickt in Richtung Feld 4, Spieler C blickt in Richtung Feld 1 und Spieler D blickt in Richtung Feld 2. Mit einem akustischen oder visuellen Trainersignal (vgl. 1) startet ein Laufwettkampf (vgl. 2). Über verschiedene Signale (hier VORNE) entscheidet der Trainer über die Laufrichtung. Mit dem Signal VORNE laufen die Spieler um das vor ihnen liegende Feld (vgl. 3), durchqueren die Mitte und umlaufen dann das diagonal gegenüberliegende Feld (vgl. 4). Anschließend kehren sie schnellstmöglich in das zentrale Feld zurück (vgl. 5). Welcher Spieler ist am schnellsten?

Weitere Trainersignale

- HINTEN: Die Spieler umlaufen zunächst das hinter ihnen liegende Feld und im Anschluss über die Mitte das diagonal gegenüberliegende Feld, um anschließend das zentrale Zielfeld anzusteuern.
- LINKS: Die Spieler umlaufen zunächst das links liegende Feld und im Anschluss über die Mitte das diagonal gegenüberliegende Feld, um anschließend das zentrale Zielfeld anzusteuern.
- RECHTS: Die Spieler umlaufen zunächst das rechts liegende Feld und im Anschluss über die Mitte das diagonal gegenüberliegende Feld, um anschließend das zentrale Zielfeld anzusteuern.

7.3 LAUFWETTKAMPF #2

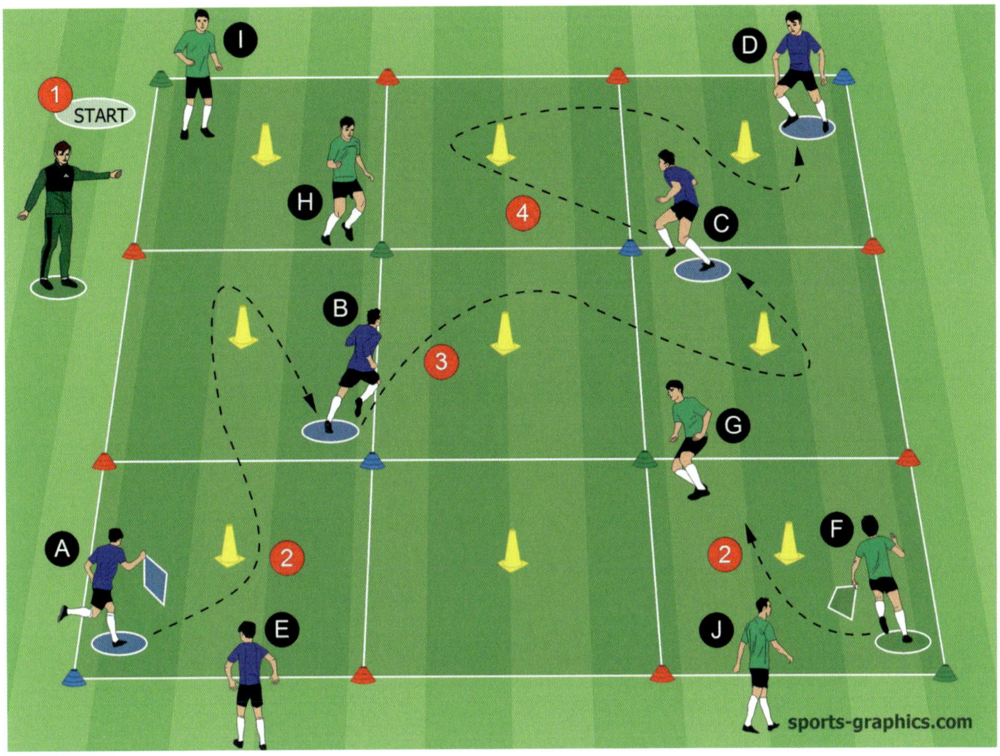

Durchführung

Die Spieler werden in zwei Teams eingeteilt (vgl. Team BLAU und Team GRÜN) und positionieren sich an den entsprechenden farbigen Markierungshütchen. Die Spieler A und F halten je ein Markierungsleibchen in der Hand. Auf ein akustisches oder visuelles Trainersignal (vgl. 1) starten Spieler A und Spieler F einen Laufwettkampf (vgl. 2). Spieler A berührt zwei gelbe Markierungshütchen mit der Hand und übergibt das Leibchen dann an Spieler B. Spieler B berührt ebenfalls zwei gelbe Markierungshütchen und übergibt das Leibchen dann an Spieler C (vgl. 3), der nach zwei mit der Hand berührten Markierungshütchen das Leibchen an Spieler D übergibt (vgl. 4) und damit den Durchgang beendet. Alle Spieler besetzen die jeweils nächste Startposition und Spieler D beginnt nach dem Trainersignal den nächsten Durchgang. Team GRÜN setzt zeitgleich denselben Ablauf um.

Varianten

- Durchführung als Wettkampf: Welches Team realisiert zuerst 10 Durchgänge?
- Durchführung als Wettkampf: Für jeden gewonnenen Durchgang erhält das Siegerteam einen Punkt. Welches Team realisiert zuerst fünf Punkte?
- Die Strecke zwischen den gelben Markierungshütchen muss in einem vorgegebenen Laufstil bewältigt werden (Rückwärtslauf, Seitwärtslauf oder Einbeinlauf).
- Durchführung mit Ball. Alle Strecken werden im Dribbling absolviert.

7.4 LAUFWETTKAMPF #3

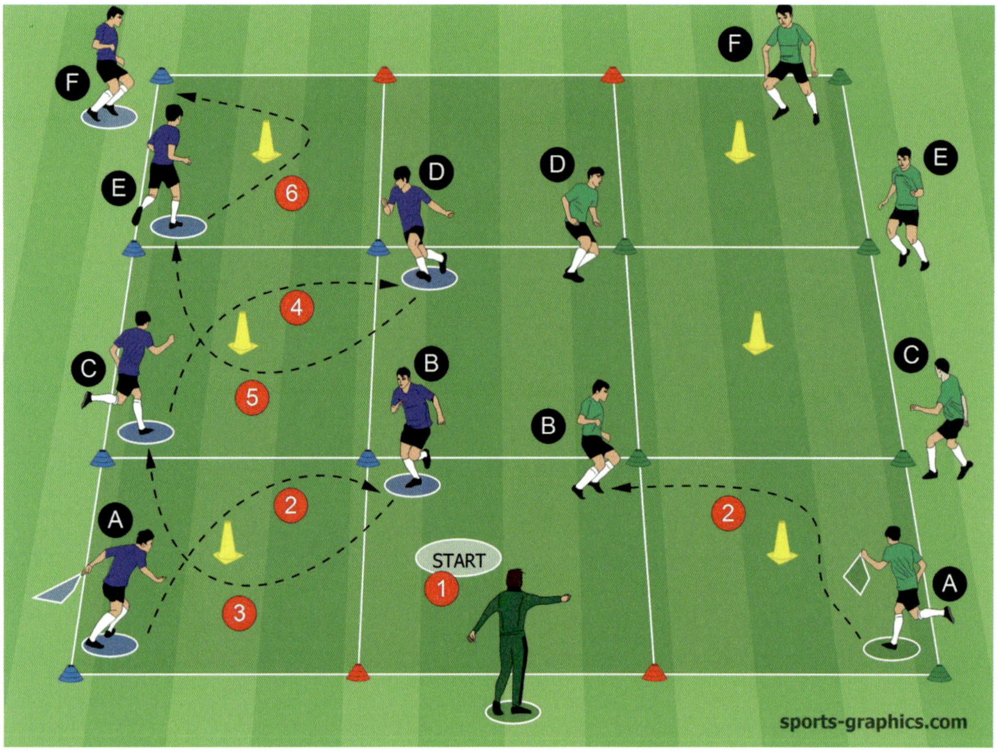

Durchführung

Die Spieler werden in zwei Teams eingeteilt (vgl. Team BLAU und Team GRÜN) und positionieren sich an den entsprechenden farbigen Markierungshütchen. Die Spieler A halten jeweils ein Markierungsleibchen in der Hand. Auf ein akustisches oder visuelles Trainersignal (vgl. 1) starten die Spieler A einen Laufwettkampf (vgl. 2). Spieler A berührt ein gelbes Markierungshütchen mit der Hand und übergibt das Leibchen dann an Spieler B. Spieler B berührt ebenfalls ein gelbes Markierungshütchen und übergibt das Leibchen dann an Spieler C (vgl. 3). Der Ablauf setzt sich so nach dem gleichen Schema mit Spieler C, D und E fort (vgl. 4, 5 und 6). Der Durchgang gilt als beendet, wenn das Markierungsleibchen bei Spieler F angekommen ist. Alle Spieler besetzen die jeweils nächste Startposition und Spieler F beginnt, nachdem er die Position von Spieler A eingenommen hat, mit dem nächsten Durchgang. Team GRÜN setzt zeitgleich denselben Ablauf um.

Varianten

* Durchführung als Wettkampf: Welches Team realisiert zuerst 10 Durchgänge?
* Durchführung als Wettkampf: Für jeden gewonnenen Durchgang erhält das Siegerteam einen Punkt. Welches Team realisiert zuerst fünf Punkte?
* Durchführung mit Ball. Alle Strecken werden im Dribbling absolviert.

7.5 LAUFWETTKAMPF (DOPPELTES TIC-TAC-TOE)

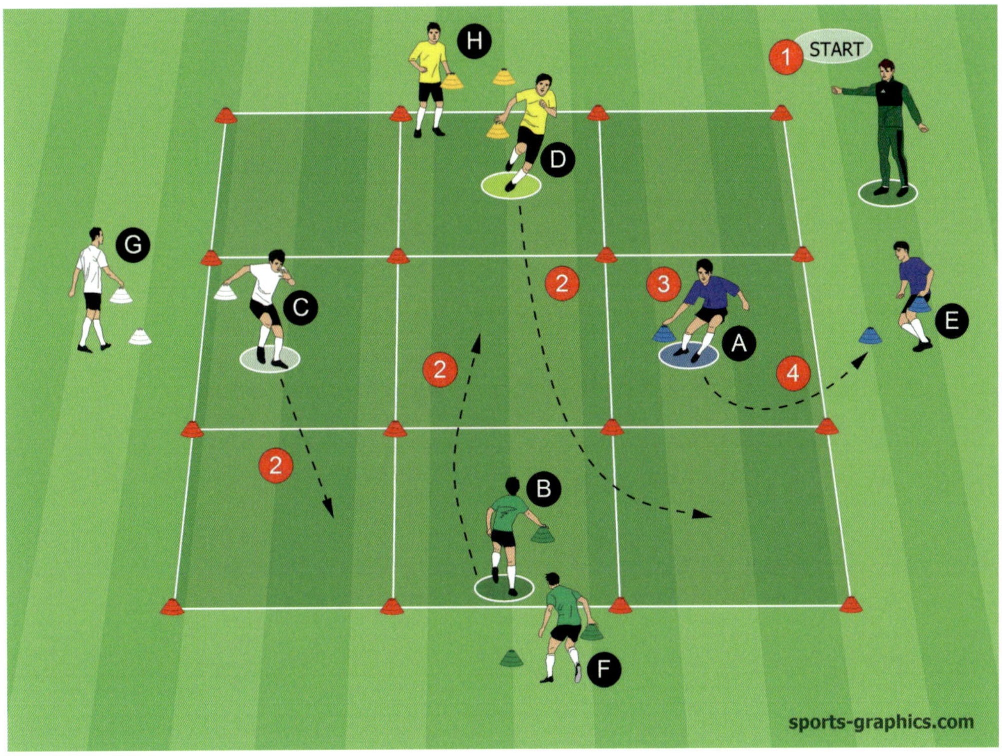

Durchführung

Die Spieler werden in vier Teams unterteilt (vgl. Team BLAU, Team GRÜN, Team WEISS und Team GELB). Die Spieler positionieren sich gemäß ihrer Teamfarbe an den Markierungshütchen. Die Teams sind mit je drei Markierungshütchen entsprechend der Teamfarbe ausgestattet. Auf ein akustisches oder visuelles Trainersignal (vgl. 1) startet der Trainer einen Laufwettkampf, bei dem es darum geht, die eigenen Markierungshütchen in einer zusammenhängenden horizontalen, vertikalen oder diagonalen Reihe in den Feldern abzulegen. Dabei spielen die gegenüberliegenden Teams gegeneinander. Team BLAU spielt gegen Team WEISS und Team GRÜN spielt gegen Team GELB. Die Spieler starten mit einem Markierungshütchen in das Feld (vgl. 2) und platzieren es in einem Feld (vgl. 3). Anschließend kehren die Spieler zur Ausgangsposition zurück, um den nächsten Spieler per Handschlag zu aktivieren. Sind alle Markierungshütchen der eigenen Farbe gelegt, so kann die Position der bereits liegenden eigenen Markierungshütchen verändert werden.

7.6 LAUFWETTKAMPF (ZONENSPIEL)

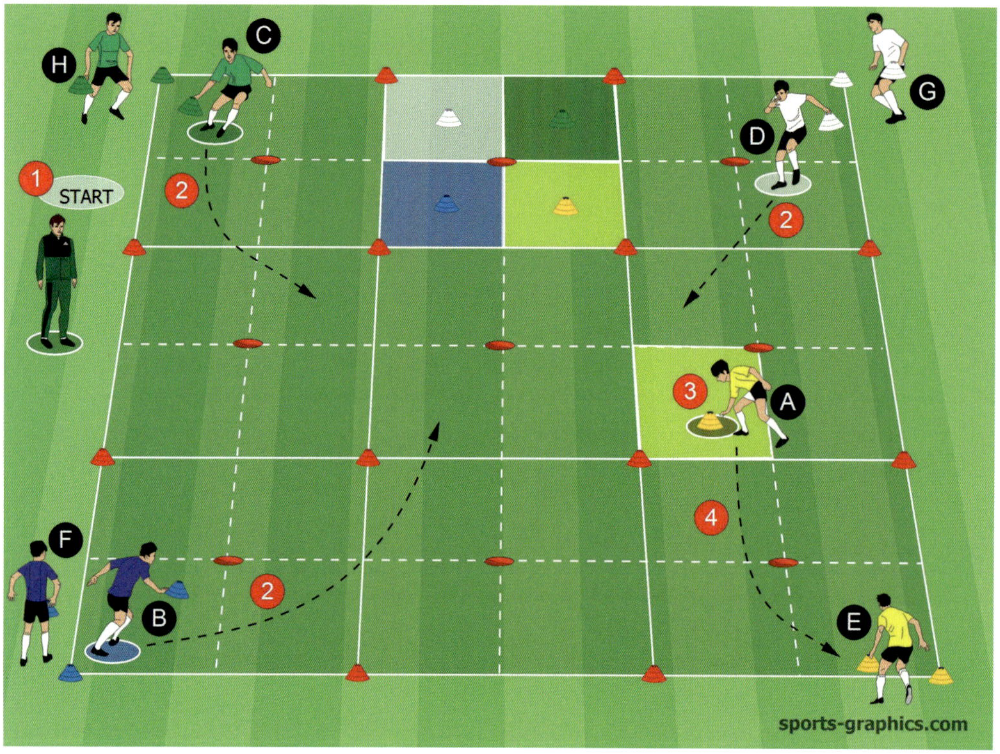

Durchführung

Die Spieler werden in vier Teams eingeteilt (vgl. Team GELB, Team BLAU, Team GRÜN und Team WEISS). Die Spieler positionieren sich gemäß ihrer Teamfarbe an den Markierungshütchen. Jedem Team stehen 12 Markierungshütchen zur Verfügung. Diese Markierungshütchen liegen bei der Startposition des jeweiligen Teams und werden beim Laufen in der Hand getragen. Mit einem akustischen oder visuellen Trainersignal (vgl. 1) startet ein Laufwettkampf. Die Zielsetzung besteht in der Besetzung der kleinen 36 Felder mit den eigenen Markierungshütchen. Die Spieler starten mit einem Markierungshütchen in der Hand in das Feld (vgl. 2) und platzieren dieses in einem der Kleinfelder ihrer Wahl (vgl. 3). Anschließend kehren die Spieler wieder zu ihrer Startposition zurück (vgl. 4) und aktivieren per Handschlag einen nächsten Spieler. Der Wettkampf ist beendet, wenn alle Felder mit einem Markierungshütchen belegt sind. Gewonnen hat das Team, welches die meisten Markierungshütchen in den verschiedenen Feldern platziert hat. In einem Feld kann jeweils nur ein Markierungshütchen platziert werden.

Varianten

- Bei jedem vierten Lauf wird ein Markierungshütchen eines Gegners entfernt.
- Variation im Sinne von „vier gewinnt" durch das Legen einer geraden oder diagonalen Reihe.
- Durchführung mit Ball im Dribbling (Dribbling links/rechts).

7.7 FANGSPIEL (1 GEGEN 1) #1

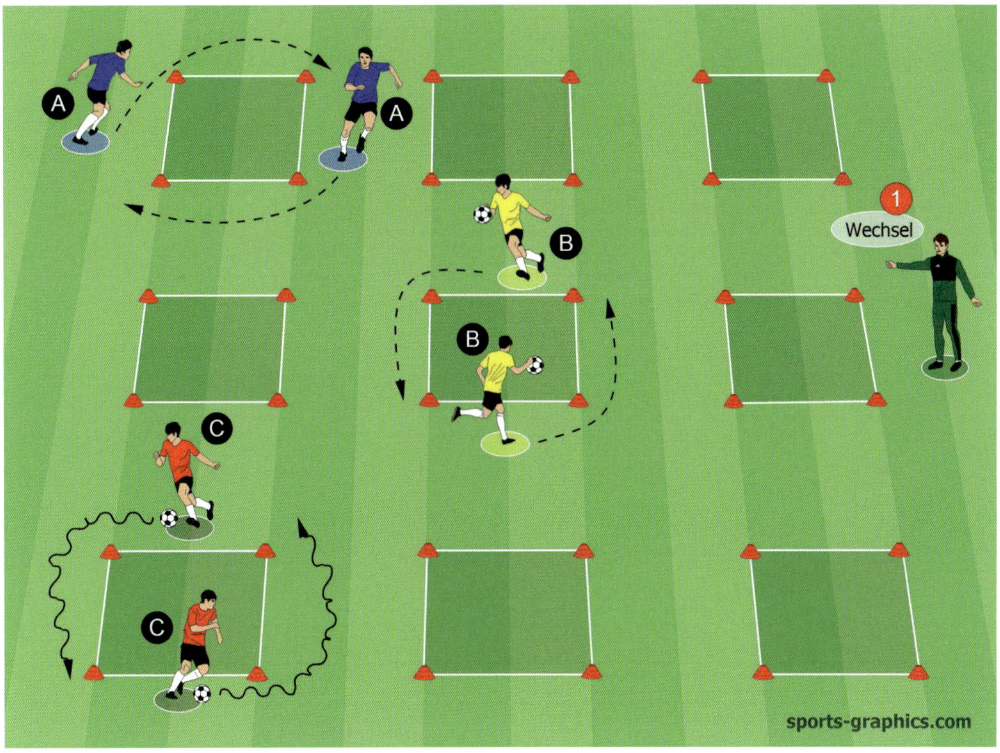

Durchführung

An jedem Feld befinden sich zwei Spieler, die ein 1-gegen-1-Duell gegeneinander führen. Die Spieler starten an den gegenüberliegenden Seiten des Felds. Auf ein Startsignal laufen die Spieler in der gleichen Richtung um das Feld herum und versuchen, den jeweils anderen einzuholen (vgl. Spieler A). Der Trainer ändert durch ein akustisches oder visuelles Signal die Laufrichtung.

Varianten

* Die Spieler prellen den Ball während des Laufens (vgl. Spieler B).
* Die Spieler dribbeln um das Feld herum (vgl. Spieler C). Als zusätzliche Schwierigkeit können die Spieler bei jeder Kurve und bei jedem Richtungswechsel eine Finte durchführen.

7.8 FANGSPIEL (1 GEGEN 1) #2

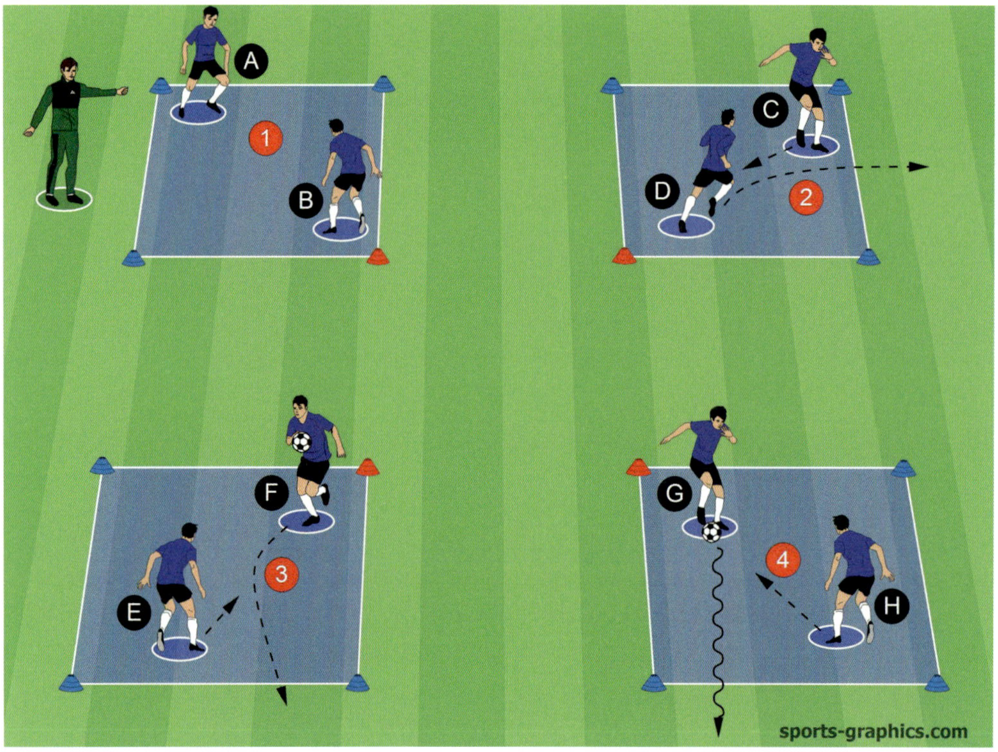

Durchführung

In jedem Feld stehen sich zwei Spieler gegenüber (vgl. 1). Der am roten Hütchen startende Spieler (vgl. D) löst das Fangspiel aus, indem er ins Feld hineinstartet. Er hat nun die Aufgabe, auf einer von zwei blauen Hütchen begrenzten Seite des Felds hinauszulaufen, ohne von dem zweiten Spieler (vgl. C) mit der Hand berührt zu werden (vgl. 2).

Varianten

* Der Spieler am roten Hütchen prellt einen Ball beim Laufen (vgl. F) und versucht, aus dem Feld zu entfliehen, ohne dass der Fänger den Ball mit der Hand berührt (vgl. 3). Alternativ kann das Duell auch mit einem Wurf von Spieler E zu Spieler F gestartet werden.
* Der Spieler am roten Hütchen führt einen Ball am Fuß (vgl. G) und versucht, aus dem Feld zu entfliehen, ohne dass der Fänger den Ball mit erobert (vgl. 4). Alternativ kann das Duell auch mit einem Pass von Spieler H zu Spieler G gestartet werden.

7.9 FANGSPIEL (REAKTION)

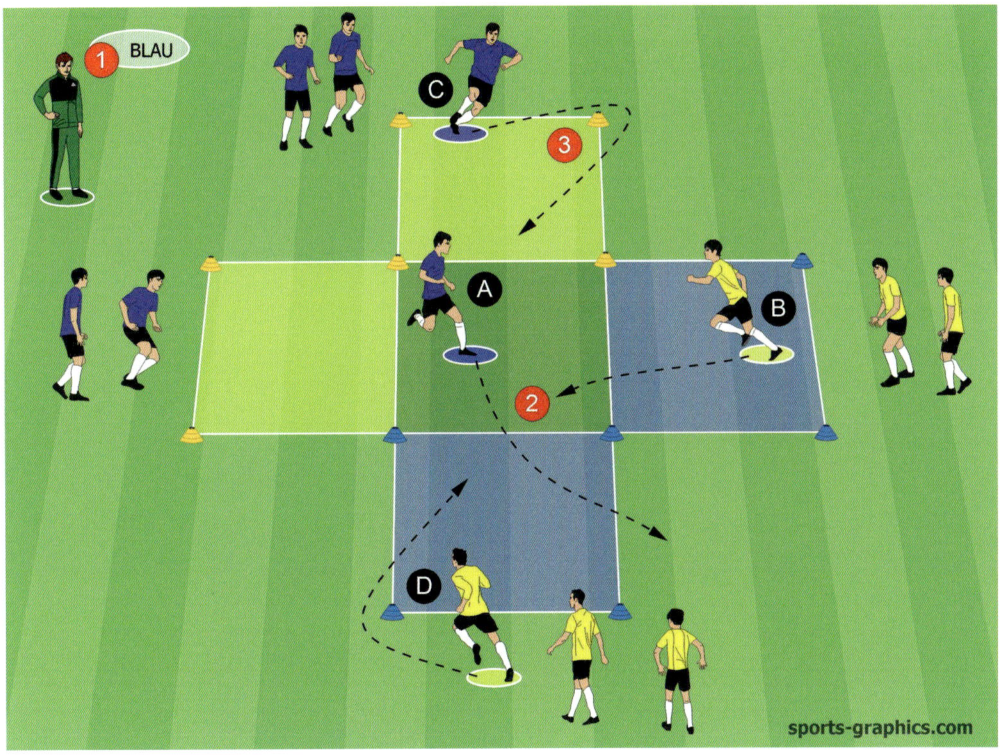

Durchführung

Die Spieler teilen sich an die vier Startpositionen auf und werden mit Leibchen gekennzeichnet (vgl. Team GELB und Team BLAU). Auf ein akustisches oder visuelles Trainersignal (vgl. 1) startet je Startposition ein Spieler der vom Trainer genannten oder gezeigten Farbe (vgl. Spieler A) und hat die Aufgabe, durch ein Viereck seiner Leibchenfarbe aus dem Feld zu entfliehen. Zeitlich startet der gegenüberliegende Spieler der nicht genannten Farbe (vgl. Spieler B) und hat die Aufgabe, den eingestarteten Spieler vorher mit der Hand zu berühren (vgl. 2).

Variante

* Der Spieler der genannten Farbe läuft vor dem Start ins Feld um eines der Hütchen neben ihm (vgl. Spieler C) Der entsprechende Fänger auf der gegenüberliegenden Seite muss um das Hütchen auf der jeweils anderen Seite laufen (vgl. Spieler D) und darf dann den einstartenden Spieler abschlagen.

7.10 FANGSPIEL (ZONENSPIEL) #1

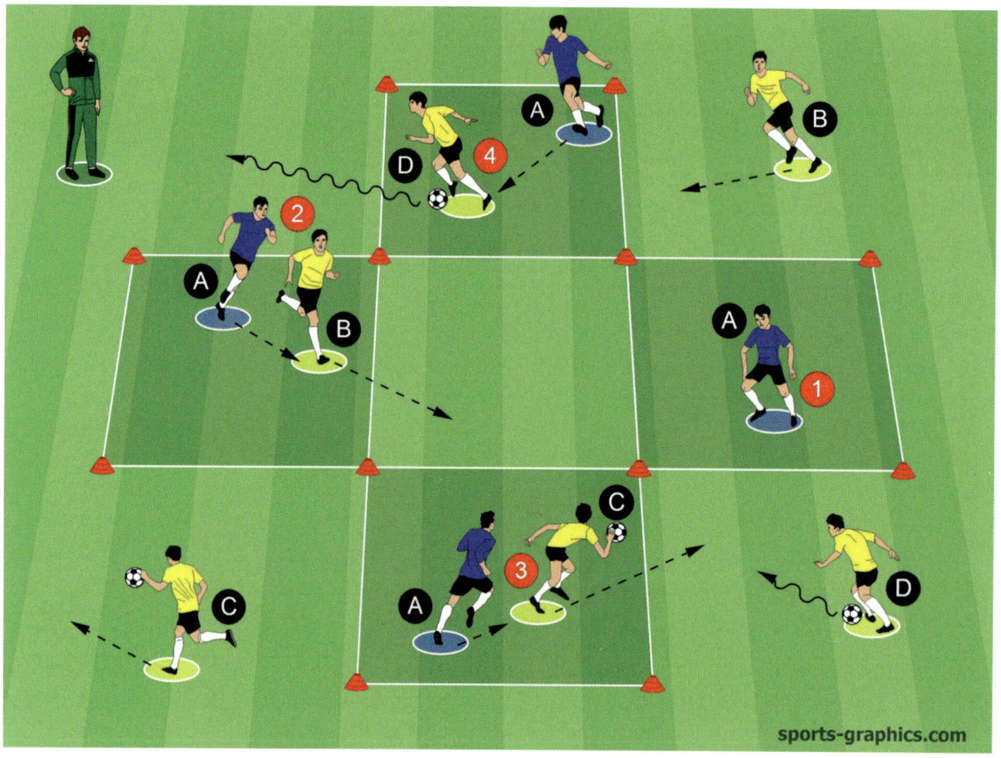

Durchführung

Vier Spieler befinden sich in den gekennzeichneten Feldern (vgl. 1, Team BLAU) und haben das Ziel, hindurchlaufende Spieler mit der Hand zu berühren. Alle übrigen Spieler (vgl. Team GELB) können Punkte erlangen, indem sie durch eines der Felder laufen, ohne vom Fänger berührt worden zu sein (vgl. 2). Die Spieler müssen stets das jeweilige Feld komplett durchlaufen und dürfen nie ein Feld zweimal hintereinander durchlaufen.

Varianten

- Die Fänger haben weiterhin keinen Ball, alle anderen Spieler prellen den Ball während des Laufens (vgl. C) und können Punkte erlangen, indem sie den Ball durch ein Feld prellen, ohne vom Fänger berührt worden zu sein (vgl. 3).
- Die Fänger haben weiterhin keinen Ball, alle anderen Spieler führen den Ball am Fuß (vgl. D) und können Punkte erlangen, indem sie den Ball durch ein Feld dribbeln, ohne vom Fänger berührt worden zu sein (vgl. 4).

7.11 FANGSPIEL (ZONENSPIEL) #2

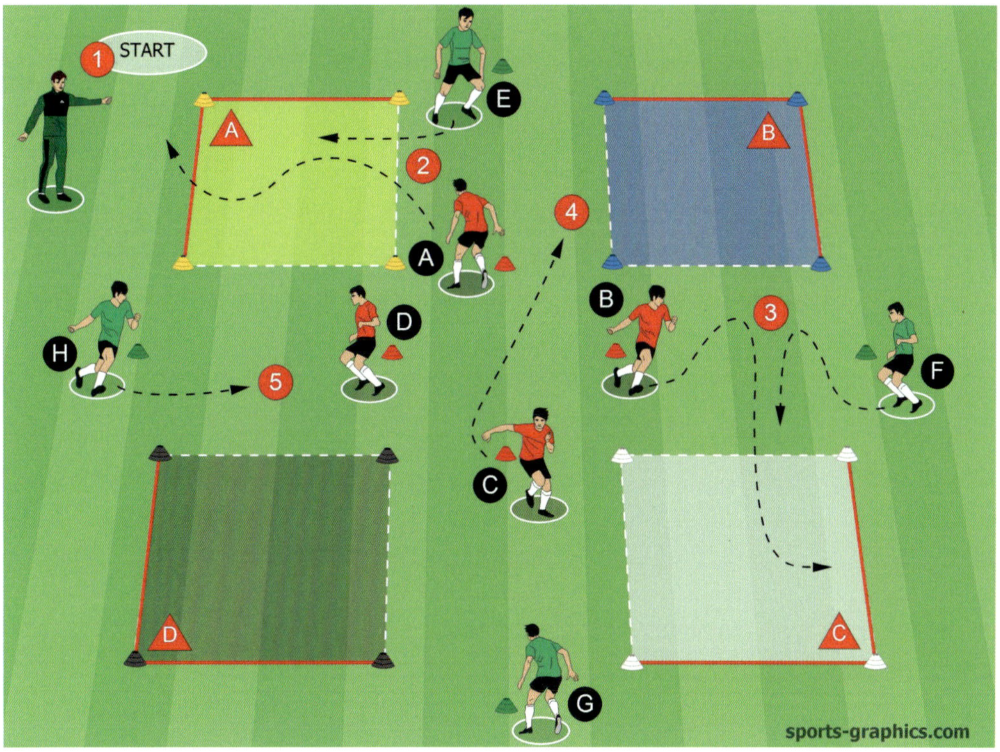

Durchführung

Im Zentrum und im äußeren Bereich des Spielfelds werden jeweils vier Startpositionen markiert. An jeder Startposition befindet sich ein Spieler (vgl. Spieler A, B, C, D, E, F, G und H). In den Eckbereichen befinden sich vier quadratische Zonen mit jeweils zwei Ziellinien pro Feld (vgl. Linien A, B, C und D). Jedem Spieler im Zentrum ist ein äußeres Feld zugeordnet (vgl. Spieler A/Feld A). Im Vorfeld sind vier unterschiedliche Startsignale festgelegt. Der Trainer entscheidet sich für ein Startsignal, ruft dieses auf und startet damit den Wettkampf. Mit dem Trainersignal beginnen insgesamt vier 1-gegen-1-Situationen. Die Spieler im Zentrum (vgl. Spieler A, B, C und D) versuchen, je nach Trainersignal, eine der Ziellinien zu erreichen, ohne von den Spielern außen (vgl. Spieler E, F, G und H) gefangen und mit der Hand berührt zu werden. Je nach Trainersignal müssen die Spieler im Zentrum und die Gegner außen schnell reagieren und das durch das Trainersignal definierte Zielfeld ansteuern. Trainersignal 1: Die Spieler im Zentrum versuchen, über eine Ziellinie des ihnen zugeordneten Felds zu laufen (vgl. 2), ohne vom Gegner berührt zu werden. Trainersignal 2: Die Spieler im Zentrum können zwischen den jeweils vor ihnen positionierten Feldern wählen (vgl. Spieler B/Feld B und C). Trainersignal 3: Die Spieler im Zentrum drehen sich um und wählen zwischen den hinter ihnen positionierten Feldern (vgl. 4). Entsprechend ist der Außenspieler im Rücken der aktuelle Gegner (vgl. Spieler C/Gegner E). Trainersignal 4: Der Außenspieler versucht, über eine der entfernten Ziellinien zu laufen (vgl. Spieler H/Felder B/C). Die Spieler im Zentrum agieren als Gegner (vgl. 5).

7.12 FANGSPIEL (ZONENSPIEL) #3

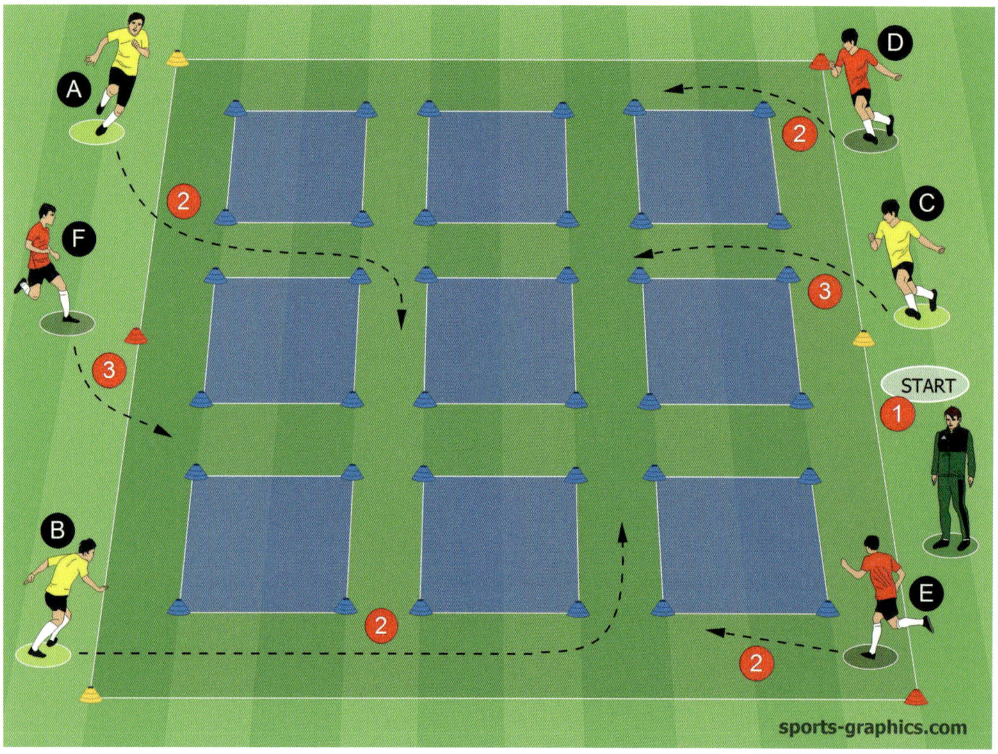

Durchführung

Die Spieler werden in zwei Teams eingeteilt (vgl. Team ROT und Team GELB) und positionieren sich an den jeweils entsprechenden farbigen Markierungshütchen. Auf ein akustisches oder visuelles Trainersignal (vgl. 1) starten alle Spieler in das Feld hinein. Die Spieler A, B, D und E haben dabei die Aufgabe, auf die andere Seite zu gelangen (vgl. 2), ohne dabei von einem gegnerischen Spieler mit der Hand berührt zu werden. Spieler C versucht, das Durchbrechen der Spieler A und B zu verhindern, indem er sie mit der Hand berührt (vgl. 3). Gleichzeitig versucht Spieler F, die Spieler D und E aufzuhalten. Während des Fangspiels darf kein Spieler durch ein blau markiertes Feld laufen. Wenn ein Spieler vom Fänger berührt wird, so wird er im darauf folgenden Durchgang selbst zum Fänger.

Varianten

- Durchführung als Wettkampf: Welcher Spieler schafft die meisten Läufe, ohne berührt zu werden?
- Durchführung als Wettkampf: Welcher Fänger hindert in einer Minute Spielzeit mehr Läufer?
- Vereinfachung: Die Fänger dürfen sich frei bewegen und auch die blauen Felder belaufen.
- Erschwerung: Läufe außerhalb der blauen Felder sind nur um maximal ein Feld erlaubt.

7.13 FANGSPIEL (FARBSPIEL)

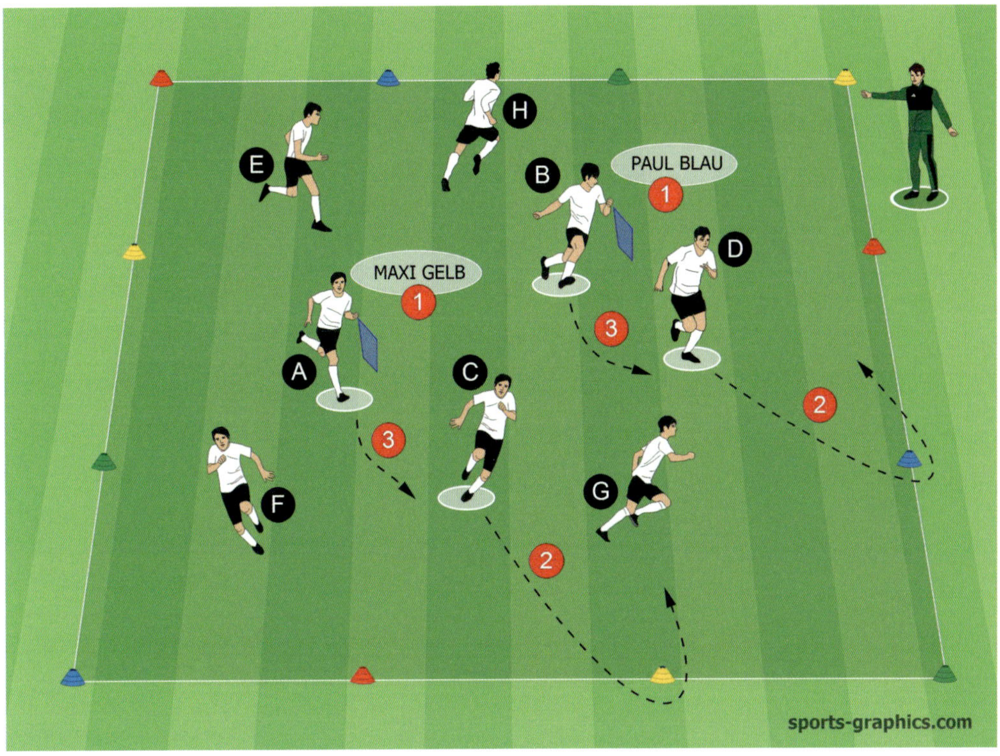

Durchführung

Die Spieler bewegen sich frei im Feld. Zwei Spieler halten ein Leibchen in der Hand und sind so als Fänger markiert. Die Fänger benennen mit einem Ausruf einen Spieler ohne Leibchen und zusätzlich eine Farbe (vgl. 1). Auf das Signal hat der benannte Spieler die Aufgabe, um ein Markierungshütchen der benannten Farbe zu laufen (vgl. 2), um sich somit in Sicherheit zu bringen und dem Fänger zu entkommen. Der Fänger hat die Aufgabe, dies zu verhindern, indem er ihn mit der Hand berührt. Gewinnt der Fänger das Duell, gibt er das Leibchen an den gefangenen Spieler ab und dieser wird zum Fänger.

Variante

* Der benannte Spieler muss um zwei Markierungshütchen der benannten Farbe laufen, um das Duell zu gewinnen.

7.14 FANGSPIEL (KOORDINATION)

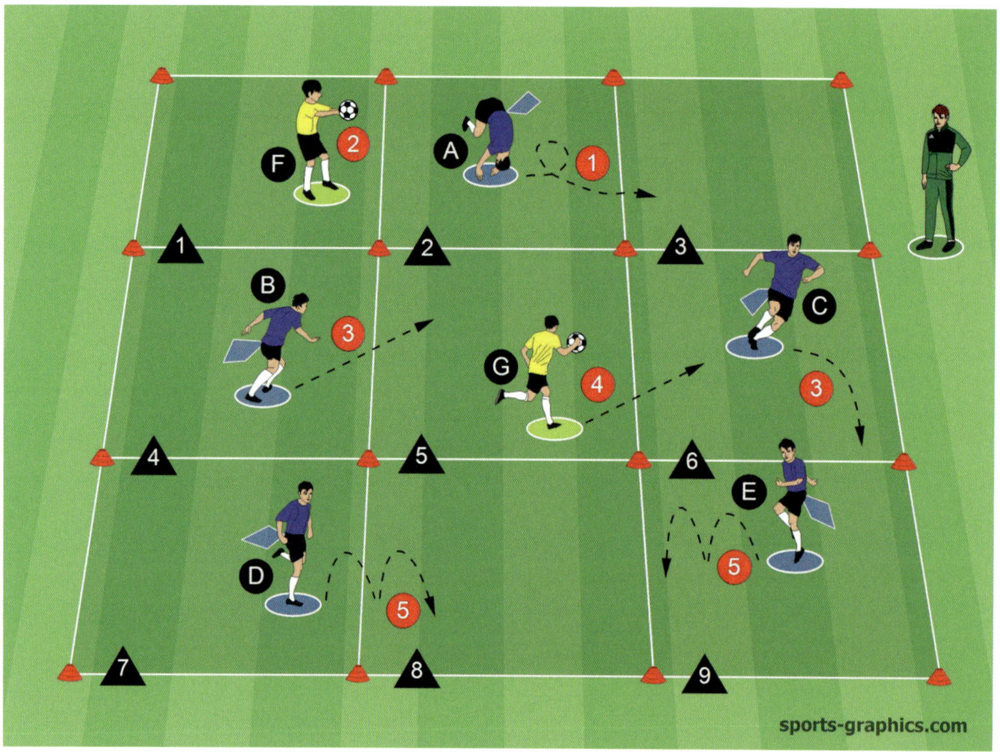

Durchführung

Die Gruppe wird in Läufer (vgl. Spieler A, B, C, D und E) und Fänger (vgl. Spieler F und G) aufgeteilt. Die Läufer befestigen jeweils ein Leibchen im hinteren Hosenbund. Die Fänger haben einen Ball in der Hand. Die Felder sind durchnummeriert und mit verschiedenen Aufgaben für Läufer und Fänger belegt. In Feld 1, 2 und 3 setzen die Läufer bei Betreten des jeweiligen Felds mindestens eine Vorwärtsrolle um (vgl. 1). In Feld 4, 5 und 6 dürfen sich die Läufer ohne weitere Auflagen bewegen (vgl. 3). In Feld 7, 8 und 9 springen die Läufer auf einem Bein und dürfen sich nur hinkend fortbewegen (vgl. 5). Die Fänger dürfen sich frei in allen Feldern frei bewegen, allerdings sind ihnen die Fangtechniken vorgegeben. In den Feldern 1/2/3 und 7/8/9 müssen die Läufer mit einem Ball berührt werden (vgl. 2). In den Feldern 4/5/6 wird versucht, die Markierungsleibchen aus der Hose zu ziehen (vgl. 4).

Varianten

- Sofortiger Aufgabenwechsel nach dem Fangen.
- Variation der Lauftechniken (Rückwärtslauf, Hopserlauf oder Rückwärtshinken).

7.15 FANGSPIEL (ORIENTIERUNG)

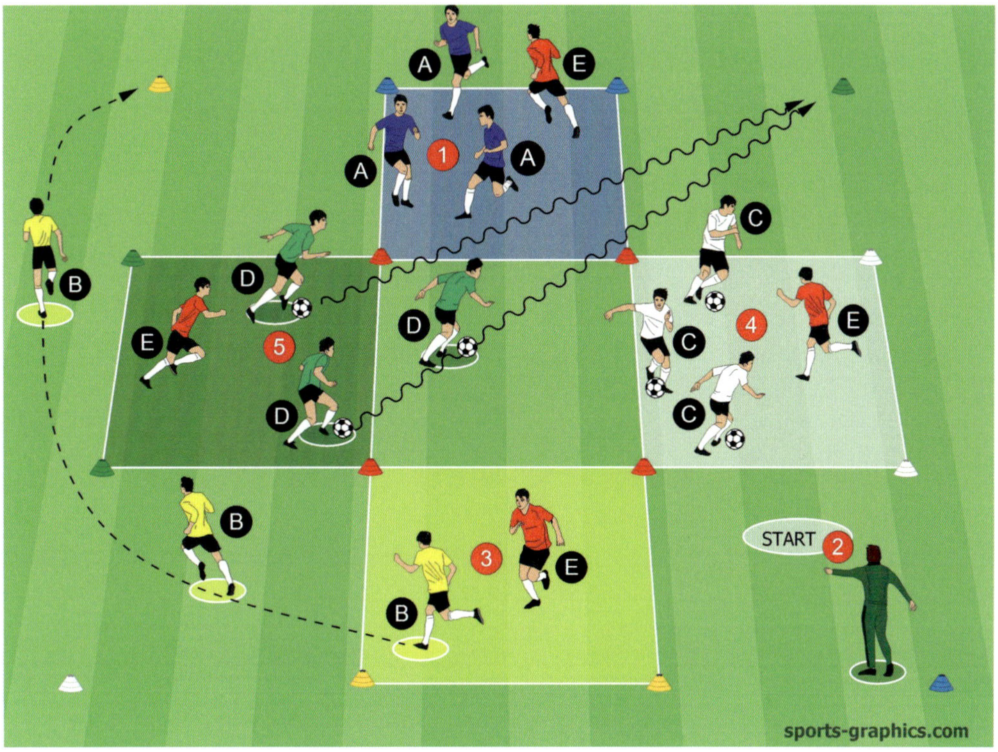

Durchführung

In jedem Feld befinden sich vier Spieler, von denen einer Fänger ist (vgl. E). In jedem Feld läuft ein Fangspiel, bei dem die Spieler E die Aufgabe haben, die übrigen Spieler mit der Hand zu berühren (vgl. 1). Auf ein akustisches oder visuelles Trainersignal laufen alle Spieler inklusive des Fängers zum entfernt positionierten Hütchen der entsprechenden Feldfarbe (vgl. 3). Das schnellste Team bekommt einem Punkt. Danach kehren die Spieler in ihr Feld zurück und das Fangspiel startet erneut.

Varianten

- Alle Spieler führen einen Ball im Feld (vgl. 4). Der Fänger hat nun die Aufgabe, den Ball zu erobern. Auf das Trainersignal dribbeln die Spieler zum entsprechenden Hütchen (vgl. 5).
- Nach Erreichen des entfernten Hütchens laufen die Spieler sofort in ihr Feld zurück. Es gewinnt das Team, welches als Erstes komplett im Ausgangsfeld angekommen ist.

7.16 FANGSPIEL (DURCHBRECHEN)

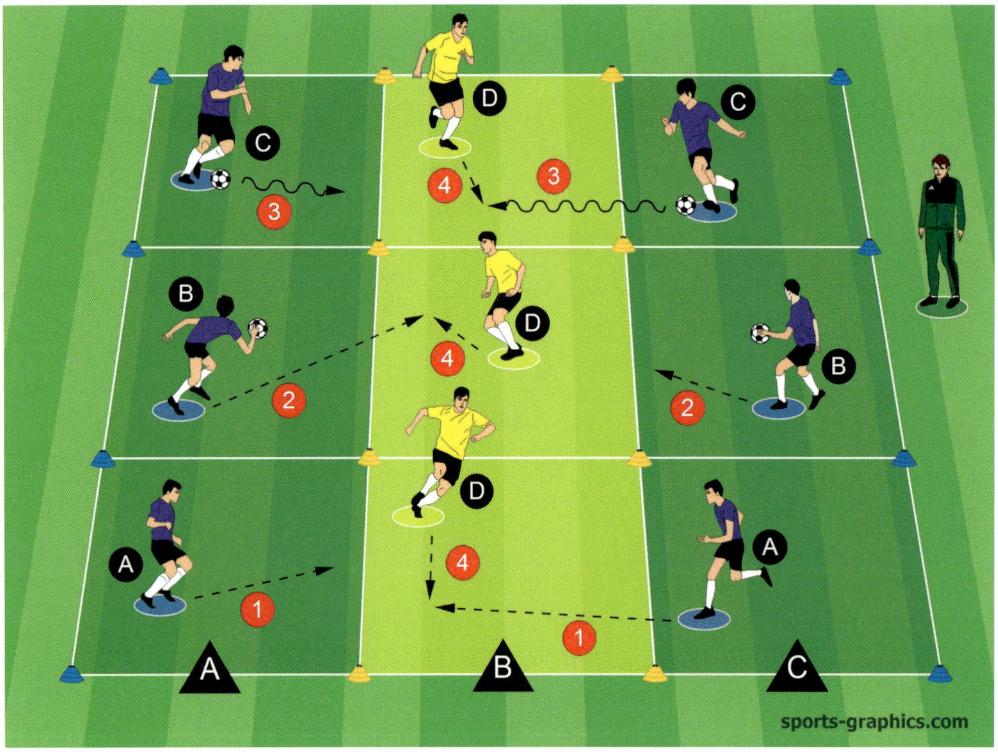

Durchführung

Die Spieler teilen sich gleichmäßig auf die Zonen A, B und C auf (vgl. Spieler A, B, C und D). Die Spieler in den Zonen A und C (vgl. Spieler A) haben nun die Aufgabe, durch die mittlere Zone B in die jeweils andere äußere Zone zu laufen (vgl. 1). Die Spieler in der Mittelzone (vgl. Spieler D) versuchen, die Läufer daran zu hindern, indem die Spieler D sie mit der Hand berühren (vgl. 4). Kommen die Spieler A unbeschadet durch Zone B, erhalten diese einen Punkt. Berührt Spieler D einen der Läufer mit der Hand, so wechseln diese Spieler die Aufgaben.

Varianten

- Die Spieler prellen den Ball während des Laufens (vgl. Spieler B) und versuchen so, Zone B zu durchqueren (vgl. 2). Spieler D versucht, dies zu verhindern (vgl. 4).
- Die Spieler dribbeln den Ball (vgl. Spieler C) und versuchen so, Zone B zu durchqueren (vgl. 3). Spieler D versucht, dies zu verhindern, indem er den Ball aktiv gewinnt (vgl. 4).

7.17 FANGSPIEL (TABUZONEN)

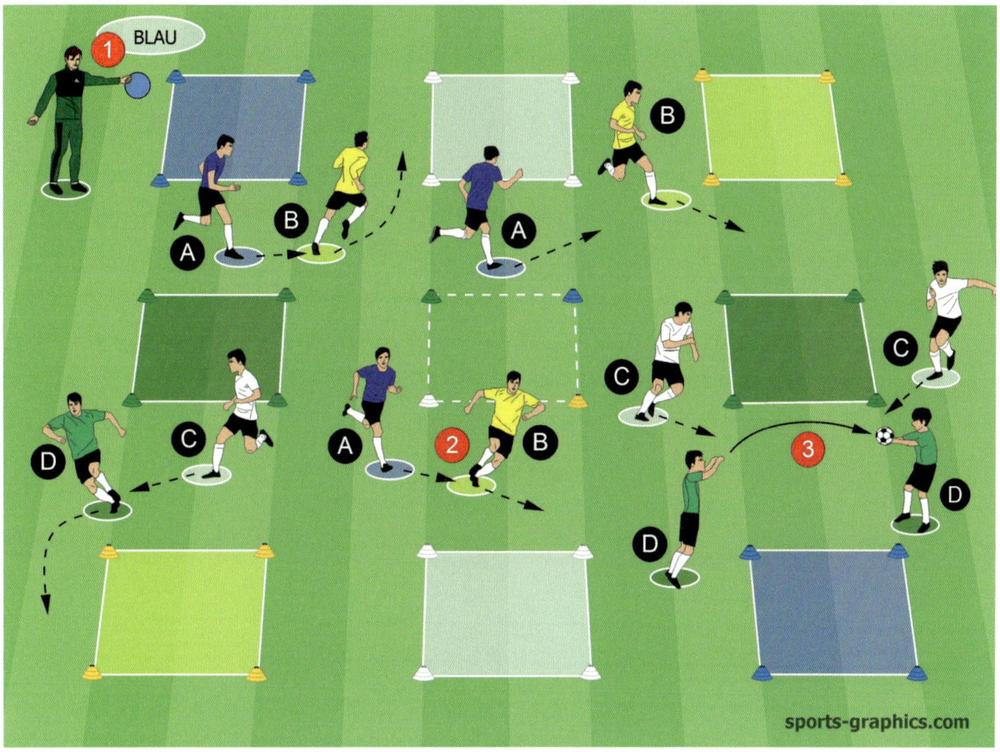

Durchführung

Die Spieler werden in vier Teams eingeteilt (vgl. Team GELB, Team BLAU, Team WEISS und Team GRÜN). Die Spieler bewegen sich frei, wobei die neun gekennzeichneten Felder gesperrt sind und nicht durchlaufen werden dürfen. Der Trainer startet durch ein akustisches oder visuelles Signal (vgl. 1) ein Fangspiel. Durch das Trainersignal wird ein Team als Fänger benannt (vgl. Spieler A) und hat die Aufgabe, die übrigen Spieler mit der Hand zu berühren (vgl. 2). Auch während des Fangspiels dürfen die gekennzeichneten Felder nicht durchlaufen werden.

Varianten

- Die Felder der vom Trainer benannten Farbe sind geöffnet und dürfen durchlaufen werden. Alle anderen Felder bleiben gesperrt.
- Die Felder der vom Trainer benannten Farbe sind geöffnet und dürfen durchlaufen werden. Alle anderen Felder bleiben gesperrt. Die drei zu fangenden Teams haben je einen Ball (vgl. Spieler D). Der Spieler in Ballbesitz ist geschützt und darf nicht gefangen werden (vgl. 3). Der Ball muss entsprechend zirkuliert werden.

7.18 FANGSPIEL (BALLBESITZ)

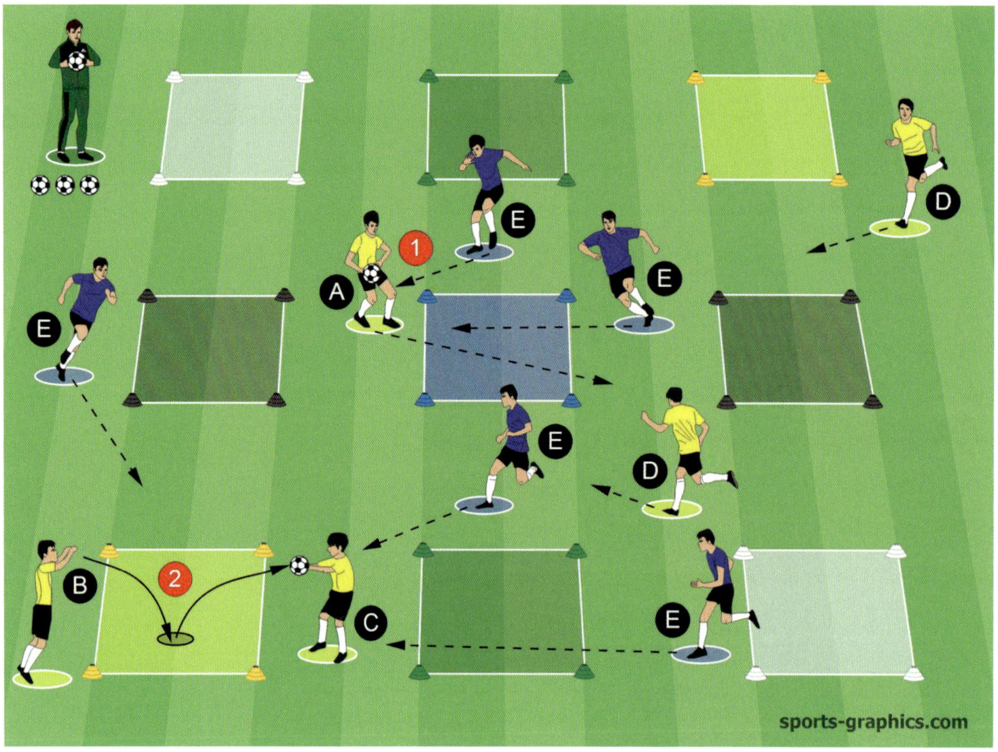

Durchführung

Team GELB spielt gegen Team BLAU im 5 gegen 5. Das ballbesitzende Team hat die Aufgabe, einen Spieler durch Pässe so freizuspielen, dass er mit Ball in der Hand durch ein Feld laufen kann (vgl. 1) Die andere Mannschaft versucht, dies zu verhindern, indem sie den Ballbesitzer inner- oder außerhalb eines Felds mit der Hand berühren. Spieler ohne Ball können nicht abgeschlagen werden. Wurde der Ballbesitzer mit der Hand berührt, wechselt der Ballbesitz. Für jedes fehlerfrei durchlaufene Feld gibt es einen Punkt. Ist der Ball aus dem Spiel, wirft der Trainer einen neuen Ball zu.

Varianten

- Das Spiel wird mit zwei oder drei Bällen gespielt.
- Die Felder werden mit einem Bodenpass durchspielt. Auf der anderen Seite des Felds muss ein Mitspieler den Ball auffangen (vgl. 2).
- Die Spieler haben die Aufgabe, fünf verschiedenfarbige Felder im direkten Anschluss aneinander zu bespielen. Wurde je ein Feld aller fünf Farben bespielt, so erhält das Team einen Extrapunkt.
- Ist ein Feld erfolgreich bespielt worden, so muss im direkten Anschluss das zweite Feld der gleichen Farbe bespielt werden. Erst dann darf ein nächstes Feld einer anderen Farbe bespielt werden.

7.19 FANGSPIEL (DRIBBLING)

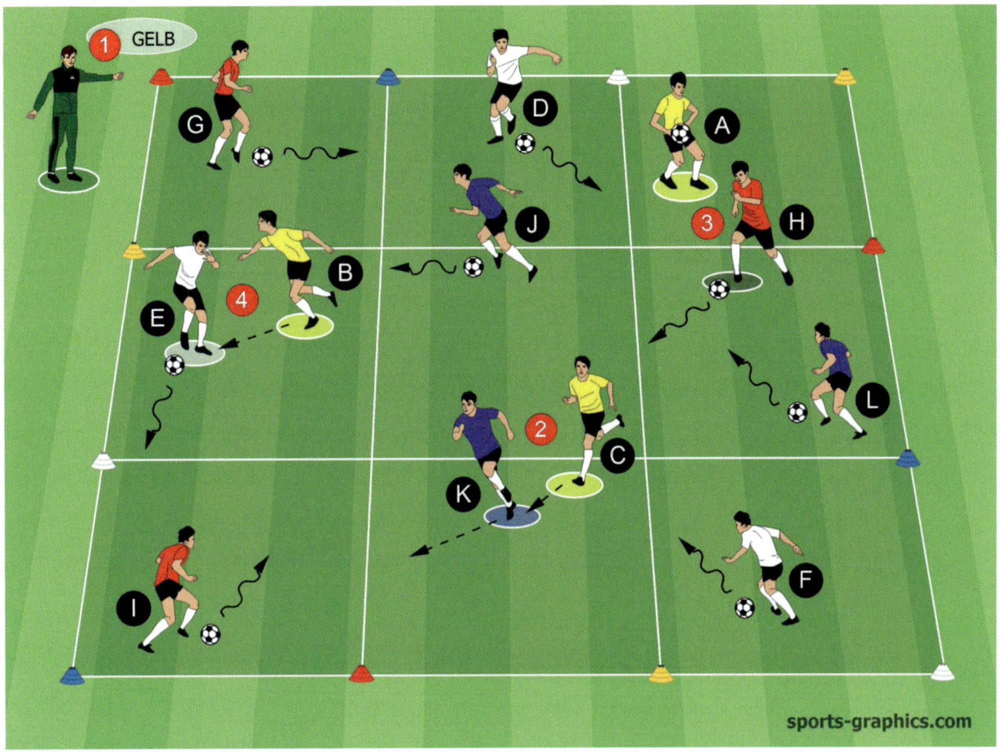

Durchführung

Die Spieler werden in vier Teams eingeteilt (vgl. Team GELB, Team BLAU, Team ROT und Team WEISS). Jeder Spieler ist in Ballbesitz und bewegt sich im freien Dribbling durch das abgesteckte Feld. Mit einem akustischen oder visuellen Trainersignal (vgl. 1) startet ein Fangspiel. Der Trainer nennt eine Farbe und benennt damit ein Team, welches dann die Aufgabe hat, alle Spieler der übrigen Teams schnellstmöglich zu fangen und mit der Hand zu berühren. Sobald das Fangspiel durch das Trainersignal gestartet wurde, lassen alle Spieler ihren Ball liegen und fangen oder entfliehen (vgl. 2). Sobald alle Spieler gefangen wurden oder die Aufgabe von den Fängern in einer bestimmten Zeit nicht erfüllt wurde, beginnen alle Spieler erneut im Dribbling.

Varianten

- Die durch das Trainersignal benannten Fänger nehmen ihren Ball in die Hand und müssen einen gegnerischen Spieler mit dem Ball berühren. Die nicht benannten Spieler behalten ihren Ball am Fuß und versuchen, im Dribbling zu entkommen (vgl. 3).
- Die durch das Trainersignal benannten Fänger lassen ihren Ball liegen und versuchen, möglichst viele gegnerische Spieler mit der Hand zu berühren. Die nicht benannten Spieler behalten ihren Ball am Fuß und versuchen, im Dribbling zu entkommen (vgl. 4).

7.20 FANGSPIEL (PASSSPIEL)

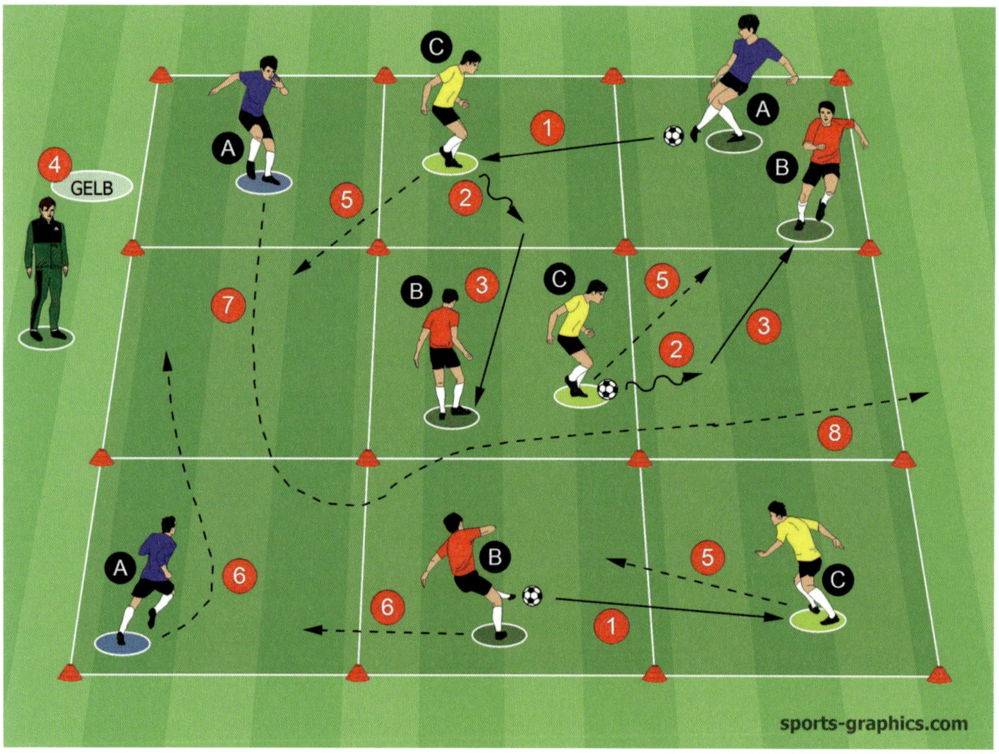

Durchführung

Die Spieler werden in drei Teams zu je drei Spielern eingeteilt (vgl. Team BLAU, Team ROT und Team GELB). Die Spieler lassen drei Bälle zirkulieren und können dabei unabhängig von den Teamfarben alle aktiven Spieler einbeziehen (vgl. 1, 2 und 3). Durch ein akustisches oder visuelles Signal (vgl. 4) benennt der Trainer ein Team als Fänger. Alle Spieler lassen die Bälle liegen. Die Spieler des benannten Teams (hier Team GELB) haben nun die Aufgabe, die Spieler der nicht benannten Teams mit der Hand zu berühren (vgl. 5). Die Spieler der nicht benannten Teams (vgl. Team BLAU und Team ROT) versuchen, zu entfliehen (vgl. 6) und können sich endgültig retten, indem sie fünf Felder durchlaufen (vgl. 7 und 8) und dann das Feld verlassen.

Varianten

- Durch das Signal BALL werden unabhängig von den Teamfarben alle ballbesitzenden Spieler zu Fängern.
- Die Fänger nehmen nach dem Trainersignal einen Ball auf und fangen mit Ball in der Hand.
- Die farbigen Markierungshütchen werden mit Zahlen belegt, die vom Fänger statt oder alternativ der Farbe gerufen werden.
- Alle Spieler ohne Leibchen haben einen Ball und führen die Aufgabe im Dribbling durch.

7.21 PASS- UND LAUFWETTKAMPF #1

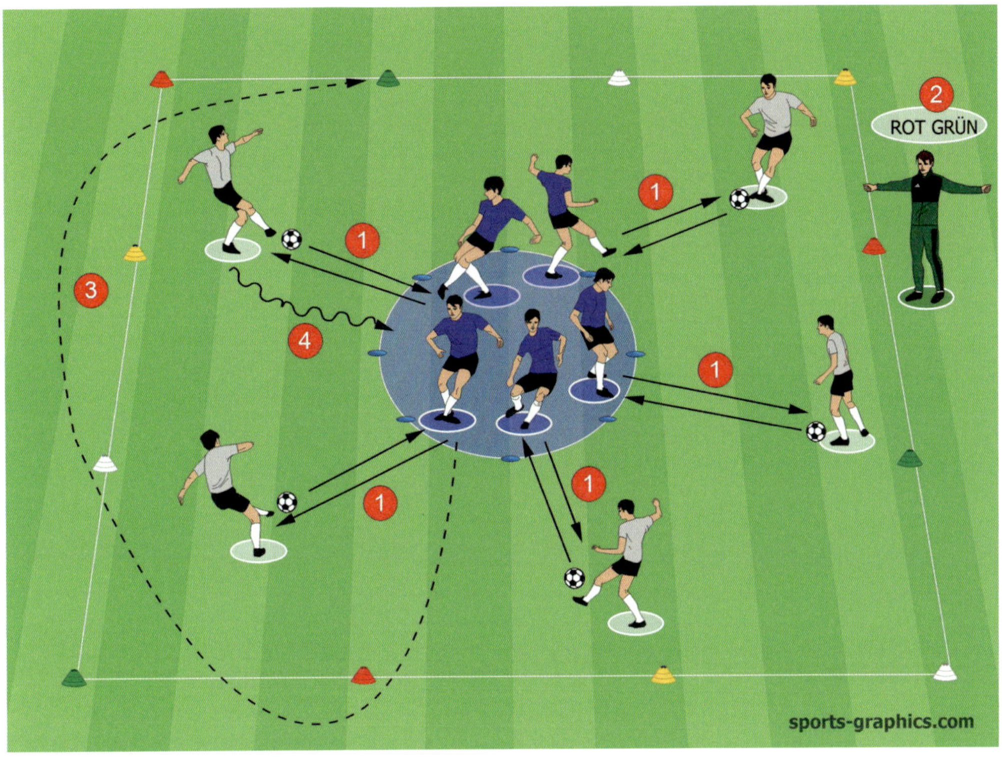

Durchführung

Die Spieler werden in zwei Teams aufgeteilt (vgl. Team GRAU und Team BLAU). Ein Team positioniert sich im zentralen Kreis (vgl. Team BLAU), während das andere Team sich um den Kreis herum positioniert (vgl. Team GRAU). Die inneren und äußeren Spieler passen sich jeweils einen Ball hin und her (vgl. 1). Der Trainer gibt ein akustisches oder visuelles Farbsignal (vgl. 2) und startet damit ein Laufspiel. Die zentral positionierten Spieler (vgl. Team BLAU) reagieren auf das Signal, passen bei Ballbesitz den Ball zum äußeren Spieler und laufen dann im Wettkampf schnellstmöglich die genannten Markierungshütchen nacheinander ab (vgl. 3). Welcher Spieler hat zuerst das letzte Hütchen der Farbkombination erreicht? Während des Laufwettkampfs der Spieler von Team BLAU dribbeln die äußeren Spieler in den zentralen Kreis (vgl. 4). Nach dem Ende des Laufwettkampfs setzt unmittelbar das Passspiel mit getauschten Aufgabenstellungen ein.

Varianten

- Der Trainer gibt die Technik des Passes (vgl. 1) vor (rechts/links/volley zum Fangen).
- Der Trainer gibt die Technik des Laufs (vgl. 3) vor (rückwärts/seitwärts).
- Nach dem Trainersignal erhalten die zentralen Spieler den Ball und setzen den Wettbewerb im Dribbling um.

7.22 PASS- UND LAUFWETTKAMPF #2

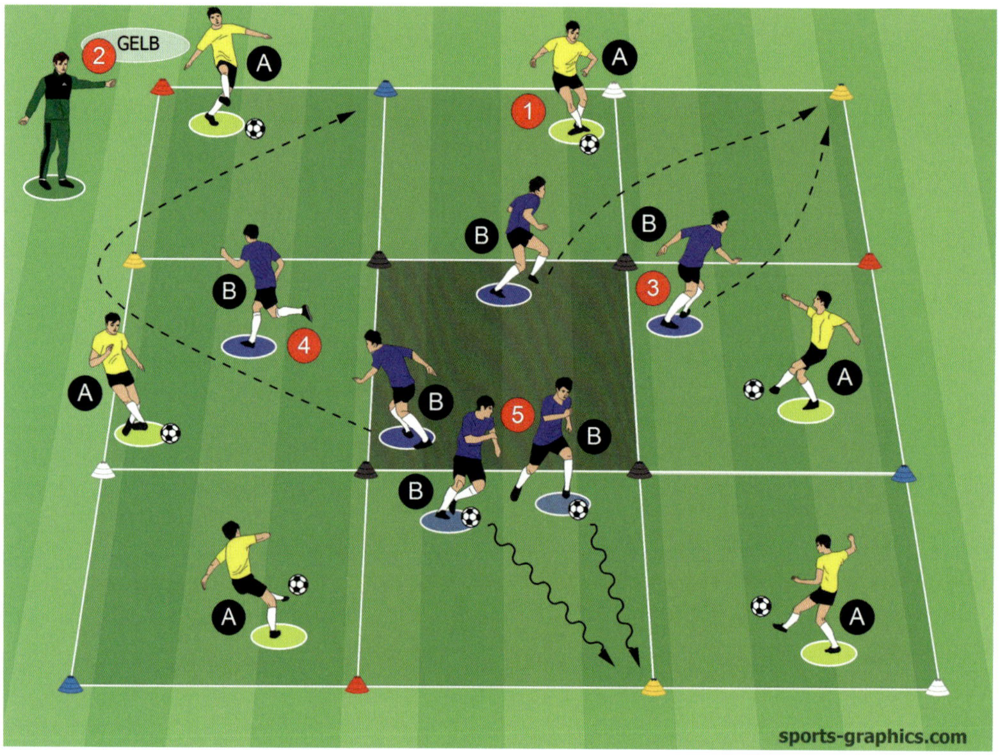

Durchführung

Die Spieler werden in zwei Teams eingeteilt (vgl. Team BLAU und Team GELB). Ein Team befindet sich im zentralen Feld (vgl. schwarzes Feld, Team BLAU), das andere Team (vgl. Team GELB) verteilt sich in den acht übrigen Feldern. Je ein Spieler im Zentrum (vgl. Spieler BLAU) passt sich einen Ball mit einem Spieler in den Außenbereichen (vgl. Spieler GELB) hin und her. Mit einem akustischen oder visuellen Signal startet der Trainer ein Laufspiel (vgl. 2). Der Trainer benennt eine Farbe und dadurch eines der äußeren Hütchen als Zielmarkierung. Die Spieler im Zentrum haben nun die Aufgabe, schnellstmöglich ohne Ball zu einem äußeren Hütchen entsprechend der ausgerufenen Farbe zu laufen (vgl. 3) Der schnellste Spieler gewinnt. Gleichzeitig wechseln die äußeren Spieler in das Zentrum und die Aufgaben werden für einen nächsten Durchlauf getauscht.

Varianten

- Die Spieler im Zentrum setzen den Weg zum Zielhütchen im Dribbling um (vgl. 5). Sollte der Ball im Moment des Trainersignals bei dem äußeren Spieler sein, muss schnell ein weiterer Pass gespielt werden, sodass der zentrale Spieler in Ballbesitz ist.
- Das Trainersignal beinhaltet zwei Farben. Die Spieler im Zentrum haben nun die Aufgabe, zunächst um das zuerst aufgerufene Hütchen und dann entsprechend der zuletzt genannten Farbe zum Zielhütchen zu laufen (Trainersignal: GELB! BLAU!, vgl. 4).

7.23 PASS- UND DRIBBLINGWETTKAMPF

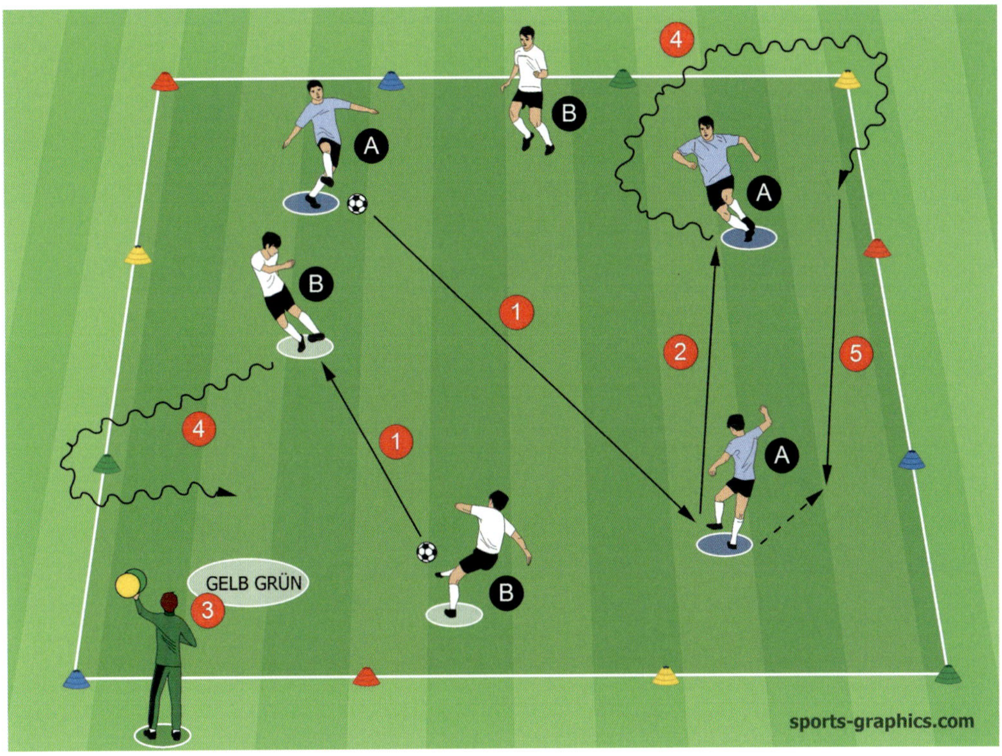

Durchführung

Die Spieler werden in zwei Teams eingeteilt (vgl. Team WEISS und Team BLAU). Die Spieler beider Teams bewegen sich frei im Feld und lassen den Ball innerhalb des eigenen Teams zirkulieren (vgl. 1 und 2). Der Trainer benennt durch ein akustisches oder visuelles Signal zwei Farben und damit ein Hütchentor (vgl. 3). Der aktuell ballbesitzende Spieler hat nun die Aufgabe, schnellstmöglich durch das genannte Tor und wieder zurück in das Feld zu dribbeln (vgl. 4). Ist er wieder im Feld angekommen, setzt er das freie Passspiel durch ein Abspiel zu einem Mitspieler fort (vgl. 5).

Varianten

- Vorgabe der Dribblingtechnik (z. B. Dribbling links/rechts oder Dribbling im strikten Wechsel).
- Vorgabe der Passtechnik (z. B. linker Fuß/rechter Fuß/Spann/Innenseite).
- Mit dem Trainersignal laufen auch die Spieler ohne Ball durch die benannten Hütchentore.

7.24 LAUF- UND DRIBBELWETTKAMPF (ZONENSIGNAL) #1

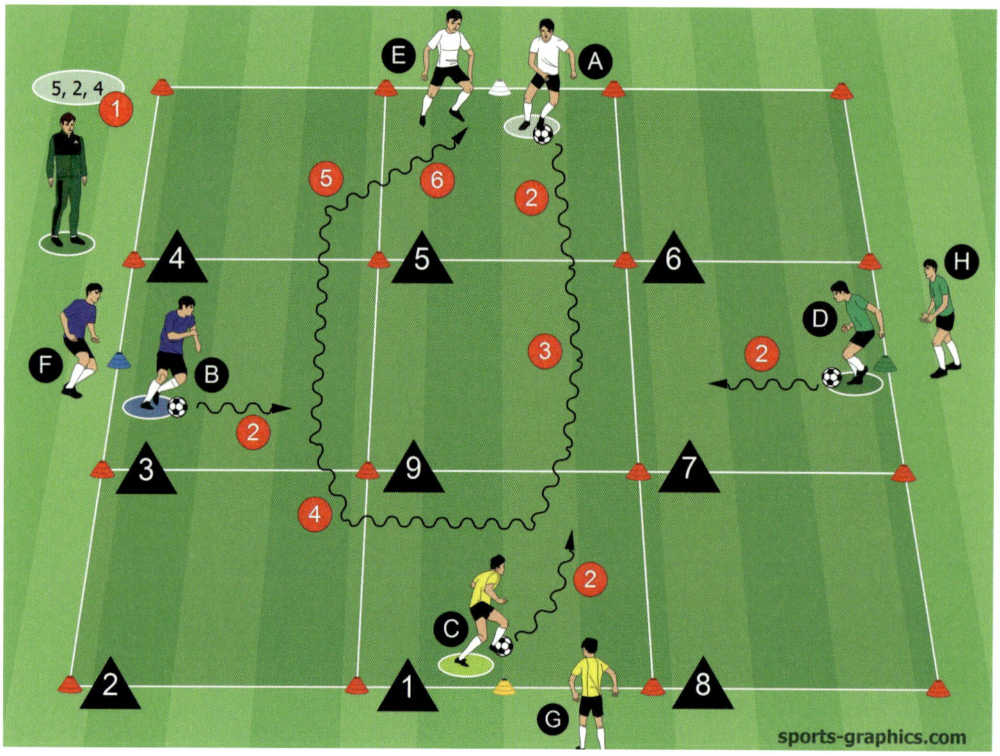

Durchführung

Die Spieler werden in vier Teams aufgeteilt (vgl. Team WEISS, Team GRÜN, Team GELB und Team BLAU). Die Spieler positionieren sich gemäß ihrer Teamfarbe an den Markierungshütchen. Die Felder sind durchnummeriert. Die Nummerierung ist für jedes Team gemäß der Blickrichtung zu verstehen. Die Nummerierung verläuft vor dem eigenen Markierungshütchen im Uhrzeigersinn und schließt im Zentrum. In der Grafik ist die Nummerierung für Team GELB dargestellt. Mit einem akustischen oder visuellen Trainersignal (vgl. 1) starten die jeweils ersten Spieler jedes Teams zu einem Dribbelwettkampf (vgl. 2). Die Spieler belaufen die Felder gemäß des Trainersignals (vgl. 3, 4 und 5) und kehren dann zur Startposition zurück (vgl. 6), um ihre Aktion mit einem Handschlag mit dem nächsten Spieler zu beenden. Welcher Spieler ist zuerst wieder zurück? Im Anschluss gibt der Trainer für den nächsten Spieler ein neues Startsignal.

Varianten

- Durchführung im Dribbling mit Ball oder in verschiedenen Laufstilen ohne Ball.
- Durchführung mit verschiedenen Dribblingtechniken (Sohle, links, rechts, vorwärts oder rückwärts).
- In jedem Feld muss eine andere Variante des Dribblings oder des Laufens genutzt werden.
- Der Trainer benennt mehrere Zahlen. Die Spieler müssen die aufgerufenen Zahlen ablaufen.
- Der Trainer stellt eine Rechenaufgabe. Die Spieler müssen die Aufgabe und das Ergebnis ablaufen.

7.25 LAUF- UND DRIBBELWETTKAMPF (ZONENSIGNAL) #2

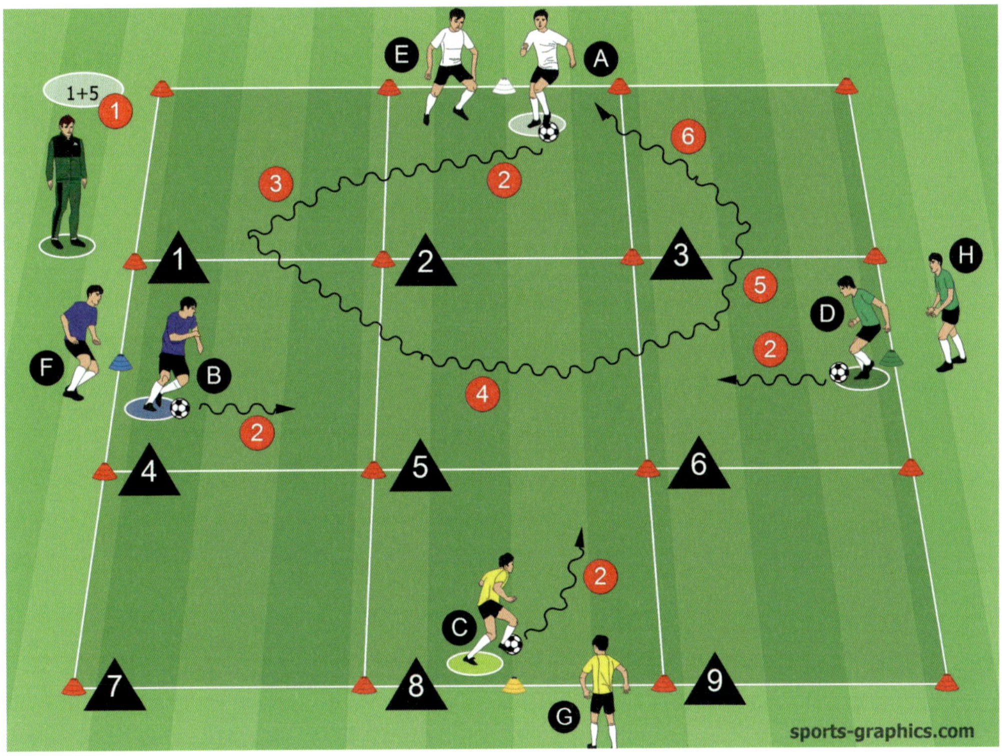

Durchführung

Die Spieler werden in vier Teams aufgeteilt (vgl. Team WEISS, Team GRÜN, Team GELB und Team BLAU). Die Spieler positionieren sich gemäß ihrer Teamfarbe an den Markierungshütchen. Die Felder sind durchnummeriert. Die Nummerierung ist für jedes Team gemäß der Blickrichtung zu verstehen. Die Nummerierung verläuft in jeder Ebene in Blickrichtung von rechts nach links und wird mit jeder Ebene gesteigert. In der Grafik ist die Nummerierung für Team WEISS dargestellt. Mit einem akustischen oder visuellen Trainersignal (vgl. 1) in Form einer Rechenaufgabe starten die jeweils ersten Spieler jedes Teams zu einem Dribbelwettkampf (vgl. 2). Die Spieler belaufen die Felder gemäß des Trainersignals (vgl. 3, 4 und 5) und kehren dann zur Startposition zurück (vgl. 6), um ihre Aktion mit einem Handschlag mit dem nächsten Spieler zu beenden. Welcher Spieler ist zuerst wieder zurück? Im Anschluss gibt der Trainer für den nächsten Spieler ein neues Startsignal.

Varianten

- Durchführung im Dribbling mit Ball oder in verschiedenen Laufstilen ohne Ball.
- Durchführung mit verschiedenen Dribblingtechniken (Sohle, links, rechts, vorwärts oder rückwärts).
- In jedem Feld muss eine andere Variante des Dribblings oder des Laufens genutzt werden.
- Der Trainer stellt eine Rechenaufgabe. Die Spieler müssen die Aufgabe und das Ergebnis ablaufen.
- Der Trainer benennt mehrere Zahlen. Die Spieler müssen die aufgerufenen Zahlen ablaufen.

7.26 LAUF- UND DRIBBELWETTKAMPF (STÖRSPIELER)

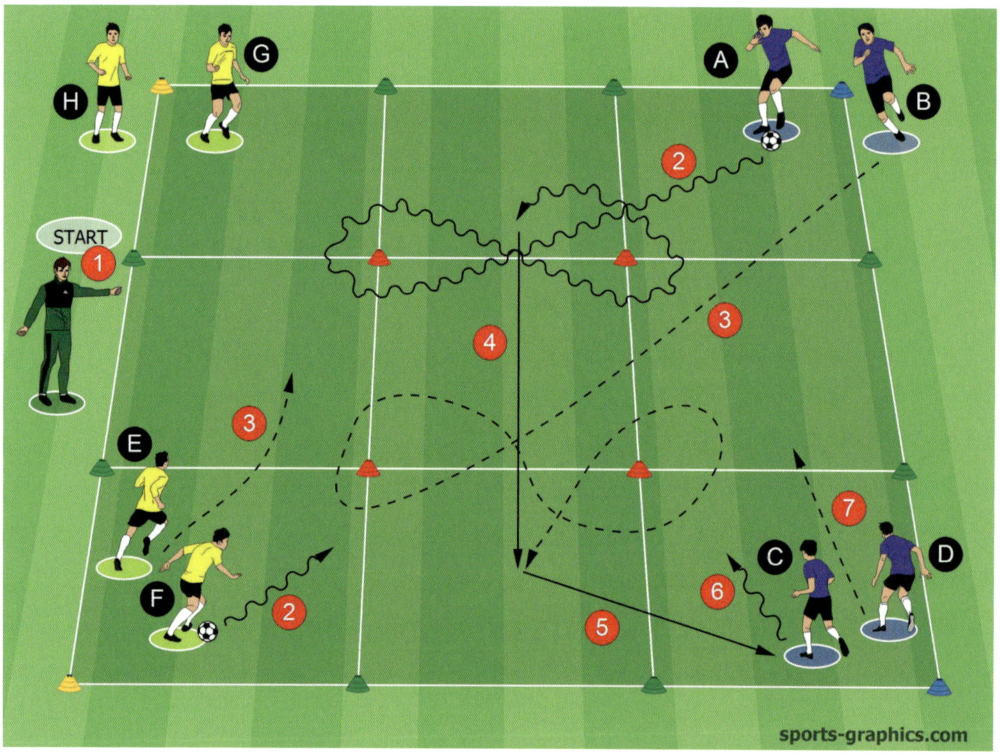

Durchführung

Die Spieler werden in zwei Teams eingeteilt (vgl. Team BLAU und Team GELB) und positionieren sich zu zweit an den entsprechenden farbigen Markierungshütchen. Auf ein akustisches oder visuelles Trainersignal (vgl. 1) starten die Spieler A/B und E/F einen Lauf- und Dribbelwettkampf. Spieler A umdribbelt die nahen roten Markierungshütchen in Form einer Acht (vgl. 2). Zeitgleich umläuft Spieler B die entfernten roten Markierungshütchen (vgl. 3). Haben Spieler A und Spieler B ihre jeweiligen Aufgaben abgeschlossen, passt Spieler A den Ball zu Spieler B (vgl. 4). Spieler B leitet den Ball zu Spieler C weiter (vgl. 5). Spieler C und Spieler D starten unmittelbar den nächsten Durchgang (vgl. 6 und 7), während Spieler A und Spieler B zu ihren Startpositionen zurückkehren. Team GELB setzt zeitgleich denselben Ablauf um.

Varianten

* Durchführung als Wettkampf: Welches Team realisiert zuerst 10 Durchgänge?
* Durchführung als Wettkampf: Für jeden gewonnenen Durchgang erhält das Siegerteam einen Punkt. Welches Team realisiert zuerst fünf Punkte?
* Variation der Lauf- und Technikformen.

7.27 LAUF- UND DRIBBELWETTKAMPF (LINIENSPIEL)

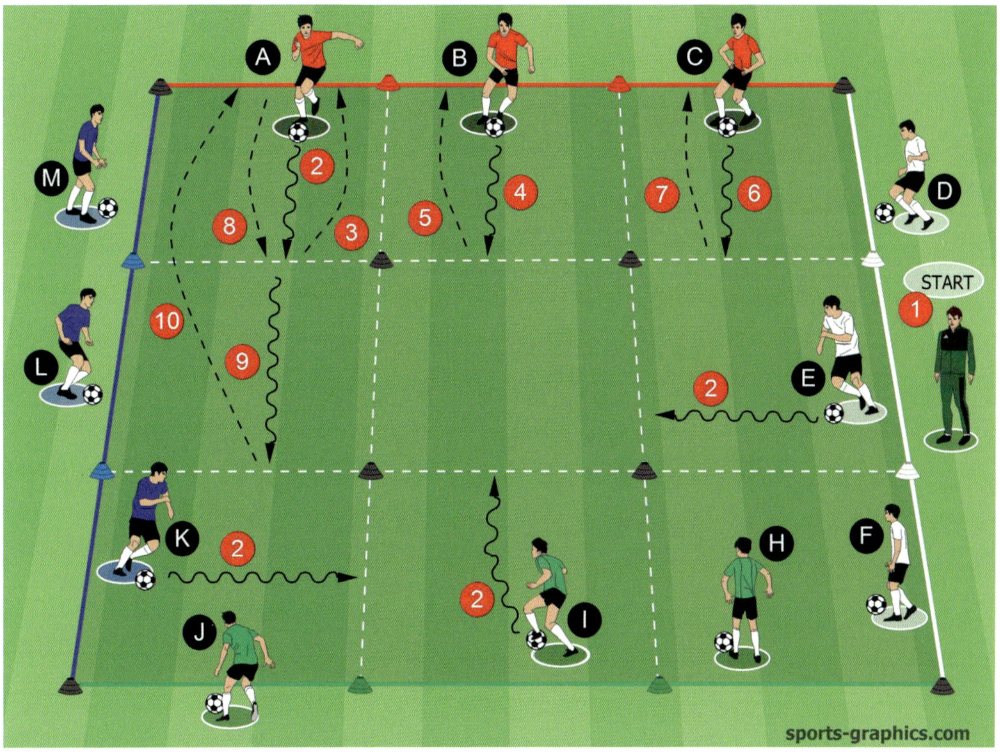

Durchführung

Die Spieler werden in vier Teams unterteilt (vgl. Team ROT, Team WEISS, Team GRÜN und Team BLAU). Die Spieler positionieren sich gemäß ihrer Teamfarbe an der Linie des Felds jeweils mittig zwischen zwei Markierungshütchen. Jeder Spieler hat einen Ball. Mit einem akustischen oder visuellen Trainersignal (vgl. 1) startet ein Wettbewerb. Jeweils ein Spieler pro Team beginnt und dribbelt den Ball in Richtung Zentrum und legt ihn auf der ersten Begrenzungslinie ab (vgl. 2). Er lässt den Ball dort liegen und sprintet zurück über die Startlinie des eigenen Teams (vgl. 3). Mit dem Überqueren darf ein nächster Spieler starten (vgl. 4). Auch dieser Spieler dribbelt zur ersten Begrenzungslinie, legt den Ball ab und läuft auf seine Ausgangsposition zurück (vgl. 5). Der dritte Spieler des Teams setzt den Ablauf fort (vgl. 6 und 7). Nach der Rückkehr von Spieler C startet Spieler A erneut und läuft zum zuvor abgelegten Ball (vgl. 8), nimmt diesen auf und dribbelt zur nächsten Begrenzungslinie, um den Ball dort abzulegen (vgl. 9) und im Anschluss ohne Ball zur Startlinie zurückzulaufen. (vgl. 10). Der Wettkampf setzt sich nach dem gleichen Muster fort. Alle Teams agieren zeitgleich und parallel. Es gewinnt das Team, welches zuerst alle drei Bälle auf die gegenüberliegende Linie gebracht hat (Team ROT auf Linie GRÜN, Team WEISS auf Linie BLAU, Team GRÜN auf Linie ROT und Team BLAU auf Linie WEISS).

Variante

- Jeder Spieler bewegt abwechselnd einen anderen Ball.

7.28 LAUF- UND DRIBBELWETTKAMPF (BALLÜBERGABE)

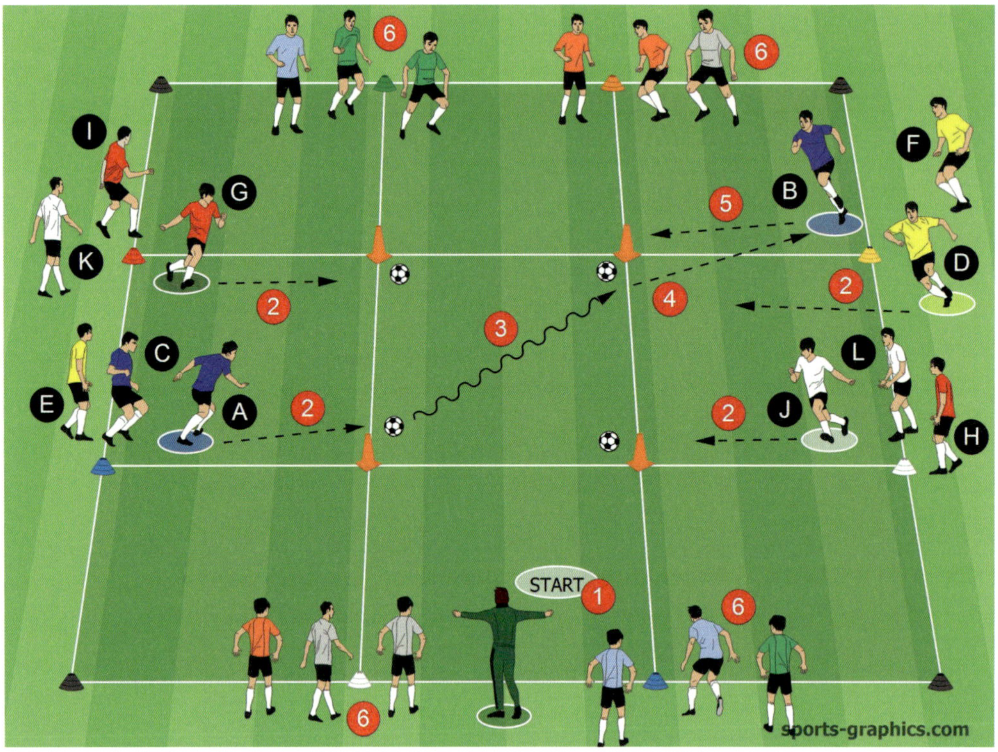

Durchführung

Die Spieler werden in vier Teams zu je drei Spielern eingeteilt (vgl. Team BLAU und Team GELB, Team ROT und Team WEISS). Je zwei Spieler jedes Teams positionieren sich an dem entsprechenden farbigen Markierungshütchen. Ein weiterer Spieler positioniert sich an dem Markierungshütchen diagonal gegenüber (vgl. Spieler B, E, H und K). Auf ein akustisches oder visuelles Trainersignal (vgl. 1) starten die jeweils ersten Spieler A, D, G und J einen Lauf- und Dribbelwettkampf (vgl. 2). Die Spieler laufen zu dem direkt vor ihnen positionierten Ball (vgl. 2), nehmen diesen im Dribbling auf und führen ihn zum diagonal gegenüberliegenden Markierungshütchen (vgl. 3). Dort legen sie den Ball ab und laufen zum gegenüber positionierten Markierungshütchen, an welchem der Teampartner wartet (vgl. 4). Dieser Spieler wird per Handschlag aktiviert und setzt den beschriebenen Ablauf von der gegenüberliegenden Seite zurück zur Ausgangsposition fort (vgl. 5).

Varianten

- Durchführung als Wettkampf: Welche Mannschaft steht zuerst in der Ausgangskonstellation wieder am jeweiligen Markierungshütchen?
- Durchführung als Wettkampf: Welche Mannschaft realisiert zuerst 12 Läufe?
- Variation der Dribbel- und Lauftechniken (z. B. Rückwärtslaufen, Vorwärtsrollen, Hinken, Ausführung von Finten oder Dribbling mit der Sohle).
- Durchführung mit insgesamt 24 Spielern in acht Teams (vgl. 6).

7.29 JONGLAGE #1

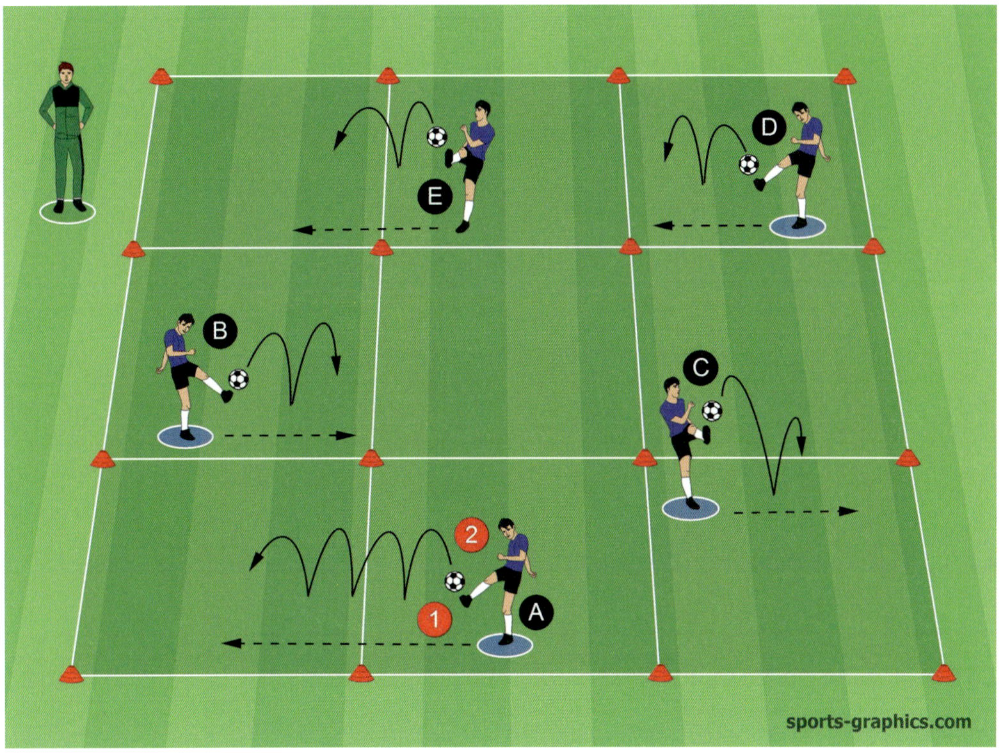

Durchführung

Jeder Spieler hat einen eigenen Ball. Die Spieler positionieren sich auf einer Linie im Feld und haben die Aufgabe, den Ball im Vorwärtsgehen mit beiden Füßen dauerhaft in der Luft zu halten. Die Spieler versuchen, den Ball so lange wie möglich ohne Fehler zu jonglieren und dabei so viele Linien wie möglich abzulaufen.

Varianten

- Durchführung als Wettkampf: Welcher Spieler schafft die meisten Linien?
- Die Spieler halten den Ball im strikten Wechsel (rechter Fuß, linker Fuß) in der Luft.
- Die Spieler halten den Ball mit einem bestimmten Körperteil oder bestimmten Kombinationen in der Luft (Oberschenkel, Kopf oder Schulter).

7.30 JONGLAGE #2

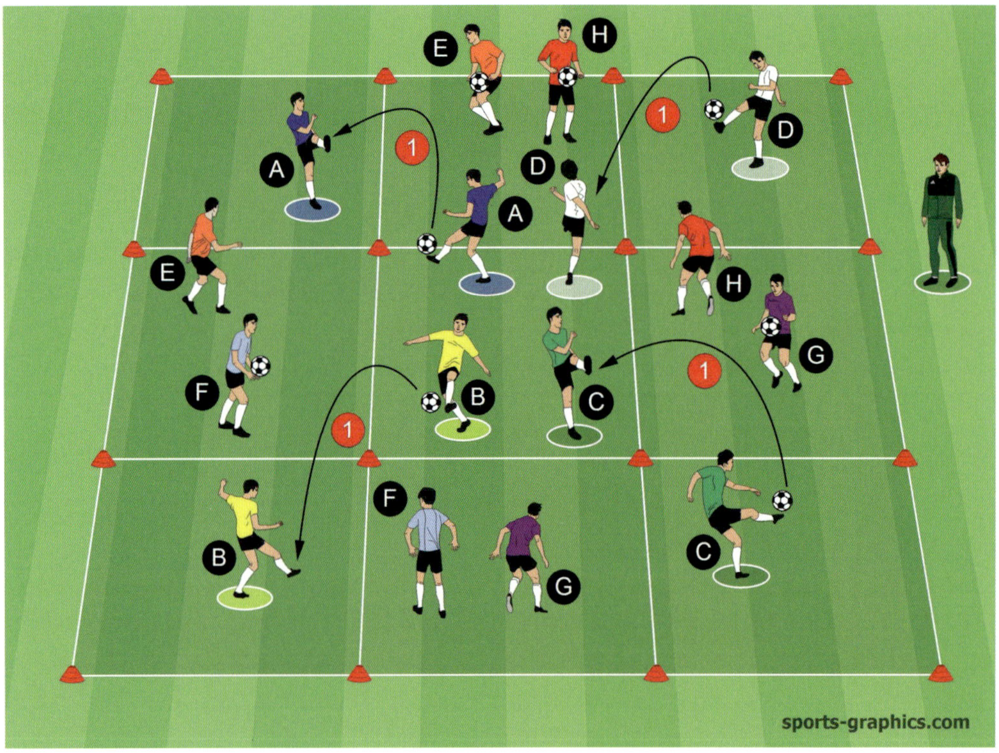

Durchführung

Die Spieler finden sich zu zweit als Paar zusammen und stehen sich in zwei aneinandergrenzenden Feldern gegenüber. Die beiden Spieler eines Teams halten den Ball nun gemeinsam in der Luft, indem sie sich den Ball in der Luft zuspielen (vgl. 1).

Varianten

- Durchführung als Wettkampf: Welches Team schafft es, den Ball am längsten in der Luft zu halten?
- Die Spieler bewegen sich längs der Linien: Wie viele Linien können bespielt werden?
- Die Spieler dürfen jeweils nur eine begrenzte Anzahl an Ballkontakten nutzen, um den Ball zu kontrollieren und wieder zum Partner zurückzuspielen (z. B. drei Kontakte, zwei Kontakte oder direktes Spiel).

EXEMPLARISCHE TRAININGSEINHEIT

THEMA DRIBBLING

Das 9er-Feld ist schnell und einfach mit wenig Trainingsmaterialien angelegt. Es bietet optimale Voraussetzungen, um komplette Trainingseinheiten in ein und demselben Aufbau umzusetzen. So kann unnötige Wartezeit durch Umbauphasen vermieden werden und ein direkter Beitrag zur Optimierung der Trainingsqualität geleistet werden.

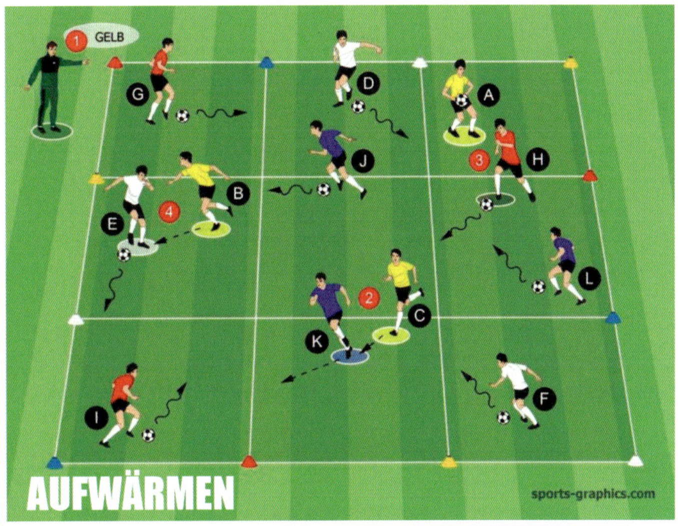

Vgl. 7.19 Fangspiel (Dribbling) S. 65

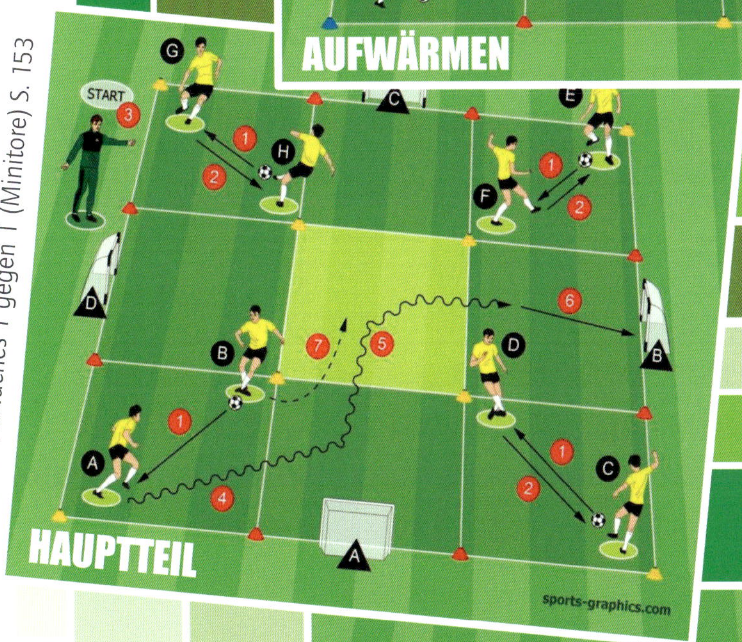

Vgl. 8.5.12 Vierfaches 1 gegen 1 (Minitore) S. 153

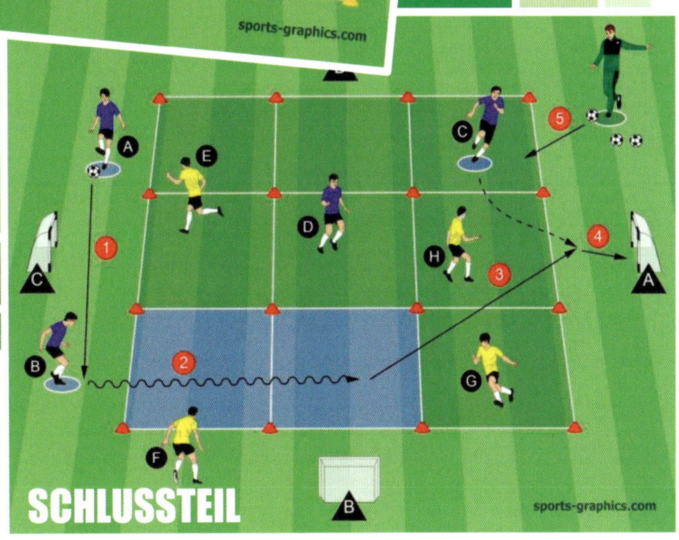

Vgl. 10.3.10 4 gegen 4 (variable Torwertung) S. 230

8 ÜBUNGSFORMEN

Übungsformen können vor allem im Kontext der Technikvermittlung und des Technikerwerbs eine übergeordnete Rolle spielen. Die Grundtechniken des Dribblings, des Passspiels, der Ballmitnahme und des Torschusses stellen die elementaren Techniken im Fußball dar. In Übungsformen können spielrelevante Techniken isoliert trainiert und so zunächst erlernt, stabilisiert und fortführend präzisiert sowie ausdifferenziert werden. Über eine hohe Wiederholungszahl sowie keinen oder nur sehr geringen Gegner- und Zeitdruck geben Übungsformen dem Spieler die Möglichkeit zur fokussierten Konzentration auf die technischen und koordinativen Anforderungen des Bewegungsablaufs.

In einem fortführenden Trainingsprozess können Übungsformen dann intensiviert werden. Durch die Steigerung von Gegner-, Zeit- oder Raumdruck können Techniken unter verschärften Bedingungen abgefragt werden und den Spieler somit auf die Anwendung im Spiel vorbereiten. Um einen optimalen Trainingseffekt sicherzustellen, sollte das Techniktraining stets im ausgeruhten Zustand des Spielers stattfinden. Die Variabilität im Ausgestalten von Übungsformen ermöglicht es, dass beispielsweise unterschiedliche Leistungs- und Altersbereiche berücksichtigt werden können, differenzierte Aufgaben zum Erwerb eines breit gefächerten Technikrepertoires gestellt werden können oder auch ein kognitiver Trainingsreiz gesetzt werden kann.

Um Monotonie und Demotivation entgegenzuwirken, können Übungsformen in Wettkämpfen organisiert sein, mit nur kurzen Wartezeiten durchgeführt werden und abwechslungsreiche Regelvarianten ermöglichen. Die folgenden Übungsformen decken die Bereiche Passspiel, Torschuss, Dribbling und 1-gegen-1-Situationen ab und können je nach Gruppengröße und Leistungsniveau angepasst werden. So sind die angegebene Spieleranzahl sowie die formulierten Aufgabenstellungen als Variablen zu verstehen, die sich je nach Charakter der Trainingsgruppe anpassen lassen.

8.1 DIE STEUERUNG VON ÜBUNGSFORMEN

Die Steuerung des Trainings ist eine der Hauptaufgaben des Trainers. Die zentralen Steuerungselemente im Fußballtraining sind die Größe und Form des Aktionsfelds, die Ausgestaltung des Regelwerks, die Spieleranzahl im Sinne der Gruppen- und Teamgrößen sowie der Einsatz der Tore. Die Ausgestaltung dieser Elemente und das Zusammenwirken der verschiedenen Steuerungsmittel provozieren und verhindern bestimmte Verhaltensweisen und entscheiden über den Charakter einer Übungs- oder Spielform. Im erweiterten Kontext kann auch das Spielgerät und das Coachingverhalten zu den möglichen Steuerungselementen gezählt werden.

Die Gliederung des Spielfelds in die verschiedenen Zonen des 9er-Felds kann als Basis dienen, um in Übungsformen einen bestimmten Schwerpunkt herauszuarbeiten und entsprechend gewünschtes Spielerverhalten zu provozieren. Die verschiedenen Zonen können mit bestimmten Aufgaben oder vorgegebenen Abläufen so verknüpft werden, dass spezifische Verhaltensweisen oder Technikausführungen häufig umgesetzt werden. Die Vermeidung von Wartezeiten und das Erzeugen von vielen Wiederholungen für die einzelnen Spieler ist ein zentrales Trainingsprinzip bei der Durchführung von Übungsformen.

Um optimale Wiederholungszahlen zu garantieren, bieten sich im freien Technikerwerb kleine Gruppengrößen von beispielsweise drei Spielern pro Gruppe mit einem Ball an. Weiterführend verdoppeln sich die Wiederholungszahlen pro Spieler, wenn eine Übungsform ganz einfach doppelt aufgebaut und parallel durchgeführt wird. Je nach Spielerzahl bieten sich auch drei oder vier Aufbauten an. An diesen Fällen schließt der Gedanke von ineinander verschachtelten Übungsabläufen an.

Sofern mehrere Übungsaufbauten angelegt werden, kann es sinnvoll sein, diese nicht nebeneinander, sondern ineinander zu setzen. Die Spieler verschiedener Gruppen agieren dann im gleichen Aktionsraum, sodass sich Störspieler und Störaktionen ergeben, auf die es besonders zu achten gilt und die das Anforderungsniveau für den ballbesitzenden und handelnden Spieler erhöhen. Das Prinzip der Verschachtelung muss sich nicht nur auf gleiche Aufbauten beschränken, sondern es besteht auch die Möglichkeit, unterschiedliche Übungsformen ineinander zu verschachteln. In diesem Sinne besteht auch die Möglichkeit, Spielformen mit Übungsformen zu verknüpfen, verschachtelt durchführen zu lassen und ebenfalls für viele Störaktionen zu sorgen.

Um Monotonie und Eintönigkeit und damit Spannungsabfall und Unkonzentriertheit zu vermeiden, bieten sich Übungsformen mit Wettkampfcharakter an. Sobald die Spieler um Punktewertungen kämpfen oder auf Schnelligkeit gegen eine andere Gruppe agieren, steigt die Motivation, die Bereitschaft und damit auch die Intensität der Durchführung.

Sofern Übungsformen zum Technikerwerb oder mit dem Ziel der Technikverbesserung genutzt werden, bietet sich detailliertes Coachingverhalten an. Dabei kommt auch der Zusammenstellung von homogenen Trainingsgruppen eine wichtige Rolle zu. Es macht Sinn, dass Kleingruppen homogen und individualisiert zusammengestellt werden, damit jeder Spieler qualitative Aufgabenstellungen erhält.

8.1.1 Zonenaufgaben

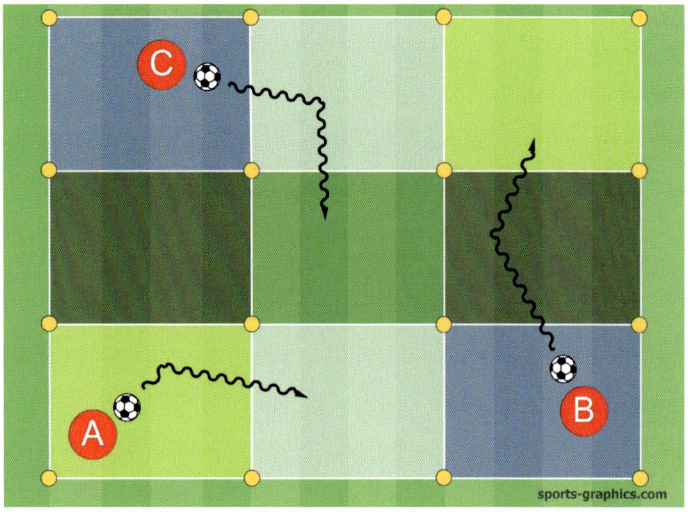

Abb. 90: Zonenaufgaben

Einzelne oder mehrere Zonen können mit konkreten Aufgaben verbunden werden. Die Spieler müssen in den Zonen die zugeordneten Aufgaben erfüllen. Beim Thema Finten müssen die Spieler beispielsweise jeweils mit einem eigenen Ball in den Zonen unterschiedliche Finten ausführen. Es können die Aufgaben bestehen, dass in den gelben Zonen Übersteiger, in den blauen Zonen Schussfinten, in den weißen Zonen Körpertäuschungen und in den schwarzen Zonen Abkappbewegungen ausgeführt werden müssen.

8.1.2 Zonenabläufe

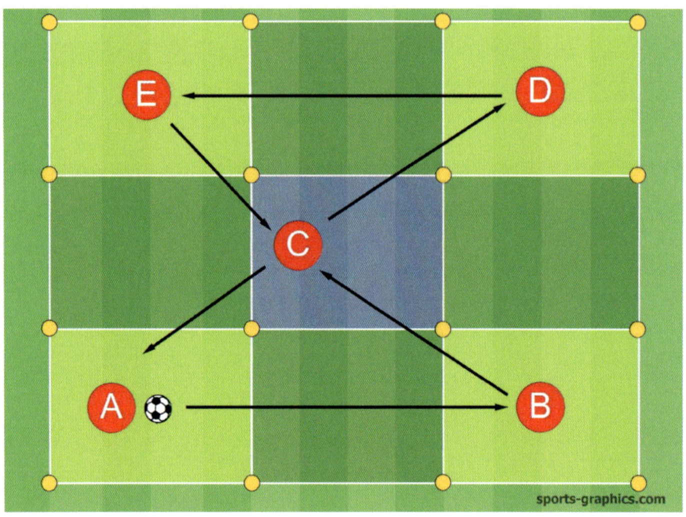

Abb. 91: Zonenabläufe

Die Zonen können genutzt werden, um bestimmte Abläufe vorzugeben und von den Spielern wiederkehrend umsetzen zu lassen. Die Spieler sind dadurch immer konkret aufgefordert, eine bestimmte Zone anzusteuern, dort eine vorgegebene Aktion oder Handlung durchzuführen und im Anschluss eine nächste Zone anzupeilen. Durch vorgegebene Positionswechsel können beispielsweise endlose Passschleifen generiert werden. Durch diese Steuerungsmöglichkeit kann jeder Spieler hohe Wiederholungszahlen erreichen.

8.1.3 Wiederholungszahlen in der Dreiergruppe

Die Zusammenstellung von drei Spielern pro Kleingruppe ermöglicht für jeden einzelnen Spieler viele Wiederholungszahlen. Gleichzeitig können die wesentlichen Techniken wie Dribbling, Passspiel und Ballverarbeitung trainiert werden. Darüber hinaus sind gruppentaktische Abläufe wie Doppelpässe, Spiel über den Dritten oder kreuzendes Laufverhalten wichtig. Im dargestellten Beispiel ist vom ballerhaltenden Spieler eine Ballverarbeitung mit anschließender Finte mittig in einer Zone gefordert, bevor ein Pass in eine andere Zone gespielt wird.

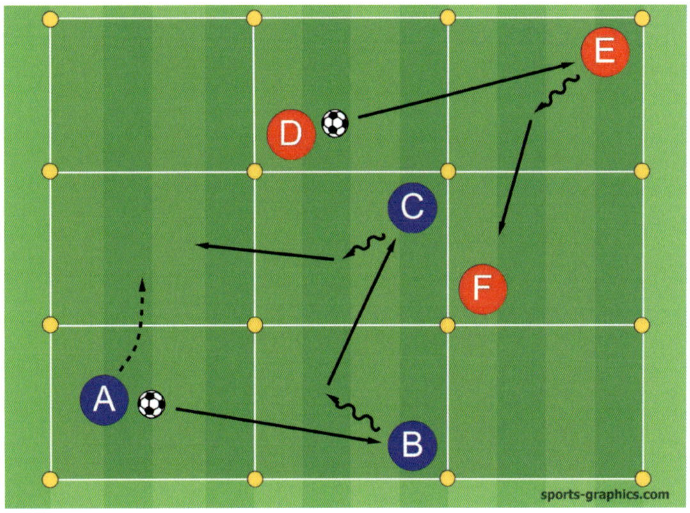

Abb. 92: Wiederholungszahlen in der Dreiergruppe

8.1.4 Wiederholungszahlen doppelter Aufbau

Um Wartezeiten zu vermeiden und für einzelne Spieler viele Ballkontakte und Wiederholungszahlen zu generieren, kann es sehr gewinnbringend sein, wenn Abläufe doppelt angelegt werden und zeitgleich ablaufen können. Im dargestellten Beispiel agieren jeweils vier Spieler mit einem Ball und führen einen identischen Passablauf durch. Der einzige Unterschied besteht in der Spielrichtung. Die Organisation der Passfolge in zwei Vierergruppen verdoppelt die Aktionszahl für jeden Spieler im Vergleich zu einer Abfolge mit acht Spielern.

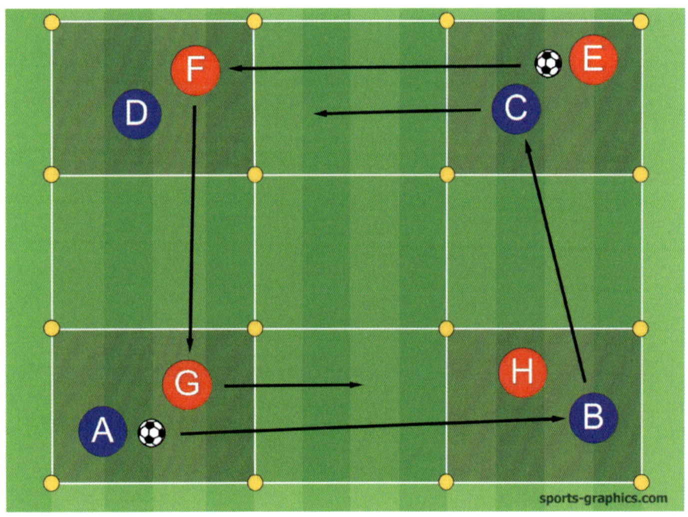

Abb. 93: Wiederholungszahlen doppelter Aufbau

8.1.5 Wiederholungszahlen dreifacher Aufbau

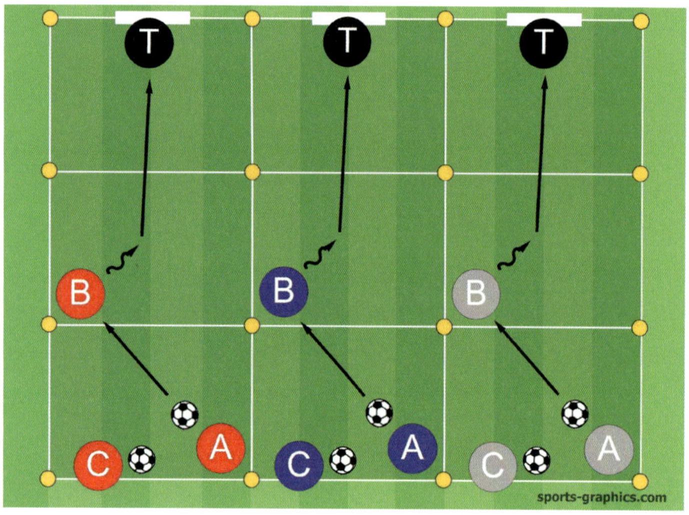

Abb. 94: Wiederholungszahlen dreifacher Aufbau

Um Wartezeiten zu vermeiden und für einzelne Spieler viele Ballkontakte und Wiederholungszahlen zu generieren, kann es sehr gewinnbringend sein, wenn Abläufe mehrfach angelegt werden und zeitgleich ablaufen können. Im dargestellten Beispiel agieren jeweils drei Gruppen auf ein Tor und schließen eine Passfolge mit einem Schuss auf ein Großtor ab. Die Organisation der Passfolge in drei Gruppen verdreifacht die Aktionszahl für jeden Spieler im Vergleich zu einer Abfolge mit neun Spielern.

8.1.6 Wiederholungszahlen vierfacher Aufbau

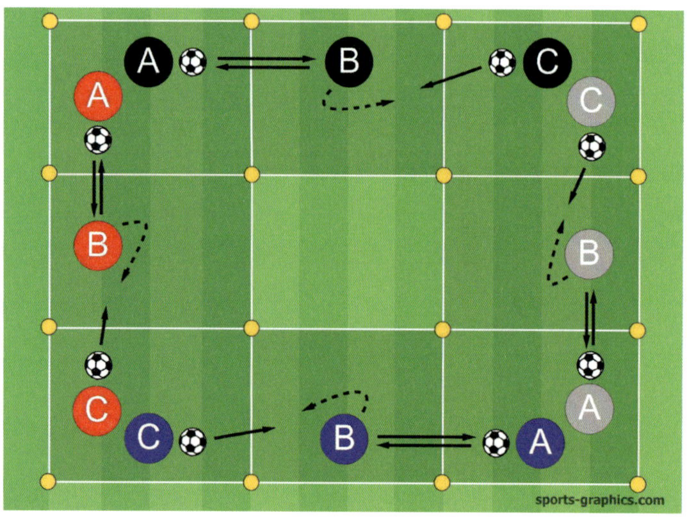

Abb. 95: Wiederholungszahlen vierfacher Aufbau

Um Wartezeiten zu vermeiden und für einzelne Spieler viele Ballkontakte und Wiederholungszahlen zu generieren, kann es sehr gewinnbringend sein, wenn Abläufe mehrfach angelegt werden und zeitgleich ablaufen können. Im dargestellten Beispiel agieren jeweils vier Gruppen mit zwei Bällen. Die Organisation der Passfolgen in vier Gruppen vervierfacht die Aktionszahl für jeden Spieler im Vergleich zu einer Abfolge mit 12 Spielern.

8.1.7 Verschachtelung – gleiche Form

Durch die Verschachtelung von Passabfolgen und die dazugehörigen Laufwege ergeben sich unterschiedliche Störfaktoren. Das rote und das blaue Team führen zeitgleich die gleiche Passabfolge mit entsprechenden gleichen Positionswechseln durch. Die beiden Passfolgen unterscheiden sich nur in der Spielrichtung und den Startpositionen. Es ergibt sich eine ständige Überschneidung von Pass- und Laufwegen, sodass die ballbesitzenden und handelnden Spieler ständig gezwungen sind, sich gut zu orientieren und ihre Aktionen optimal zu timen.

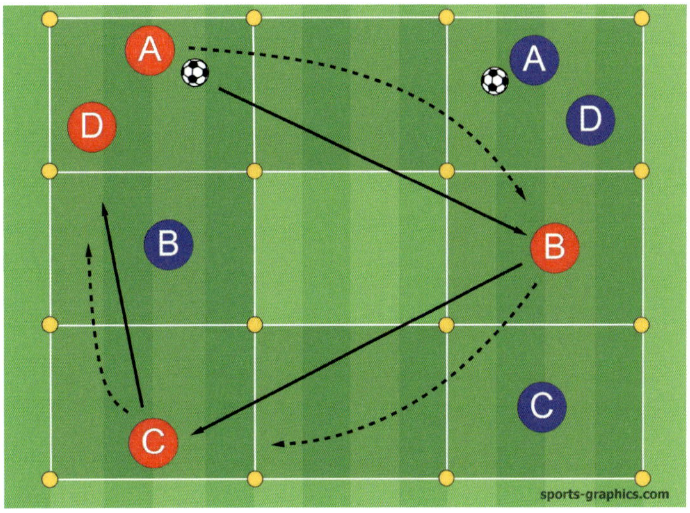

Abb. 96: Verschachtelung – gleiche Form

8.1.8 Verschachtelung – ungleiche Form

Durch die Verschachtelung von Passabfolgen und die dazugehörigen Laufwege ergeben sich unterschiedliche Störfaktoren. Dabei müssen die Abfolgen nicht zwingen identisch sein. Das rote und das blaue Team führen zeitgleich eine Passfolge mit Positionswechseln durch. Das rote Team agiert in einer dreieckigen Passfolge und das blaue Team lässt den eigenen Ball in einer rechteckigen Abfolge zirkulieren. Es macht Sinn, dass die Aufgaben regelmäßig gewechselt werden, sodass alle Spieler alle Aufgaben bewältigen müssen.

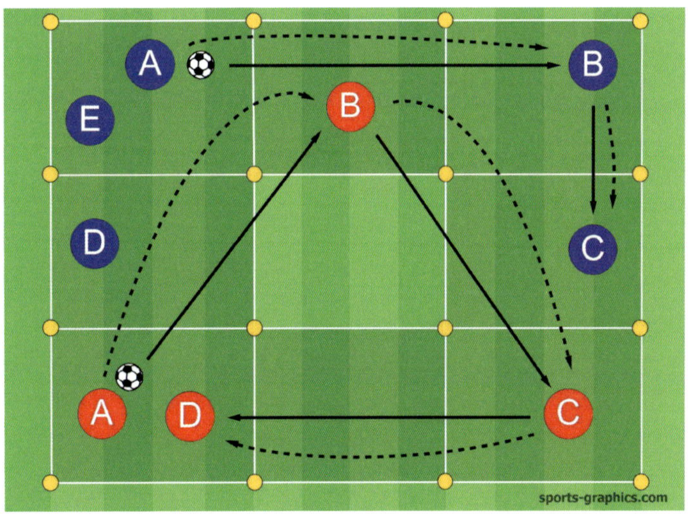

Abb. 97: Verschachtelung – ungleiche Form

8.1.9 Verschachtelung – ungleiche Inhalte

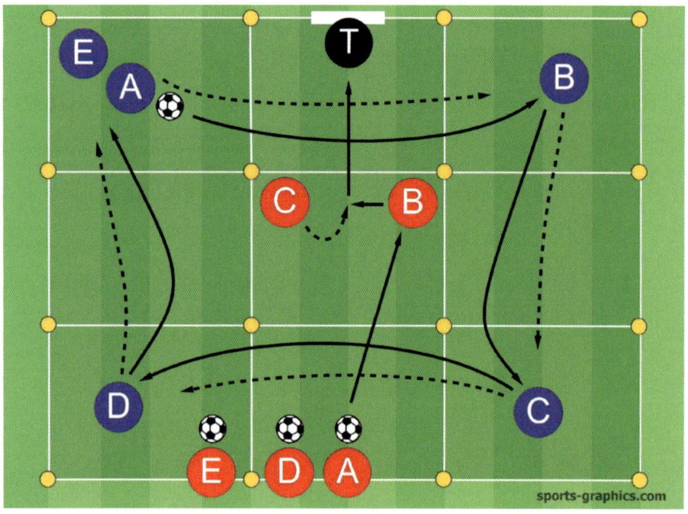

Abb. 98: Verschachtelung – ungleiche Inhalte

Durch die Verschachtelung von Übungsformen ergeben sich unterschiedliche Störfaktoren. Dabei müssen die Abfolgen nicht zwingen identisch sein oder einen gleichen Schwerpunkt behandeln. Das rote und das blaue Team führen zeitgleich zwei unterschiedliche Übungsformen durch. Das rote Team setzt eine Passfolge mit Torschuss um und das blaue Team agiert in einer endlosen Passfolge mit Positionswechseln. Es macht Sinn, dass die Aufgaben regelmäßig gewechselt werden, sodass alle Spieler alle Aufgaben bewältigen müssen.

8.1.10 Verschachtelung von Übungs- und Spielform

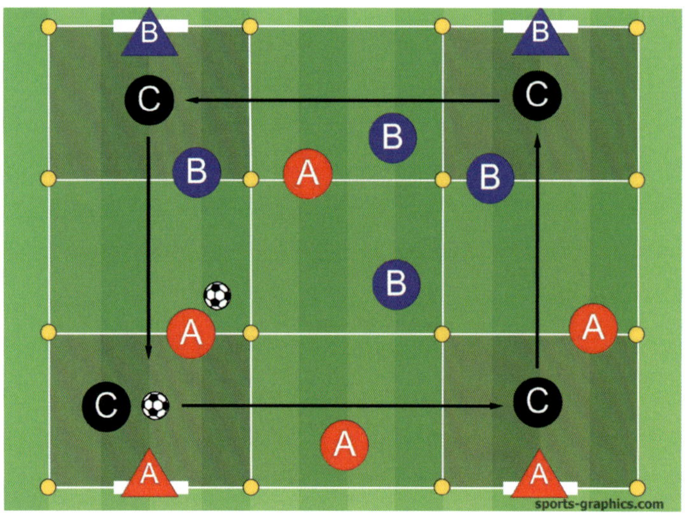

Abb. 99: Verschachtelung von Übungs- und Spielform

Die Verschachtelung ist nicht nur auf Übungsformen beschränkt. Übungsabläufe können auch mit Spielformen kombiniert werden. Das rote Team agiert gegen das blaue Team in einer Spielform. Das rote Team greift auf die Minitore B an und das blaue Team greift auf die Minitore A an. Team C führt eine endlose Passfolge im gleichen Aktionsraum durch. Es macht Sinn, dass die Aufgaben regelmäßig gewechselt werden, sodass alle Spieler alle Aufgaben bewältigen müssen.

8.1.11 Wettkampf - Punktewertung

Die Organisation von Wettkämpfen kann Übungsformen intensivieren und die Spieler zusätzlich motivieren. Im Beispiel agieren das blaue und das schwarze Team in einer gleichen Passfolge. Die beiden Teams treten in einem Wettkampf gegeneinander an. Es geht darum, eine vorgegebene Anzahl an vollständigen Passabläufen schneller zu erreichen als das gegnerische Team. Die Passfolgen sind verschachtelt organisiert, sodass zusätzlich zum Wettkampfcharakter auch Störfaktoren eine Rolle spielen.

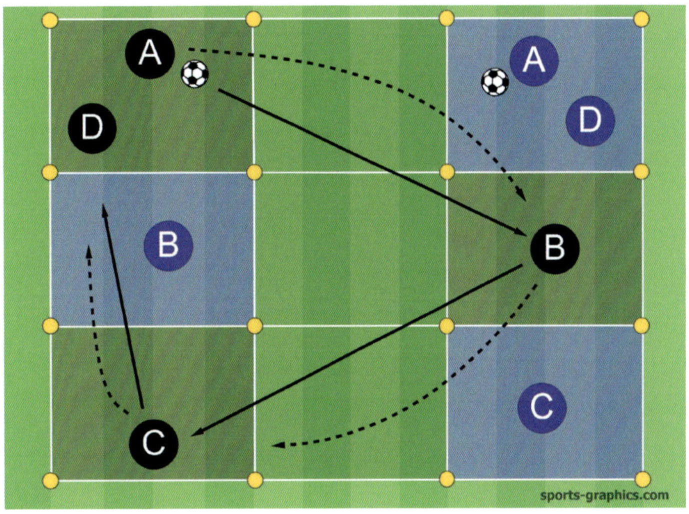

Abb. 100: Wettkampf – Punktewertung

8.1.12 Wettkampf - Zeitwertung

Die Organisation von Wettkämpfen kann Übungsformen intensivieren und die Spieler zusätzlich motivieren. Im Beispiel agieren das blaue und das schwarze Team in unterschiedlichen Passfolgen. Das blaue Team erhält beispielsweise zwei Minuten Zeit, um so viele vollständige Passfolgen wie möglich zu realisieren. In dieser Zeitspanne darf auch das schwarze Team vollständige Passfolgen realisieren. Im Anschluss wechseln die Aufgaben. Beide Punktzahlen werden zusammengerechnet und ergeben eine Punktewertung.

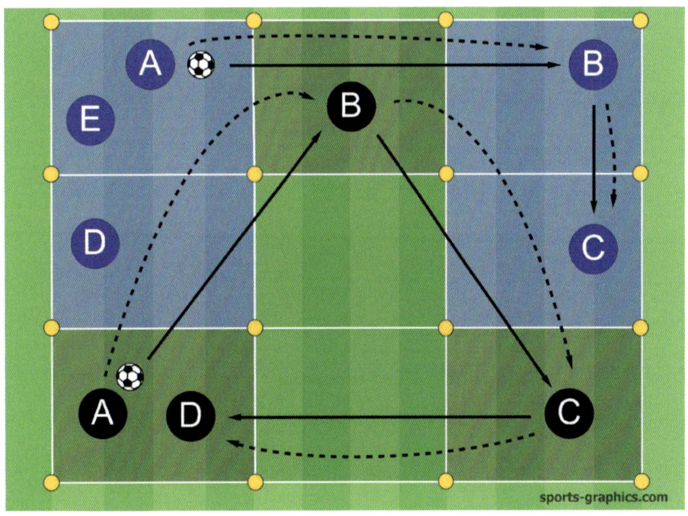

Abb. 101: Wettkampf – Zeitwertung

8.1.13 Homogene Gruppen

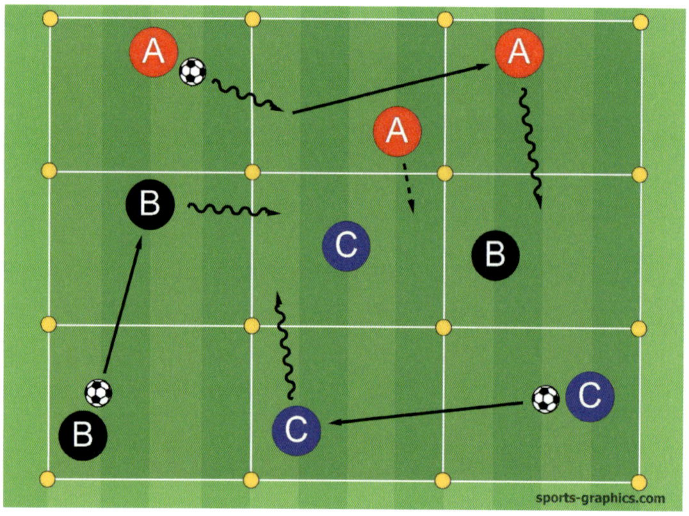

Abb. 102: Homogene Gruppen

Die Zusammenstellung von homogenen Kleingruppen kann helfen, dass ein hohes Maß an Aufgabenqualität erreicht wird und einzelne Spieler nicht über- oder unterfordert werden. Durch die Organisation in Kleingruppen können Übungsformen so gesteuert werden, dass Spieler auf ähnlichen Leistungsniveaus gemeinsam agieren. Im Beispiel agieren in der roten Gruppe Anfänger, in der schwarzen Gruppe Spieler auf mittlerem Niveau und in der blauen Gruppe Fortgeschrittene. Dabei führen alle drei Gruppen die gleichen Aufgaben durch.

8.1.14 Coaching im Detail

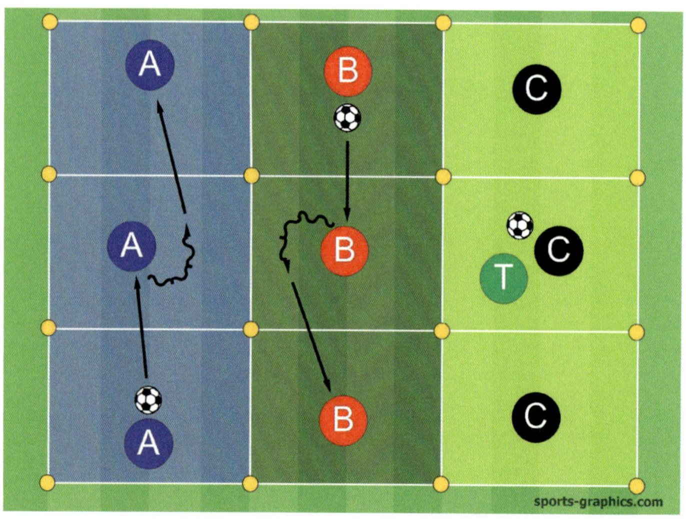

Abb. 103: Coaching im Detail

Der mehrfache Aufbau bestimmter Übungsformen erhöht nicht nur die Wiederholungszahl für den einzelnen Spieler, sondern bietet auch optimale Voraussetzungen für detailreiches Coaching. Der Trainer hat die Möglichkeit, eine Kleingruppe zu coachen und dabei den Übungsablauf zeitweise anzuhalten, ohne dass die anderen Gruppen ebenfalls pausieren müssen. Der Trainer hat die Chance, technische Details anzusprechen, zu demonstrieren oder zu korrigieren und dabei die Bedürfnisse einzelner Spieler zu berücksichtigen.

8.1.15 Coaching in Kleingruppen

Die Zusammenstellung von Kleingruppen hilft dabei, die Wiederholungszahlen zu optimieren und durch Homogenität ein gewisses Maß an Aufgabenqualität zu sichern. Auch im Beispiel des freien Passspiels besteht für den Trainer die Möglichkeit auf Coaching im Detail. Der Trainer hat die Chance, eine Gruppe zu coachen und ihr Hinweise zu geben. Die anderen Gruppen können in dieser Zeit weiter agieren. Der Trainer hat die Chance, technische Details anzusprechen, zu demonstrieren oder zu korrigieren und sich dabei auf die Bedürfnisse der Gruppe zu fokussieren.

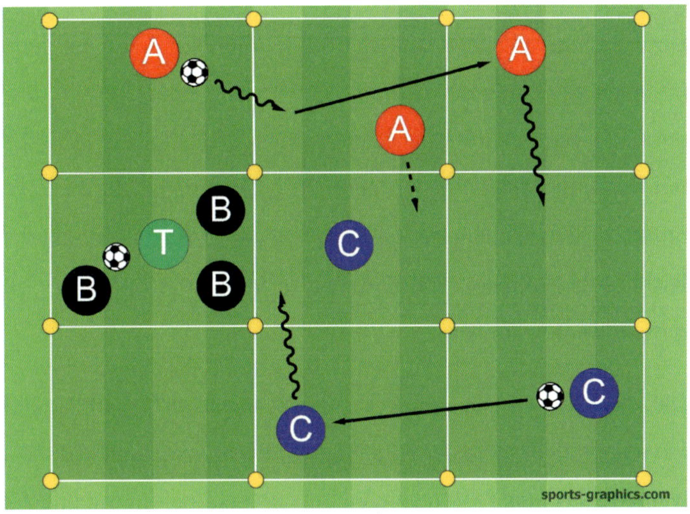

Abb. 104: Coaching in Kleingruppen

8.2 PASSSPIEL

Das nachfolgende Kapitel beschäftigt sich vordergründig mit dem Passspiel, schließt aber auch die Ballverarbeitung im Sinne einer An- und Mitnahme sowie kürzere Sequenzen des Dribblings mit ein. Das 9er-Feld bietet in seiner Struktur vielschichtige Möglichkeiten, verschiedenste Passtechniken spielnah umzusetzen. Der Aufbau des 9er-Felds mit den unterschiedlichen Zonen und Linien ermöglicht es, dass verschiedene Passwinkel generiert werden, dass unterschiedliche Ebenen angesteuert werden, dass Ballkontaktanzahlen und Positionierungen der einzelnen Spieler leicht zu beeinflussen sind und dass differenzierte Anforderungen in den Bereichen Passschärfe und Passdistanz gestellt werden können.

Die vorliegenden Übungsformen unterscheiden sich grundlegend in Passfolgen und in das freie Passspiel. In den Passfolgen geht es in der Regel darum, einen vorgegebenen Ablauf mit seinen Pass- und Laufwegen umzusetzen, während das freie Passen eine Vielzahl an Entscheidungsmöglichkeiten für die Spieler offenlässt und trotzdem eine spezifische Technikaufgabe mit ausreichender Wiederholungsanzahl in den Mittelpunkt stellt.

Um neben den Technikausführungen auch kognitive Trainingsreize zu berücksichtigen, umfassen einige Übungsformen beispielsweise mehrere und zeitgleich ablaufende Passfolgen in einem einzigen Spielraum mit sich überschneidenden Pass- und Laufwegen. Die so entstehenden Störfaktoren in Form von anderen Spielern müssen jeweils wahrgenommen und zum Gelingen der eigenen Aktion berücksichtigt werden.

Als automatische Folge befreien die Spieler ihren Blick vom Ball, um die Störfaktoren wahrzunehmen und situationsabhängig richtige Entscheidungen treffen zu können. Im Sinne einer optimalen Lesbarkeit wird im Fall von ineinander verschachtelten Übungsformen oftmals nur ein exemplarischer Ablauf grafisch dargestellt.

BEIDFÜSSIGKEIT STÖRSPIELER

PASSSPIEL

VORORIENTIERUNG LAUFWEG

PRÄZISION BALLVERARBEITUNG

8.2.1 Passwettkampf (Dribbling)

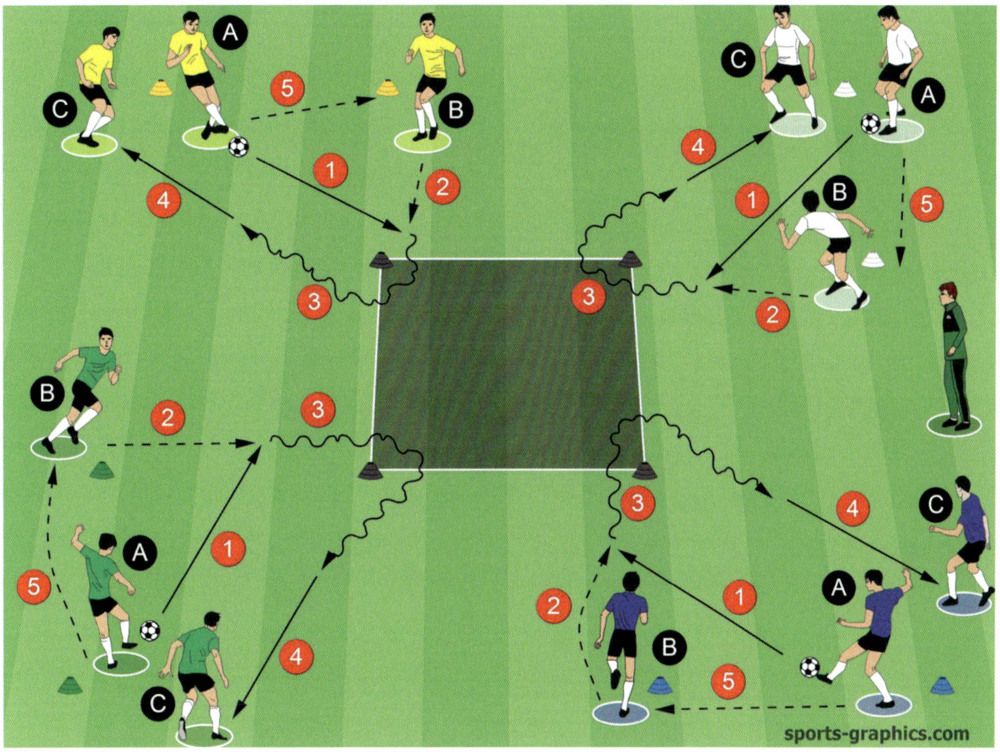

Durchführung

Die Spieler werden in vier Teams eingeteilt (vgl. Team GELB, Team WEISS, Team BLAU und Team GRÜN) und positionieren sich an den entsprechenden farbigen Markierungshütchen (vgl. Spieler A, B und C). Die Startmarkierung ist dabei doppelt besetzt (vgl. Spieler A und Spieler C). Der erste Spieler hat einen Ball (vgl. Spieler A). Die vier Ballbesitzer starten die Passfolge zeitgleich mit einem Pass auf Spieler B (vgl. 1). Spieler B startet in den Ball (vgl. 2), verarbeitet ihn in Laufrichtung und dribbelt durch das zentrale Feld (vgl. 3). Spieler B passt nach dem Dribbling zu Spieler C an die Ausgangsposition (vgl. 4). Dort startet Spieler C den Durchlauf erneut. Die Spieler wechseln ihre Positionen pendelnd, sodass Spieler A nach dem Pass zum nächsten Markierungshütchen wechselt (vgl. 5) und Spieler B seinem Pass nachgeht und die entsprechend nachfolgende Position einnimmt.

Varianten

- Verlängerung des Dribblingwegs um das diagonal entfernte Markierungshütchen.
- Durchführung als Wettkampf: Welches Team schafft zuerst 20 Durchgänge?
- Vorgabe der Dribblingtechnik (links/rechts/wechselnd).

8.2.2 Passwettkampf (Ballmitnahme)

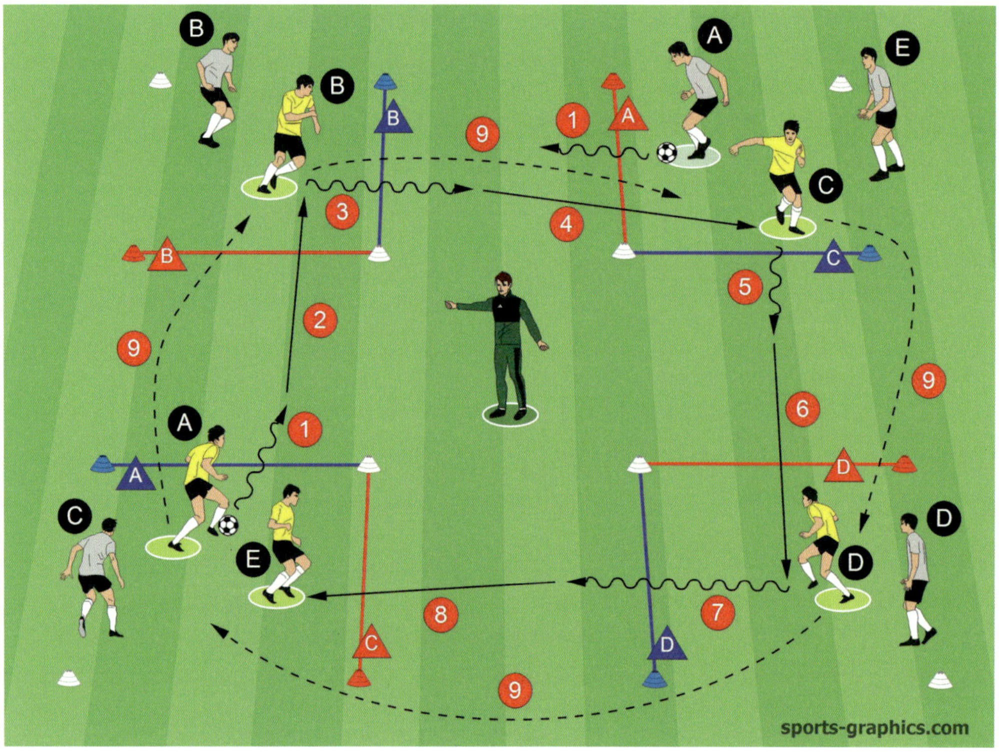

Durchführung

Die Spieler werden in zwei Teams eingeteilt (vgl. Team GELB und Team GRAU). In jeder Ecke des Felds positioniert sich jeweils ein Spieler pro Team. An der Startposition befinden sich zwei Spieler und ein Ball (vgl. Spieler A und Spieler E). Die Spieler A starten den Passdurchlauf mit einem Dribbling über die Linie A (vgl. 1). Spieler A passt dann über Linie B zu Spieler B (vgl. 2). Spieler B verarbeitet den Ball, dibbelt über Linie B (vgl. 3) und passt über Linie C zu Spieler C (vgl. 4). Spieler C verarbeitet den Ball, dribbelt über Linie C (vgl. 5) und passt über Linie D zu Spieler D (vgl. 6). Spieler D verarbeitet den Ball, dibbelt über Linie D (vgl. 7) und passt über Linie A zu Spieler E (vgl. 8). Spieler E startet unmittelbar die nächste Runde. Die Spieler wechseln nach ihrem jeweiligen Pass auf die nächste Position (vgl. 9). Die Teams lassen ihren Ball entgegengesetzt zirkulieren.

Varianten

- Vorgabe einer maximalen oder minimalen Ballkontaktanzahl pro Ballaktion.
- Vorgabe der Passtechnik (Innenseite, Außenseite oder Vollspann).
- Durchführung als Wettkampf: Welches Team realisiert zuerst 10 Durchgänge?
- Durchführung beider Passfolgen in die gleiche Richtung als Wettkampf.

8.2.3 Passwettkampf (Torhüter)

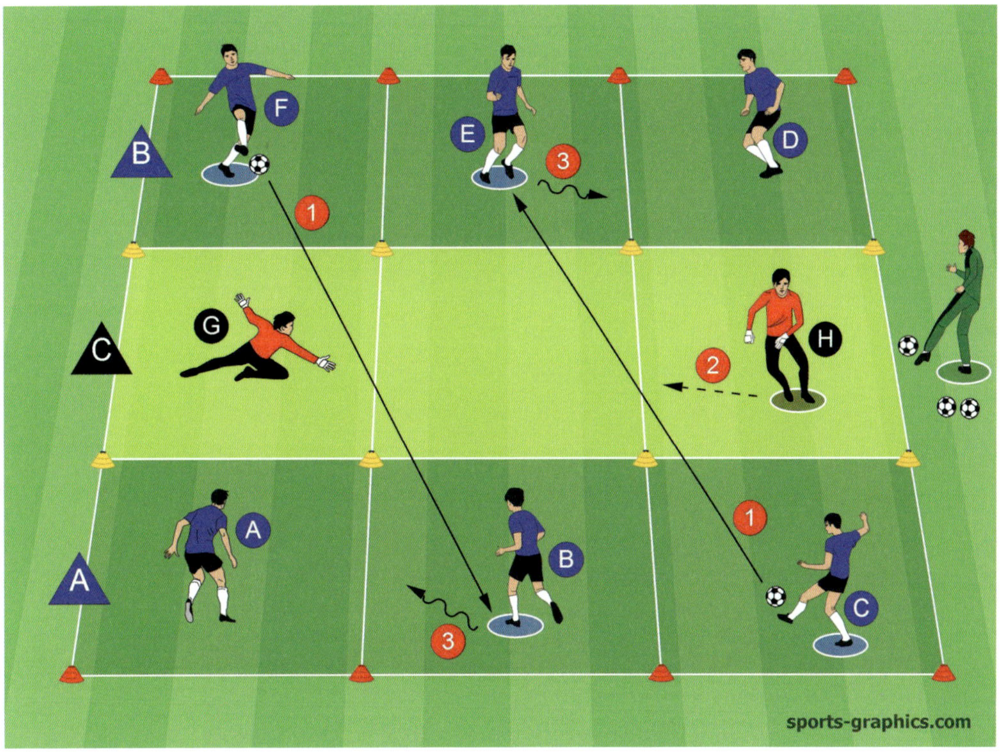

Durchführung

Die einzelnen Felder der Zonen A und B werden von jeweils einem Spieler besetzt (vgl. Spieler A, B, C, D, E und F). Die Spieler dürfen ihre Felder nicht verlassen. Zwei Torhüter besetzen die zentrale Zone C (vgl. Spieler G und H). Die Torhüter dürfen sich frei in den drei Feldern der Zone C bewegen. Zwei Spieler haben je einen Ball (vgl. Spieler C und Spieler F). Das Ziel der ballbesitzenden Spieler ist es, den Ball durch Zone C zu passen (vgl. 1), ohne dass ein Torhüter den Ball abfangen kann (vgl. 2). Der jeweilige Passempfänger verarbeitet den Ball (vgl. 3), sucht unmittelbar nach einer Lücke und versucht, einen entsprechenden Rückpass zu realisieren. Der Passempfänger ist frei wählbar. Sollte der Ball das Feld verlassen, spielt der Trainer einen neuen Ball hinein. Die Torhüter erhalten einen Punkt für jeden abgefangenen Ball. Die Spieler erhalten einen Punkt, wenn sie einen vollständigen Pass realisieren können. Welcher Spieler oder welcher Torhüter erzielt die meisten Punkte?

Varianten

- Vorgabe einer maximalen Ballkontaktanzahl pro Ballaktion.
- Die Passgeber müssen das Spielbein nach jedem Pass wechseln (Ausführung mit links/rechts).

8.2.4 Passfolge (Störspieler) #1

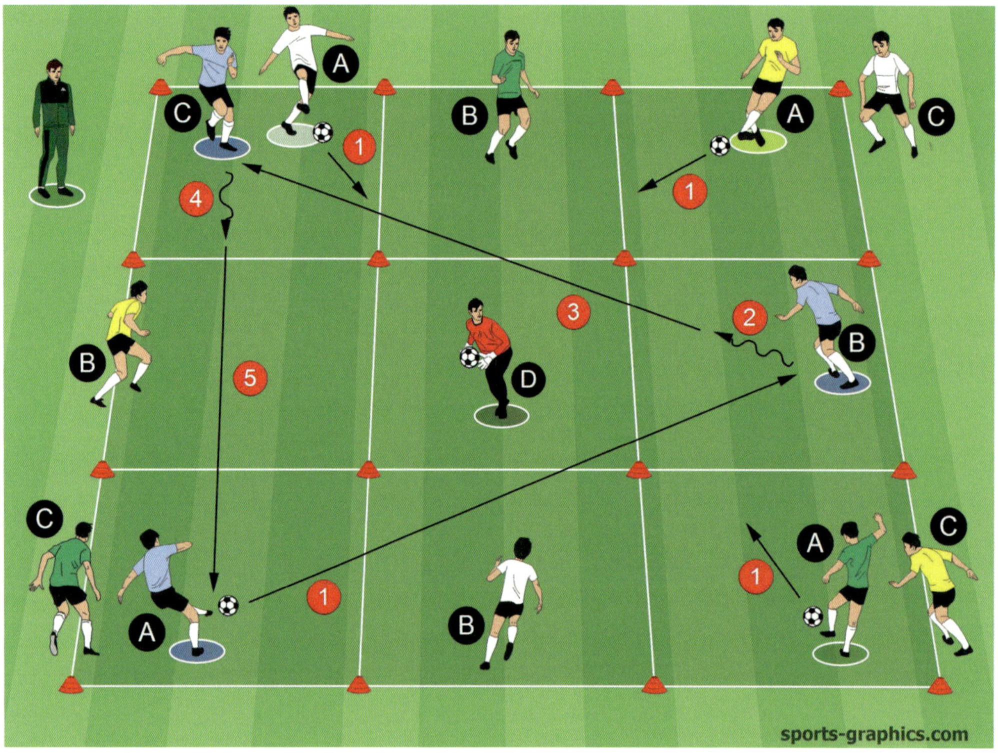

Durchführung

Die Spieler werden in vier verschiedenfarbige Teams aufgeteilt (vgl. Team BLAU, Team GRÜN, Team GELB und Team WEISS). Die Spieler positionieren sich innerhalb ihrer Teams als Dreieck (vgl. Spieler A, B und C). Je ein Spieler ist in Ballbesitz und beginnt zeitgleich mit den anderen Ballbesitzern die Passfolge (vgl. Spieler A). Spieler A passt zu Spieler B (vgl. 1). Spieler B verarbeitet das Zuspiel, dribbelt an (vgl. 2) und passt zu Spieler C (vgl. 3). Spieler C verarbeitet den Ball, dribbelt an (vgl. 4) und passt den Ball zurück zur Startposition zu Spieler A (vgl. 5). Spieler A startet einen neuen Durchlauf. Die Passfolge wird ohne Positionswechsel durchgeführt. Nach einiger Zeit werden die Positionen und die Spielrichtung gewechselt.

Varianten

* Auf ein akustisches oder visuelles Trainersignal wird die Spielrichtung gewechselt.
* Zu jedem Zeitpunkt der Passfolge kann der Torwart (vgl. Spieler D) bzw. ein neutraler Spieler angespielt werden oder ein Zuspiel aktiv fordern. Spieler D nimmt nach einem Zuspiel den Ball auf und rollt auf einen anderen Spieler des Teams ab bzw. passt ein Zuspiel zurück zu einem anderen Spieler des Teams.

8.2.5 Passfolge (Störspieler) #2

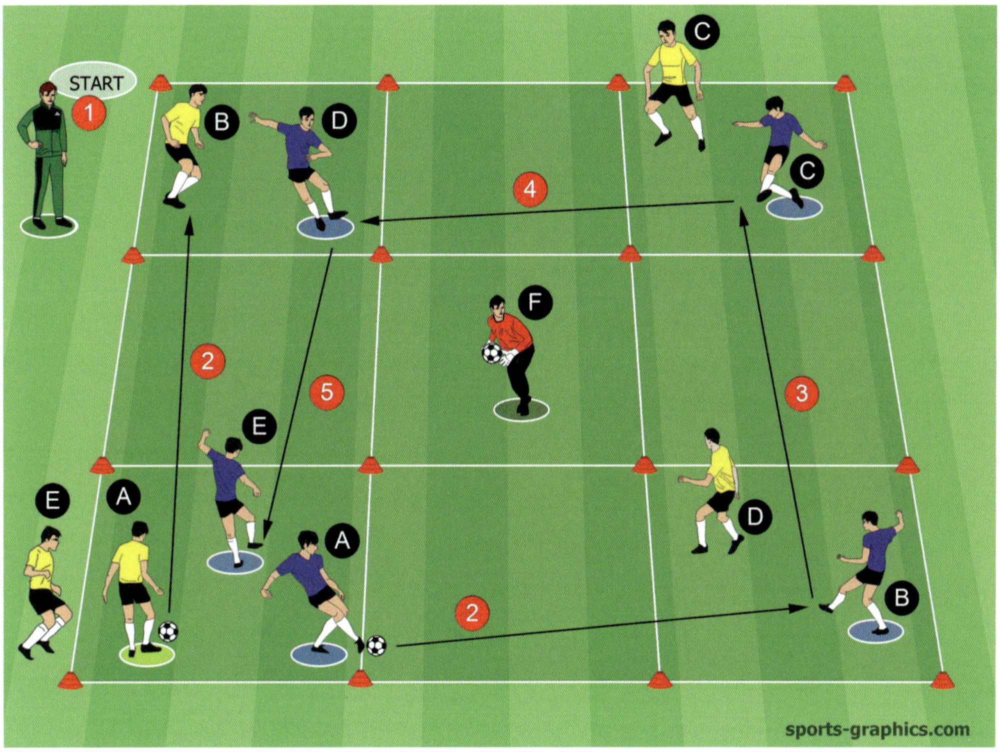

Durchführung

Die Spieler werden in zwei Teams eingeteilt (vgl. Team GELB und Team BLAU). Je ein Spieler pro Team positioniert sich in einem der Eckfelder. Jedes Team hat einen Ball. Jeweils ein Eckfeld ist doppelt und mit Ball besetzt (vgl. Spieler A und E). Durch ein akustisches oder visuelles Signal (vgl. 1) startet der Trainer zwei gegeneinander laufende Passfolgen. Spieler A spielt zu Spieler B (vgl. 2). Spieler B passt zu Spieler C (vgl. 3). Spieler C passt zu Spieler D (vgl. 4). Spieler D passt zu Spieler E (vgl. 5). Spieler E startet nach Ballerhalt den Passdurchlauf erneut. Jeder Spieler geht seinem Pass nach und besetzt die jeweils nächste Position in Spielrichtung. Welches Team schafft zuerst 10 Durchgänge?

Varianten

- Durch ein Trainersignal wird die Passrichtung verändert.
- Jedes Team muss in jedem Durchgang einmal den Torhüter (vgl. Spieler F) im zentralen Feld anspielen. Dieser nimmt den Ball auf und rollt zum jeweils nächsten Spieler der Passfolge ab.

8.2.6 Passfolge (Störspieler) #3

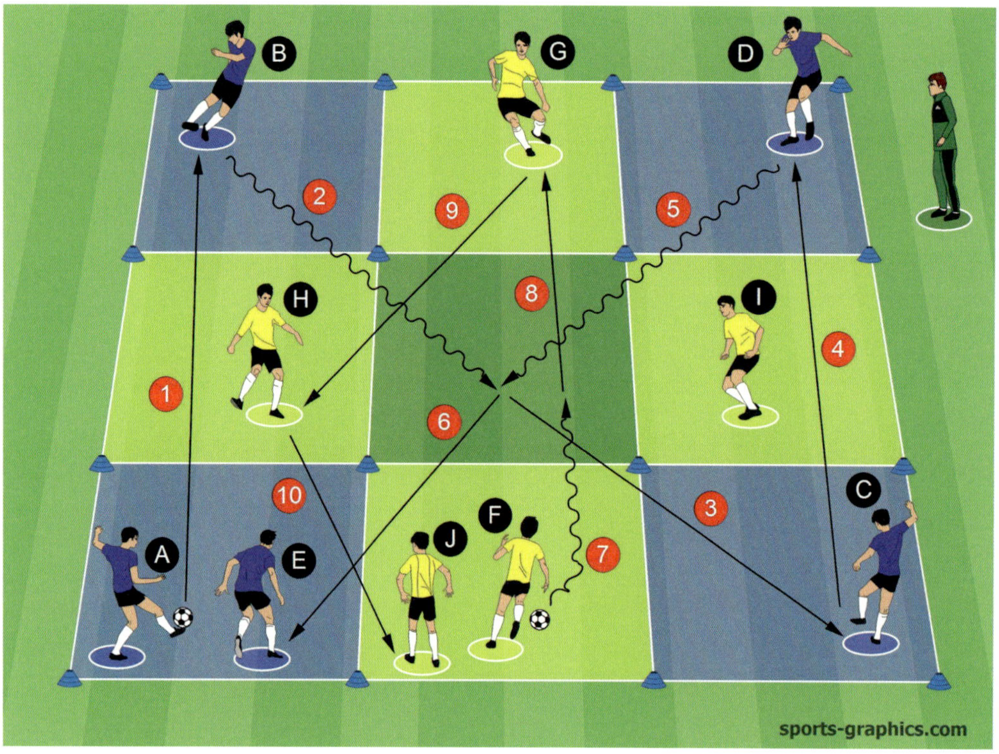

Durchführung

Die Spieler werden in zwei Teams aufgeteilt (vgl. Team BLAU und Team GELB). Beide Teams führen mit mindestens fünf Spielern eine Passfolge durch. Jedem Team sind vier Felder zugeordnet. Die Spieler verteilen sich auf die verschiedenen Felder. In einem Feld positionieren sich zwei Spieler (vgl. Spieler A/E und F/J). In diesen Feldern befindet sich ein Ball. Die Spieler A und J starten zwei zeitgleich ablaufende Passfolgen. Spieler A passt den Ball auf Spieler B (vgl. 1). Spieler B verarbeitet den Ball und dribbelt in das zentrale Feld (vgl. 2). Von dort aus spielt er den Ball zu Spieler C (vgl. 3). Spieler C passt zu Spieler D (vgl. 4). Spieler D verarbeitet den Ball und dribbelt in das zentrale Feld (vgl. 5). Von dort aus spielt er den Ball zu Spieler E (vgl. 6). Spieler E startet den Passdurchlauf erneut. Die Spieler gehen ihrem Pass nach und besetzen die jeweils nächste Spielposition. Zeitgleich mit Spieler A startet Spieler F die parallel laufende Passfolge mit einem Dribbling ins zentrale Feld (vgl. 7). Von dort aus passt er den Ball zu Spieler G (vgl. 8). Spieler G spielt den Ball auf Spieler H (vgl. 9). Der Pass von dieser Position (vgl. Spieler G) wird abwechselt nach rechts und nach links gespielt. Demnach würde im nächsten Durchgang Spieler I den Ball erhalten. Spieler H passt den Ball zu Spieler J (vgl. 10). Spieler J startet den Passdurchlauf erneut.

8.2.7 Passfolge (Störspieler) #4

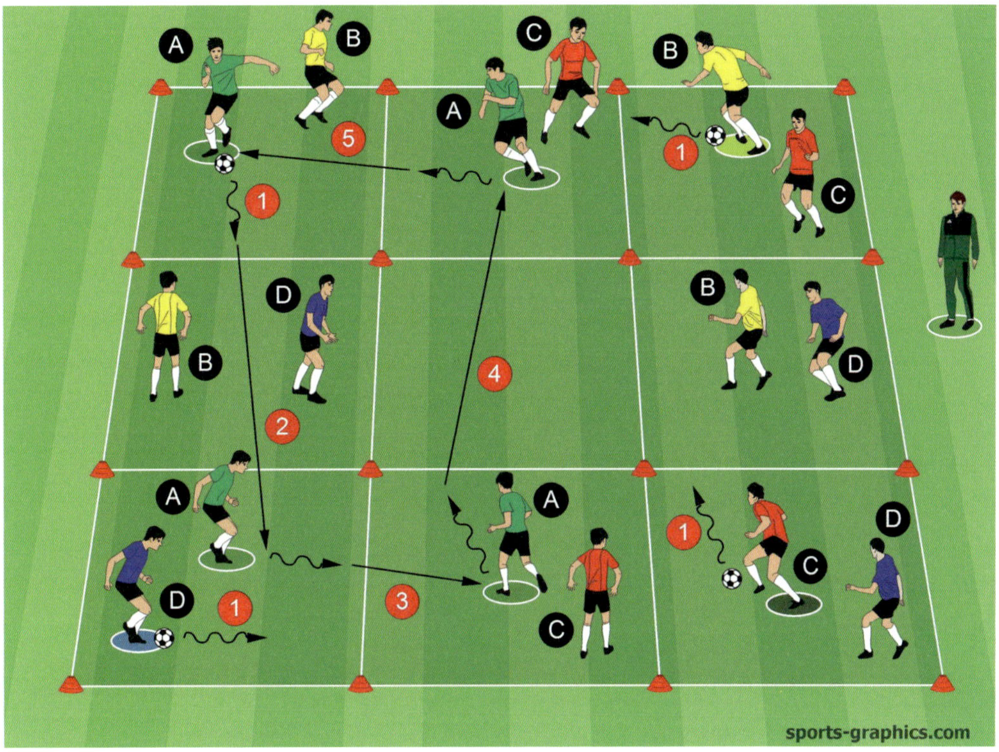

Durchführung

Die Spieler werden in vier Teams zu je vier Spielern unterteilt (vgl. Team GRÜN und Team GELB, Team BLAU und Team ROT). Die Spieler positionieren sich mit gemäß ihrer Teamfarbe als Viereck im Feld (vgl. Abbildung). Jeder Spieler bleibt in seiner Zone. Jedes Team hat einen Ball. Alle Teams starten zeitgleich und führen eine Passfolge in dieselbe Richtung aus (vgl. 1). Die Teams lassen den Ball im Viereck zirkulieren (vgl. 2, 3, 4 und 5). Ist der Ball an der Ausgangsposition angekommen, beginnt der jeweilige Spieler erneut, sodass eine endlose Passschleife entsteht. Die anderen Teams fungieren dabei als Störfaktoren.

Varianten

* Der Trainer veranlasst durch ein akustisches oder visuelles Signal einen Richtungswechsel des Passspiels.
* Einige Pässe werden halbhoch gespielt (vgl. 2 und 4).

8.2.8 Passfolge (Störspieler) #5

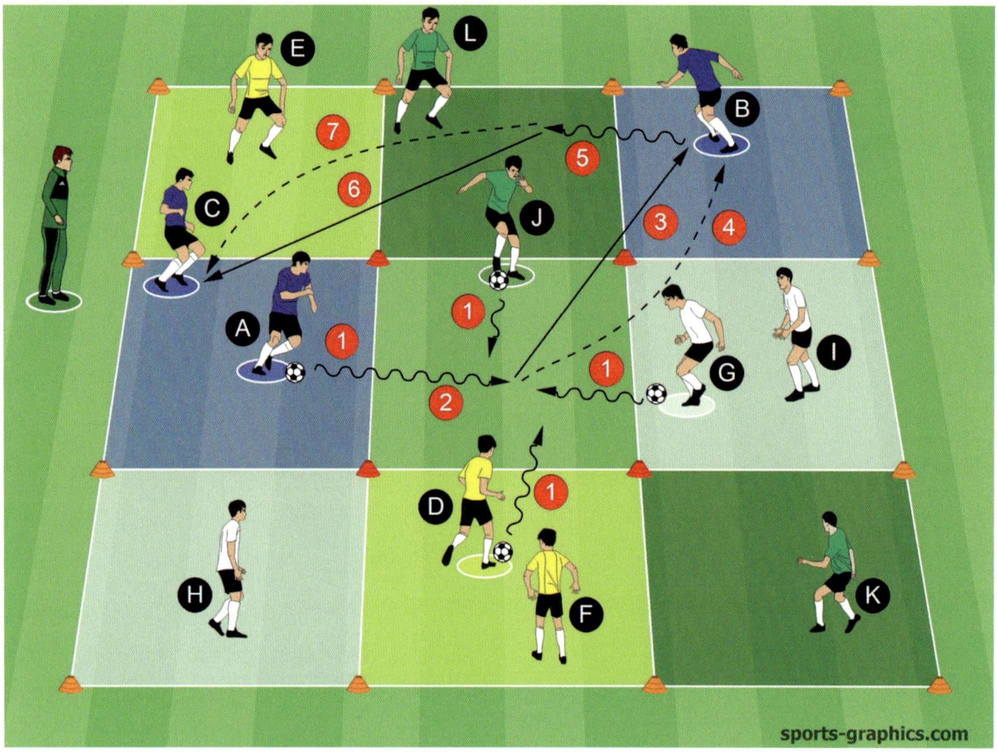

Durchführung

Die Spieler werden in vier Teams zu je drei Spielern unterteilt (vgl. Team BLAU und Team GELB, Team GRÜN und Team WEISS). Die Spieler verteilen sich gemäß ihrer Teamfarbe in die markierten Felder, wobei das zentrale Feld frei bleibt. Im Startfeld sind je zwei Spieler (vgl. Spieler A, C, D, F, G, I, J und L). In den Startfeldern befindet sich je ein Ball. Die ballbesitzenden Spieler (vgl. A, D, G und J) starten die Passfolge mit einem Dribbling ins zentrale Feld (vgl. 1). Nach Durchführung einer Finte (vgl. 2) wird ein Pass zum im Feld wartenden Spieler B gespielt (vgl. 3). Spieler A läuft seinem Ball nach und besetzt die entsprechende Position (vgl. 4). Spieler B verarbeitet den Ball, dribbelt aus dem Feld (vgl. 5) und passt in das Ausgangsfeld zu Spieler C (vgl. 6). Spieler B läuft seinem Ball nach und besetzt die entsprechende Position (vgl. 7), während Spieler C bereits den nächsten Durchgang startet.

Varianten

- Der Trainer gibt die durchzuführende Finte (vgl. 2) vor.
- Der Trainer gibt die Kontaktanzahl der Pässe (vgl. 3 und 6) vor.

8.2.9 Passfolge (Störspieler) #6

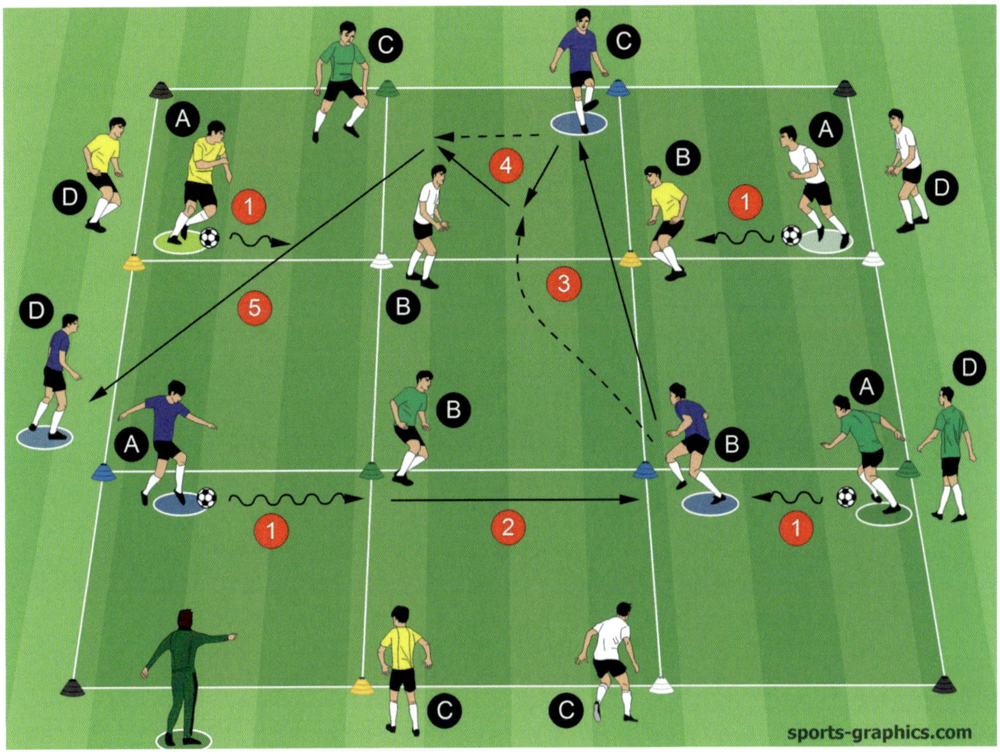

Durchführung

Die Spieler werden in vier Teams eingeteilt (vgl. Team BLAU, GELB, GRÜN und WEISS). Jedes Team setzt eine Passfolge um. Dafür verteilen sich die Spieler auf die verschiedenen Startpositionen. Diese sind jeweils farbig markiert. Die Startposition ist dabei doppelt und mit Ball besetzt (vgl. Spieler A und D). Die vier Ballbesitzer (vgl. Spieler A) beginnen die Abfolge mit einem Dribbling (vgl. 1). Auf der Höhe des zentralen Markierungshütchens passt Spieler A zu Spieler B (vgl. 2). Spieler B verarbeitet den Ball und passt zu Spieler C (vgl. 3), Spieler C lässt den Ball für einen Doppelpass mit Spieler B prallen (vgl. 4). Nach dem Doppelpass spielt Spieler C den Ball an die Startposition zurück zu Spieler D (vgl. 5), der den Durchlauf erneut startet. Die Spieler nehmen nach ihrer Aktion stets die nächste Position in Spielrichtung innerhalb ihres Dreiecks ein.

Variante

- Die schwarzen Markierungshütchen in den Ecken werden mit neutralen Spielern besetzt, die jederzeit von den übrigen Spielern eingebunden werden können. Die neutralen Spieler passen den Ball immer zum Passgeber zurück und können zudem eigenständig aktiv einen ballbesitzenden Spieler zu einem Zuspiel auffordern.

8.2.10 Passfolge (Störspieler) #7

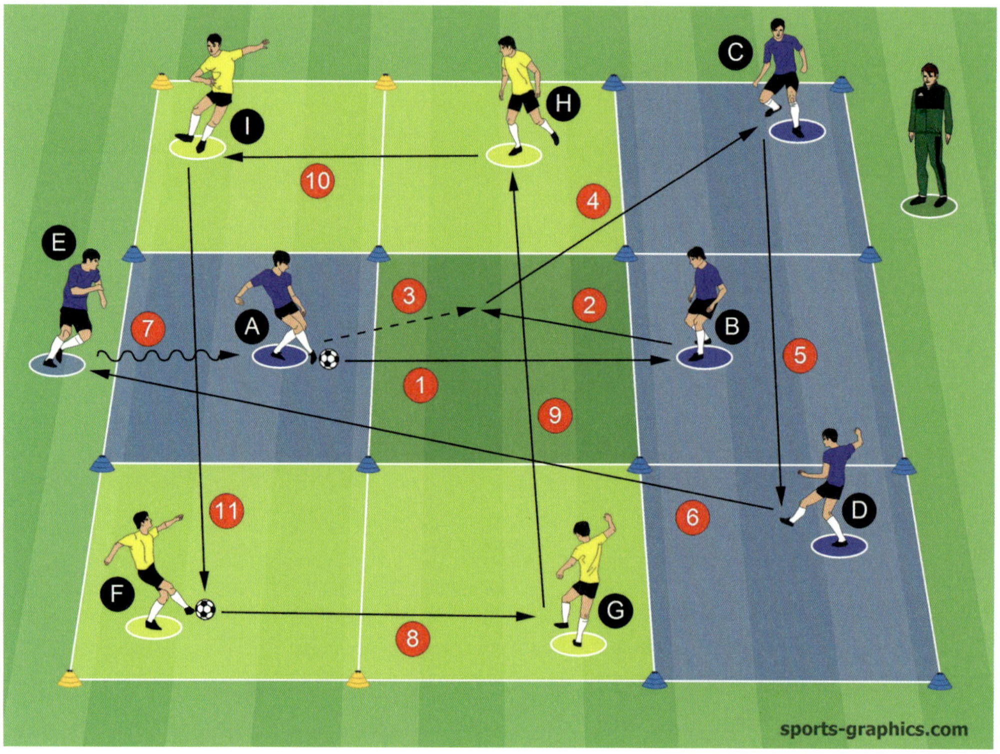

Durchführung

Die Spieler werden in zwei Teams eingeteilt (vgl. Team BLAU und Team GELB). Die Spieler positionieren sich gemäß ihrer Teamfarbe in den Feldern. Zwei Passfolgen laufen zeitgleich ab. Spieler A passt zu Spieler B (vgl. 1). Spieler B lässt auf den entgegenkommenden Spieler A prallen (vgl. 2 und 3). Spieler A passt zu Spieler C (vgl. 4). Spieler C passt zu Spieler D (vgl. 5). Spieler D spielt den Ball zu Spieler E (vgl. 6). Spieler E nimmt den Ball in die Bewegung mit und dribbelt auf die Position von Spieler A. Zeitgleich passt Spieler F zu Spieler G (vgl. 8). Spieler G passt zu Spieler H (vgl. 9). Spieler H spielt zu Spieler I (vgl. 10). Spieler I passt auf die Startposition zu Spieler F (vgl. 11). Team GELB wechselt die Positionen nicht. Team BLAU wechselt die Positionen, indem Spieler A und Spieler E und Spieler C, B und D nach jedem Durchlauf die Positionen tauschen.

Varianten

- Der Trainer gibt die Kontaktanzahl der Pässe vor.
- Der erste Pass wird als Einwurf gespielt (vgl. 1).

8.2.11 Passfolge (Positionswechsel)

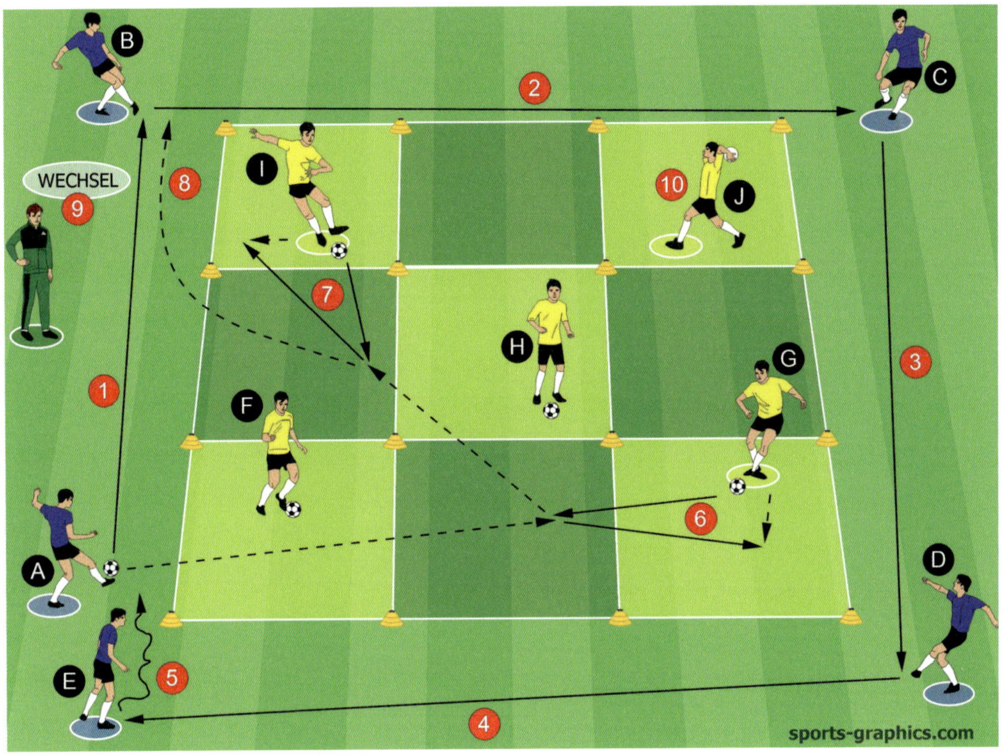

Durchführung

Die Spieler werden in zwei Teams aufgeteilt (vgl. Team BLAU und Team GELB). Fünf Spieler (vgl. Team BLAU) positionieren sich um das Feld herum (vgl. Spieler A, B, C, D und E). Fünf weitere Spieler (vgl. Team GELB) positionieren sich mit jeweils einem eigenen Ball am Fuß innerhalb des Felds (vgl. Spieler F, G, H, I und J). Team BLAU setzt außerhalb des Felds eine Passfolge um. Spieler A startet die Passfolge mit einem Pass auf Spieler B (vgl. 1). Spieler B passt den Ball zu Spieler C (vgl. 2). Spieler C spielt weiter zu Spieler D (vgl. 3). Spieler D passt zur Ausgangsposition und damit zu Spieler E (vgl. 4). Spieler E verarbeitet den Ball und beginnt die Passfolge erneut (vgl. 5). Nach jeder Ballaktion wechseln die äußeren Spieler auf die in Spielrichtung liegende nächste Position und laufen dabei durch das zentrale Feld. Dabei spielen sie mit zwei Zentrumspielern ihrer Wahl einen Doppelpass (vgl. 6 und 7), bevor sie die neue Position einnehmen (vgl. 8). Die Spieler im Zentrum (vgl. Team GELB) bewegen sich im freien Dribbling und reagieren auf die Laufwege der blauen Spieler. Nach einiger Zeit wird ein Aufgabenwechsel umgesetzt.

Varianten

- Durch ein akustisches oder visuelles Trainersignal wechselt der Trainer die Spielrichtung (vgl. 9).
- Statt des Doppelpasses werfen die Zentrumsspieler den Ball für Kopfballrückpässe zu.
- Die Ballaktionen der äußeren Spieler werden mit einer Kontaktbegrenzung belegt.
- Vor jedem Pass der Außenspieler muss eine Finte durchgeführt werden.

8.2.12 Passfolge (Aufdrehen)

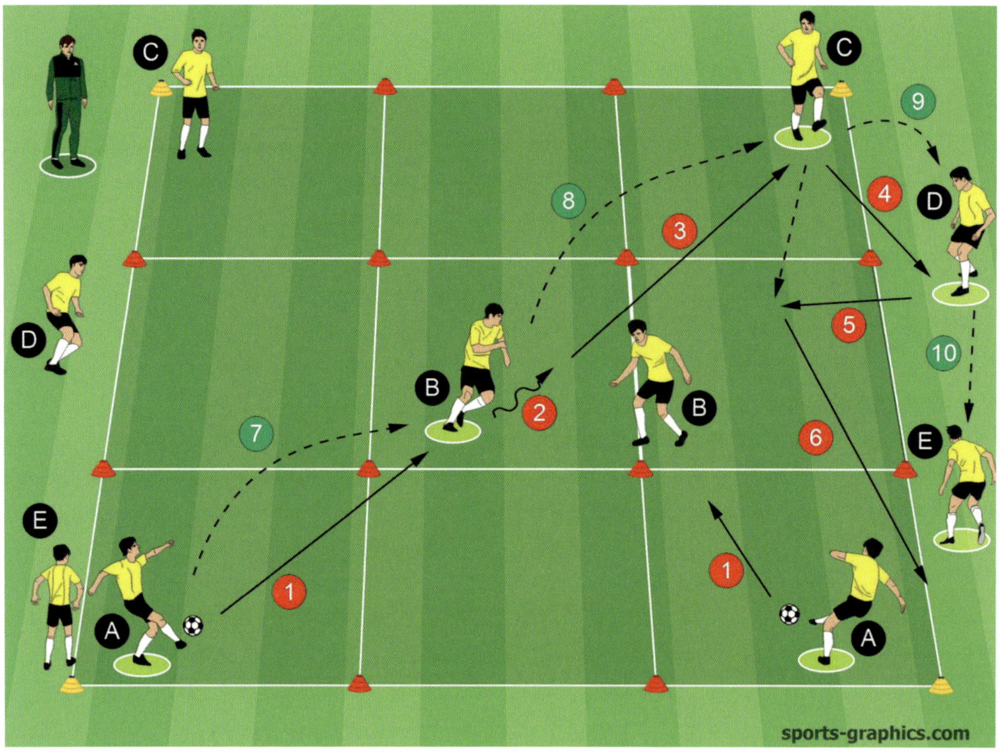

Durchführung

Die Spieler besetzen die verschiedenen Startpositionen in den Eckbereichen (vgl. Spieler A, C und E), im zentralen Feld (vgl. Spieler B) und neben dem Feld (vgl. Spieler D). Die Startposition A/E ist mit Ball und doppelt besetzt (vgl. Spieler A und E). Zwei Spieler haben einen Ball (vgl. Spieler A). Die Ballbesitzer starten die Passfolge zeitgleich und spielen den Ball auf den Spieler im zentralen Feld (vgl. 1). Der Spieler verarbeitet den Ball, dreht mit Ball auf (vgl. 2) und spielt den Ball an das diagonal entfernte Eckhütchen zu Spieler C (vgl. 3). Spieler C verarbeitet den Ball und passt auf den Außenspieler D (vgl. 4). Spieler D spielt per Doppelpass erneut auf den Spieler C (vgl. 5). Nach dem Doppelpass spielt Spieler C den Ball wieder auf die Startposition zu Spieler E (vgl. 6), der die Passfolge erneut von der anderen Seite beginnt. Die Spieler besetzen nach ihrer Passaktion stets die nächste Position in der Passfolge (vgl. 7 bis 10).

Varianten

- Spieler B lässt den Ball auf Spieler A prallen, der seinerseits zu Spieler C spielt, der Doppelpass bleibt bestehen.
- Spieler D spielt mit Spieler B den Doppelpass.

8.2.13 Passfolge (Hinterlaufen)

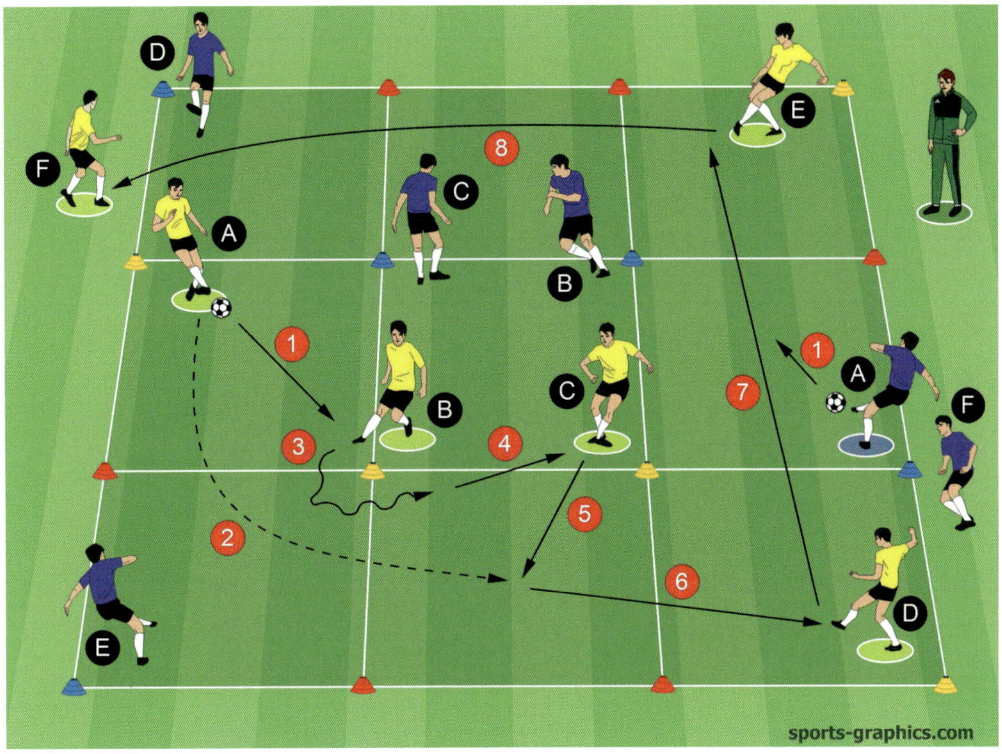

Durchführung

Die Spieler werden in zwei Teams eingeteilt (vgl. Team GELB und Team BLAU). Die Spieler positionieren sich gemäß ihrer Teamfarben an den Markierungshütchen. Die Startposition ist doppelt (vgl. Spieler A/F) und mit Ball besetzt. Die ballbesitzenden Spieler (vgl. Spieler A) starten zeitgleich, passen den Ball zu Spieler B (vgl. 1) und hinterlaufen den Passempfänger (vgl. 2). Spieler B verarbeitet den Ball, dreht sich auf, dribbelt um das Markierungshütchen (vgl. 3) und passt weiter zu Spieler C (vgl. 4). Spieler C passt den Ball auf den hinterlaufenden Spieler A (vgl. 5). Spieler A passt den Ball zu Spieler D (vgl. 6), der den Ball weiter zu Spieler E passt (vgl. 7). Spieler E passt zurück zur Startposition auf Spieler F (vgl. 8). Alle Spieler rücken nach ihren Aktionen gemäß Spielrichtung auf die anschließende Spielposition. Spieler F beginnt im direkten Anschluss eine neue Passfolge.

Variante

- Spieler A beginnt mit einem Pass auf Spieler C. Spieler C passt zu Spieler B. Spieler B passt auf den hinterlaufenden Spieler A. Spieler A setzt die Passfolge wie beschrieben fort.

8.2.14 Passfolge (Spielverlagerung)

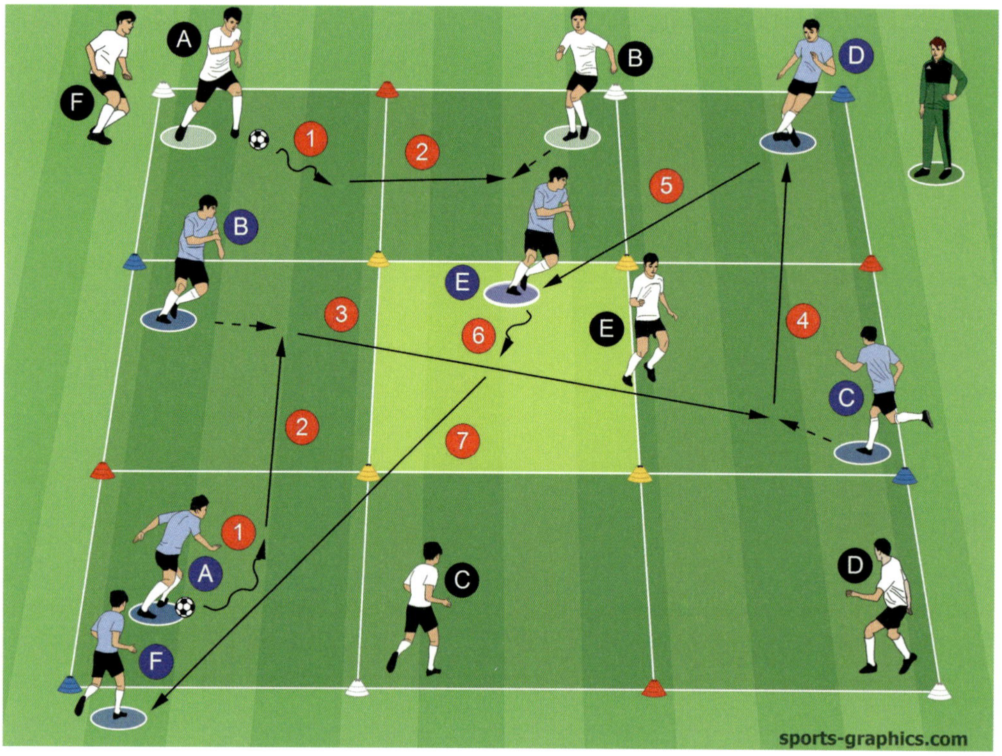

Durchführung

Die Spieler werden in verschiedenfarbige Teams unterteilt (vgl. Team BLAU und Team WEISS) und positionieren sich an den entsprechenden Markierungshütchen ihrer Teamfarbe. Die Startposition wird mit jeweils zwei Spielern besetzt (vgl. Spieler A und Spieler F). Die Spieler A sind in Ballbesitz. Jeweils ein Spieler pro Mannschaft positioniert sich im zentralen Feld (vgl. Spieler E). Die Spieler A starten zeitgleich mit einem Dribbling in das Feld (vgl. 1). Spieler A passt zu Spieler B (vgl. 2). Spieler B geht dem Ball entgegen und passt durch das zentrale Feld zu Spieler C (vgl. 3). Spieler C geht ebenfalls dem Ball entgegen und passt weiter zu Spieler D (vgl. 4). Spieler D passt zu Spieler E (vgl. 5), der den Ball mit einer Aufdrehbewegung verarbeitet (vgl. 6) und an die Ausgangsposition zu Spieler F passt (vgl. 7). Spieler F startet nach Passerhalt einen neuen Durchlauf. Die Spieler besetzen nach ihren Ballaktionen jeweils die anschließende Spielposition in Spielrichtung der Passfolge. Die zentralen Spieler verbleiben auf ihren Positionen (vgl. Spieler E) und werden nach einiger Zeit gewechselt.

Varianten

- Veränderung der Passfolge: Spieler B passt zu Spieler E. Spieler E lässt den Ball zurück zu Spieler B klatschen. Spieler B spielt tief zu Spieler C. Spieler C führt die Passfolge wie beschrieben fort.
- Vorgabe einer maximalen Balkontaktanzahl pro Spieler (z. B. zwei Ballkontakte).

8.2.15 Passfolge (Doppelpass) #1

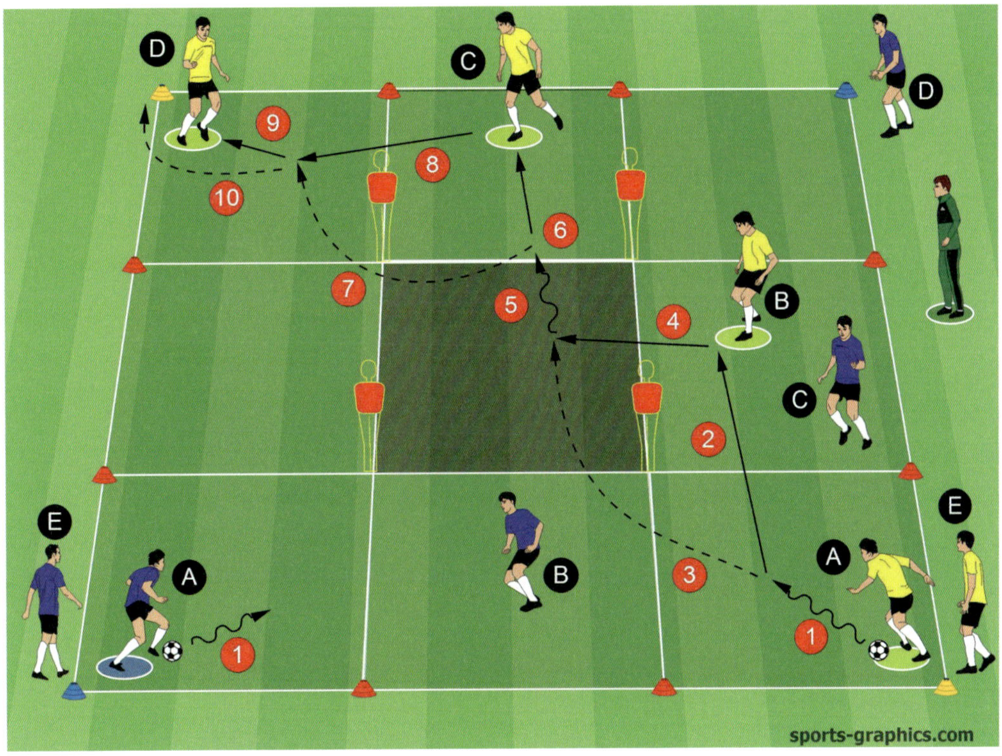

Durchführung

Die Spieler werden in zwei Teams eingeteilt (vgl. Team BLAU und Team GELB). Drei Spieler pro Team positionieren sich gemäß ihrer Teamfarbe an den Startmarkierungen in den Ecken des Felds (vgl. Spieler A, D und E). Zwei weitere Spieler jedes Teams positionieren sich innerhalb des Felds (vgl. Spieler B und Spieler C). Pro Team ist jeweils eine Startposition doppelt und mit Ball besetzt (vgl. Spieler A). Die Spieler A starten zeitgleich die Passfolge mit einem Dribbling (vgl. 1), passen den Ball zu Spieler B (vgl. 2) und setzen sich um die zentrale Markierung in Richtung Zentrum ab (vgl. 3). Spieler B passt zu Spieler A (vgl. 4). Spieler A verarbeitet den Ball (vgl. 5), passt zu Spieler C (vgl. 6) und setzt sich erneut um eine zentrale Markierung ab (vgl. 7). Spieler C passt zu Spieler A (vgl. 8). Spieler A passt zu Spieler D (vgl. 9) und nimmt dessen Position ein (vgl. 10). Spieler D dribbelt in das Feld und beginnt eine erneute Passfolge von der gegenüberliegenden Seite. Spieler B und Spieler C verändern nach jedem Pass ihre Positionierungen.

Varianten

- Durchführung als Wettkampf: Welches Team realisiert zuerst 10 Durchgänge?
- Vorgabe einer maximalen Ballkontaktanzahl pro Ballaktion.
- Vorgabe des Spielbeins für die Spieler B und C (Ausführung mit links/rechts).

8.2.16 Passfolge (Doppelpass) #2

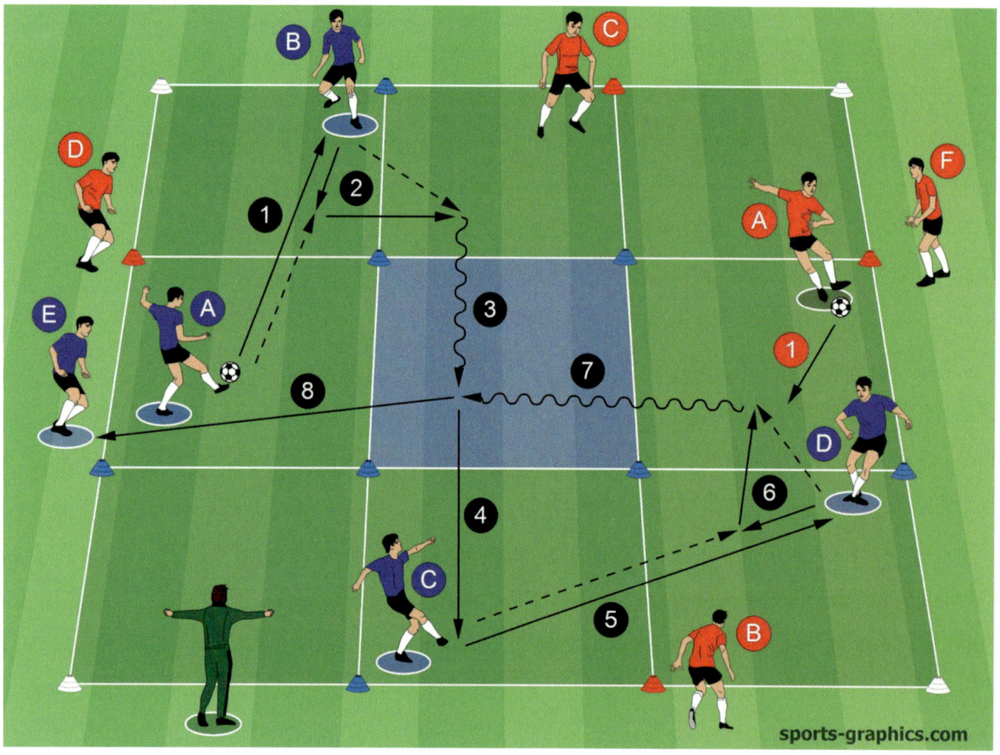

Durchführung

Die Spieler werden in zwei Teams eingeteilt (vgl. Team BLAU und Team ROT). Die Spieler positionieren sich gemäß ihren Teamfarben an den Markierungshütchen. Die Startmarkierungen sind doppelt und mit einem Ball besetzt (vgl. Spieler A und Spieler E). Die Spieler A starten zeitgleich die Passfolge. Spieler A passt zu Spieler B (vgl. 1). Spieler B spielt mit dem nachlaufenden Spieler A einen Doppelpass (vgl. 2). Spieler B verarbeitet den Ball und dribbelt in das zentrale Feld (vgl. 3). Von dort aus passt Spieler B den Ball zu Spieler C (vgl. 4). Spieler C passt den Ball zu Spieler D (vgl. 5). Spieler D spielt mit dem nachlaufenden Spieler C einen Doppelpass (vgl. 6). Spieler D verarbeitet den Ball und dribbelt in das zentrale Feld (vgl. 7). Von dort aus passt Spieler D den Ball an die Ausgangsposition zu Spieler E (vgl. 8). Spieler E startet die Passfolge erneut. Die Spieler gehen ihrem Pass nach und besetzen die nächste Position in Spielrichtung.

Variante

- Durchführung als Wettkampf: Welches Team realisiert zuerst 10 Durchgänge?

8.2.17 Passfolge (Doppelpass) #3

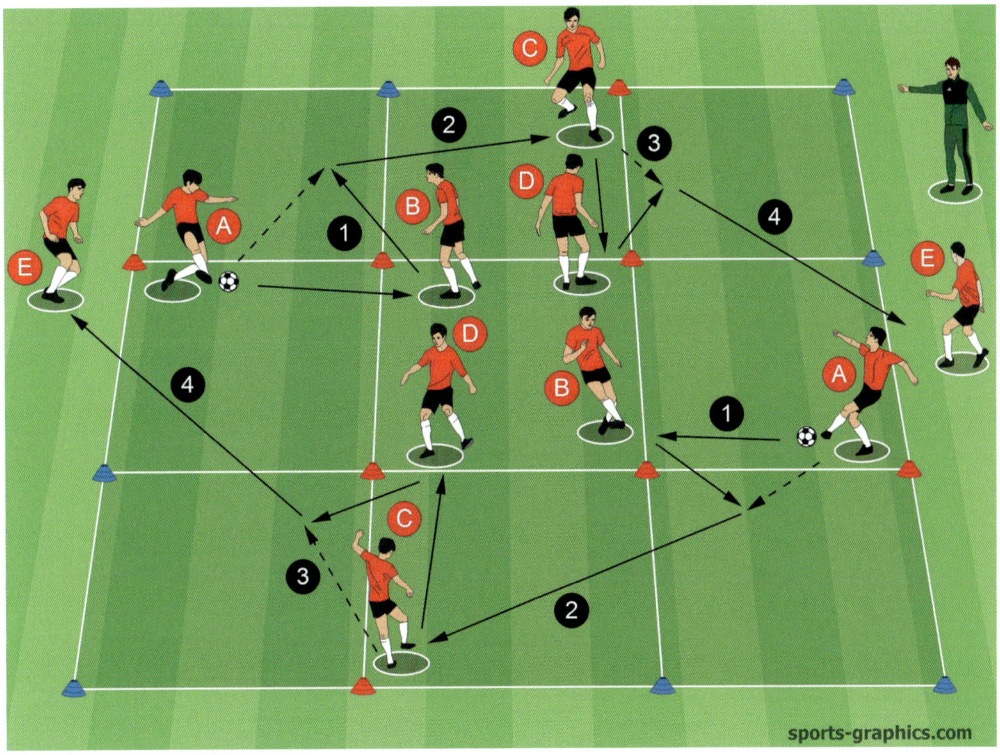

Durchführung

Die Spieler besetzen die roten Markierungshütchen. Die beiden Startpositionen sind doppelt und mit Ball besetzt (vgl. Spieler A und E). Die ballbesitzenden Spieler beginnen zeitgleich (vgl. Spieler A). Die Spieler A passen den Ball zu Spieler B. Spieler B lässt den Ball zum Doppelpass prallen (vgl. 1). Im Anschluss passt Spieler A den Ball weiter zu Spieler C (vgl. 2). Spieler C spielt einen Doppelpass mit Spieler D (vgl. 3) und passt diagonal zu Spieler E (vgl. 4). Spieler E startet einen nächsten Durchlauf. Die Spieler besetzen nach ihren Ballaktionen jeweils die anschließende Spielposition in Spielrichtung der Passfolge. Nach einiger Zeit wird im Sinne der Beidfüßigkeit die Spielrichtung gewechselt.

Varianten

- Auf ein akustisches oder visuelles Trainersignal wird die Spielrichtung gewechselt.
- Die Passfolge wird mit vier Bällen ohne Positionswechsel durchgeführt.
- Vorgabe einer maximalen Balkontaktanzahl pro Spieler (z. B. zwei Ballkontakte).

8.2.18 Passfolge (Variabilität) #1

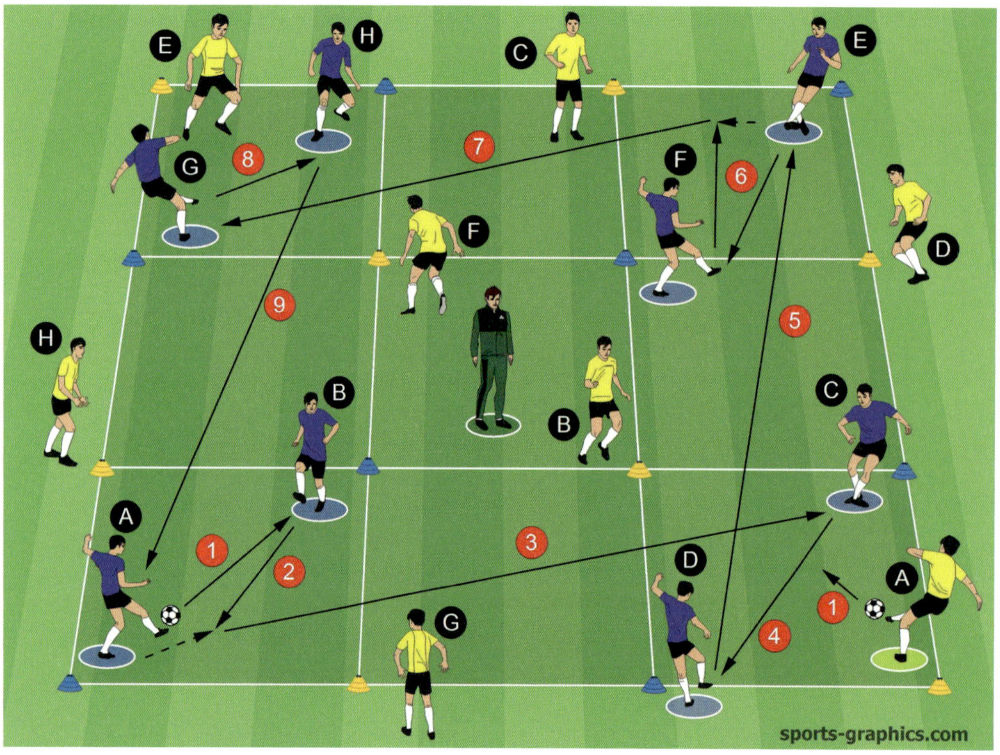

Durchführung

Die Spieler werden in zwei Teams zu je acht Spielern aufgeteilt (vgl. Team BLAU und Team GELB). Jeder Spieler besetzt gemäß seiner Teamfarbe ein Markierungshütchen. Jedes Team führt einen eigenen Ball (vgl. Spieler A). Die Spieler A beginnen die Passfolge zeitgleich. Spieler A passt zu Spieler B (vgl. 1). Spieler B lässt den Ball zu Spieler A prallen (vgl. 2). Spieler A spielt den Ball tief auf Spieler C (vgl. 3). Spieler C passt zu Spieler D (vgl. 4), der mit einem tiefen Pass auf Spieler E fortsetzt (vgl. 5). Spieler E spielt mit Spieler F einen Doppelpass (vgl. 6). Spieler E spielt tief auf Spieler G (vgl. 7). Spieler G passt zu Spieler H (vgl. 8). Spieler H passt zurück zur Ausgangsposition und damit zu Spieler A (vgl. 9). Spieler A beginnt unmittelbar mit einem neuen Durchgang.

Varianten

- Vorgabe des Passbeins (links/rechts).
- Vorgabe einer maximalen Ballkontaktanzahl pro Ballaktion.
- Jeweils zwei Spieler tauschen nach jeder Aktion ihre Positionen (Spieler A/B, C/D, E/F und H/G).
- Durchführung als Wettkampf: Welches Team realisiert zuerst 10 Durchgänge?

8.2.19 Passfolge (Variabilität) #2

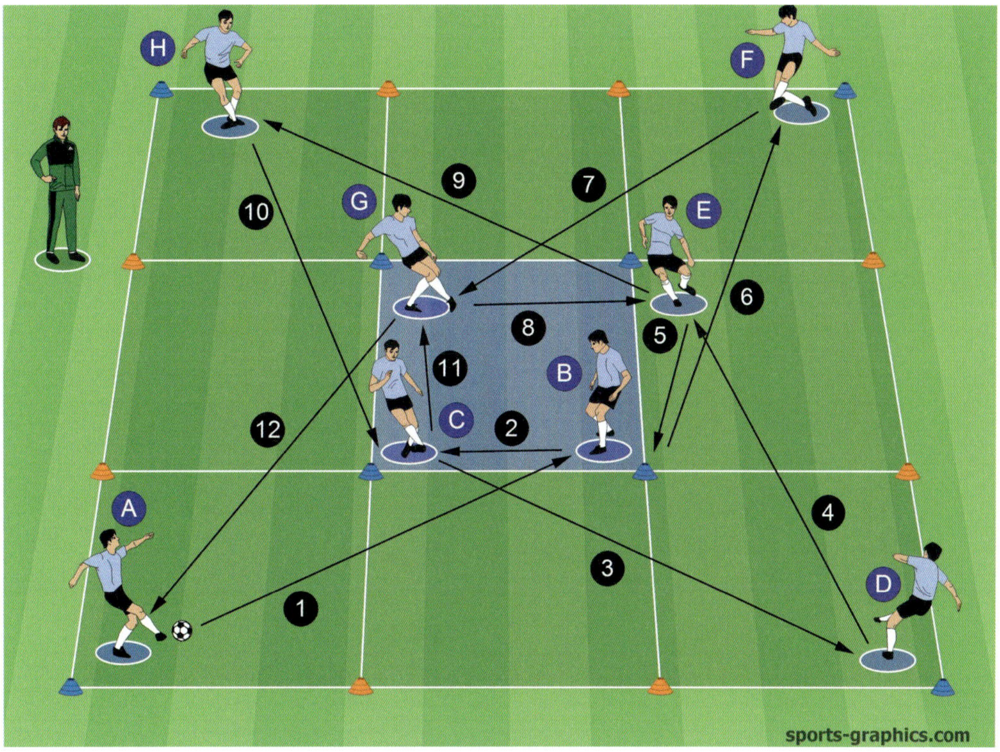

Durchführung

Eine Gruppe von mindestens acht Spielern setzt eine Passfolge ohne Positionswechsel um. Vier Spieler positionieren sich an den Markierungshütchen in den Ecken des Felds (vgl. Spieler A, D, F und H). Vier weitere Spieler positionieren sich an den Markierungshütchen des zentralen Felds (vgl. Spieler B, C, E und G). Spieler A hat einen Ball. Spieler A startet die Passfolge und spielt den Ball auf Spieler B (vgl. 1). Spieler B lässt auf Spieler C prallen (vgl. 2). Spieler C passt zu Spieler D (vgl. 3). Spieler D passt zu Spieler E (vgl. 4) und Spieler E lässt auf Spieler B prallen (vgl. 5). Spieler B passt zu Spieler F (vgl. 6). Spieler F spielt zu Spieler G (vgl. 7). Spieler G lässt auf Spieler E prallen (vgl. 8) und Spieler E passt zu Spieler H (vgl. 9). Spieler H passt zu Spieler C (vgl. 10), der auf Spieler G prallen lässt (vgl. 11). Spieler G passt zur Ausgangsposition und zu Spieler A (vgl. 12). Spieler A startet die Passabfolge erneut. Die Spieler rotieren nach einiger Zeit auf andere Spielpositionen.

Varianten

- Durch ein Trainersignal wird die Passrichtung verändert.
- Jeder Pass muss direkt gespielt werden.
- Ein zweites Team besetzt simultan zum blauen Team die bestehenden Positionen. Beide Teams führen den gleichen Passdurchlauf aus. Welches Team schafft zuerst 10 Durchgänge?

8.2.20 Passfolge (Torhüter) #1

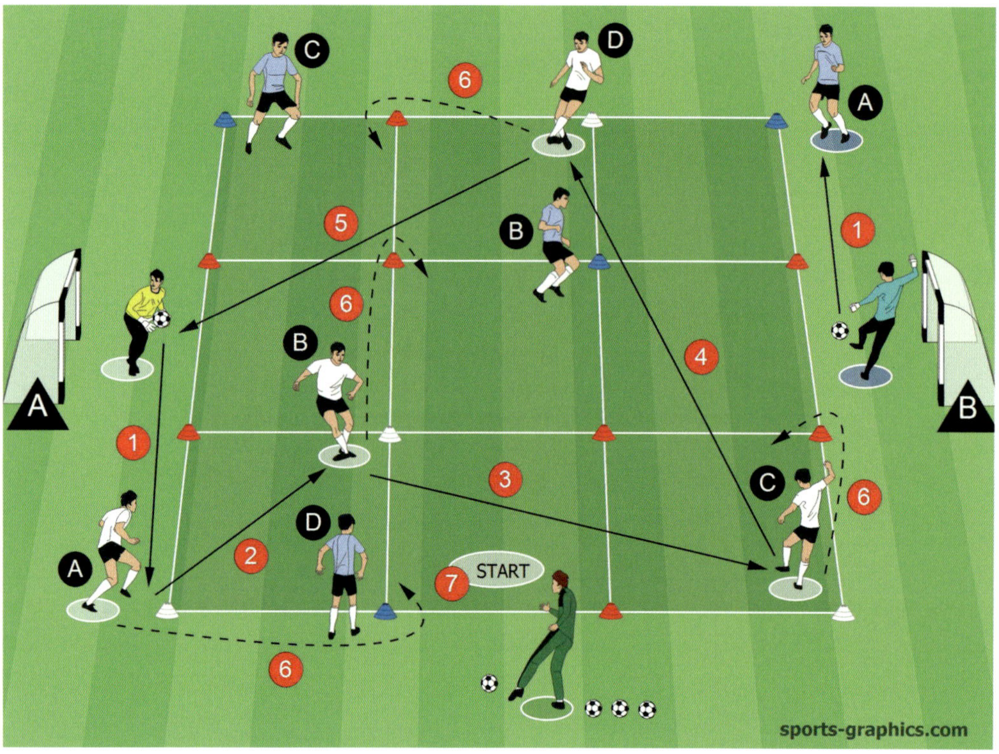

Durchführung

Die Spieler werden in zwei Teams zu je fünf Spielern unterteilt (vgl. Team WEISS und Team BLAU). Die Spieler verteilen sich gemäß ihrer Teamfarbe an die Startmarkierungen. Die beiden Tore werden von je einem Torhüter besetzt. Beide Torhüter starten zeitgleich die Passfolge. Der Torhüter rollt oder passt zu Spieler A (vgl. 1). Spieler A passt zu Spieler B (vgl. 2). Spieler B passt zu Spieler C (vgl. 3). Spieler C passt zu Spieler D (vgl. 4). Spieler D passt zurück zum Torhüter (vgl. 5). Der Torhüter startet nach Erhalt des Balls den nächsten Durchgang. Nach jeder ausgeführten Aktion setzt sich der Passgeber um ein nahes Markierungshütchen ab (vgl. 6). In den laufenden Passfolgen hat der Trainer die Möglichkeit, ein 4 gegen 4 auf die beiden Großtore auszulösen (vgl. 7). Auf das Trainersignal spielen die Teams den Ball der Passfolge augenblicklich zu ihrem Torhüter und der Trainer spielt den Ball zum 4 gegen 4 ins Feld. Team WEISS verteidigt Tor A, während Team BLAU Tor B verteidigt.

Variante

- Statt den Ball in der Passfolge zum Torhüter zu passen, führen die Spieler einen Chip aus, sodass der Torhüter den Ball fangen kann.

8.2.21 Passfolge (Torhüter) #2

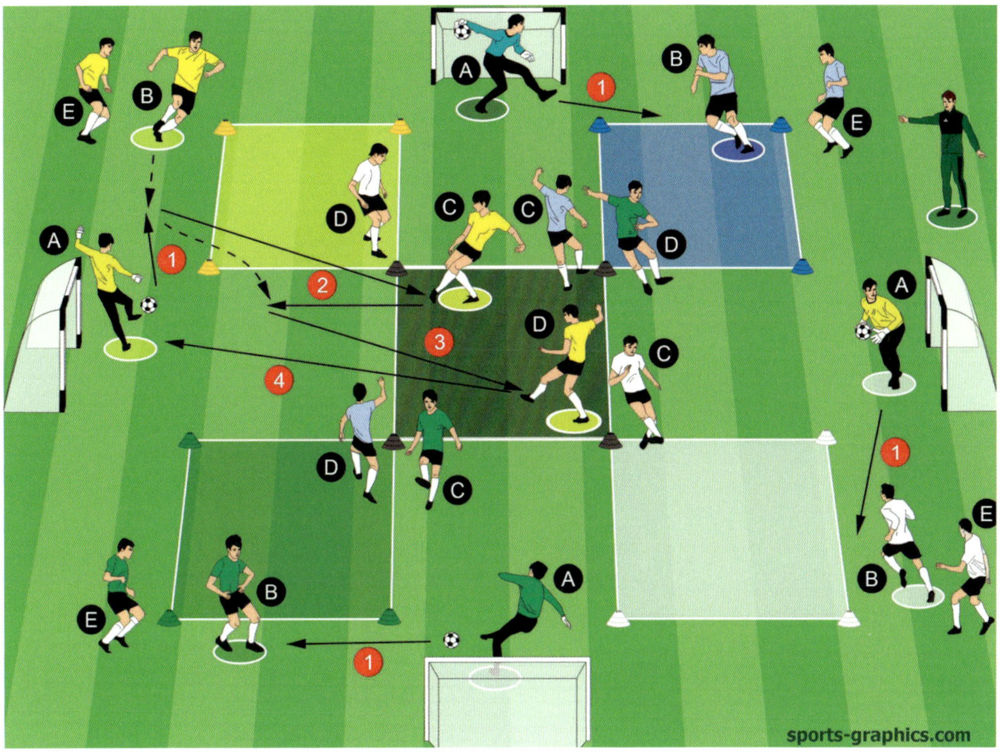

Durchführung

Die Spieler werden in vier Teams unterteilt (vgl. Team GELB, Team BLAU, Team WEISS und Team GRÜN). In den Ecken des Spielfelds ist pro Team ein quadratisches Feld gemäß der Teamfarbe positioniert. Jeweils zwei Spieler pro Team positionieren sich in der äußersten Ecke dieser Felder (vgl. Spieler B und E). Zwei weitere Spieler pro Team positionieren sich im zentralen Feld (vgl. Spieler C und Spieler D). Die vier Tore sind mit jeweils einem Torhüter besetzt (vgl. Spieler A). Die Torhüter A beginnen zeitgleich die Passfolge, indem sie den Ball auf den sich anbietenden Spieler B abrollen oder passen (vgl. 1). Spieler B geht dem Ball entgegen und spielt einen Doppelpass mit Spieler C (vgl. 2). Spieler B passt nun zu Spieler D (vgl. 3). Spieler D spielt den Ball zur Ausgangsposition (vgl. 4). Dort beginnt der Torhüter die Passfolge erneut und roll auf Spieler E ab. Die Spieler besetzen in einer eigenen Aktion die in Spielrichtung nächste Spielposition.

Varianten

- Nach dem Doppelpass (vgl. 2) passt Spieler B zu Spieler D, der den Ball zum erneuten Doppelpass mit Spieler C prallen lässt. Erst nach diesem Doppelpass spielt Spieler D zum Torhüter.
- Die Spieler spielen einen Flugball/Chipball zum Torhüter zurück, sodass dieser den Ball fangen kann.
- Durchführung als Wettkampf: Welches Team realisiert zuerst 10 Abfolgen?

8.2.22 Passfolge (Diagonalität) #1

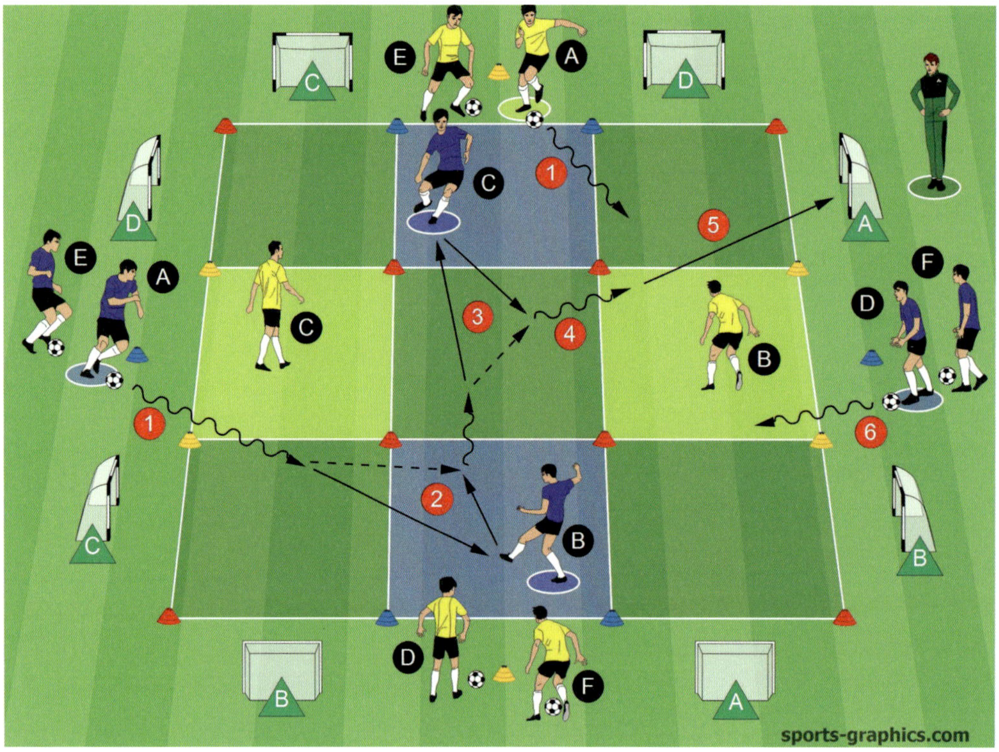

Durchführung

Die Spieler werden in zwei Teams eingeteilt (vgl. Team BLAU und Team GELB). Je zwei Spieler positionieren sich gemäß ihrer Teamfarbe an den außerhalb des Felds stehenden Startmarkierungen (vgl. Spieler A, D, E und F). Zwei weitere Spieler jedes Teams positionieren sich gemäß ihrer Teamfarbe in den markierten Feldern (vgl. Spieler B und Spieler C). Jeder Spieler an den Startpositionen hat einen eigenen Ball am Fuß. Die Spieler A starten den Durchlauf mit einem Dribbling ins Feld (vgl. 1). Spieler A spielt mit beiden zum eigenen Team zugehörigen Spielern innerhalb des Felds (vgl. Spieler B und Spieler C) einen Doppelpass (vgl. 2 und 3). Spieler A verarbeitet das letzte Zuspiel (vgl. 4) und dribbelt in die letzte Zonenreihe, um von dort auf Minitor A oder B abzuschließen (vgl. 5). Nach dem Abschluss dribbelt Spieler D ins Feld und startet einen weiteren Durchgang (vgl. 6) in die andere Spielrichtung auf die Minitore C und D. Nach Durchführung der Doppelpässe schließt Spieler D auf die Tore C und D in seiner Spielrichtung ab. Die zentralen Spieler verbleiben auf ihren Positionen. Nach dem Torabschluss holen die Spieler ihren Ball und stellen sich für einen erneuten Durchgang an der gegenüberliegenden Startposition an.

Varianten

- Durchführung als Wettkampf: Welches Team schießt zuerst 10 Tore?
- Vorgabe einer maximalen Ballkontaktanzahl pro Doppelpass im Zentrum.
- Ausführung einer vorgegebenen Finte vor den Doppelpässen und dem Schuss.

8.2.23 Passfolge (Diagonalität) #2

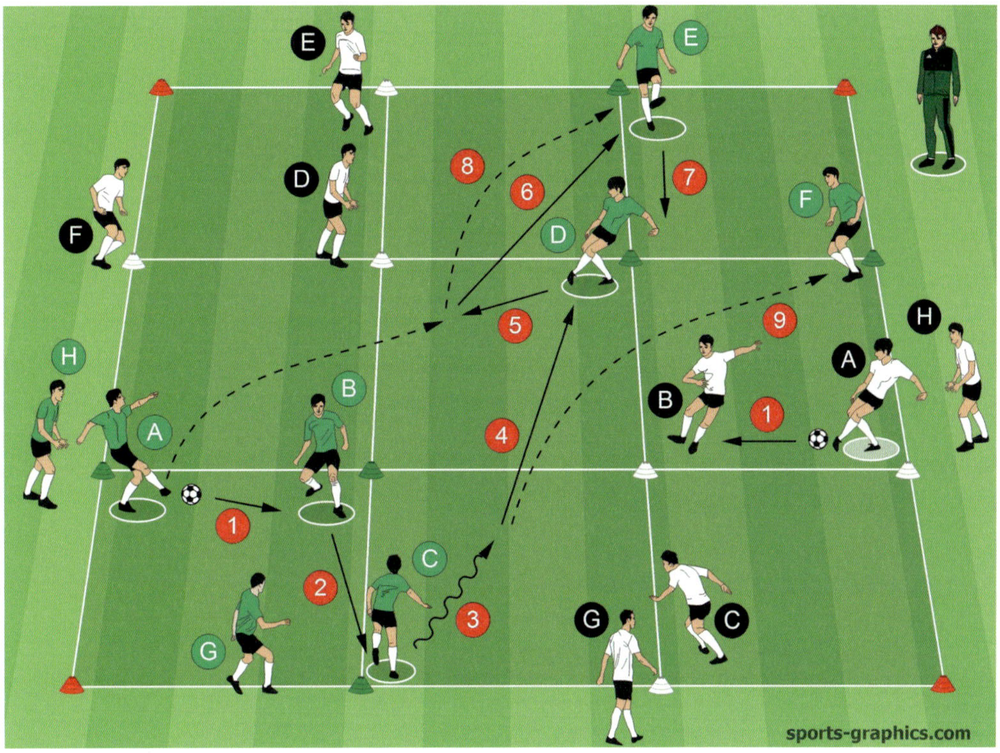

Durchführung

Die Spieler werden farblich in zwei Teams eingeteilt (vgl. Team GRÜN und Team WEISS). Die Spieler positionieren sich gemäß ihren Teamfarben an den Markierungen. Die Startposition ist doppelt (vgl. Spieler A/F) und mit Ball besetzt. Die ballbesitzenden Spieler (vgl. Spieler A) starten zeitgleich, passen den Ball zu Spieler B (vgl. 1). Spieler B passt direkt zu Spieler C (vgl. 2), der den Ball vorwärts verarbeitet und zum Dribbling ansetzt (vgl. 3). Spieler C passt anschließend zu Spieler D (vgl. 4). Spieler D passt den Ball auf den hinterlaufenden Spieler A (vgl. 5). Spieler A passt den Ball möglichst direkt zu Spieler E (vgl. 6). Die Spieler A und Spieler B rücken nach ihren Aktionen gemäß Spielrichtung auf die anschließende Spielposition. Der Spieler F beginnt im direkten Anschluss eine neue Passfolge. Die zentralen Spieler (vgl. Spieler B und D) werden nach einiger Zeit vom Trainer gewechselt.

Varianten

- Durchführung im direkten Passspiel.
- Durchführung mit zwei Ballkontakten pro Spieler.
- Durchführung als Wettkampf: Welches Team realisiert zuerst 20 Abfolgen?

8.2.24 Passfolge (Diagonalität) #3

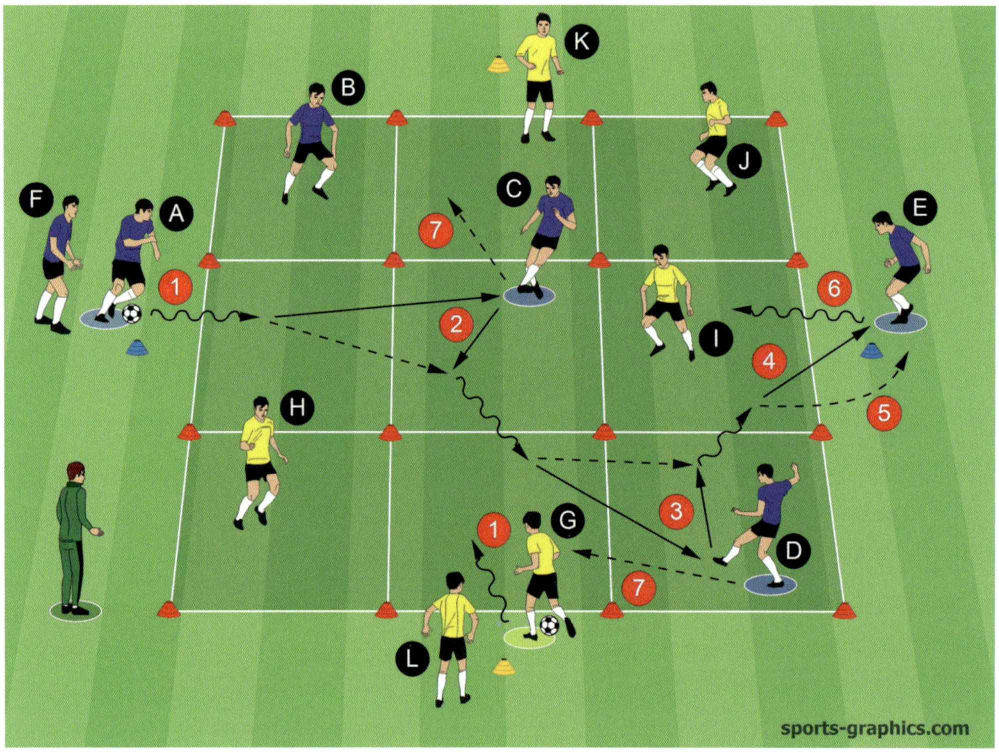

Durchführung

Die Spieler werden in zwei Teams eingeteilt (vgl. Team BLAU und Team GELB). Drei Spieler positionieren sich gemäß ihrer Teamfarbe an den äußeren Startmarkierungen (vgl. Spieler A/E/F und G/K/L). Drei weitere Spieler jedes Teams positionieren sich frei im Zentrum (vgl. Spieler B/C/D und H/I/J). An der doppelt besetzten Startposition befindet sich jeweils ein Ball. Beide Teams starten zeitgleich über Spieler A und Spieler G eine Passfolge durch das Zentrum (vgl. 1). Die Startspieler müssen dabei jeweils zwei Zentrumsspieler ihres Teams mit Doppelpässen einbeziehen (vgl. 2 und 3), bevor sie den Ball auf die gegenüberliegende Seite spielen (vgl. 4) und die dort markierte Startposition einnehmen (vgl. 5). Der ballerhaltende Spieler startet unmittelbar mit einer neuen Aktion (vgl. 6). Die Zentrumsspieler wechseln nach jeder Aktion in ein anderes Feld (vgl. 7).

Varianten

* Vorgabe einer maximalen oder minimalen Ballkontaktanzahl pro Ballaktion.
* Spiel über den Dritten (Spieler A zu Spieler C, Spieler C zu Spieler D und Spieler D zu Spieler A).

8.2.25 Passfolge (Spiel über den Dritten)

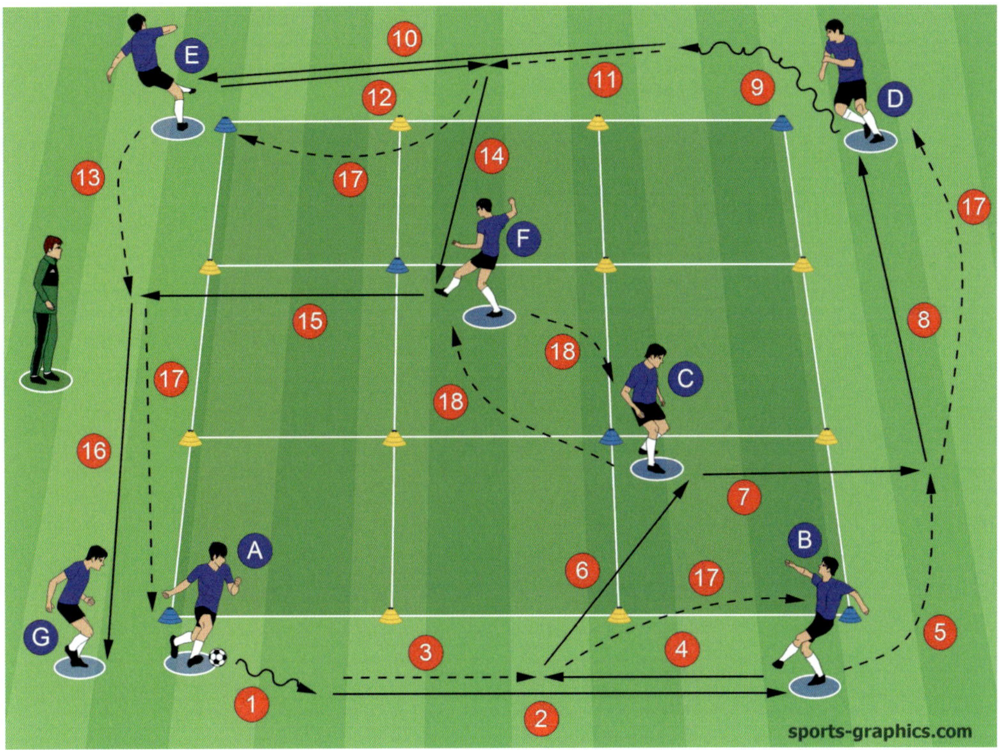

Durchführung

Die Spieler verteilen sich auf die blauen Startmarkierungen. Ein äußeres Markierungshütchen wird doppelt und mit einem Ball besetzt (vgl. Spieler A und G). Spieler A startet die Passfolge, dribbelt an (vgl. 1), spielt den Ball auf Spieler B (vgl. 2) und geht seinen Pass nach (vgl. 3). Spieler B lässt den Ball auf Spieler A prallen (vgl. 4) und setzt sich um das äußere Markierungshütchen ab (vgl. 5). Spieler A passt den Ball zum zentral stehenden Spieler C (vgl. 6). Spieler C passt zu Spieler B (vgl. 7). Spieler B passt zu Spieler D (vgl. 8). Spieler D verarbeitet den Ball (vgl. 9), setzt mit einem Pass auf Spieler E fort (vgl. 10) und geht seinem Ball nach (vgl. 11). Spieler E lässt den Ball zu Spieler D prallen (vgl. 12) und setzt sich um das Markierungshütchen ab (vgl. 13). Spieler D passt auf den zentral stehenden Spieler F (vgl. 14). Spieler F passt zu Spieler E (vgl. 15). Spieler E passt zur Ausgangsposition zu Spieler G (vgl. 16). Spieler G verarbeitet den Ball und beginnt eine erneute Passfolge. Nach jeder Aktion rückt der Passgeber eine Position weiter (vgl. 17). Die zentralen Spieler tauschen nach jeder Aktion die Positionen (vgl. 18).

Varianten

- Änderung der Spielrichtung durch ein akustisches oder visuelles Trainersignal.
- Durchführung bestimmter Pässe (vgl. 2, 8, 10 und 16) als Flugbälle.
- Vorgabe einer begrenzten Ballkontaktanzahl pro Spieler.

8.2.26 Freies Passspiel (Positionswechsel)

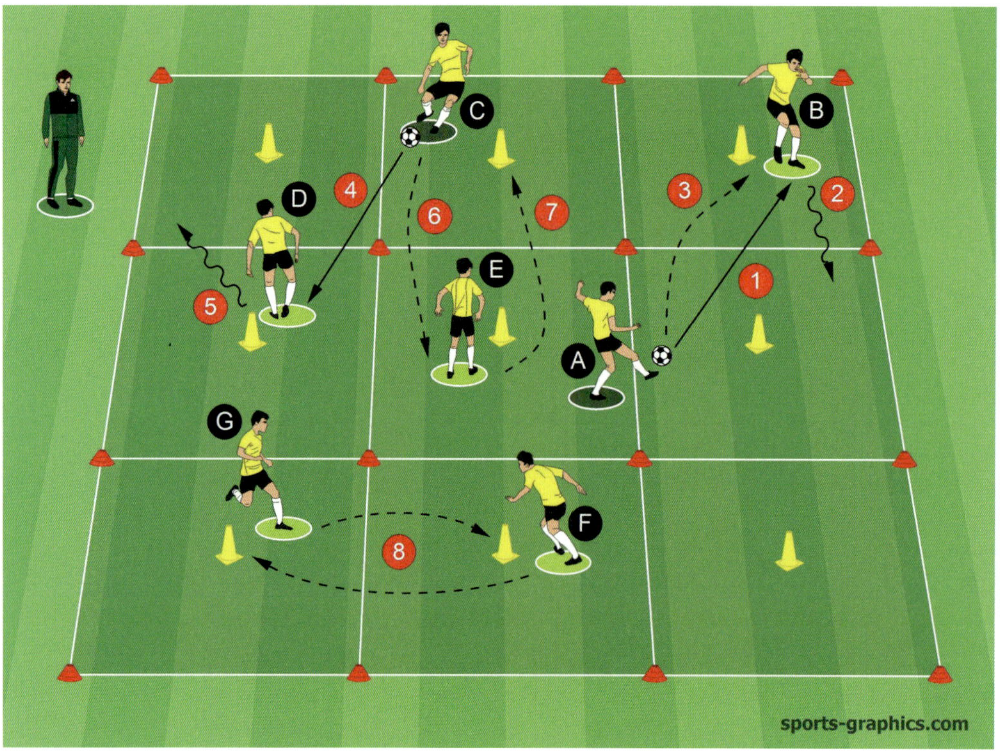

Durchführung

Eine beliebige Anzahl Spieler positioniert sich ohne Ball an den gelben Markierungshütchen (vgl. Spieler B, D, E, F und G). Weitere Spieler sind keinem Markierungshütchen zugeordnet, führen einen Ball (vgl. Spieler A und C) und bewegen sich im freien Dribbling durch das Feld. Die Ballbesitzer beziehen die Spieler an den Markierungshütchen in Form von Passspiel und Positionswechseln ein. Spieler A passt zu Spieler B (vgl. 1). Spieler B verarbeitet den Ball in die Bewegung (vgl. 2), dribbelt an und passt dann zu einem weiteren Spieler am Markierungshütchen. Spieler A nimmt die Position von Spieler B ein (vgl. 3).

Varianten

- Spieler C passt zu Spieler D (vgl. 4). Spieler D verarbeitet den Ball in die Bewegung (vgl. 5), dribbelt an und passt dann zu einem weiteren Spieler an einem Markierungshütchen. Spieler C nimmt nach seinem Pass die Position eines an der Aktion nicht beteiligten Spielers ein (vgl. 6). Spieler C übernimmt die Position des Spielers, welcher an dem Hütchen positioniert ist. Spieler E besetzt in diesem Fall ein anderes unbesetztes Markierungshütchen (vgl. 7).
- Spieler F und Spieler G führen zu einem beliebigen Zeitpunkt einen Positionswechsel aus (vgl. 8).

8.2.27 Freies Passspiel (Zonenspiel)

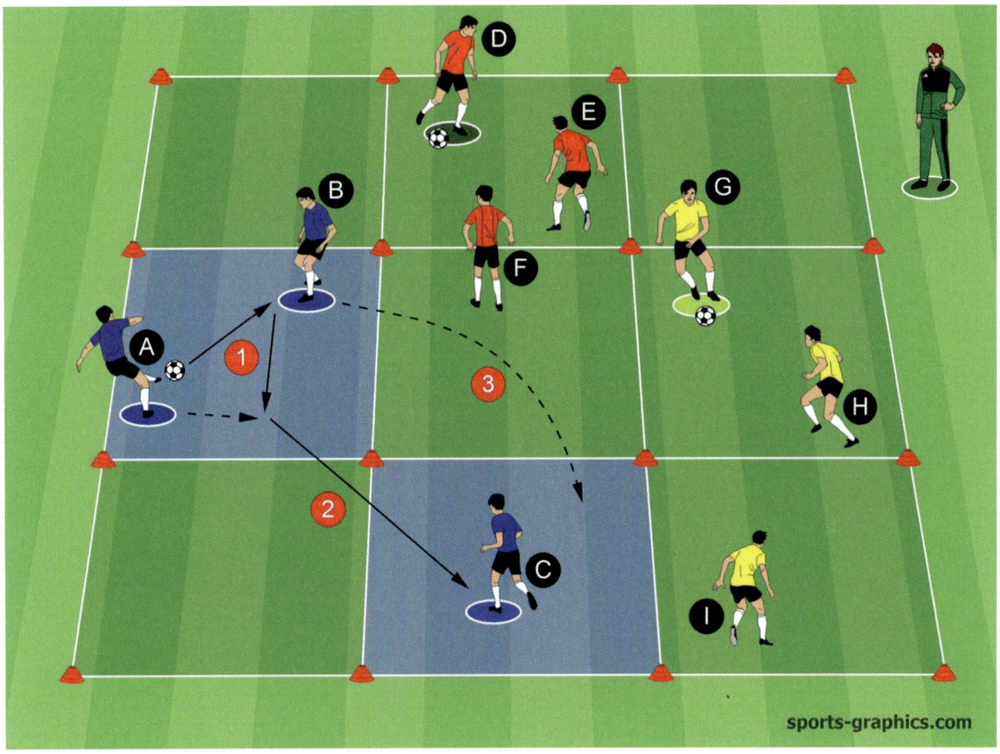

Durchführung

Die Spieler werden in drei Teams eingeteilt (vgl. Team BLAU, Team ROT und Team GELB). Jedes Team hat einen Ball (vgl. Spieler A, D und G). Die Teams bespielen die Felder gemäß festgelegter Technikaufgaben. In einem Wettkampf zwischen den Teams geht es darum, welches Team zuerst alle neun Felder bespielt hat. Die Spieler passen den Ball zweimal im Feld (vgl. 1) und setzen dann mit einem weiteren Pass zum nächsten Feld fort (vgl. 2). Der Passempfänger (vgl. Spieler C) bespielt nach Ballerhalt das nächste Feld mit einem nachlaufenden Spieler (vgl. 3). Die Spieler setzen die Abläufe fort, bis sie alle neun Felder bespielt haben. Es gibt keine äußeren Seitenausbegrenzungen.

Varianten

- Variation der Ballkontaktanzahl (Minimum zwei Ballkontakte).
- Variation der Ballkontaktanzahl (Maximum zwei Ballkontakte).
- Variation der Aufgaben (z. B. Ballmitnahme in jedem Feld).
- Variation der Aufgaben (z. B. Finte in jedem Feld).
- Variation der Aufgaben (z. B. Passspiel über zwei Linien jeden Felds).

8.2.28 Freies Passspiel (Variabilität)

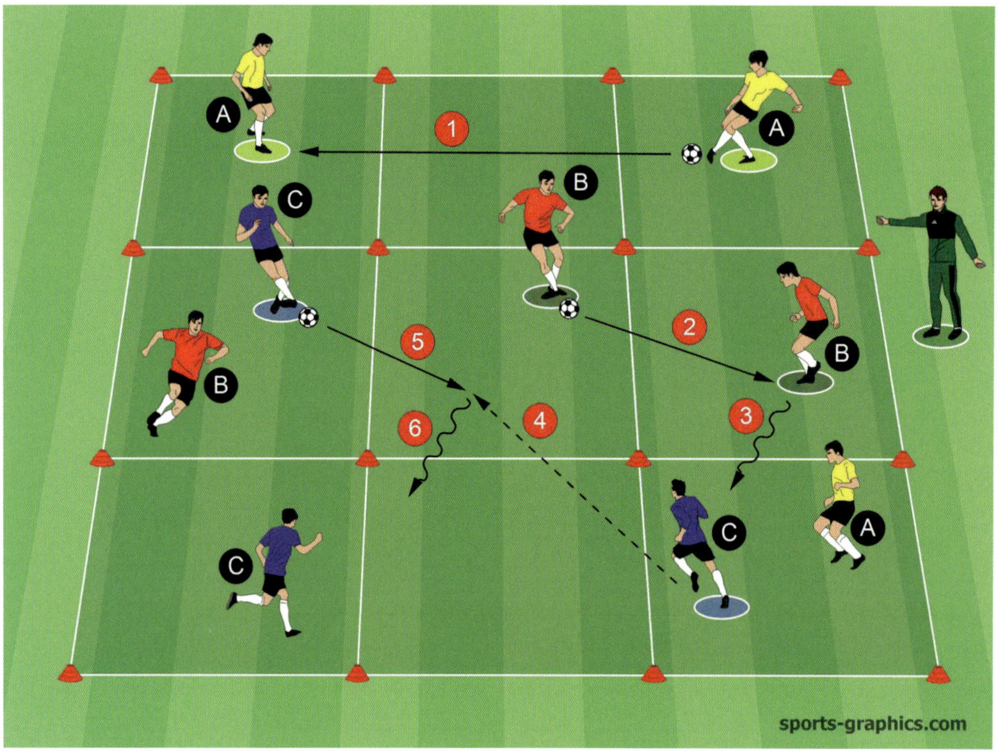

Durchführung

Die Spieler werden in mehrere Teams zu je drei oder vier Spielern eingeteilt (vgl. Team GELB, Team ROT und Team BLAU). Die Spieler lassen innerhalb ihres Teams einen Ball zirkulieren. Der Trainer stellt verschiedene Technikaufgaben. Nach jedem Pass ändern die Spieler ihre Position und laufen in ein anderes Feld.

Aufgaben

- Die Spieler überspielen bei jedem Pass ein ganzes Feld (vgl. 1).
- Der Pass wird in ein Feld gespielt (vgl. 2). Der Passempfänger verarbeitet den Ball aus dem Feld heraus (vgl. 3)
- Der Passempfänger startet in ein Feld (vgl. 4). Der Passgeber spielt in dieses Feld (vgl. 5) und der Passempfänger verarbeitet den Ball aus dem Feld heraus (vgl. 6).
- Der Passempfänger startet in ein Feld (vgl. 4). Der Passgeber spielt in dieses Feld (vgl. 5) und der Passempfänger spielt den Ball direkt zurück zum Passgeber.
- Die Passgeber kombinieren ihre Pässe mit dem Signal LINKS oder RECHTS und geben damit die Seitenlinie des bespielten Felds an, über die eine Ballmitnahme bzw. ein Dribbling als Anschlussaktion realisiert werden soll.
- Die Passgeber kombinieren ihre Pässe mit dem Signal LINKS oder RECHTS und geben damit die Seite an, aus der sich ein imaginärer Gegenspieler nähert. Der Passempfänger verarbeitet entsprechend entgegengesetzt weg vom Gegner.

8.2.29 Freies Passspiel (Raumverhalten)

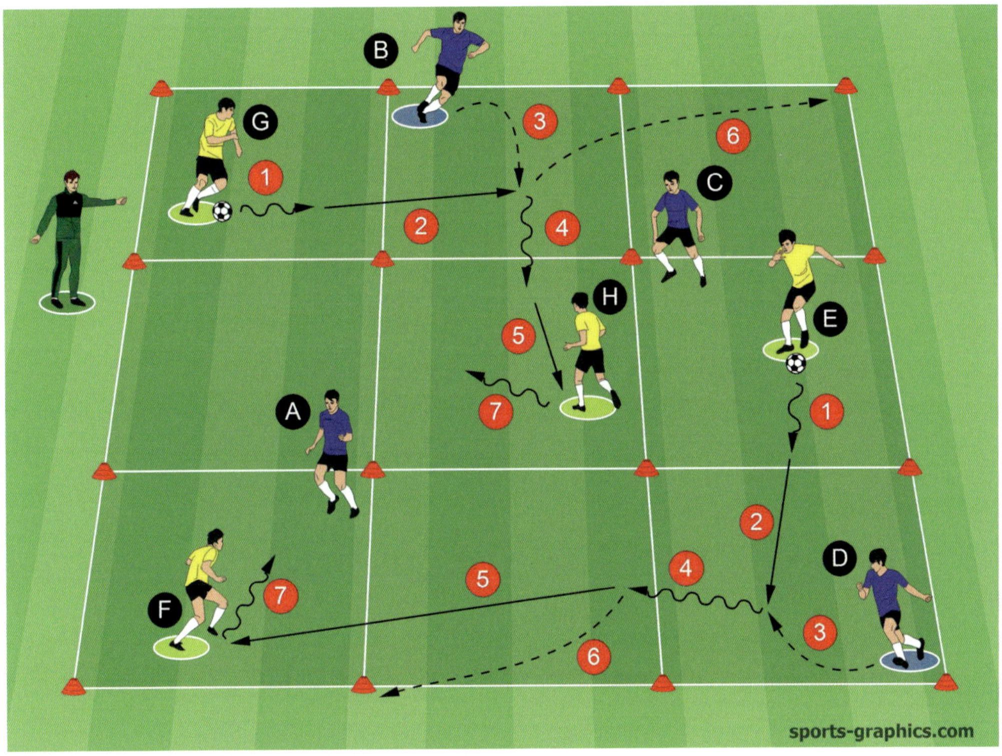

Durchführung

Die Spieler werden in zwei Teams zu je vier Spielern unterteilt (vgl. Team GELB und Team BLAU). Vier Spieler positionieren sich ohne Ball neben einem Markierungshütchen (vgl. Spieler A, B, C und D), während vier weitere Spieler sich frei im Feld positionieren (vgl. Spieler E, F, G und). Zwei Spieler (vgl. Spieler E und Spieler G) sind in Ballbesitz (vgl. 1). Die Ballführer suchen sich einen Passempfänger, rufen dessen Namen und passen den Ball mittig in das angrenzende Feld (vgl. 2). Der Passempfänger (vgl. B/D) geht dem Pass entgegen (vgl. 3), verarbeitet den Ball aus dem Feld heraus (vgl. 4) und passt zu einem der gelben Spieler (vgl. 5), der nicht in Ballbesitz ist (vgl. H/F). Im Anschluss suchen sich die blauen Passgeber ein neues Markierungshütchen und warten auf den nächsten Pass (vgl. 6). Spieler H und Spieler F starten nach Ballerhalt die nächste Aktion (vgl. 7).

Varianten

- Der Trainer gibt die Passtechnik vor (Spann/Innenseite).
- Zusätzlich zu den gelben Spielern agiert ein Torhüter als freier Spieler. Er rollt auf die blauen Spieler ab und nimmt die Pässe mit der Hand auf.

8.2.30 Freies Passspiel (Linienspiel)

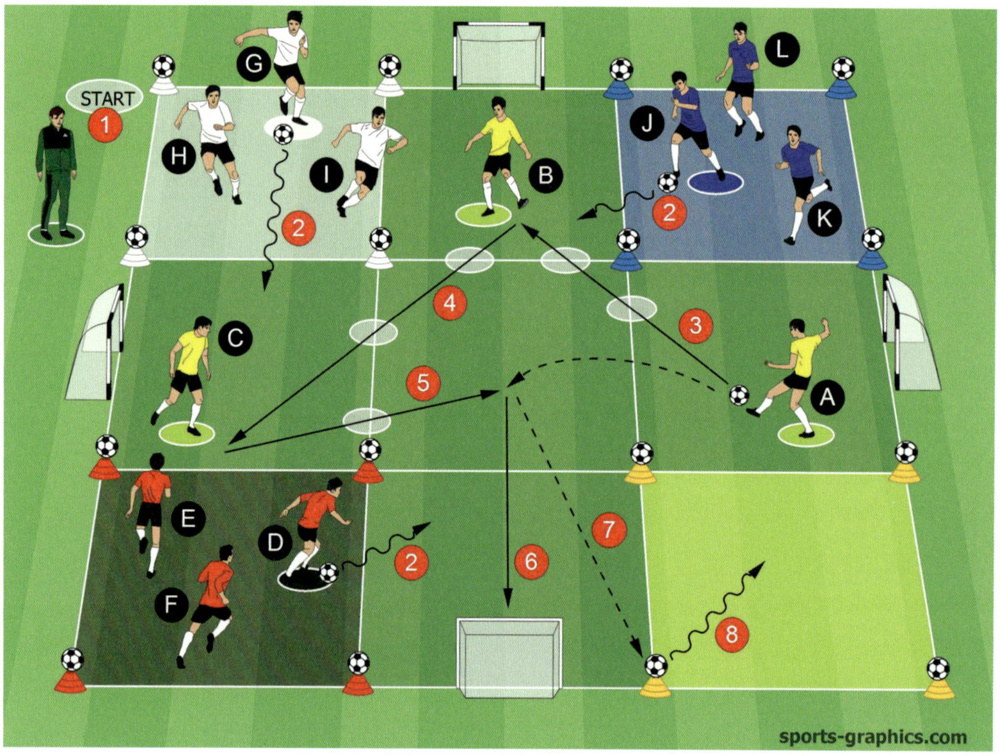

Durchführung

Die Spieler werden in vier Teams eingeteilt (vgl. Team GELB, Team ROT, Team WEISS und Team BLAU). Die Spieler positionieren sich gemäß ihrer Teamfarbe in einem der Eckfelder. Jedes Team hat einen Ball. Der Trainer startet mit einem akustischen oder visuellen Signal einen Passwettkampf (vgl. 1). Die jeweiligen Ballbesitzer dribbeln an und positionieren sich außerhalb des eigenen Startfelds (vgl. 2). Die Teams haben nun die Aufgabe, insgesamt fünf Linien des zentralen Felds zu überspielen (vgl. 3, 4 und 5). Nachdem fünf Linien überspielt wurden, schließt das jeweilige Team auf ein beliebiges Minitor ab (vgl. 6). Anschließend läuft ein Spieler zurück in das eigene Startfeld (vgl. 7) und nimmt einen der auf den Markierungshütchen platzierten Bälle im Dribbling auf (vgl. 8). Mit dem neuen Ball muss das Team erneut fünf Linien überspielen, bevor es den Ball in eines der Minitore schießen kann. Es gewinnt das Team, welches zuerst alle Bälle aus dem eigenen Feld nach Überspielen der Linien in den Toren untergebracht hat.

Varianten

- Variation der Aufgaben zum Freischalten der Tore (Ballmitnahmen in fünf Feldern).
- Variation der Aufgaben zum Freischalten der Tore (Passspiel durch fünf Felder).

8.3 TORSCHUSS

Im nachfolgenden Kapitel werden Torschussfolgen vorgestellt. Dabei beinhalten viele Formen auch eine Passfolge als vorbereitendes und wettkampfnahes Element bis hin zum letztlichen Ziel des Torerfolgs. Die Torschüsse werden aus unterschiedlichsten Positionen, Winkeln und Entfernungen abgefordert. So sind die Spieler gefragt, unterschiedlichste Techniken vom Vollspannstoß über den Innenseitstoß bis hin zur Direktabnahme umzusetzen. In der Mehrzahl der Torschussübungen wird auf zwei Tore abgeschlossen, sodass sich häufig einfach zu organisierende Wettkämpfe aufdrängen. Die Organisation als Torschusswettkampf versucht, zielstrebigeres und präziseres Abschlussverhalten zu generieren, spielnahe Wettkampfbedingungen zu simulieren und positiv motivational auf die Schützen einzuwirken.

Auch für Torhüter hat intensives Torschusstraining mit vielen Wiederholungszahlen einen großen Mehrwert. Durch verschiedenste Positionierungen der Schützen sind die Torhüter gefragt, ständig ihre eigene Position im und vor dem Tor zu optimieren und Bälle aus variierenden Winkeln zu parieren. Durch die hohen Wiederholungszahlen profitieren Schützen und Torhüter gleichermaßen.

TORVORBEREITUNG
BEIDFÜSSIGKEIT VOLLEY
INNENSEITE SETZEN
BALLVERARBEITUNG
TORSCHUSS KNALLEN
PRÄZISION VOLLSPANN
VOLLENDEN TORHÜTERTRAINING
EFFEKTIVITÄT

8.3.1 Torschusswettkampf (Störspieler)

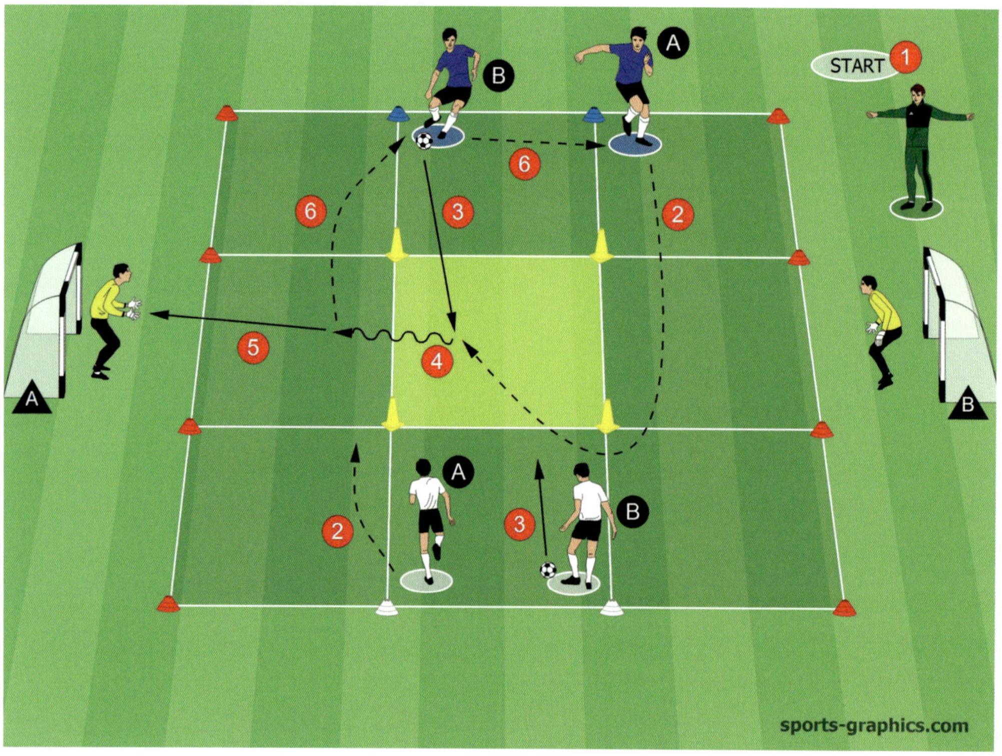

Durchführung

Die Spieler werden in zwei Teams zu je zwei oder mehr Spielern eingeteilt (vgl. Team BLAU und Team WEISS). Die Spieler nehmen die Positionen an den Markierungshütchen entsprechend ihrer Teamfarbe ein (vgl. Spieler A und Spieler B). Jeweils ein Spieler an den Startpositionen hat einen Ball (vgl. Spieler B). Auf ein akustisches oder visuelles Trainersignal (vgl. 1) startet Spieler A um ein entferntes Markierungshütchen des zentralen Felds (vgl. 2). Sobald Spieler A die Laufaufgabe erfüllt hat, passt Spieler B den Ball in das zentrale Feld (vgl. 3). Spieler A verarbeitet den Ball in Torrichtung und schließt ab (vgl. 5). Nach jeder Aktion tauschen Spieler A und Spieler B die Aufgaben. Team BLAU schießt auf Tor A, während Team WEISS auf Tor B abschließt.

Varianten

- Durchführung als Wettkampf: Welches Team erzielt zuerst fünf Tore?
- Direkter Abschluss (vgl. 4 und 5).
- Spieler B wirft den Ball für Spieler A aus der Hand an. Spieler A muss direkt aus der Luft abschließen.

8.3.2 Torschusswettkampf (Zeitspiel)

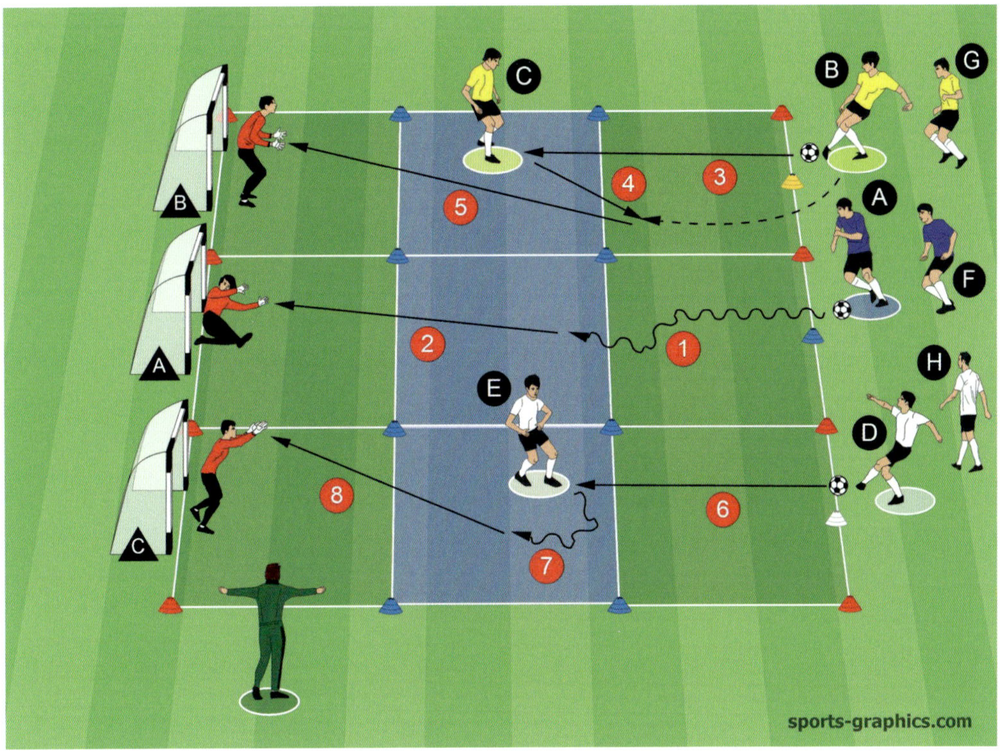

Durchführung

Die Spieler werden in drei Teams eingeteilt (vgl. Team BLAU, Team GELB und Team WEISS). Die Spieler besetzen das entsprechende farbige Markierungshütchen (vgl. Spieler A, B und D). Es startet ein Schusswettkampf zwischen den einzelnen Teams, wobei Team BLAU auf Tor A, Team GELB auf Tor B und Team WEISS auf Tor C schießt. Dem Torschuss vorgeschaltet ist eine Aufgabe, die alle Teams gleichermaßen ausführen müssen. Der Spieler am Markierungshütchen dribbelt an (vgl. 1), fintiert und schließt aus dem blauen Feld ab (vgl. 2). Der Wettkampf zwischen den Teams läuft so ab, dass Team GELB und Team WEISS versuchen, so viele Tore wie möglich zu erzielen, während das zentrale Team BLAU als Zeitregulativ fungiert. Hat Team BLAU eine vorher vereinbarte Anzahl Tore erzielt, so ist der Wettkampf zwischen Team GELB und Team WEISS beendet. Nun agiert ein anderes Team als Zeitregulativ und der Schusswettkampf beginnt erneut. Welches Team hat nach Ablauf von drei Runden die meisten Tore erzielt?

Varianten

- Spieler B passt in die zentrale Zone zu Spieler C (vgl. 3). Spieler C legt den Ball für Spieler B ab (vgl. 4). Spieler B schießt auf das Tor (vgl. 5).
- Spieler D passt in die zentrale Zone zu Spieler E (vgl. 6). Spieler E dreht sich auf (vgl. 7) und schließt aus dem blauen Feld auf das Tor ab (vgl. 8).

8.3.3 Torschusswettkampf (Timing)

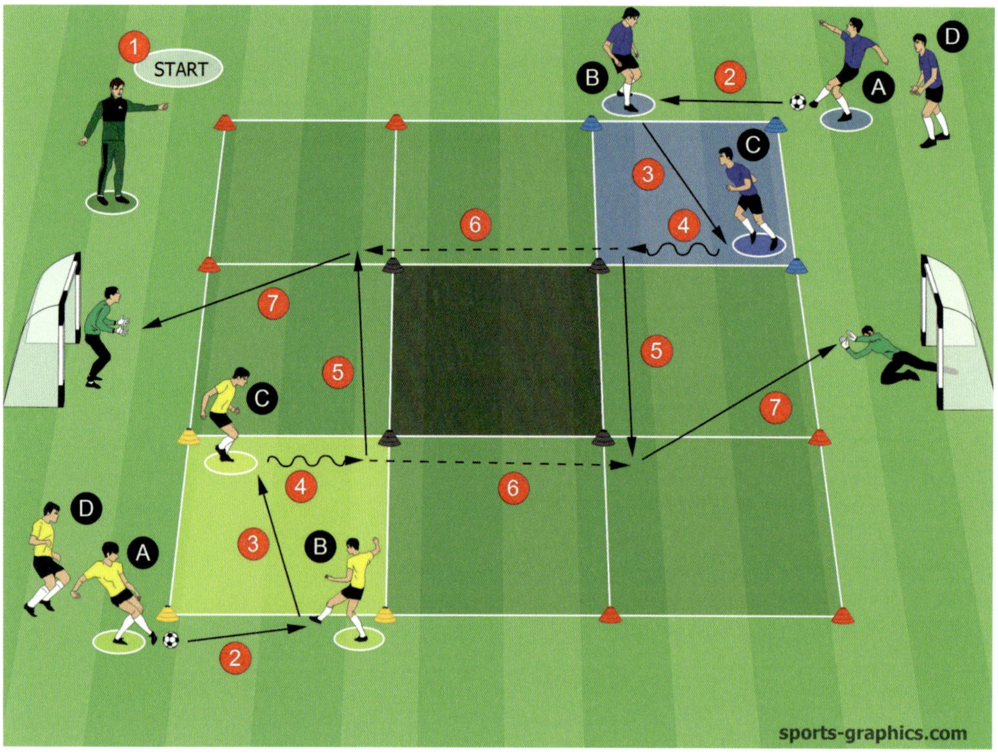

Durchführung

Die Spieler werden in zwei Teams zu je vier Spielern eingeteilt (vgl. Team GELB und Team BLAU). Die Spieler nehmen die Positionen an den Markierungshütchen entsprechend ihrer Teamfarbe ein (vgl. Spieler A, B, C und D). Die Startposition ist doppelt und mit einem Ball besetzt. Auf ein akustisches oder visuelles Trainersignal (vgl. 1) starten die Spieler A eine Passfolge. Spieler A passt zu Spieler B (vgl. 2). Spieler B passt zu Spieler C (vgl. 3). Spieler C verarbeitet den Ball, dribbelt an (vgl. 4) und passt den Ball am zentralen Feld entlang auf die andere Seite (vgl. 5). Nach dem Pass startet Spieler C am zentralen Feld entlang (vgl. 6) und schließt auf das Tor ab (vgl. 7). Nach dem Abschluss rücken alle Spieler gemäß der Passfolge eine Position vor und Spieler D beginnt einen neuen Durchlauf. Spieler C begibt sich nach seinem Torschuss zur Startposition seines Teams.

Varianten

- Durchführung als Wettkampf: Welches Team erzielt zuerst fünf Tore?
- Vorgabe der Ballkontaktanzahl pro Ballaktion (z. B. zwei Ballkontakte pro Ballaktion).
- Die Spieler C dribbeln in das zentrale Feld und übergeben sich vor dem Torschuss die Bälle.

8.3.4 Torschusswettkampf (Flugball)

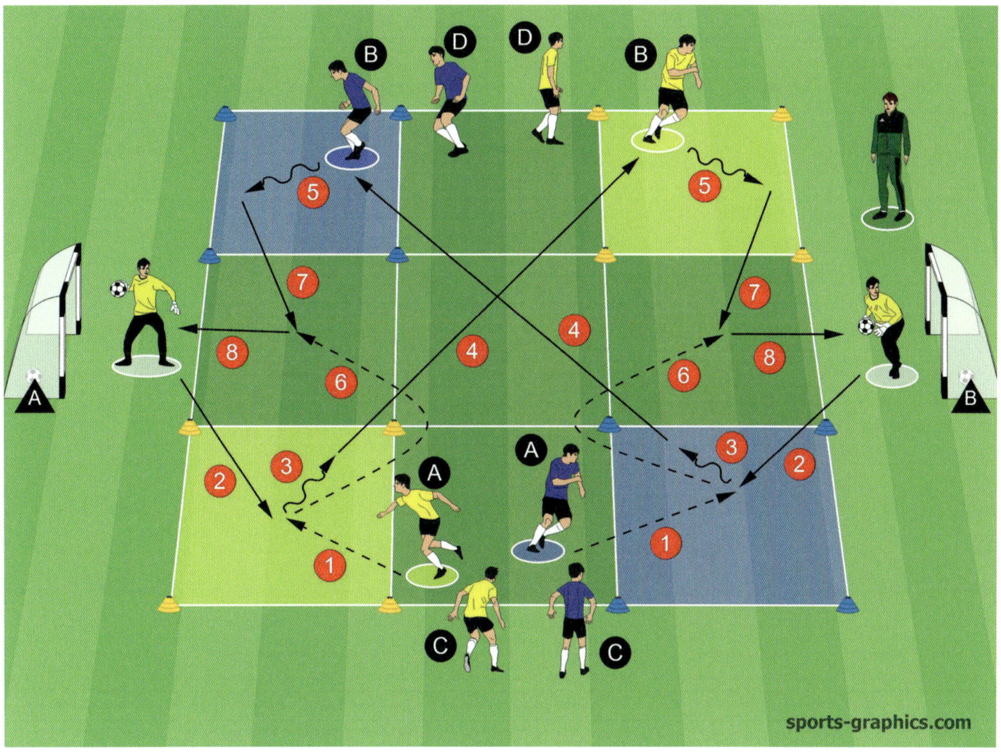

Durchführung

Die Spieler werden in zwei Teams zu je vier Spielern eingeteilt (vgl. Team BLAU und Team GELB). Die Spieler nehmen die inneren Startpositionen (vgl. Spieler A und Spieler D) und die äußeren Startpositionen (vgl. Spieler B und Spieler C) ein. Die Tore sind mit Torhütern besetzt. Die Torhüter haben einen Ball in der Hand. Spieler A startet die Passfolge, indem er sich in das Eckfeld entsprechend seiner Teamfarbe absetzt (vgl. 1). Der Torhüter rollt den Ball auf Spieler A ab (vgl. 2). Spieler A verarbeitet den Ball mit einer Aufdrehbewegung (vgl. 3) und spielt einen Flugball auf Spieler B in das diagonal entfernte Eckfeld (vgl. 4). Spieler B verarbeitet den Ball (vgl. 5). Währenddessen läuft Spieler A des jeweils anderen Teams durch das zentrale Feld in das tornahe Feld (vgl. 6) und erhält den Ball von Spieler B (vgl. 7). Spieler A schließt nach Ballerhalt auf das Tor ab (vgl. 8). Team GELB schließt demnach auf Tor A ab, während Team BLAU auf Tor B schießt. Nachdem der Torschuss abgegeben wurde, beginnt Spieler C mit Spieler D den nächsten Durchgang. Spieler A und Spieler B wechseln die Aufgaben.

Varianten

- Durchführung als Wettkampf: Welches Team erzielt zuerst fünf Tore?
- Vorgabe der Ballkontaktanzahl pro Ballaktion (z. B. zwei Ballkontakte pro Ballaktion).

8.3.5 Passkombination mit Torschuss (Spielverlagerung) #1

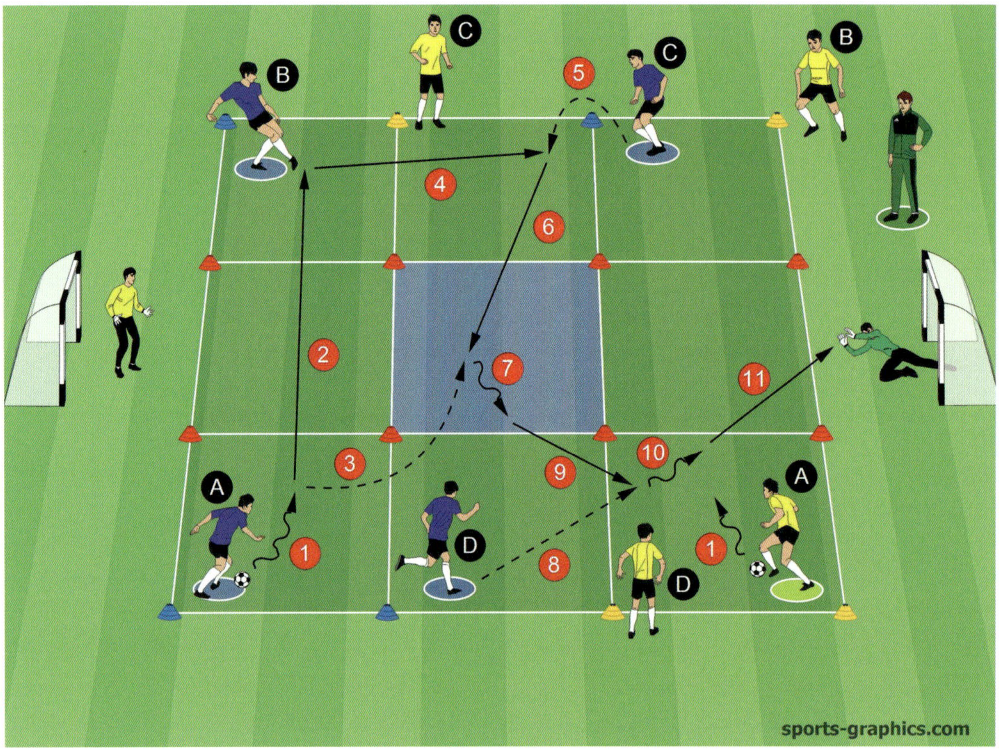

Durchführung

Die Spieler werden in zwei Teams zu je vier Spielern eingeteilt (vgl. Team BLAU und Team GELB). Die Spieler nehmen die Startpositionen an den Markierungshütchen entsprechend ihrer Teamfarbe ein (vgl. Spieler A, B, C und D). Der Spieler an der Startposition hat einen Ball (vgl. Spieler A). Diese Startposition kann doppelt oder mehrfach besetzt sein. In den Toren positioniert sich jeweils ein Torhüter. Die Spieler A starten zeitgleich eine Passfolge, die mit einem Torabschluss endet. Spieler A dribbelt an (vgl. 1) und passt zu Spieler B (vgl. 2). Spieler A setzt sich nach seinem Pass in das Zentrum ab (vgl. 3). Spieler B passt zu Spieler C (vgl. 4). Spieler C hat sich vorab zum Passerhalt außen um ein Markierungshütchen abgesetzt (vgl. 5). Spieler C passt zu Spieler A (vgl. 6). Spieler A verarbeitet den Ball mit einer aufdrehenden Bewegung (vgl. 7) und passt zu Spieler D (vgl. 9). Spieler D hat sich zuvor für den Passerhalt rechtzeitig vom eigenen Markierungshütchen gelöst (vgl. 8), verarbeitet das Zuspiel (vgl. 10) und schließt auf das Tor ab (vgl. 11). Die Spieler wechseln nach einem Durchgang auf eine andere Startposition oder wechseln alternativ bei größerer Gesamtanzahl nach ihren jeweiligen Ballaktionen auf die in Spielrichtung nachfolgende Startposition.

Varianten

- Ausführung einer Finte beim Dribbling über eine Linie.
- Passspiel in ein Feld. Der Passempfänger läuft in dieses Feld.

8.3.6 Passkombination mit Torschuss (Spielverlagerung) #2

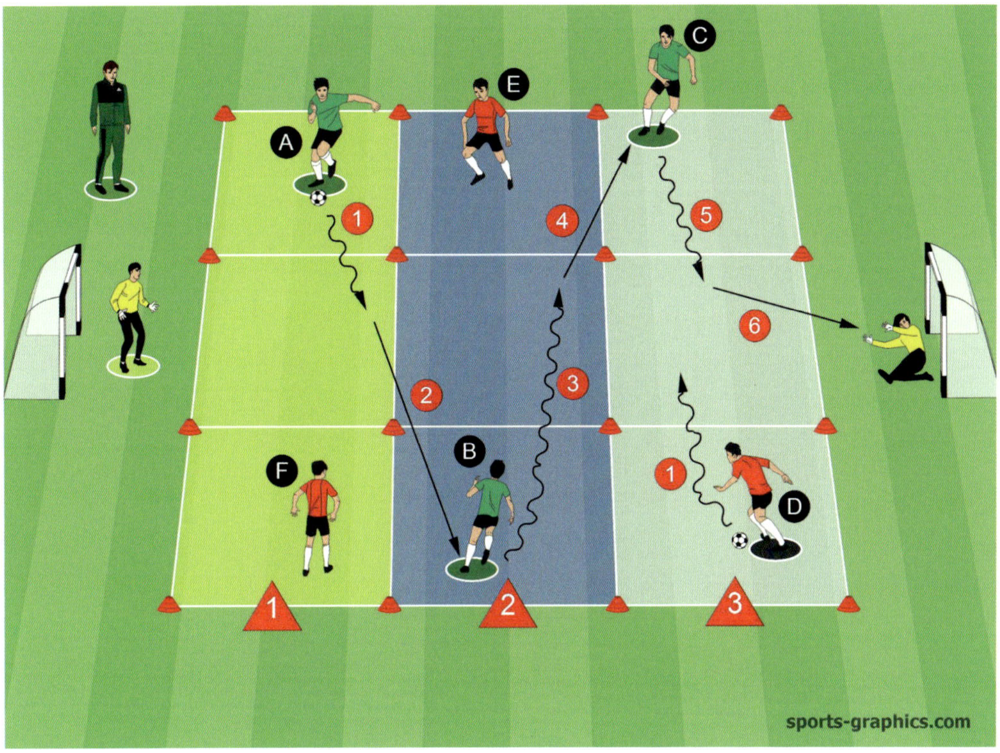

Durchführung

Die Spieler werden in zwei Teams zu je drei Spielern eingeteilt (vgl. Team GRÜN und Team ROT). Das Spielfeld ist in drei Zonen unterteilt (vgl. Zone 1, 2 und 3). In jeder Zone positioniert sich ein Spieler pro Team. Die Spieler dürfen die Zonen nicht verlassen. In den Toren steht jeweils ein Torhüter. Die Spieler überdribbeln jeweils eine Linie ihrer Zone und passen den Ball im Anschluss in die nächste Zone zum Mitspieler. Der dritte Spieler in der tornahen Zone kommt zum Abschluss. Spieler A und Spieler D beginnen zeitgleich. Spieler A überdribbelt eine Linie der Zone 1 (vgl. 1) und passt zu Spieler B in Zone 2 (vgl. 2). Spieler B verarbeitet den Ball, überquert ebenfalls im Dribbling eine Linie seiner Zone (vgl. 3) und passt zu Spieler C in Zone 3 (vgl. 4). Spieler C verarbeitet den Ball, dribbelt über eine Linie seiner Zone (vgl. 5) und schließt auf das Tor ab (vgl. 6). Nach dem erfolgten Abschluss ändern die Spieler ihre Position und wechseln in eine andere Zone.

Varianten

- Ausführung einer Finte beim Dribbling über eine Linie.
- Passspiel in ein Feld. Der Passempfänger läuft in dieses Feld.
- Durchführung als Wettkampf: Welches Team erzielt zuerst 10 Tore?

8.3.7 Passkombination mit Torschuss (Spiel in die Tiefe) #1

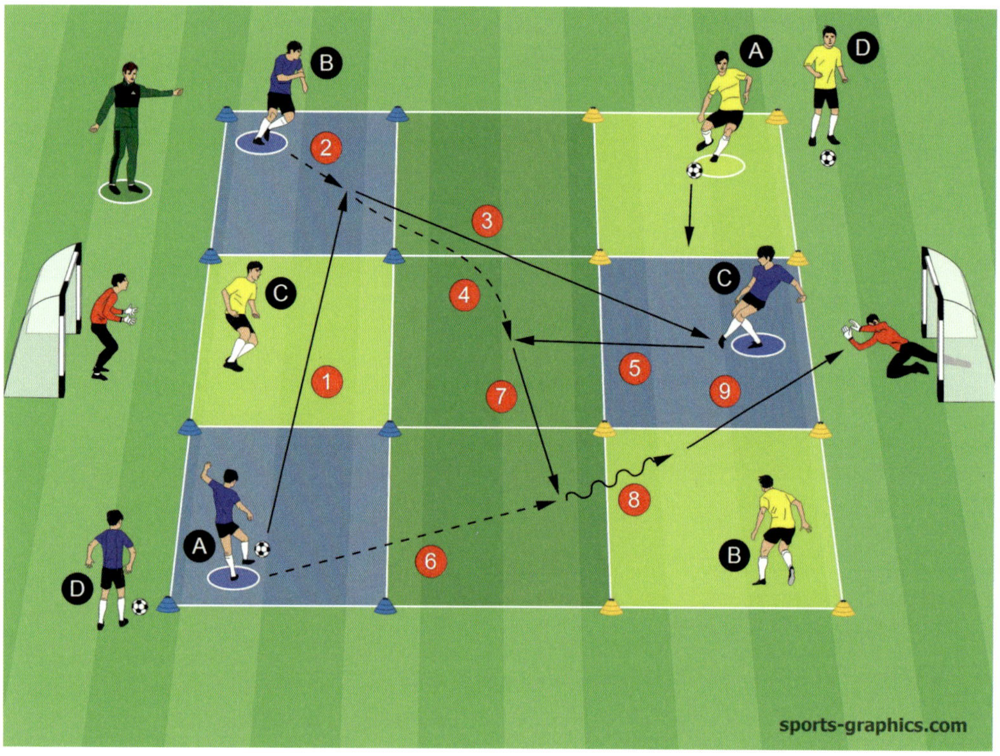

Durchführung

Die Spieler werden in zwei Teams zu je vier Spielern eingeteilt (vgl. Team BLAU und Team GELB). Die Spieler nehmen die drei Startpositionen in den farblich markierten Feldern ein (vgl. Spieler A, B und C). Die Startpositionen sind doppelt und mit Bällen besetzt (vgl. Spieler A und Spieler D). In den Toren positioniert sich jeweils ein Torhüter. Die Spieler A starten zeitgleich eine Passfolge, die mit einem Torabschluss endet. Spieler A passt auf Spieler B (vgl. 1). Spieler B geht dem Ball entgegen (vgl. 2), passt auf Spieler C (vgl. 3) und läuft in das zentrale Feld (vgl. 4). Spieler C lässt den Ball zu Spieler B prallen (vgl. 5). Spieler B spielt auf den diagonal in Richtung Tor laufenden Spieler A (vgl. 6 und 7). Spieler A verarbeitet den Ball in Spielrichtung (vgl. 8) und schließt auf das Tor ab (vgl. 9). Nach erfolgtem Abschluss beginnt Spieler D den nächsten Durchgang. Alle Spieler wechseln auf die in der Passreihenfolge anschließende Startposition.

Varianten

- Durchführung als Wettkampf: Welches Team erzielt zuerst fünf Tore?
- Vorgabe der Ballkontaktanzahl pro Ballaktion (z. B. zwei Ballkontakte pro Ballaktion).
- Nach seiner Passaktion (vgl. 7) wird Spieler B zum aktiven Verteidiger und versucht, Spieler A am Torschuss zu hindern.

8.3.8 Passspielkombination mit Torschuss (Spiel in die Tiefe) #2

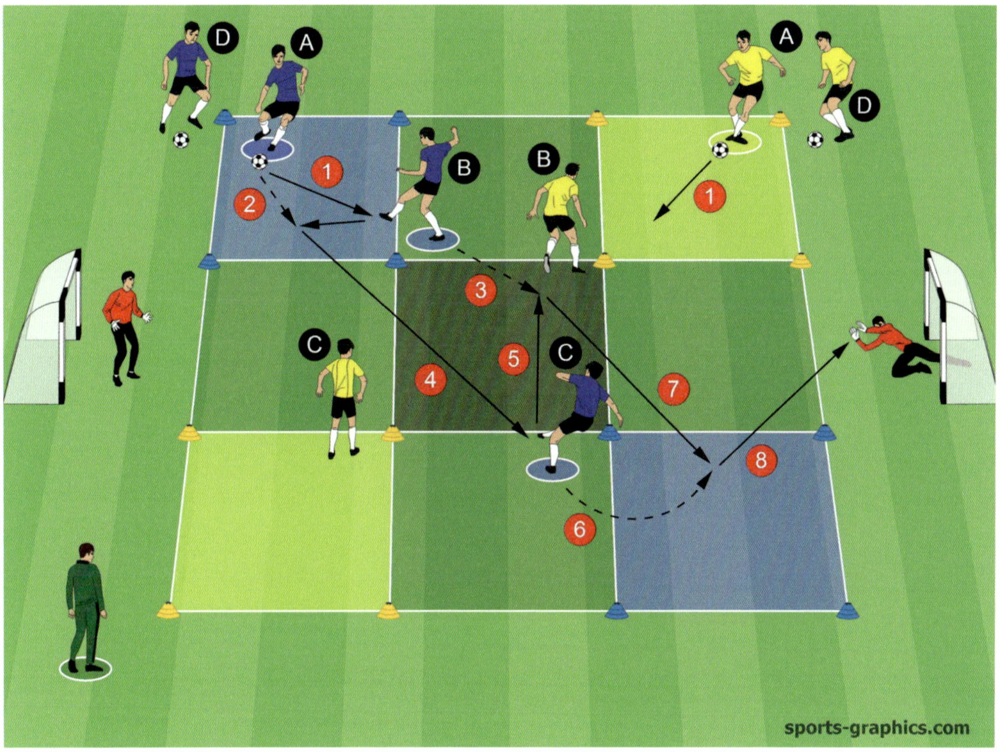

Durchführung

Die Spieler werden in zwei Teams zu je vier Spielern eingeteilt (vgl. Team BLAU und Team GELB). Die Spieler nehmen drei diagonal nacheinander gesetzte Startpositionen ein (vgl. Spieler A, B und C). Die Startpositionen sind doppelt (vgl. Spieler A und D) und mit Bällen besetzt. In den Toren positioniert sich jeweils ein Torhüter. Die Spieler A starten zeitgleich eine Passfolge, die mit einem Torabschluss endet. Spieler A beginnt die Abfolge mit einem Doppelpass mit Spieler B (vgl. 1 und 2). Spieler B setzt sich nach dem Doppelpass in das zentrale Feld ab (vgl. 3). Spieler A passt zu Spieler C (vgl. 4). Spieler C passt den Ball für den Spieler B in das zentrale Feld (vgl. 5) und setzt sich danach um das Markierungshütchen in das Eckfeld ab (vgl. 6). Spieler B passt für Spieler C in den Lauf (vgl. 7). Spieler C schließt auf das Tor ab (vgl. 8). Nach dem erfolgten Abschluss beginnt Spieler D den nächsten Durchgang. Alle Spieler wechseln auf die in der Passreihenfolge anschließende Startposition. Der Torschütze holt den Ball und begibt sich zur Startposition.

Varianten

- Durchführung als Wettkampf: Welches Team erzielt zuerst fünf Tore?
- Vorgabe der Ballkontaktanzahl pro Ballaktion (z. B. zwei Ballkontakte pro Ballaktion).

8.3.9 Passkombination mit Torschuss (Flugball)

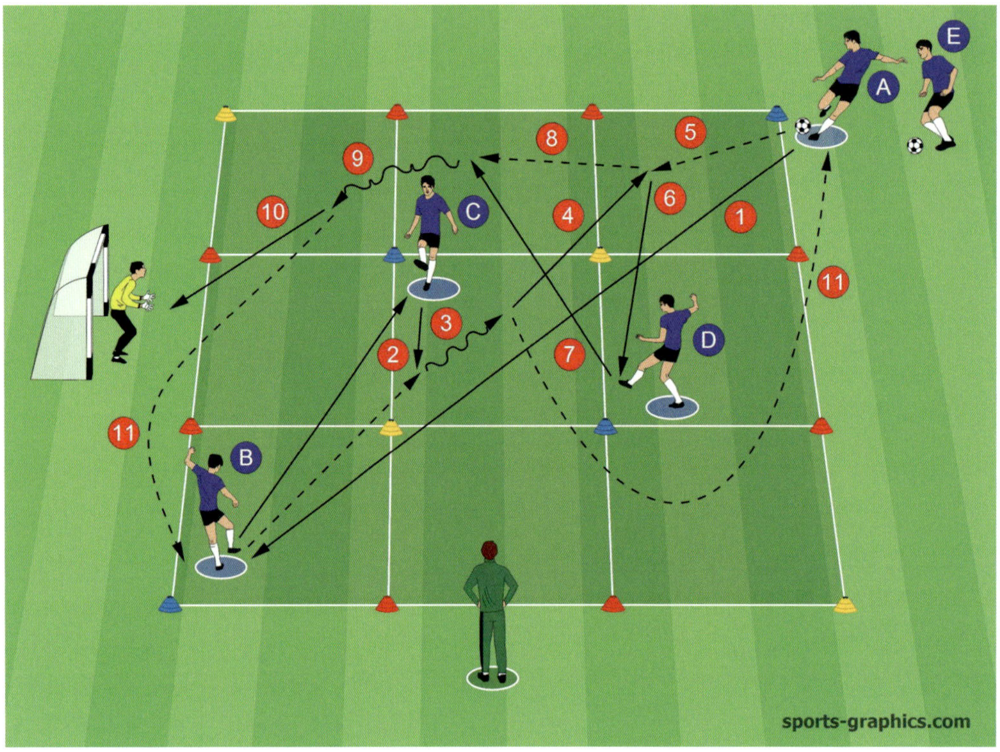

Durchführung

Die Spieler positionieren sich an den blauen Markierungshütchen. Die Startposition ist doppelt und mit Bällen besetzt (vgl. Spieler A und Spieler E). Spieler A beginnt die Passfolge mit einem Flugball zu Spieler B (vgl. 1). Spieler B verarbeitet den Ball und spielt einen Doppelpass mit Spieler C (vgl. 2). Spieler B verarbeitet den Ball, dribbelt an (vgl. 3) und passt zu dem entgegenstartenden Spieler A (vgl. 4 und 5). Spieler A passt den Ball zu Spieler D (vgl. 6). Spieler D passt zum in Richtung Tor startenden Spieler A (vgl. 7 und 8). Spieler A verarbeitet den Ball, dribbelt an (vgl. 9) und schließt auf das Tor ab (vgl. 10). Nach der Torschussaktion tauschen Spieler A und Spieler B die Positionen (vgl. 11). Spieler E beginnt unterdessen bereits mit dem nächsten Durchgang. Die Spieler C und D verbleiben auf ihren zentralen Positionen und werden in regelmäßigen Abständen getauscht.

Varianten

- Vorgabe der Ballkontaktanzahl pro Ballaktion (z. B. zwei Ballkontakte pro Ballaktion).
- Spieler C agiert nach dem letzten Pass als Verteidiger und hindert Spieler A daran, auf das Tor abzuschließen.
- Durchführung mit zwei Teams auf zwei Tore.

8.3.10 Torschussserie (Variabilität)

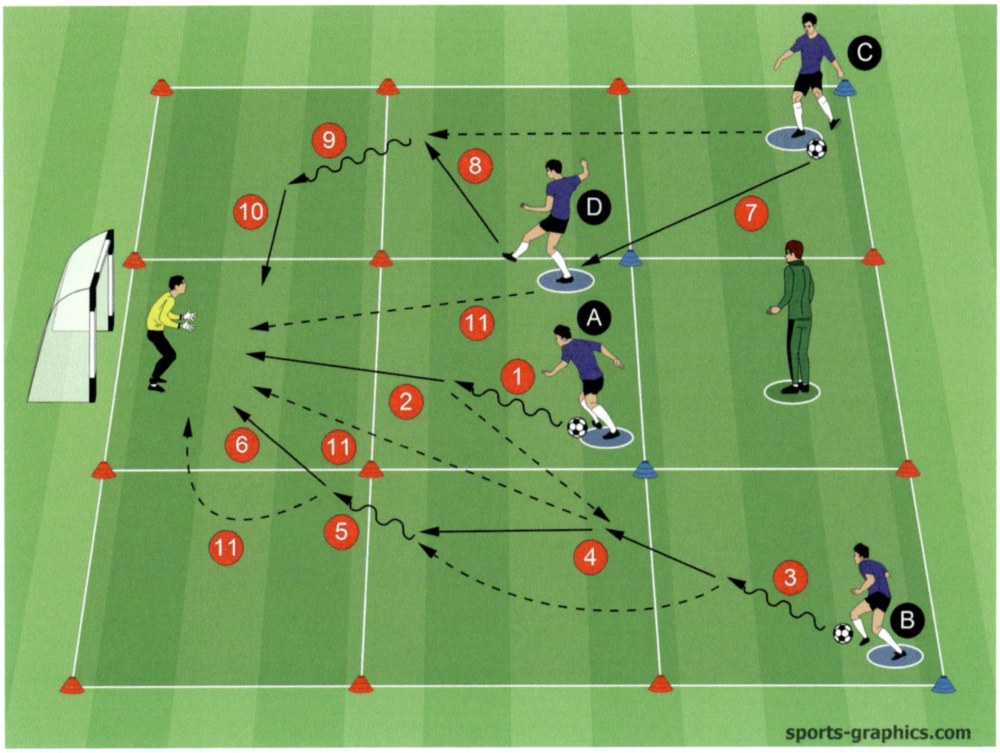

Durchführung

Die Spieler positionieren sich an den blauen Markierungshütchen. Die Spieler A, B und C haben einen Ball. Spieler A dribbelt an (vgl. 1) und schließt auf das Tor ab (vgl. 2). Der Schuss von Spieler A ist das Startsignal für Spieler B. Spieler B dribbelt an (vgl. 3) und spielt einen Doppelpass mit Spieler A (vgl. 4). Anschließend nimmt Spieler B den Ball in Torrichtung mit (vgl. 5) und schließt auf das Tor ab (vgl. 6). Der Schuss von Spieler B ist das Startsignal für Spieler C. Spieler C passt zu Spieler D (vgl. 7) und Spieler D passt den Ball in den Lauf von Spieler C (vgl. 8). Spieler C nimmt den Ball in Torrichtung mit (vgl. 9) und spielt eine Flanke oder einen scharfen Pass vor das Tor (vgl. 10). Spieler A, B und D laufen in den torgefährlichen Raum (vgl. 11) und versuchen, die Hereingabe von Spieler C zu verwerten.

Varianten

- Nahschussmöglichkeit für Abpraller vom Torhüter.
- Variation der Startpositionen und Passfolgen.

8.4 DRIBBLING

Die nachfolgenden Übungsformen zum Schwerpunkt Dribbling bilden vordergründig Aktionen ohne Gegnerdruck ab. Diese Übungen umfassen die unterschiedlichsten Aufgabenstellungen, sodass die Spieler beispielsweise Richtungs- und Tempowechsel umsetzen und variabel Finten und Täuschungen durchführen müssen. Weiterführend werden die Spieler durch Trainer- und Farbsignale im Bereich der Wahrnehmung, Orientierung und Reaktion trainiert.

Viele Übungsformen sind so konzipiert, dass mehrere Spieler zeitgleich mit mehreren Bällen im gleichen Spielraum agieren. Dadurch werden die Spieler gezwungen, den Blick vom eigenen Ball zu lösen, um Störspieler wahrzunehmen und das eigene Handeln vorausschauend zu planen. Auch im Thema Dribbling können Wettkämpfe einen gewinnbringenden Einfluss auf die Spieler ausüben.

Viele Übungsformen sind daher als Staffelwettbewerb angelegt. Die Spieler sind beispielsweise durch die Aufgabenstellung angehalten, eine bestimmte Anzahl an Dribblingaktionen schnellstmöglich umzusetzen. Ein weiterer Ansatz besteht darin, Aktionsräume in Form von verschiedenartigen Zonen anzulegen und Handlungen des Dribbelns und Fintierens in und durch diese Zonen abzufragen. Der Aufbau des 9er-Felds bietet dazu vielschichtige Möglichkeiten. Um gewünschtes Spielerverhalten zu generieren, können die Zonen und Aktionsräume passgenau gesetzt und mit zielführenden Regeln und Aufgabenstellungen belegt werden.

REAGIEREN FINTIEREN
DRIBBLING
BEIDFÜSSIGKEIT TEMPOWECHSEL
ORIENTIERUNG VARIANTENREICH
RICHTUNGSWECHSEL
PRÄZISION WETTKAMPF
AGIEREN

8.4.1 Aufgabenwechsel (Variabilität)

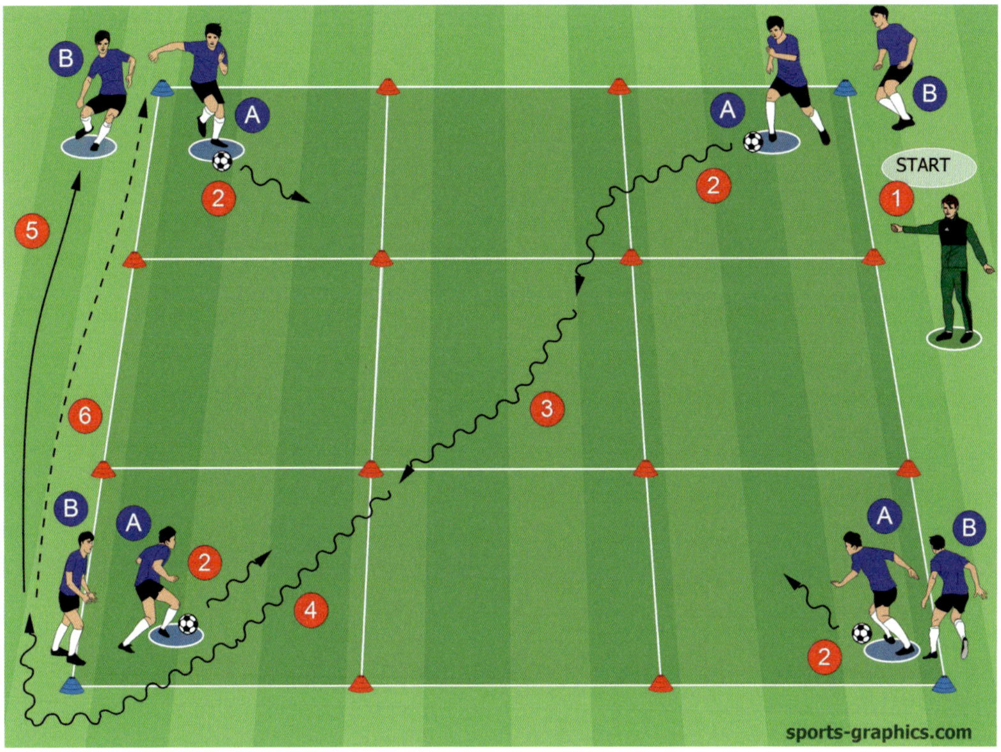

Durchführung

Die Spieler besetzen die mit blauen Markierungshütchen gesetzten Eckbereiche des Felds. Jeweils ein Spieler pro Ecke hat einen Ball (vgl. Spieler A). Auf ein akustisches oder visuelles Trainersignal (vgl. 1) starten die Ballbesitzer mit einem diagonalen Dribbling ins Feld (vgl. 2). Jede Strecke des Dribbelweges (vgl. 2, 3 und 4) ist mit einer anderen Aufgabe belegt. Nachdem der Spieler das diagonal entfernte Hütchen erreicht hat, spielt er einen Pass im Uhrzeigersinn zum nächsten Spieler B (vgl. 5). Der Passgeber geht seinem Pass nach und nimmt dann die anschließende Position ein (vgl. 6). Die Spieler B startet nach Erhalt des Balls ihrerseits wiederum einen neuen Durchgang.

Varianten

- Der Dribbelweg ist durch die Markierungen in drei Strecken unterteilt. Jede Strecke kann mit unterschiedlichen Aufgaben belegt werden.
- Dribbling rechter Fuß (vgl. 2) / Tempodribbling (vgl. 3) / Dribbling linker Fuß (vgl. 4).
- Sohle (vgl. 2) / Pendeln zwischen den Füßen (vgl. 3) / Wechsel von Innen- und Außenseite (vgl. 4).
- Strikter Wechsel links/rechts (vgl. 2) / Finte im zentralen Feld (vgl. 3) / Tempodribbling (vgl. 4).

8.4.2 Aufgabenkombination (Variabilität)

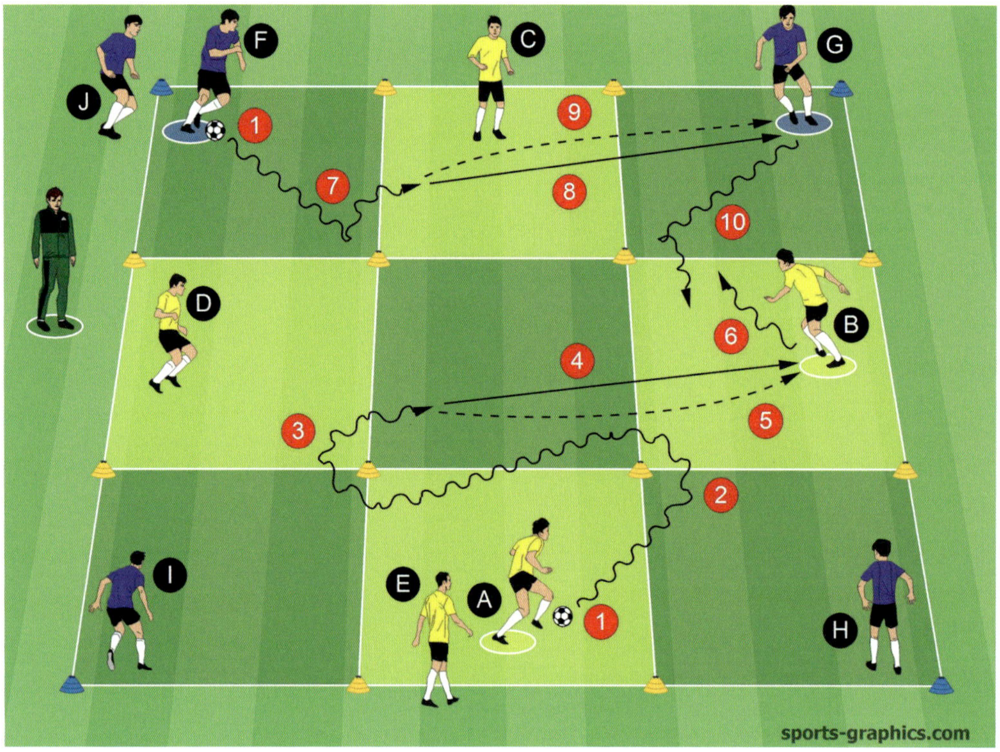

Durchführung

Die Spieler werden in zwei Teams zu je fünf Spielern unterteilt (vgl. Team BLAU und Team GELB). Die Spieler verteilen sich gemäß ihrer Teamfarbe in die markierten Felder (vgl. Team GELB) oder an die Startmarkierungen (vgl. Team BLAU). Eine Position je Team wird doppelt und mit einem Ball besetzt (vgl. Spieler A, E, F und J). Team GELB führt eine Technikabfolge mit Dribblings und Pässen aus, während Team BLAU eine Technikabfolge mit Finten und Pässen ausführt. Spieler A und Spieler F starten zeitgleich (vgl. 1).

TEAM GELB: Spieler A dribbelt an und führt den Ball im seitlichen Slalom um die zentralen Hütchen (vgl. 2 und 3). Spieler A passt nach Beendigung des Slaloms zu Spieler B (vgl. 4) und geht seinem Pass nach (vgl. 5). Spieler B verarbeitet den Ball und setzt auf Spieler C fort (vgl. 6).

TEAM BLAU: Spieler F dribbelt auf das zentrale Markierungshütchen zu und führt eine Finte aus (vgl. 7). Anschließend passt Spieler F zu Spieler G (vgl. 8) und geht seinem Pass nach (vgl. 9). Spieler G verarbeitet den Ball, dribbelt auf das zentrale Hütchen zu und führt eine Finte aus (vgl. 10). Spieler G setzt nach der Finte auf Spieler H fort.

Varianten

- Der Trainer gibt die durchzuführende Finte (vgl. 7 und 10) vor.
- Der Trainer gibt die Technik des Dribblings vor.

8.4.3 Farbsignale (Handlungsschnelligkeit)

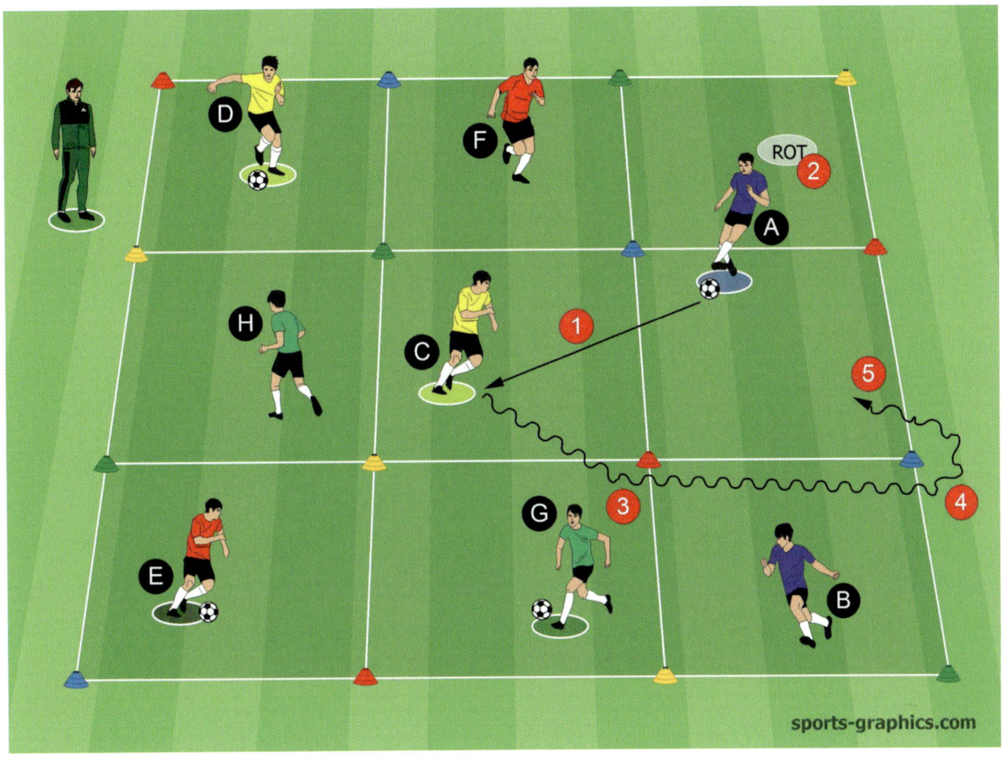

Durchführung

Das Spielfeld besteht aus unterschiedlich farbigen Markierungshütchen. Die Farben der Markierungshütchen entsprechen den farbigen Markierungsleibchen der Spieler (vgl. Spieler BLAU, GELB, ROT und GRÜN). Es sind mehrere Bälle im Spiel. Die Spieler lassen diese Bälle im freien Passspiel zirkulieren (vgl. 1) und können dabei jeden Spieler unabhängig von der Leibchenfarben als Passempfänger wählen. Mit jedem Pass ruft der jeweilige Passgeber eine der vier Farben (vgl. 2). Die benannte Farbe (hier ROT) bestimmt die Anschlussaktion des Passempfängers (vgl. 3). Der Passempfänger muss den Ball in Richtung eines Markierungshütchens mitnehmen und dieses umdribbeln, welches der genannten Farbe entspricht (vgl. 3). Im Anschluss muss er um ein zweites Markierungshütchen dribbeln. Dieses muss der Leibchenfarbe des Passgebers (hier BLAU) entsprechen (vgl. 4). Erst im Anschluss darf er einen nächsten Pass spielen (vgl. 5).

Varianten

- Spieler mit der gleichen Leibchenfarbe dürfen sich den Ball nicht zuspielen.
- Wird der Pass mit dem linken Fuß gespielt, so ändert sich die Reihenfolge. Der Passempfänger muss dann zuerst um ein Markierungshütchen der Leibchenfarbe des Passgebers und dann um ein Markierungshütchen der genannten Farbe dribbeln.

8.4.4 Staffelwettkampf (Tempodribbling) #1

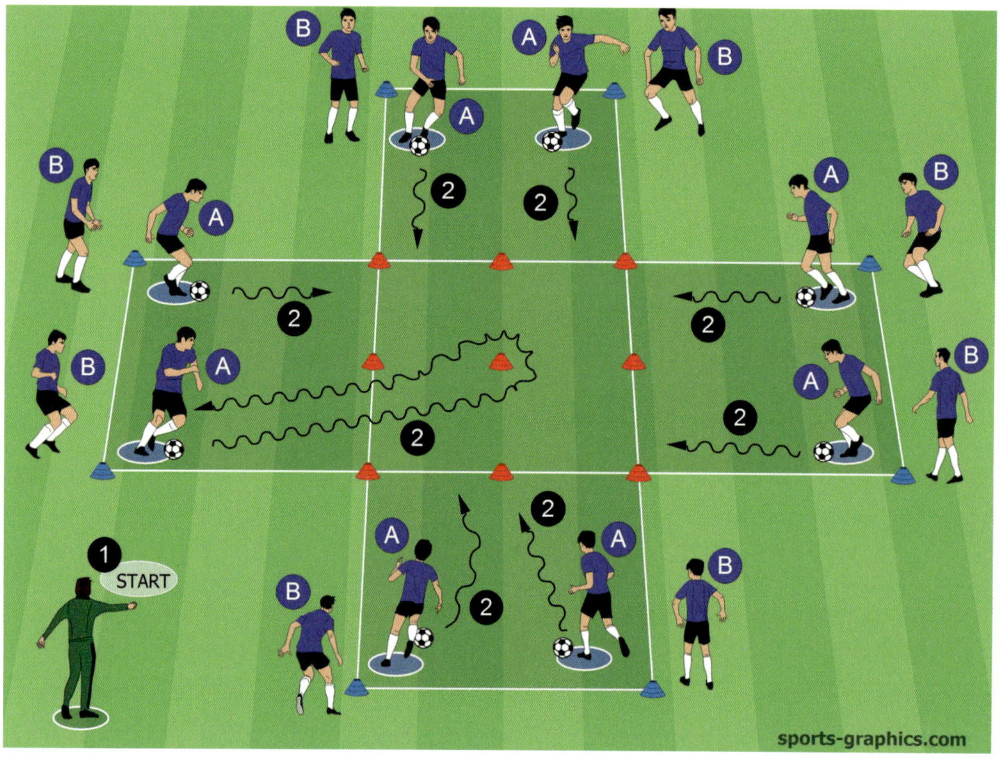

Durchführung

Jeweils zwei Spieler besetzen eine Startposition (vgl. Spieler A und Spieler B). Der jeweils erste Spieler hat einen Ball (vgl. Spieler A). Auf ein akustisches oder visuelles Trainersignal (vgl. 1) starten alle Ballbesitzer zum Dribbling ins Zentrum (vgl. 2). Die Ballbesitzer haben die Aufgabe, um ein rotes Markierungshütchen im zentralen Bereich zu dribbeln und den Ball anschließend zurück zur Startposition zu führen. An der Startposition wird der Ball an Spieler B übergeben, der unmittelbar mit seiner eigenen Aktion beginnt. Welches Pärchen realisiert zuerst 10 Dribblings?

Varianten

- Die Spieler müssen ein anderes Markierungshütchen als der Vorgänger umdribbeln.
- Der Ball darf zum Partner gepasst, statt übergeben werden.
- Auf den Hin- und auf dem Rückweg muss je eine Finte durchgeführt werden.
- Die Spieler dibbeln um zwei oder mehr rote Markierungshütchen im Zentrum.
- Vor dem Dribbling ins Zentrum muss die jeweils andere Startposition umdribbelt werden.

8.4.5 Staffelwettkampf (Tempodribbling) #2

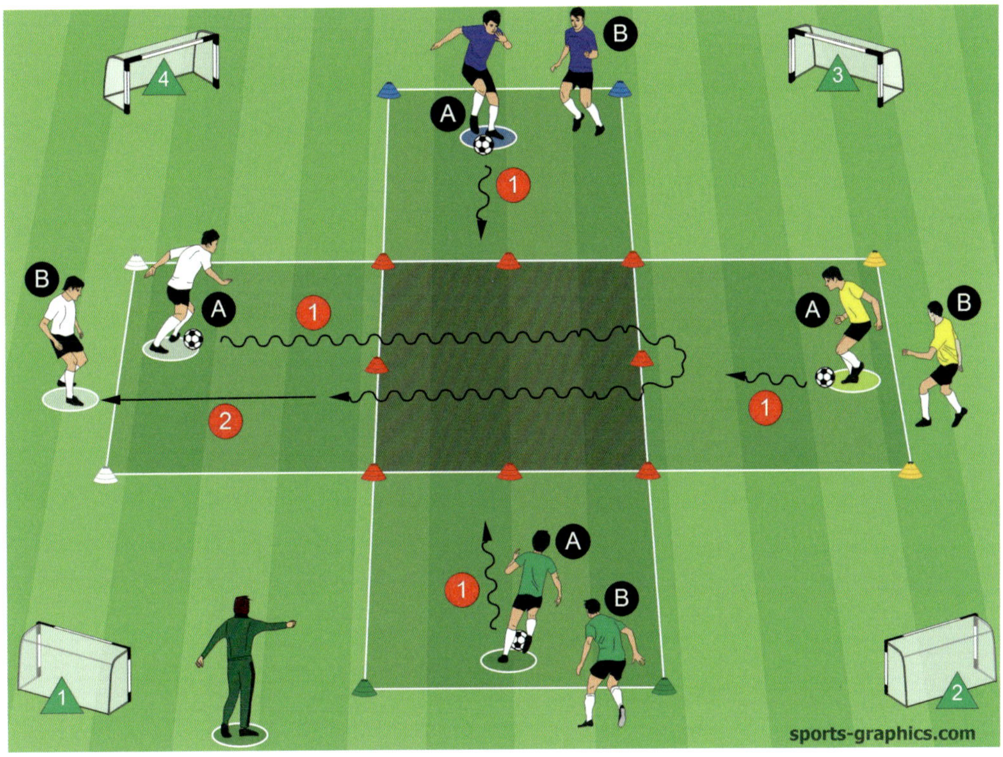

Durchführung

Die Spieler werden in vier Teams eingeteilt (vgl. Team GELB, Team WEISS, Team BLAU und Team GRÜN) und positionieren sich gemäß ihrer Teamfarbe zwischen den entsprechenden Markierungshütchen (vgl. Spieler A und Spieler B). Jeweils ein Spieler des Teams hat einen Ball (vgl. Spieler A). Die Spieler A starten zeitgleich und führen den Ball um ein entferntes Markierungshütchen des zentralen Felds und kehren dann zurück zu ihrer Startposition (vgl. 1). Nach Verlassen des zentralen Felds spielt Spieler A den Ball auf Spieler B (vgl. 2). Spieler B verarbeitet den Ball nach vorne und startet den Dribbellauf erneut.

Varianten

- Im zentralen Feld müssen mehrere Markierungshütchen umdribbelt werden.
- Ausführung einer Finte vor dem zentralen Feld.
- Durchführung als Wettkampf: Welches Team schafft zuerst 20 Durchläufe?
- Anstatt des Rückspiels zum wartenden Teampartner schließt der Ballführer auf ein Minitor ab. Der wartende Spieler ist ebenfalls in Ballbesitz und startet seine Aktion zeitgleich mit dem Schuss des Teampartners. Durchführung als Wettkampf: Welches Team schafft zuerst 10 Tore?

8.4.6 Staffelwettkampf (Tempodribbling) #3

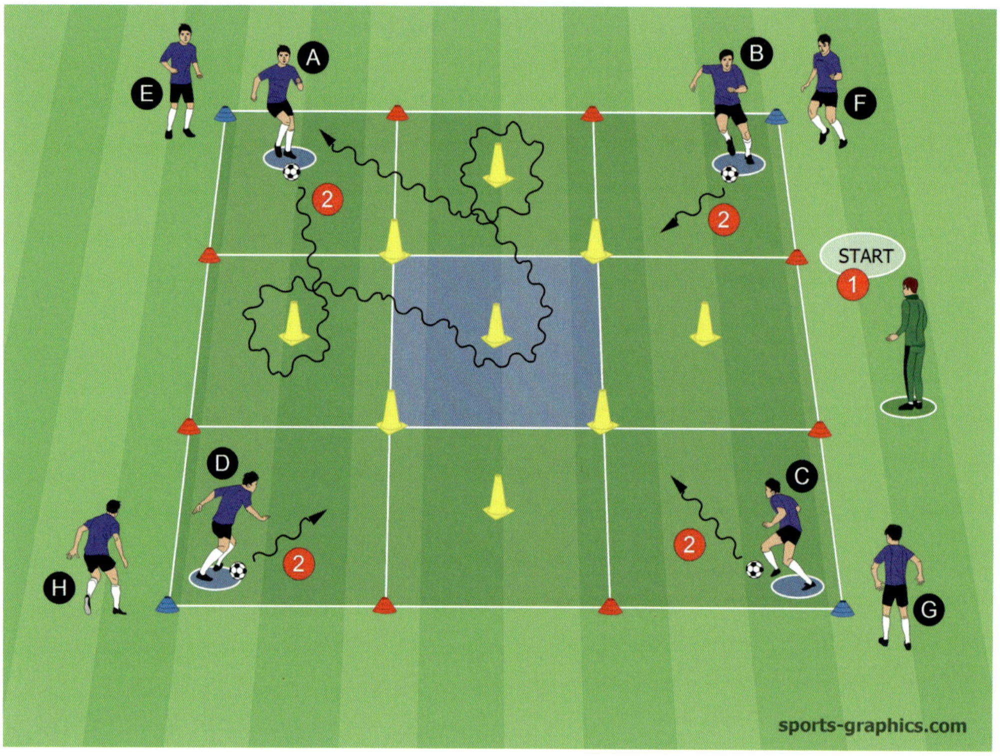

Durchführung

Die Spieler positionieren sich gleichmäßig an den blauen Markierungshütchen. Jeder Spieler hat einen Ball. Auf ein akustisches oder visuelles Trainersignal (vgl. 1) beginnen die Spieler an allen vier Startpositionen gleichzeitig und setzen verschiedene Aufgaben an den gelben Markierungshütchen um (vgl. 2). Nachdem die Aufgabe erfüllt ist, läuft jeder Spieler zu seiner Startposition zurück und übergibt den Ball. Nach der Ballübergabe beginnt der nächste Spieler mit seiner Aktion.

Varianten

- Dribbling um zwei nahe und das zentrale Markierungshütchen (vgl. 2).
- Dribbling im Slalom um die drei nahen Markierungshütchen.
- Dribbling um ein Markierungshütchen in jeder Ebene.
- Durchführung als Wettkampf: Welches Team realisiert zuerst 10 Dribblings?
- Ein Spieler dribbelt zu einem beliebigen Markierungshütchen, lässt den Ball an dem Hütchen liegen und läuft zurück zur Startposition. Der nächste Spieler startet, nimmt den Ball auf und dribbelt zu einem weiteren Hütchen, wo er den Ball abermals ablegt. Welches Team hat zuerst alle Hütchen bespielt?

8.4.7 Fangspiel (Tempodribbling) #1

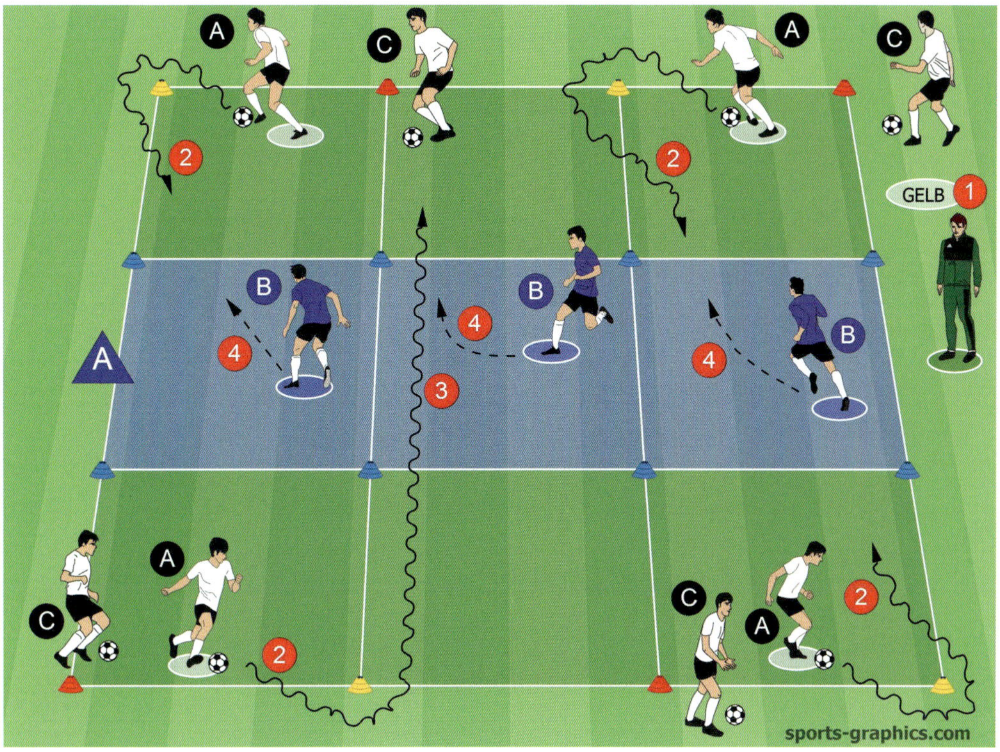

Durchführung

Vier Spieler besetzen die Startpositionen jeweils zwischen einem gelben und einem roten Markierungshütchen (vgl. Spieler A) und haben einen Ball am Fuß. Drei weitere Spieler (vgl. Spieler B) besetzen die zentrale Spielfeldzone (vgl. Zone A). Der Trainer startet den Dribblingwettkampf mit einem akustischen oder visuellen Farbsignal (vgl. 1). Die Spieler A dribbeln zeitgleich um das genannte Markierungshütchen (vgl. 2) und haben dann die Aufgabe, durch Zone A zu dribbeln, ohne von einem Gegner berührt zu werden (vgl. 3). Die Spieler B versuchen, dies zu verhindern und die Spieler A mit der Hand zu berühren (vgl. 4). Die Spieler A positionieren sich für einen nächsten Durchgang auf der gegenüberliegenden Seite und die Spieler B verbleiben einige Aktionen im Zentrum. Die Spieler C nehmen die Startpositionen für den nächsten Durchgang ein. Nach einiger Zeit wechselt der Trainer die Aufgabenstellungen.

Varianten

- Die Spieler A müssen mit einer vom Trainer benannten Dribblingtechnik die Zone A überwinden (z. B. Dribbling mit rechts, mit links, im Wechsel, mit der Innenseite oder mit der Außenseite).
- Ausführung einer Finte in Zone A (Erschwerung) oder Reduktion der Gegner (Vereinfachung).
- Hinzufügen von neutralen Spielern in Zone A als mögliche Anspielpartner (Vereinfachung).
- Die Spieler B müssen den Ball erobern, statt die Spieler A mit der Hand zu berühren.

8.4.8 Fangspiel (Tempodribbling) #2

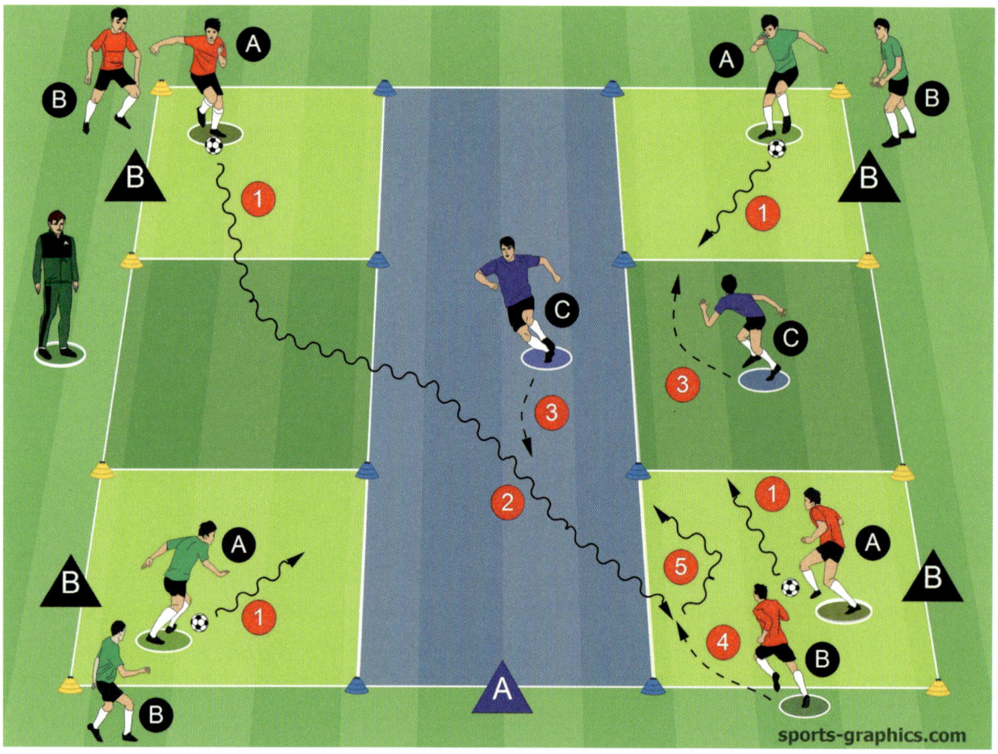

Durchführung

Die Spieler werden in zwei Teams zu je vier Spielern unterteilt (vgl. Team GRÜN und Team ROT). Die Spieler besetzen die Eckfelder B des Spielfelds doppelt (vgl. Spieler A und Spieler B). Zusätzlich besetzen zwei weitere Spieler die zentrale Zone A (vgl. Spieler C). Ein Spieler je Eckfeld hat einen Ball (vgl. Spieler A). Die Spieler A starten zeitgleich mit einem Dribbling ins Feld (vgl. 1). Sie haben die Aufgabe, die zentrale Zone A zu durchdribbeln (vgl. 2). Spieler C versucht, dies zu verhindern, indem er Spieler A mit der Hand berührt (vgl. 3). Ist Spieler A unbeschadet durch Zone A in das diagonale Eckfeld gelangt, läuft Spieler B Spieler A entgegen (vgl. 4). Spieler B übernimmt den Ball und startet seinerseits ein Dribbling durch Zone A zum diagonal entfernten Feld (vgl. 5).

Varianten

* Wenn Spieler C drei Spieler am Durchlaufen der Zone A gehindert hat, tauscht er mit einem äußeren Spieler die Aufgaben.
* Durchführung als Wettkampf: Welcher Spieler schafft die meisten unbeschadeten Dribblings durch Zone A?

8.4.9 Zonenspiel (Finten) #1

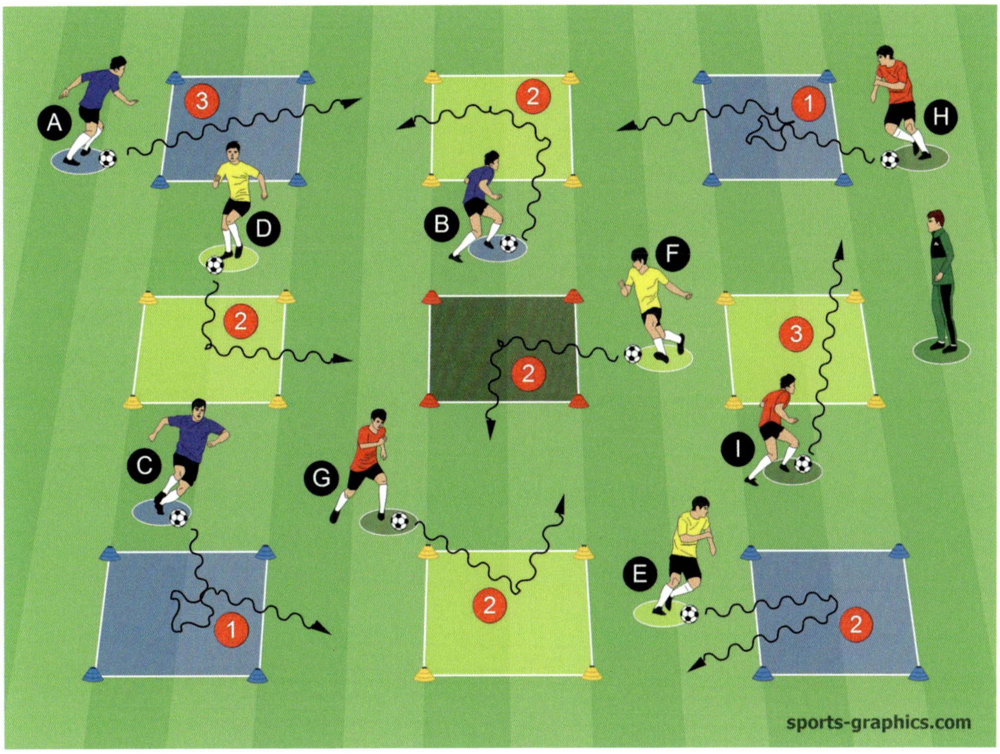

Durchführung

Die Spieler werden in drei Teams eingeteilt (vgl. Team BLAU, Team GELB und Team ROT). Jeder Spieler hat einen Ball. Die Spieler haben die Aufgabe, in den markierten Feldern verschiedene Technikaktionen umzusetzen. Die Spieler führen dabei eine Finte (vgl. 1), eine einfache Richtungsänderung (vgl. 2) oder ein Tempodribbling (vgl. 3) im Feld aus. In den Zwischenräumen dribbeln die Spieler in moderatem Tempo.

Varianten

- Durchführung als Wettkampf: Welcher Spieler realisiert zuerst 15 Aktionen?
- Durchführung als Wettkampf: Welches Team realisiert zuerst 15 Aktionen? Jeder Spieler muss dabei eigenständig fünf Aktionen im Feld umgesetzt haben. Haben alle Spieler die Anzahl an Aktionen umgesetzt, trifft sich das Team in einem der Felder. Welches Team ist zuerst komplett?
- Die Farben der Felder haben eine Bedeutung für die Art der Aktion. In einem blauen Feld muss eine Finte umgesetzt werden. In einem gelben Feld muss eine Richtungsänderung umgesetzt werden. Durch ein rotes Feld muss ein Tempodribbling umgesetzt werden.
- Variation der Technikaufgaben (Fußwechsel, Abkappen, Schusstäuschung, Körpertäuschung, Übersteiger oder Rivelino).

8.4.10 Zonenspiel (Finten) #2

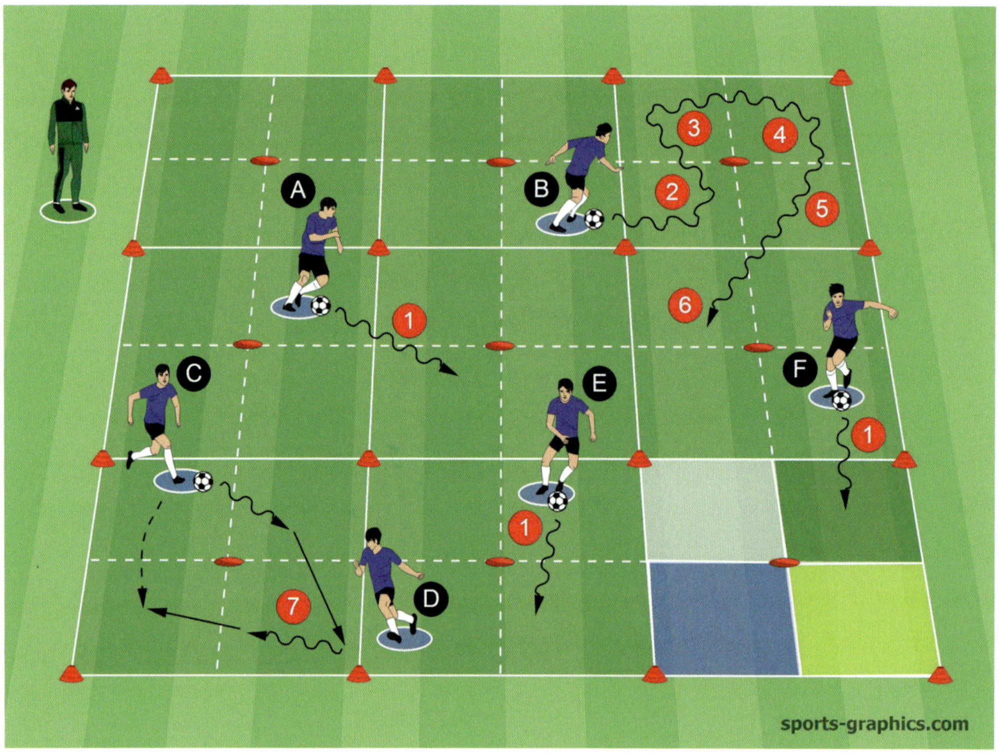

Durchführung

Das Spielfeld wird durch mehrere große und kleine Markierungshütchen in insgesamt 36 Kleinfelder unterteilt. Jedes der neun großen Quadrate ist nochmals in vier Kleinfelder unterteilt. Die Spieler dribbeln frei im Feld (vgl. 1) und haben die Aufgabe, ein Quadrat anzuvisieren und in den vier Kleinfeldern je eine Technikaktion im vollen Tempo umsetzen. Dabei führen die Spieler beispielsweise einen Übersteiger (vgl. 2), eine Schussfinte (vgl. 3), eine Körpertäuschung (vgl. 4) und einen Rivelino (vgl. 5) aus. Nachdem sie das letzte Kleinfeld verlassen haben (vgl. 6), werden fünf große Quadrate in moderatem Tempo durchdribbelt, bis die nächste intensive Technikaktion umgesetzt wird.

Varianten

* Start der Technikaktionen durch ein akustisches oder visuelles Trainersignal.
* Beachtung der Beidfüßigkeit (Wechsel zwischen linkem und rechtem Spielbein bei jeder Tempoaktion).
* Variation der Technikaufgaben (Finten, Abkappen, Richtungswechsel oder Jonglage).
* Durchführung in Zweiergruppen (vgl. 7). Nach jeder Technikaktion erfolgt ein Pass zum Partner.

8.5 1 GEGEN 1

Das variable Dribbling, gepaart mit situationsadäquatem Finteneinsatz, spielt auch im Schwerpunkt 1 gegen 1 eine große Rolle. Das Thema 1 gegen 1 umfasst individualtaktisches Angriffs- und Abwehrverhalten. Die 1-gegen-1-Situationen werden dabei nicht ausschließlich isoliert betrachtet, sondern beispielsweise noch mit einer Auftaktaktion in Form eines Passes und der zugehörigen Ballverarbeitung sowie einem Torabschluss oder einer Passaktion vor- und nachbereitet. Die Spieler sind gefragt, variantenreich zu fintieren, alle Situationen mit angemessenem Tempo anzugehen, gut getimt und zielgerichtet zu agieren.

Durch Lauf- und Reaktionsaufgaben bereiten auch die defensiv agierenden Spieler die jeweilige 1-gegen-1-Situation mit dem Ziel vor, eine optimale Position zum Angreifer einzunehmen. Im Falle eines Ballbesitzwechsels ist zumeist auch eine Anschluss- und Kontersituation abgebildet. Durch den Aufbau des 9er-Felds können die unterschiedlichen Zonen so angelegt werden, dass sie den Angreifern oder Verteidigern helfen, sich in der jeweiligen Situation optimal zu orientieren. So werden Spielräume und Zonen definiert, in denen 1-gegen-1-Duelle geführt werden sollen, in die der Gegner abgedrängt werden soll, die als Zielzonen gelten und die durch ihre Lage auf dem Spielfeld eine besondere Bedeutung erhalten.

ANSCHLUSSAKTION
FINTIEREN VARIANTENREICH
TEMPODRIBBLING
1 GEGEN 1 ORIENTIERUNG
ZIELGERICHTET GEGNERDRUCK

8.5.1 Einfaches 1 gegen 1 (Torschuss)

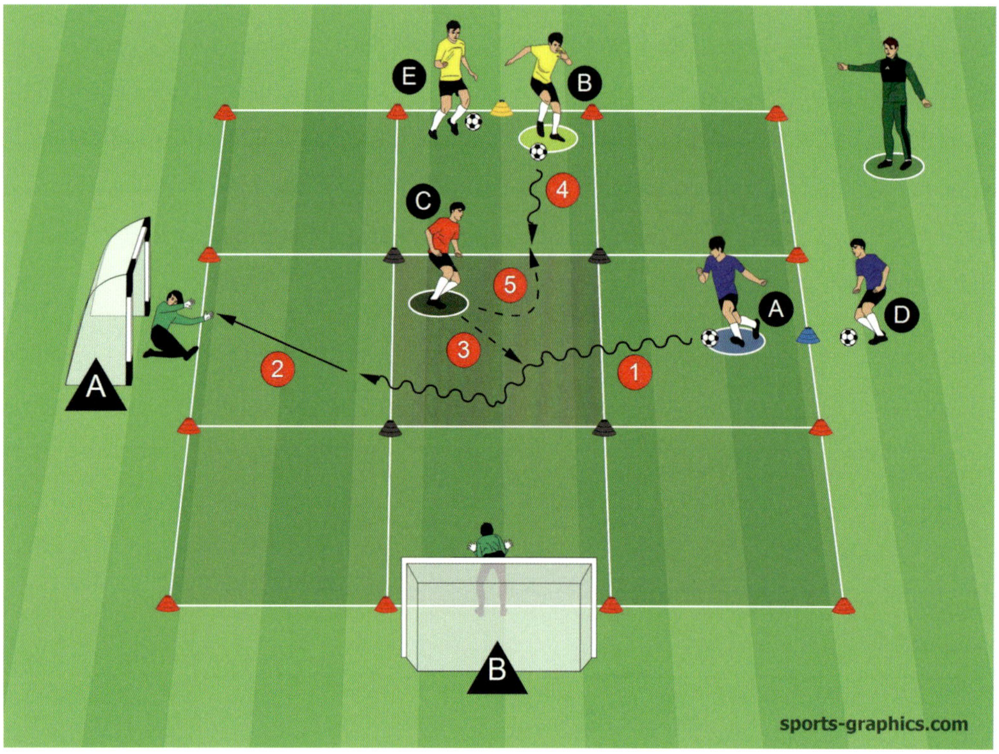

Durchführung

Die Spieler werden in zwei Teams eingeteilt (vgl. Team BLAU und Team GELB). Die Teams positionieren sich an den entsprechenden farbigen Markierungshütchen (vgl. Spieler A, B, D und E). Ein weiterer Spieler positioniert sich im zentralen Feld (vgl. Spieler C). Die zwei Tore werden von je einem Torhüter besetzt. Spieler A dribbelt an und hat die Aufgabe, durch das zentrale Feld hindurchzudribbeln (vgl. 1) und auf Tor A abzuschließen (vgl. 2). Spieler C versucht, dies zu verhindern (vgl. 3). Je nach Ausgang dieser Spielaktion ergibt sich der Verteidiger für die nächste 1-gegen-1-Situation. Hat Spieler A sein Dribbling erfolgreich beendet und auf das Tor abgeschlossen, bleibt Spieler C Verteidiger. Hat Spieler C den Ball erobert, so wird Spieler A zum Verteidiger. Unmittelbar nachdem die Aktion abgeschlossen ist, startet Spieler B im Dribbling und versucht ebenfalls, durch das zentrale Feld zu dribbeln (vgl. 4) und auf Tor B abzuschließen. Der Verlierer der vorigen Aktion versucht, dies zu verhindern (vgl. 5).

Varianten

- Durchführung als Wettkampf: Welches Team erzielt in einer bestimmten Zeit die meisten Tore?
- Das Dribbling muss außerhalb der zentralen Zone umgesetzt werden. Der Angreifer darf entscheiden, auf welcher Seite der Zone er vorbeidribbelt.
- Der Angreifer darf nach einem Dribbling durch die zentrale Zone auf beide Tore abschließen.

8.5.2 Doppeltes 1 gegen 1 (Dribbling) #1

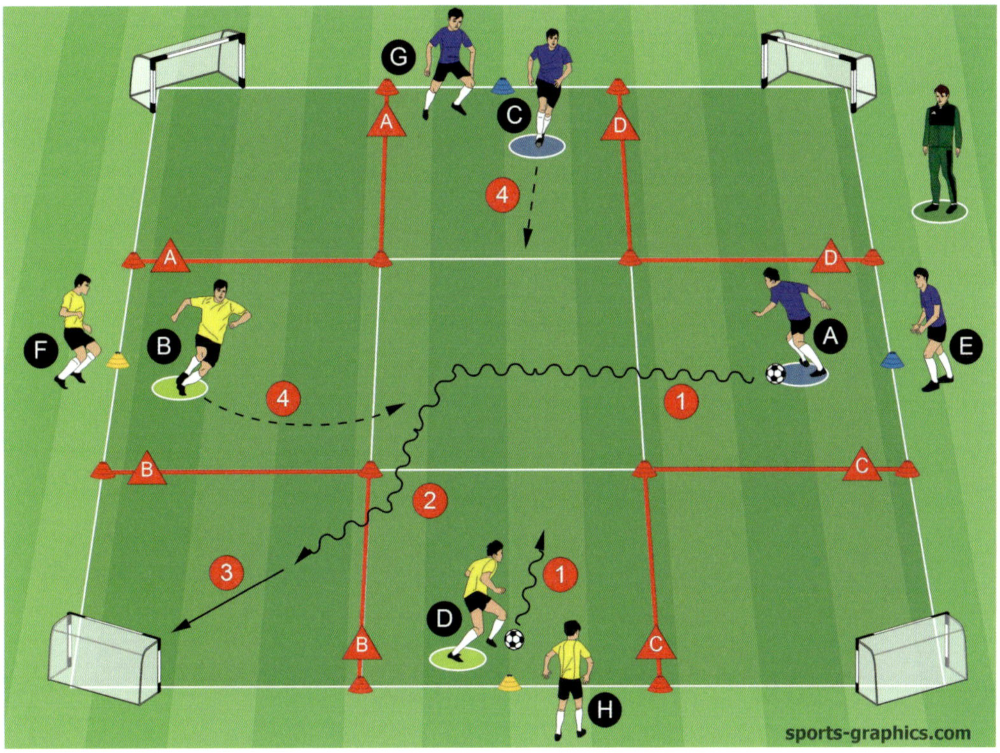

Durchführung

Die Spieler werden in zwei Teams eingeteilt (vgl. Team BLAU und Team GELB). Die Spieler positionieren sich an einem ihrer Teamfarbe entsprechenden Markierungshütchen. Es agieren immer die gegenüberstehenden Spieler gegeneinander. Je ein Spieler hat den Ball (vgl. Spieler A und Spieler D). Der ballbesitzende Spieler hat die Aufgabe, anzudribbeln (vgl. 1) und durch geschicktes Dribbling und Fintieren über eine der entfernten Linien zu gelangen (vgl. 2). Nachdem eine der Linien erfolgreich bespielt wurde, darf auf das liniennahe Minitor abgeschlossen werden (vgl. 3). Der Spieler ohne Ball versucht, dies zu verhindern (vgl. 4). Nach einer erfolgreichen Balleroberung kann der Spieler seinerseits über eine der Linien dribbeln und abschließen. Spieler A greift immer auf die Linien A und B an. Spieler B greift immer auf die Linien C und D an. Spieler C greift immer auf die Linien B und C an. Spieler D greift immer auf die Linien A und D an. Nach jedem 1-gegen-1-Duell wechseln die Spieler auf die jeweils andere Startposition ihrer Teamfarbe.

Variante

- Als Auftaktaktion kann vom ballbesitzenden Spieler ein Dribbling über eine Linie in der Nähe seiner Startposition gefordert sein und der verteidigende Partner kann aufgefordert werden, einen konkreten Laufweg über bestimmte Linien umzusetzen, bevor er als Defensivspieler in der 1-gegen-1-Situation agieren darf.

8.5.3 Doppeltes 1 gegen 1 (Dribbling) #2

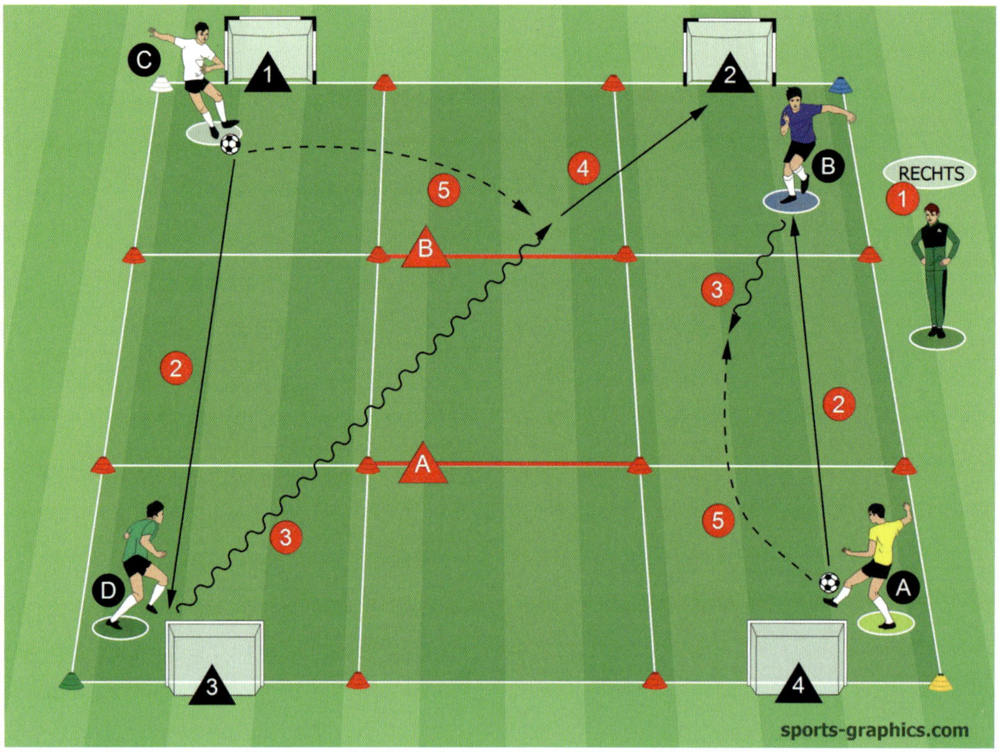

Durchführung

Die Spieler positionieren sich gemäß ihrer Teamfarbe an den Markierungshütchen. Spieler A und Spieler C sind in Ballbesitz. Der Trainer startet mit einem akustischen oder visuellen Startsignal (RECHTS, LINKS, WECHSEL oder AKTION) zwei 1-gegen-1-Situationen. Spieler A agiert immer gegen Spieler B. Dabei greift Spieler A immer auf die Minitore 1 und 2 an und Spieler B greift immer auf die Minitore 3 und 4 an. Spieler C agiert immer gegen Spieler D. Dabei greift Spieler C immer auf die Minitore 3 und 4 an und Spieler D greift immer auf die Minitore 1 und 2 an. Das Signal RECHTS (vgl. 1) hat zur Folge, dass die ballbesitzenden Spieler einen Pass zu dem, von ihrer Startposition betrachtet, rechts positionierten Spieler umsetzen (vgl. 2). Die ballerhaltenden Spieler verarbeiten den Ball und greifen gemäß der Torzuordnung auf die Minitore an (vgl. 4). Die Passgeber verteidigen (vgl. 5) und können nach einer erfolgreichen Balleroberung kontern. Schafft es ein Spieler, über eine der beiden zentralen Linien A und B zu dribbeln, so darf er auf alle vier Tore abschließen. Nach dem Signal LINKS starten die 1-gegen-1-Situationen nach einem Pass nach links. Nach dem Signal WECHSEL tauschen die beiden Ballbesitzer ihre Bälle durch Diagonalpässe und bleiben somit für die 1-gegen1-Situationen in Ballbesitz. Nach dem Signal AKTION starten die Ballbesitzer, ohne einen Pass zu spielen.

8.5.4 Doppeltes 1 gegen 1 (Dribbling) #3

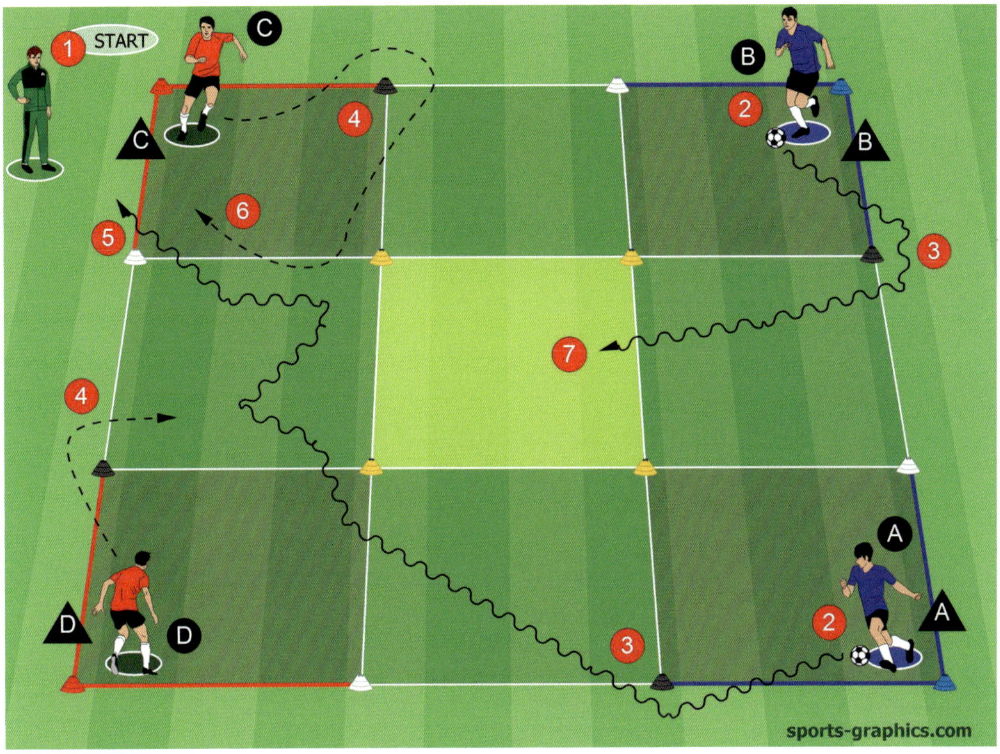

Durchführung

Die Spieler werden in zwei Teams eingeteilt (vgl. Team BLAU und Team ROT). Die Spieler verteilen sich gemäß ihrer Leibchenfarbe auf die Startpositionen in den Ecken des Spielfelds. Die Spieler von Team BLAU sind in Ballbesitz und agieren als Angreifer. Die Spieler von Team ROT haben keinen Ball und agieren als Verteidiger. Dabei agieren die Spieler im 1 gegen 1 gegen den gegenüber positionierten Spieler (vgl. Spieler A gegen Spieler C). Der Trainer startet die beiden 1-gegen-1-Situationen durch ein akustisches oder visuelles Signal. Die ballbesitzenden Spieler (vgl. Spieler A und B) dribbeln an (vgl. 2) und umdribbeln zunächst entweder das weiße oder schwarze Markierungshütchen (vgl. 3), um im Anschluss in Richtung Zentrum zu dribbeln. Der gegnerische Spieler reagiert und umdribbelt das gleichfarbige und entgegengesetzte Markierungshütchen (vgl. 4). Der angreifende Spieler (vgl. Spieler A) versucht, seinen Gegner im 1 gegen 1 zu überwinden und über die gegnerische Grundlinie in der Ecke (vgl. Linie C) zu dribbeln (vgl. 5). Der verteidigende Spieler (vgl. Spieler C) versucht, das zu verhindern (vgl. 6) und nach einer erfolgreichen Balleroberung zu kontern (vgl. Linie A).

Variante

- Nachdem ein Spieler in Ballbesitz durch das zentrale Feld gedribbelt ist (vgl. 7), darf er für einen Punktgewinn auf beide gegnerische Eckbereiche angreifen.

8.5.5 Doppeltes 1 gegen 1 (Zonenwettkampf)

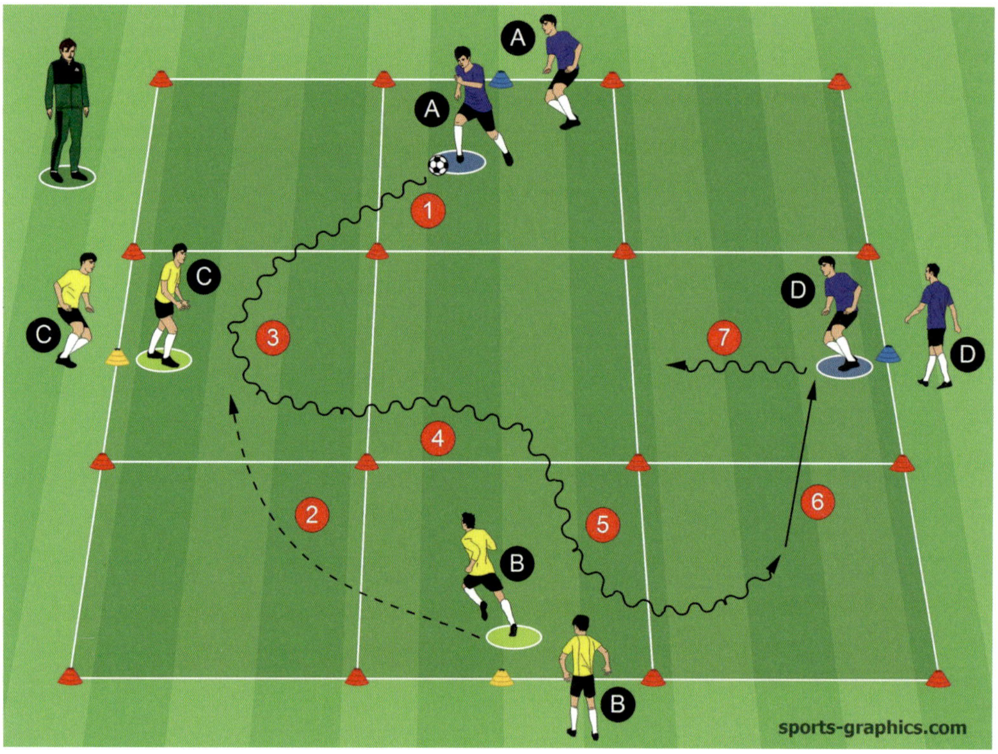

Durchführung

Die Spieler werden in zwei Teams eingeteilt (vgl. Team BLAU und Team GELB). Die Teams positionieren sich mit jeweils zwei Spielern an zwei eigenen farbigen Markierungshütchen. Spieler A hat einen Ball. Spieler A startet im Dribbling ins Feld (vgl. 1). Spieler B startet zeitgleich ohne Ball (vgl. 2). Das Ziel von Spieler A ist es, möglichst viele Felder zu durchqueren (vgl. 3, 4 und 5), ohne den Ball zu verlieren. Für jedes durchquerte Feld erhält Spieler A einen Punkt. Er kann die gesammelten Punkte absichern, indem er den Ball zu Spieler D passt (vgl. 6). Nach einem erfolgreichen Pass (vgl. 6) nimmt Spieler A seine Ausgangsposition ein und Spieler D spielt gegen den bereits zuvor aktiven Spieler B (vgl. 7). Nach einer Balleroberung kann Spieler B ebenfalls auf Punktejagd gehen, indem er Felder durchdribbelt und die gesammelten Punkte durch ein Anspiel auf Spieler C sichert. Die Abläufe werden permanent wiederholt, sodass direkt nacheinander stetige 1-gegen-1-Situationen umgesetzt werden. Alle Punkte, welche nicht durch einen abschließenden Pass (vgl. 6) gesichert werden, gehen verloren.

Variante

* Durchführung als Wettkampf: Welches Team sammelt in einer vorgegebenen Zeit mehr Punkte?

8.5.6 Doppeltes 1 gegen 1 (Zentrumsspiel)

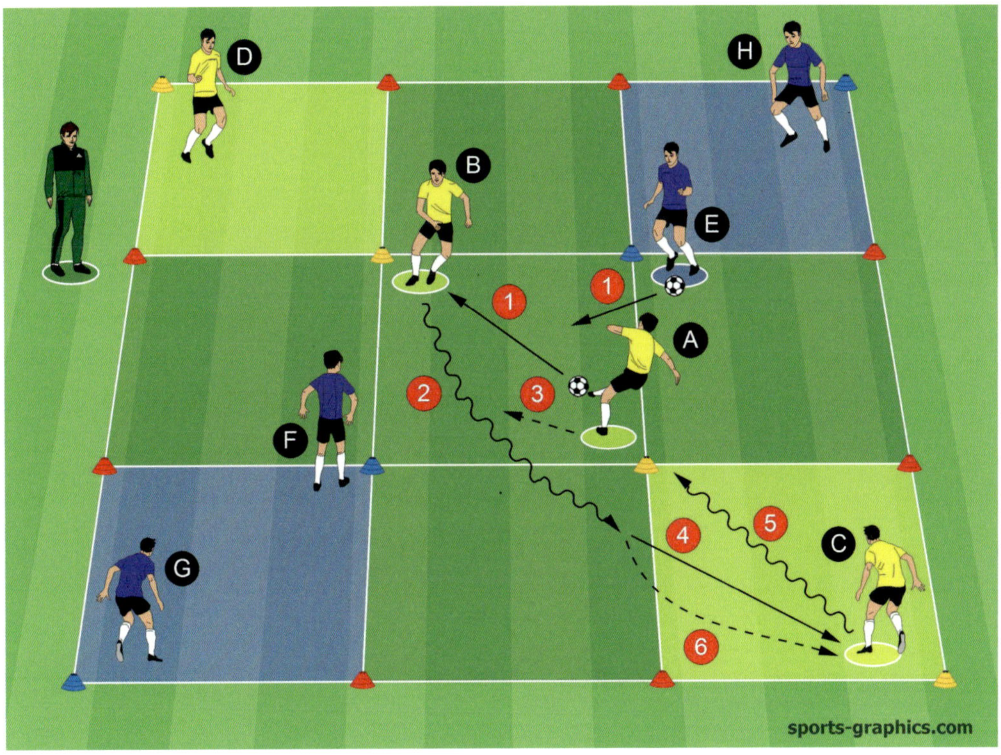

Durchführung

Die Spieler werden in zwei Teams eingeteilt (vgl. Team GELB und Team BLAU) und positionieren sich an den entsprechenden farbigen Markierungshütchen. Jeweils ein Spieler aus jedem Team ist in Ballbesitz (vgl. Spieler A und Spieler E). Spieler A und Spieler E starten zeitgleich mit einem Pass durch das zentrale Feld (vgl. 1) auf einen Mitspieler (vgl. Spieler B und Spieler F). Spieler B nimmt den Ball in die Bewegung mit und dribbelt aus dem zentralen Feld heraus (vgl. 2). Der Passgeber (vgl. Spieler C) versucht, dies zu verhindern (vgl. 3). Nach einem erfolgreichen Dribbling passt Spieler B den Ball zu Spieler C (vgl. 4). Spieler C nimmt den Ball in die Bewegung in Richtung Zentrum mit, dribbelt zum nächsten Starthütchen und nimmt die Position von Spieler A ein (vgl. 5). Spieler A und Spieler B rücken je eine Startposition weiter (vgl. 6). Team BLAU setzt zeitgleich denselben Ablauf um.

Varianten

- Nach einem Ballgewinn passt Spieler A auf Spieler D. Spieler D hat nun die Aufgabe, gegen Spieler B ins zentrale Feld zu dribbeln.
- Spieler C spielt nach Ballerhalt einen Flugball zu Spieler D. Spieler D hat nun die Aufgabe, gegen Spieler A ins zentrale Feld zu dribbeln.

8.5.7 Doppeltes 1 gegen 1 (Minitore) #1

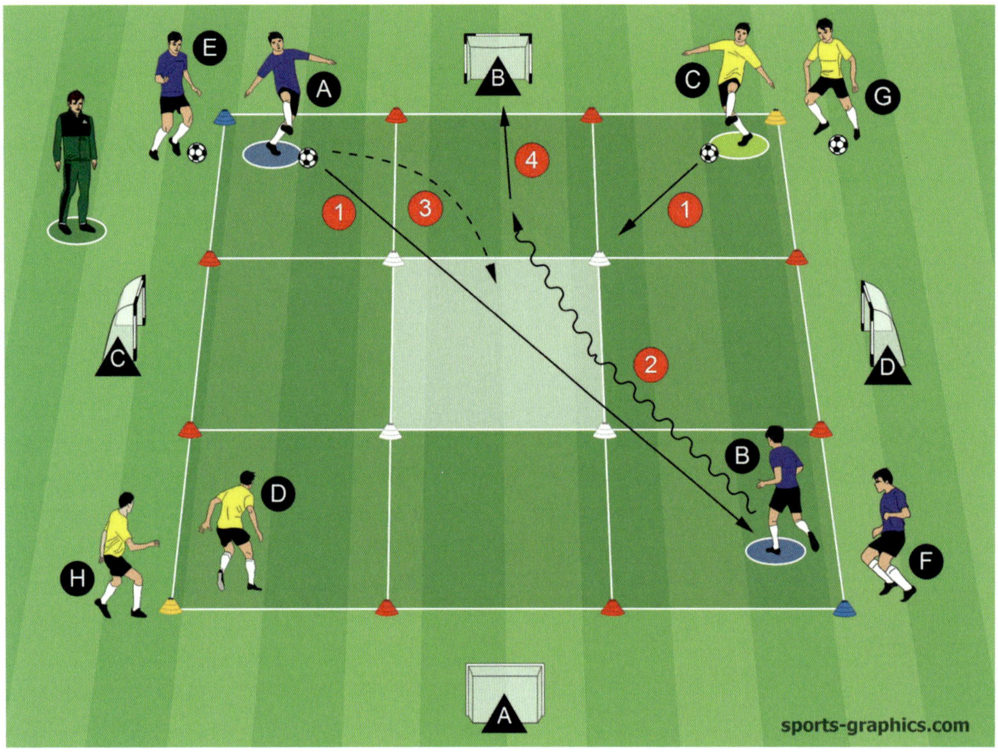

Durchführung

Die Spieler werden in zwei Teams eingeteilt (vgl. Team BLAU und Team GELB) und positionieren sich an den entsprechenden farbigen Markierungshütchen. Jedes Markierungshütchen wird mit je zwei Spielern besetzt. Jeweils ein Spieler pro Team ist in Ballbesitz (vgl. Spieler A und Spieler C). Spieler A und Spieler C starten zeitgleich mit einem diagonalen Pass (vgl. 1). Spieler B verarbeitet den Ball in der Bewegung in Richtung Spielfeldmitte und dribbelt durch das zentrale Feld (vgl. 2). Spieler A versucht, dies zu verhindern (vgl. 3). Nachdem Spieler B das zentrale Feld erfolgreich durchquert hat, darf er auf das Minitor in Spielrichtung abschließen (vgl. 4). Jedem Spieler ist ein Minitor zugeordnet, welches für ihn in Spielrichtung liegt. Team GELB setzt zeitgleich denselben Ablauf um. Nach jeder Aktion tauschen die beteiligten Spieler ihre Positionen.

Varianten

- Der verteidigende Spieler kann bei einem Ballgewinn auf das gegenüberliegende Tor kontern.
- Nachdem beide Teams ihre 1-gegen-1-Situation abgeschlossen haben, spielt der Trainer einen weiteren Ball ein. Es entsteht ein Spiel im 2 gegen 2 (Team BLAU gegen Team GELB). Sobald ein Spieler das zentrale Feld mit einem Dribbling durchquert hat, öffnen sich alle Minitore.

8.5.8 Doppeltes 1 gegen 1 (Minitore) #2

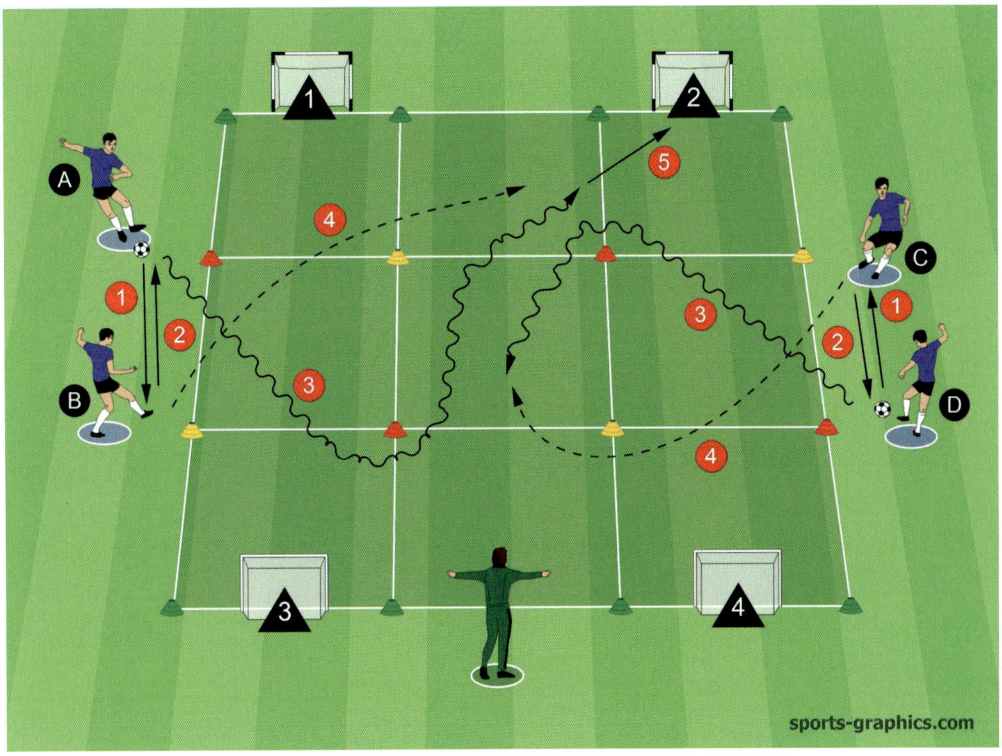

Durchführung

Die Spieler positionieren sich an den äußeren gelben und roten Markierungshütchen. Die Spieler an den roten Markierungshütchen befinden sich in Ballbesitz (vgl. Spieler A und Spieler D). Spieler A passt zu Spieler B (vgl. 1). Spieler B spielt den Ball zurück zu Spieler A (vgl. 2). Spieler A verarbeitet den Ball und dribbelt um das diagonal entfernte rote Markierungshütchen (vgl. 3). Spieler B läuft nach seinem Pass um das diagonal entfernte gelbe Markierungshütchen (vgl. 4) und hat die Aufgabe, ein Tor zu verhindern und den Ball im 1 gegen 1 gegen Spieler A zu gewinnen. Spieler A versucht, auf eines der Minitore (vgl. Tor 1 und Tor 2) abzuschließen (vgl. 5). Spieler C und Spieler D setzen zeitgleich denselben Ablauf um und agieren in Richtung der Tore 3 und 4. Nach einer Balleroberung kann ein Konter auf die gegenüberliegenden Tore gestartet werden. Die Spieler wechseln nach jedem Durchgang die Aufgaben.

Variante

- Nachdem ein Ball auf die Minitore abgeschlossen wurde, spielt der Trainer einen weiteren Ball ein, mit dem Spieler A und B gegen Spieler C und D spielen. Spieler A und B verteidigen dabei die Tore 1 und 2, während Spieler C und D die Tore 3 und 4 verteidigen.

8.5.9 Doppeltes 1 gegen 1 (Variabilität)

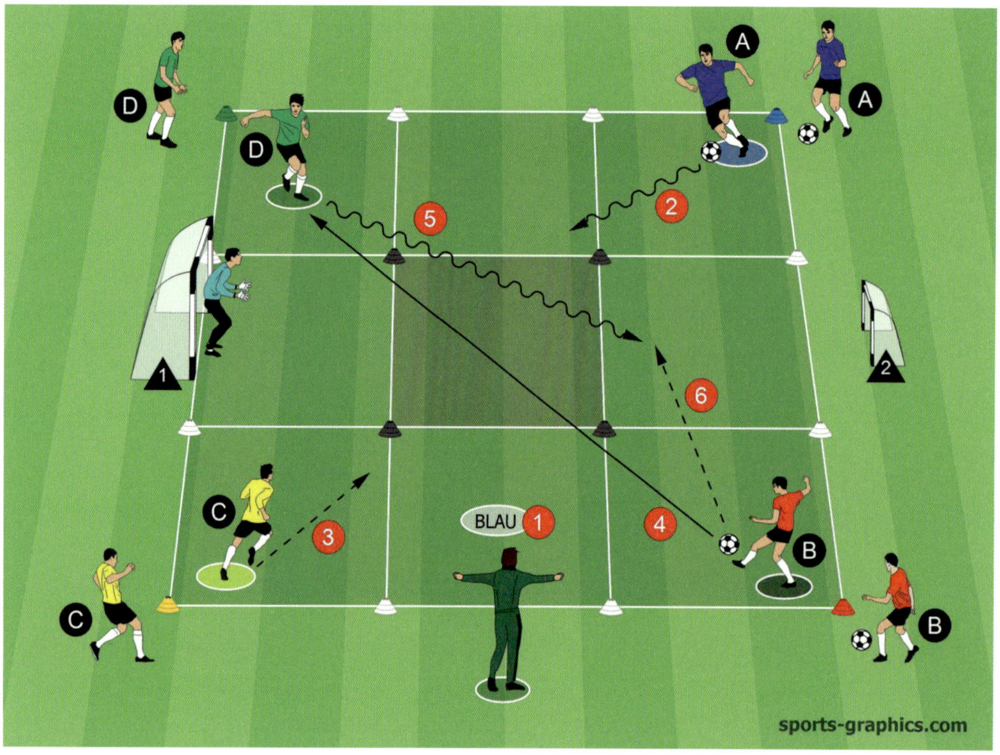

Durchführung

Die Spieler werden in vier Teams eingeteilt (vgl. Team BLAU und Team ROT sowie Team GELB und Team GRÜN). Die Teams positionieren sich an einem eigenen farbigen Markierungshütchen. Spieler A und Spieler B haben einen Ball. Mit einem akustischen oder visuellen Trainersignal starten zwei 1-gegen-1-Duelle. Spieler A agiert immer gegen Spieler C und Spieler B agiert immer gegen Spieler D. Dabei variiert durch das Trainersignal bei jedem Durchgang der Ballbesitz. Der Trainer benennt (vgl. 1) eine der beiden ballbesitzenden Farben BLAU oder ROT (hier BLAU). Daraufhin behält der genannte Spieler A den Ball und spielt gegen Spieler C. Spieler A versucht dabei, Spieler C so auszuspielen (vgl. 2), dass ein Torerfolg auf Tor 1 möglich wird. Spieler C versucht, dies zu verhindern (vgl. 3). Zeitgleich spielt der durch das Trainersignal nicht benannte Spieler B den Ball zu Spieler D (vgl. 4). Spieler D verarbeitet den Ball und versucht, Spieler B so auszuspielen, dass ein Torerfolg auf Tor 2 möglich wird (vgl. 5). Spieler B versucht, dies zu verhindern (vgl. 6). Bei einem Ballgewinn kann auf das entgegengesetzte Tor gekontert werden.

Varianten

- Durchführung als Wettkampf: Welches Team erzielt in einer bestimmten Zeit die meisten Tore?
- Doppelte Punktewertung nach einem Dribbling durch die zentrale Zone und einen anschließenden Treffer.

8.5.10 Doppeltes 1 gegen 1 (Anschlussaktion)

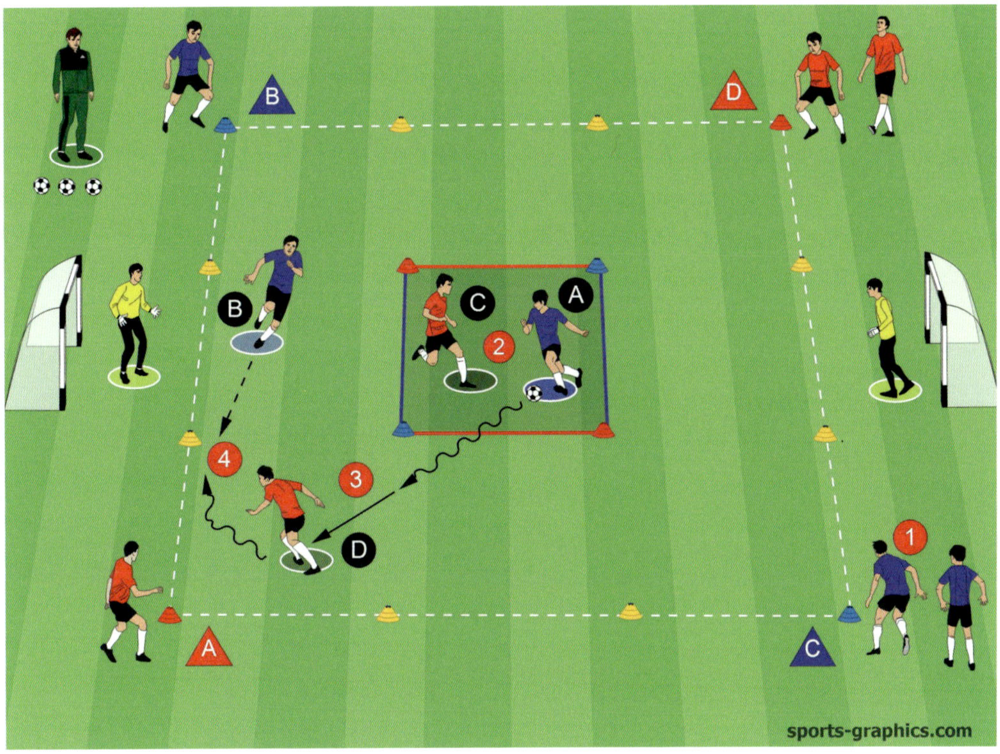

Durchführung

Die Spieler verteilen sich auf die vier Startpositionen (vgl. A, B, C und D). Zwei weitere Spieler (vgl. Spieler A und Spieler C) starten die Übung mit einem 1-gegen-1-Duell im zentralen Feld (vgl. 2). Spieler A hat die Aufgabe, über eine Linie des Felds zu dribbeln, ohne dass Spieler C den Ball erobert. Dribbelt Spieler A über eine rote Linie aus dem Feld heraus, leitet er eine Anschlussaktion mit einem Pass auf den roten Spieler in Spielrichtung (vgl. Spieler D) ein (vgl. 3). Dieser Spieler verlässt seine Startposition A und darf auf das Tor abschließen. Der gegenüber positionierte Spieler B verlässt mit dem Pass von Spieler A (vgl. 3) seine Startposition B und hat die Aufgabe, einen Treffer von Spieler D zu verhindern (vgl. 4). Überdribbelt Spieler A eine blaue Linie, darf er selbst auf ein Tor abschließen. Verliert Spieler A den Ball im Zentrum, besitzt Spieler C die Optionen in Ballbesitz und versucht, das zentrale Feld im Dribbling zu verlassen. Der Trainer spielt für einen neuen Durchlauf einen Ball ins zentrale Feld und wechselt in regelmäßigen Abständen die Aufgabenstellung der Teams.

Varianten

- Vor dem Torabschluss muss Spieler D durch das gelbe Hütchentor in Spielrichtung dribbeln (vgl. 4).
- Nachrücken der zentralen Spieler zum 2 gegen 2.
- Aktivierung weiterer Spieler zum 3 gegen 3.

8.5.11 Vierfaches 1 gegen 1 (Dribbling)

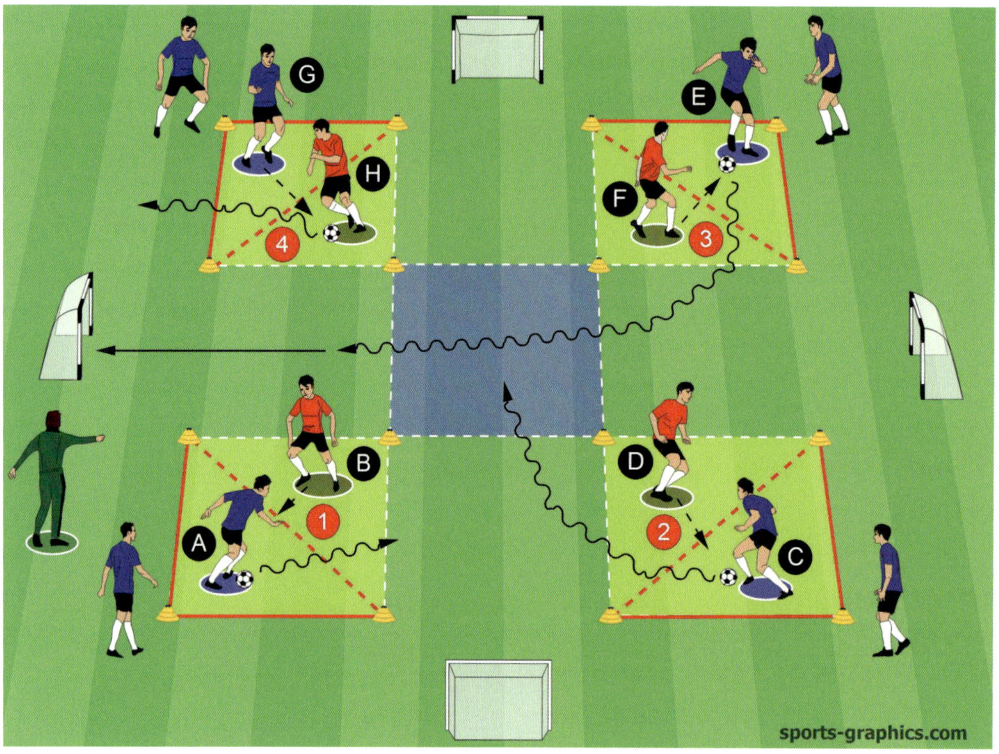

Durchführung

Die Spieler teilen sich auf die äußeren Ecken des Spielfelds auf (vgl. Spieler A, C, E und Spieler G). Vier Spieler positionieren sich zentral an den Hütchen des inneren Felds (vgl. Spieler B, D, F und Spieler H). In den gelb markierten Feldern finden 1-gegen-1-Duelle statt. Der äußere Spieler (vgl. Spieler A) hat die Aufgabe, über die diagonale Linie zu dribbeln (vgl. 1). Der Verteidiger (vgl. Spieler B) hat die Aufgabe, dies zu verhindern. Gewinnt der Verteidiger den Ball, bevor die Aufgabe vom ballbesitzenden Spieler erfüllt wurde, hat er die Möglichkeit, einen Gegenangriff zu starten. Der Spieler hat dann die Aufgabe, über eine der äußeren Linien des Felds zu dribbeln (vgl. 4). Nachdem eine Linie im Dribbling überwunden wurde, darf der Ballbesitzer ohne Gegnerdruck und innerhalb von drei Sekunden auf ein Minitor abschließen, um somit eine Punktwertung zu erzielen.

Varianten

- Der ballbesitzende Spieler (vgl. Spieler C) hat die Aufgabe, den Ball bis ins zentrale Feld zu führen (vgl. 2). Der Verteidiger (vgl. Spieler D) versucht, dies zu verhindern.
- Der ballbesitzende Spieler (vgl. Spieler E) hat die Aufgabe, den Ball bis ins zentrale Feld zu führen und im Anschluss einen Treffer auf das in Spielrichtung positionierte Minitor zu erzielen (vgl. 3). Der Verteidiger (vgl. Spieler F) versucht, dies zu verhindern.

8.5.12 Vierfaches 1 gegen 1 (Minitore)

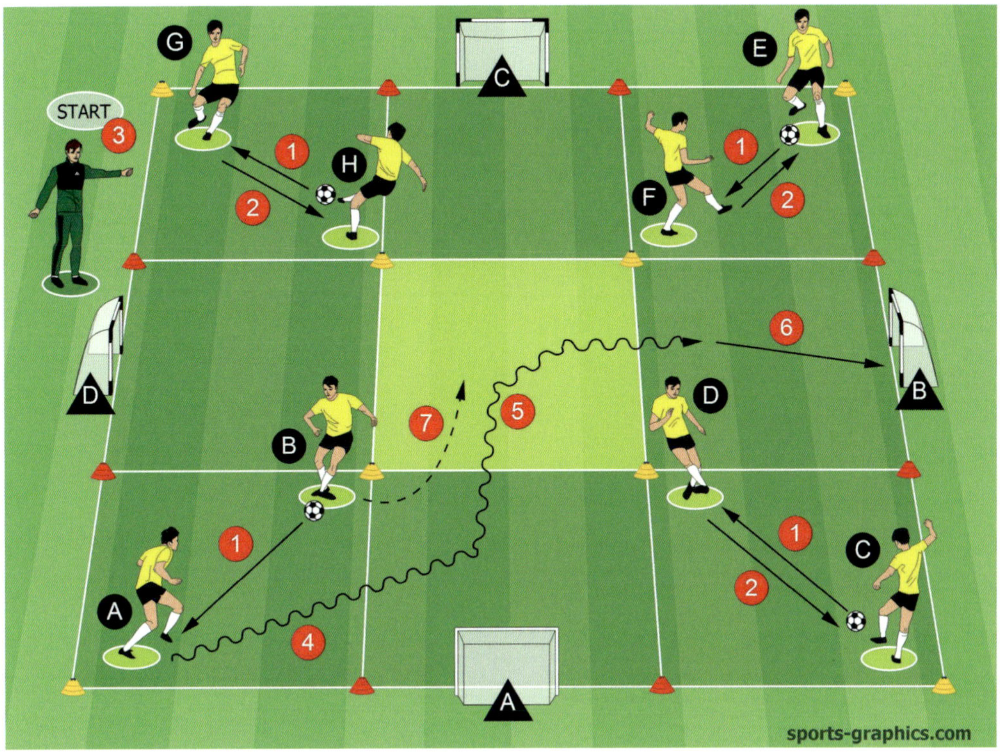

Durchführung

Die Spieler positionieren sich an den gelben Markierungshütchen und bilden Zweiergruppen (vgl. Spieler A/B, C/D, E/F und G/H). Die Spielerpaare teilen sich so auf, dass jeweils ein Spieler im Außenbereich (vgl. Spieler A, C, E und G) und der Partner (vgl. Spieler B, D, F und H) im zentralen Bereich positioniert ist. Die Spielerpaare agieren in 1-gegen-1-Situationen nacheinander. Die Spieler passen sich zunächst einen Ball fortlaufend hin und her (vgl. 1 und 2). Die 1-gegen-1-Situationen werden mit einem akustischen oder visuellen Trainersignal gestartet (vgl. 3). Während der 1-gegen-1-Duelle greifen die Außenspieler immer auf die, von ihrer Position aus betrachtet, entfernten Minitore an und die zentralen Spieler greifen immer auf die Minitore an, welche sich links und rechts neben dem gegnerischen Außenspieler befinden. Spieler A greift beispielsweise auf die Minitore B und C an und Spieler B würde auf die Minitore A und D angreifen. Die Innenspieler müssen vor einem möglichen Treffer erst das zentrale Feld durchdribbelt haben. Nach einer Balleroberung darf auf alle Minitore abgeschlossen werden. Nach dem Trainersignal dribbelt der aktuell ballbesitzende Spieler (hier beispielsweise ein Außenspieler) an (vgl. 4) und versucht, durch geschicktes Dribbling und Fintieren (vgl. 5) in eines der beiden entfernten Minitore abzuschließen (vgl. 6). Spieler B versucht, dies zu verhindern (vgl. 7). Alle vier Duelle werden zeitgleich nach dem gleichen Prinzip durchgeführt.

8.5.13 Vierfaches 1 gegen 1 (Variabilität)

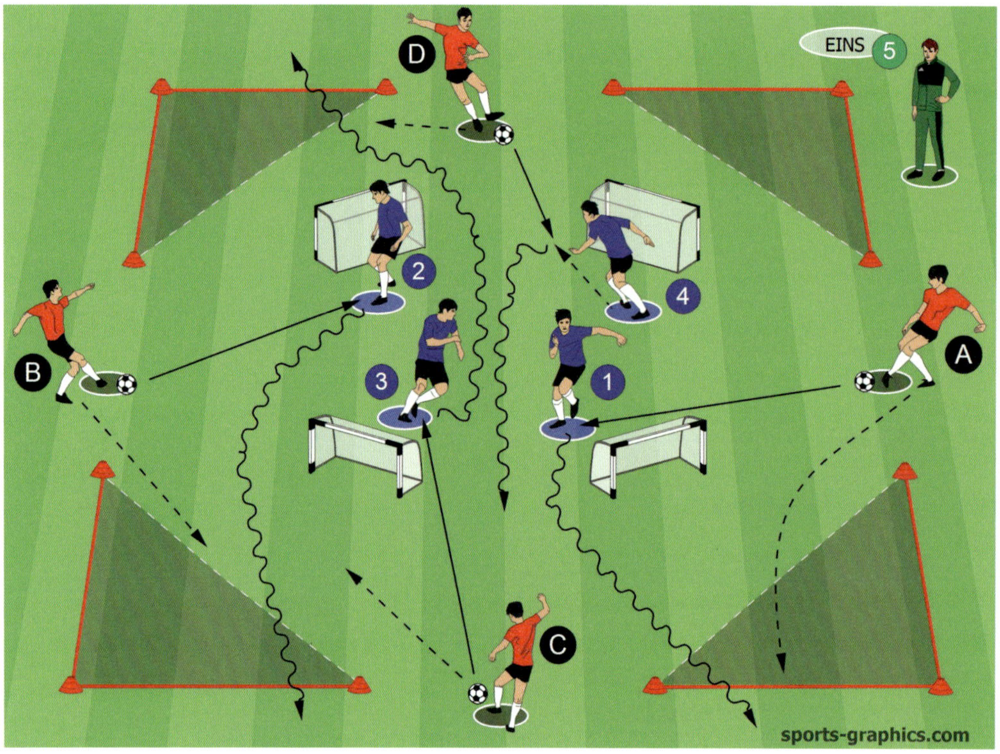

Durchführung

Vier Spieler positionieren sich mittig an den Seiten des Spielfelds (vgl. Team ROT) und haben jeweils einen Ball. Vier weitere Spieler positionieren sich im Zentrum jeweils hinter einem Minitor. Der Trainer startet vier 1-gegen-1-Situationen mit einem Startsignal. Mit dem Startsignal (vgl. 5) passen die ballbesitzenden Spieler (vgl. Spieler A, B, C und Spieler D) ihren Ball auf einen zugeordneten Gegner im Zentrum. Die zentralen Spieler verarbeiten das Zuspiel, agieren nun als Angreifer in Ballbesitz und versuchen, im Dribbling eine äußere Linie zu überqueren. Die äußeren Passgeber agieren als Verteidiger und versuchen, den Ball zu erobern. Es gibt verschiedene Trainersignale, die jeweils unterschiedliche Ziellinien ausrufen. Nach einer etwaigen Balleroberung dürfen die Spieler von Team ROT auf die Minitore im Zentrum abschließen.

* **Signal 1:** Der zentrale Spieler dribbelt über die tornahe Ecke aus dem Feld heraus (vgl. 1). Der Passgeber muss die von ihm aus links liegende Ecke verteidigen (vgl. Spieler A).
* **Signal 2:** Der zentrale Spieler dribbelt über die von ihm aus links liegende Ecke aus dem Feld heraus (vgl. 2). Der Passgeber muss die von ihm aus rechts liegende Ecke verteidigen (vgl. Spieler B).
* **Signal 3:** Der zentrale Spieler dribbelt über die hinter ihm im Rücken positionierten Ecken aus dem Feld (vgl. 3 und 4). Er agiert entsprechend gegen den im Rücken positionierten Verteidiger (vgl. Spieler C bzw. Spieler D).

8.5.14 Vierfaches 1 gegen 1 (Torschuss) #1

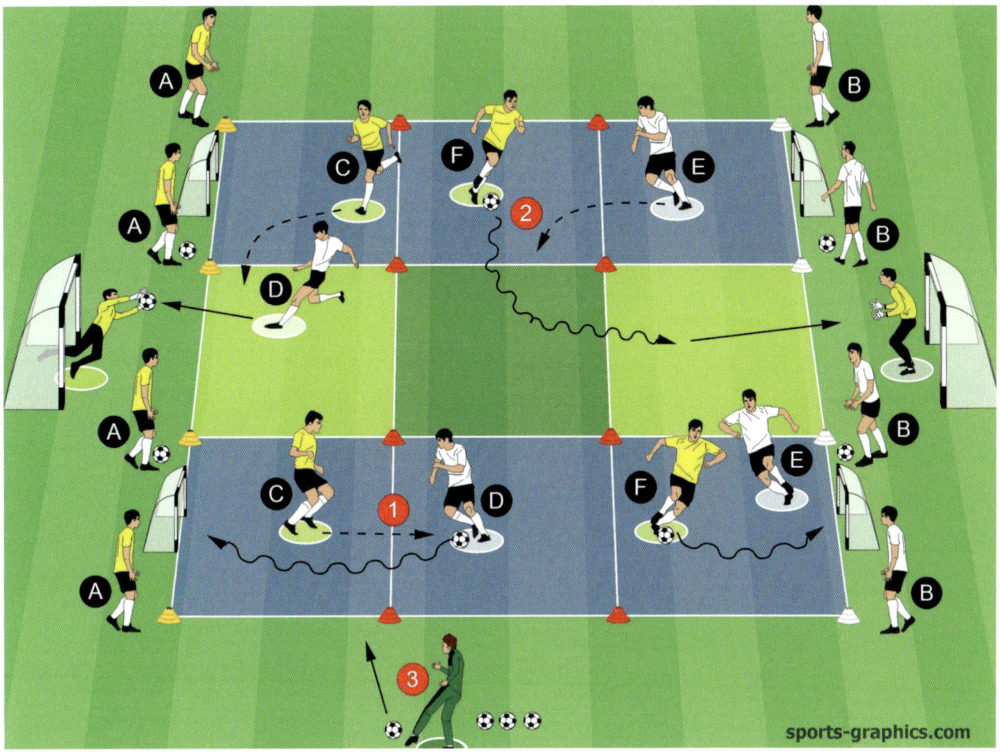

Durchführung

Die Spieler werden in zwei Teams aufgeteilt (vgl. Team GELB und Team WEISS). Die beiden Tore werden mit jeweils einem Torhüter besetzt. Die Spieler platzieren sich an den Stirnseiten des Felds vor den Toren entsprechend ihrer eigenen Leibchenfarbe (vgl. Spieler A und B). Die beiden tornahen Spieler einer jeden Mannschaft sind in Ballbesitz. Im blauen Korridor entstehen je zwei 1-gegen-1-Duelle (vgl. Spieler C, D, E und F). Die Aufgabe der ballbesitzenden Spieler ist es, auf das Minitor in jeweiliger Spielrichtung abzuschließen (vgl. 1). Sobald der Ballführer das mittlere Feld des Korridors erreicht hat, besteht für ihn zusätzlich die Möglichkeit, ins Zentrum zu dribbeln und aus dem gelben Feld auf das große Tor abzuschließen (vgl. 2).

Variante

* Sobald die 1-gegen-1-Duelle beendet sind, spielt der Trainer einen neuen Ball ein (vgl. 3) und startet so ein Spiel im 4 gegen 4 auf die großen Tore, an dem alle Spieler der 1-gegen-1-Duelle beteiligt sind.

8.5.15 Vierfaches 1 gegen 1 (Torschuss) #2

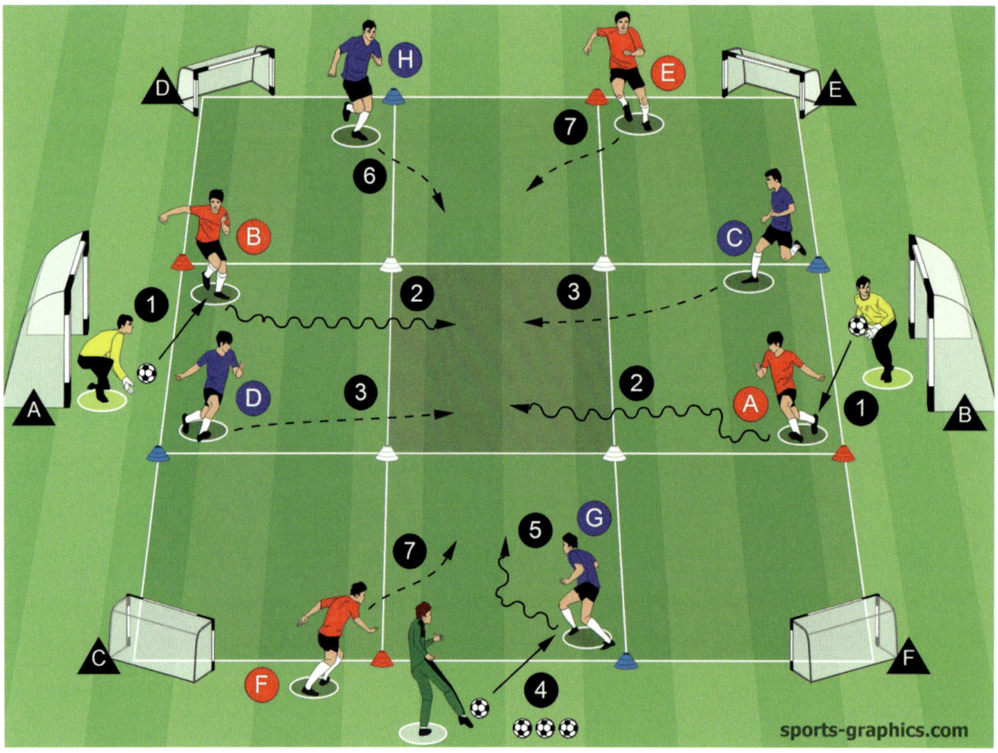

Durchführung

Die Spieler werden in zwei Teams eingeteilt (vgl. Team ROT und Team BLAU). Die Spieler verteilen sich gemäß ihrer Leibchenfarbe auf die Startpositionen. Die Torhüter haben jeweils einen Ball und starten den Ablauf zum 1 gegen 1 mit einem Abwurf (vgl. 1) zu dem jeweils vor ihnen positionierten Spieler des roten Teams (vgl. Spieler A und B). Die Spieler A und B verarbeiten den Abwurf und dribbeln in Richtung Zentrum (vgl. 2). Die Spieler C und D laufen mit dem Abwurf (vgl. 1) ebenfalls ins Zentrum (vgl. 3) und agieren als Verteidiger. Spieler A versucht, einen Treffer auf das Großtor A zu erzielen und Verteidiger D kann nach einer Balleroberung auf die Minitore E und F kontern. Spieler B versucht, einen Treffer auf das Großtor B zu erzielen und Verteidiger C kann nach einer Balleroberung auf die Minitore C und D abschließen. Nachdem die erste 1-gegen-1-Situation abgeschlossen wurde, unterstützen diese Spieler ihre jeweils aktiven Partner in einer 2-gegen-2-Situation auf die Großtore. Der Trainer bringt einen neuen Ball ins Spiel (vgl. 4), sobald beide 1-gegen-1-Situationen bzw. die 2-gegen-2-Situation beendet sind. Der ballerhaltende Spieler (vgl. 5) agiert gemeinsam mit den zuvor aktiven Spielern seines Teams (vgl. Spieler C und D) und mit dem gegenüber startenden (vgl. 6) Spieler (vgl. Spieler H). Alle anderen Spieler (vgl. Spieler E und F) agieren als Gegner (vgl. 7). Die nun anschließende 4-gegen-4-Situation kann mit neutralen Torhütern im 4 gegen 4 plus 2 auf die Minitore oder im 4 gegen 4 auf die Großtore angelegt sein.

8.5.16 Vierfaches 1 gegen 1 (freies Passspiel)

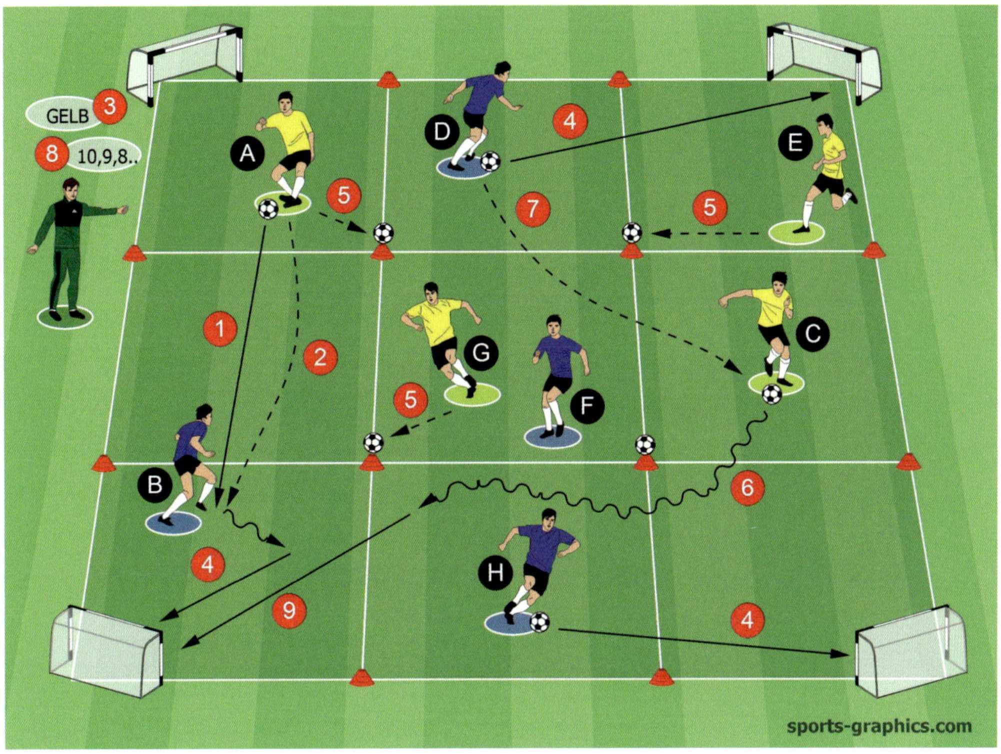

Durchführung

Die Spieler werden in zwei Teams eingeteilt (vgl. Team BLAU und Team GELB). Es sind insgesamt vier Bälle im Spiel. Die Spieler können sich frei im Feld bewegen und lassen die vier Bälle im freien Passspiel zirkulieren (vgl. 1). Dabei geht der jeweilige Passgeber seinem Pass nach und setzt den Passempfänger passiv bzw. teilaktiv unter Druck (vgl. 2). Der Passempfänger verarbeitet den Ball und lässt den anlaufenden Passgeber mit einer Finte aussteigen, bevor er einen nächsten Pass spielt. Mit einem akustischen oder visuellen Trainersignal starten vier 1-gegen-1-Duelle. Dafür sind zwischen den Teams vorab festgelegte Partner bzw. Gegner zugeordnet. Der Trainer benennt eine der beiden Teamfarben und damit das ballbesitzende Team (vgl. 3). Alle Spieler, die nicht benannt wurden, aber trotzdem einen Ball führen (vgl. Spieler B, D und H) schießen ihn in eines der Minitore (vgl. 4). Alle Spieler, die benannt wurden, jedoch keinen Ball haben (vgl. Spieler A, E und G) holen sich einen im zentralen Feld befindlichen Ball (vgl. 5). Die ballbesitzenden Spieler versuchen nun, den Ball durch geschicktes Dribbling und Fintieren so lange wie möglich zu behaupten (vgl. 6). Der jeweilige Partner versucht, dies zu verhindern (vgl. 7). Der Trainer zählt nach seinem Startsignal 10 Sekunden herunter (vgl. 8). Sobald die 10 Sekunden abgelaufen sind, haben die ballbesitzenden Spieler die Möglichkeit, einen Treffer in die Minitore zu erzielen (vgl. 9). Nach einer Balleroberung darf sofort auf die Minitore abgeschlossen werden.

Variante

- Durchführung als Wettkampf: Welcher Spieler bleibt ohne Countdown am längsten in Ballbesitz?

8.5.17 Vierfaches 1 gegen 1 (Anschlussaktion)

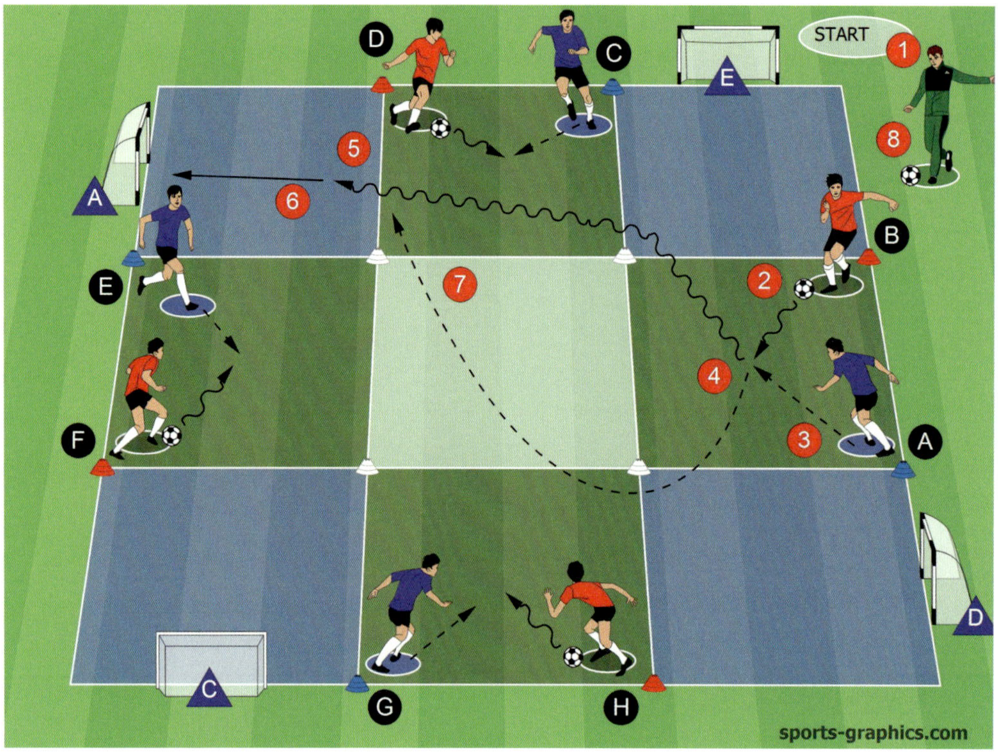

Durchführung

Die Spieler werden in zwei Teams eingeteilt (vgl. Team BLAU und Team ROT). Die Spieler verteilen sich gemäß ihrer Leibchenfarbe auf die Startpositionen. Jedem Angreifer ist ein Minitor zugeordnet (vgl. Spieler A und Minitor A). Die Spieler von Team ROT sind in Ballbesitz und agieren nach einer Ballübergabe als Verteidiger. Die Spieler von Team BLAU haben keinen Ball und agieren nach der Ballübernahme als Angreifer. Dabei agieren die Spieler im 1 gegen 1 gegen den seitlich positionierten Spieler (vgl. Spieler A gegen Spieler B). Der Trainer startet die vier 1-gegen-1-Situationen durch ein akustisches oder visuelles Signal (vgl. 1). Der jeweils ballbesitzende Spieler dribbelt an (vgl. 2) und übergibt den Ball an den direkten Gegenspieler ohne Ball (vgl. 3). Nach der Ballübergabe (vgl. 4) dribbeln die Ballbesitzer um das zentrale Feld in die blaue Eckzone vor dem eigenen Minitor (vgl. 5) und versuchen, einen Treffer zu erzielen (vgl. 6). Der verteidigende Spieler umläuft das diagonal versetzt stehende Markierungshütchen des zentralen Felds und versucht, den ballführenden Spieler im Anschluss vor dessen Torschuss mit der Hand zu berühren (vgl. 7). Nach dem Abschluss der ersten 1-gegen-1-Situation bringt der Trainer einen Ball zum 4 gegen 4 auf alle vier Minitore ins Spiel. Für das 4 gegen 4 schalten alle Spieler nach ihren 1-gegen-1-Situationen um.

8.5.18 Sechsfaches 1 gegen 1 (Chaos)

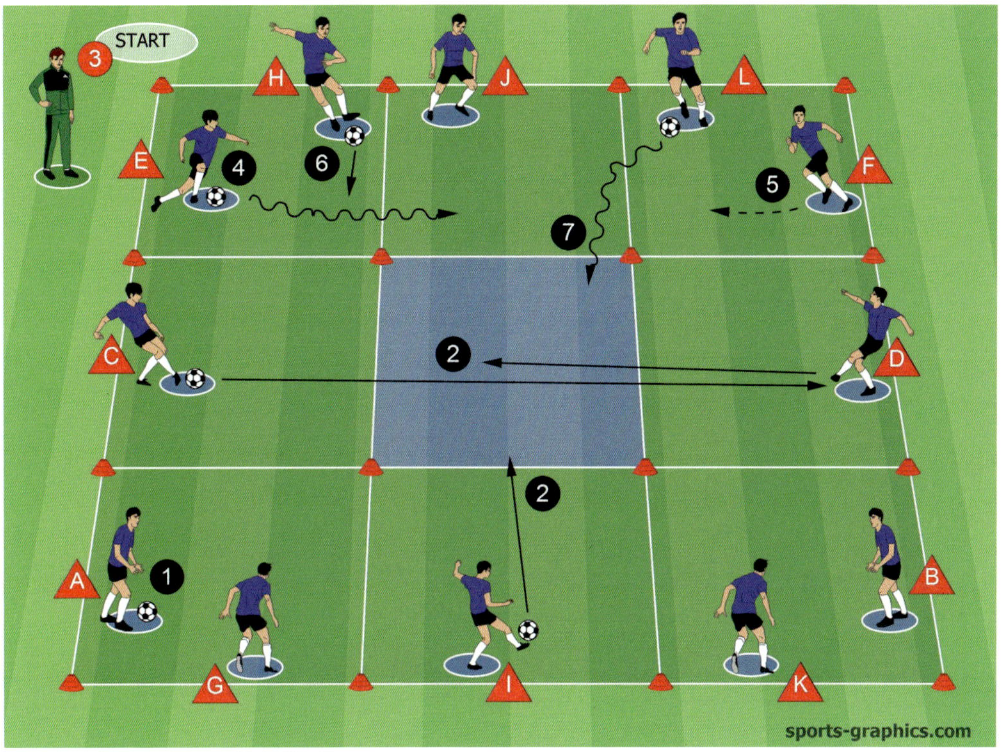

Durchführung

Die Spieler besetzen die äußeren Startpositionen (vgl. Startpositionen A bis L). Die jeweils gegenüber positionierten Spieler bilden ein Pärchen (vgl. Spieler A und B). Jeweils ein Spieler ist in Ballbesitz (vgl. 1). Die Pärchen passen sich den eigenen Ball hin und her (vgl. 2). Der Trainer startet durch ein akustisches oder visuelles Trainersignal mehrere 1-gegen-1-Duelle (vgl. 3). Mit dem Trainersignal startet jeweils der aktuell ballführende Spieler als Angreifer in die 1-gegen-1-Situation (vgl. 4). Der gegenüber positionierte Spieler agiert als Verteidiger und läuft ohne Ball ins Feld (vgl. 5). Im Rahmen der 1-gegen-1-Situation versucht der ballführende Spieler, über die gegnerische Grundlinie zu dribbeln und der verteidigende Spieler versucht, nach einer etwaigen Balleroberung zu kontern. Spieler E versucht, die Linie F zu erreichen und Spieler F versucht, nach einer Balleroberung über Linie E zu dribbeln. Alle 1-gegen-1-Situationen starten zeitgleich mit dem Trainersignal. Während des Passens (vgl. 6) und während der 1-gegen-1-Situationen (vgl. 5) müssen die Spieler stets auf Störfaktoren achten. Das zentrale Feld kann als Zone genutzt werden, um Spieler bewusst ins Zentrum zu lenken (vgl. 7).

8.5.19 Sechsfaches 1 gegen 1 (Gegner im Rücken)

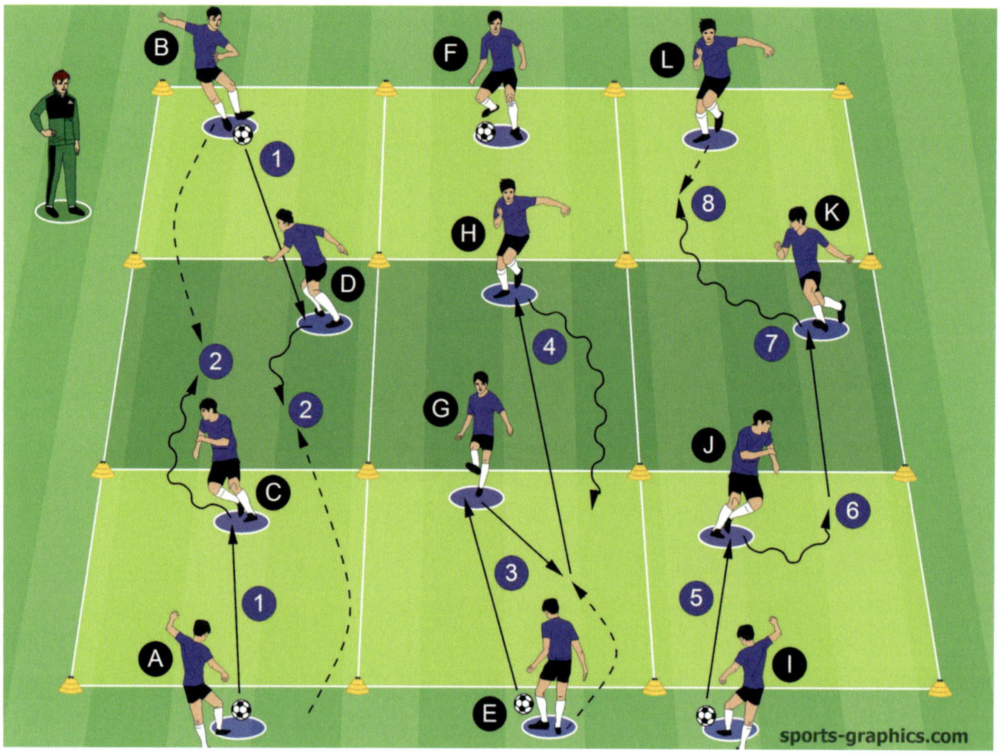

Durchführung

Jeweils drei Felder werden für eine Trainingsgruppe mit vier Spielern genutzt (vgl. Spieler A, B, C und Spieler D). Die Spieler positionieren sich jeweils auf einer der vier Linien.

Ablauf 1 (linkes Feld): Die Spieler A und B haben einen Ball und passen diesen zeitgleich auf die Spieler C und D (vgl. 1). Die Zuspiele werden verarbeitet, indem sich beide Spieler nach der Ballverarbeitung aufdrehen und versuchen, in die gelbe Zone zu dribbeln. Dabei ist es die Aufgabe, das Spielfeld in Spielrichtung zu verlassen. Die Spieler A und B setzen ihrem Pass nach (vgl. 1) und versuchen, den Ball zu erobern (vgl. 2).

Ablauf 2 (zentrales Feld): Spieler E passt zu Spieler G, Spieler G lässt den Ball klatschen (vgl. 3) und Spieler E spielt tief auf Spieler H. Spieler H verarbeitet, agiert als ballbesitzender Angreifer und versucht, in die gelbe Zone zu dribbeln und das Spielfeld in Spielrichtung zu verlassen (vgl. 4). Spieler E agiert als Verteidiger und versucht, den Ball zu erobern. Die Aufgabenstellungen und Positionierung werden regelmäßig gewechselt.

Ablauf 3 (rechtes Feld): Spieler I passt auf Spieler J (vgl. 5). Spieler J dreht sich auf und passt auf Spieler K (vgl. 6). Spieler K verarbeitet das Zuspiel, dreht sich auf (vgl. 7) und versucht, durch das gelbe Feld zu dribbeln und die Zone in Spielrichtung zu verlassen. Spieler L darf seine Position mit dem ersten Ballkontakt von Spieler J (vgl. 6) verlassen und versucht, den Ball zu erobern (vgl. 8).

8.5.20 Sechsfaches 1 gegen 1 (Zonenwettkampf)

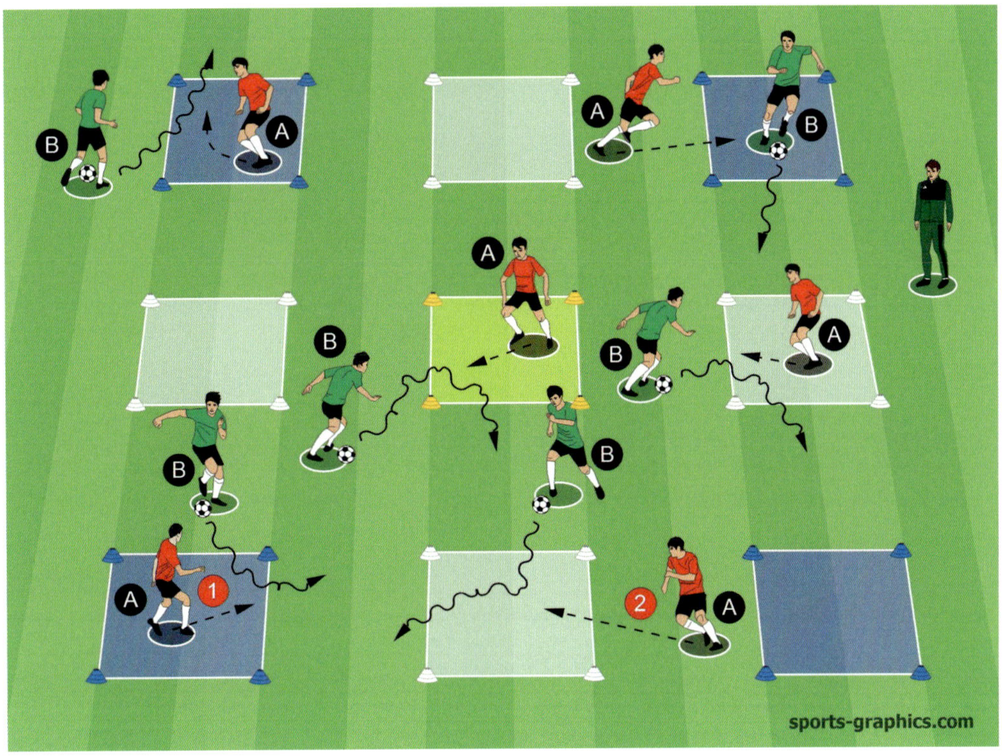

Durchführung

Die Spieler werden in zwei Teams aufgeteilt (vgl. Team ROT und Team GRÜN). Das Spielfeld besteht aus neun Feldern. Alle Spieler von Team GRÜN haben einen Ball und bewegen sich im freien Dribbling (vgl. Spieler B). Die Spieler von Team ROT besetzen jeweils ein frei wählbares Feld (vgl. Spieler A). Die Spieler B versuchen, im Dribbling so viele Felder wie möglich zu durchqueren (vgl. 1). Die Spieler A versuchen, das zu verhindern (vgl. 1) und haben die Möglichkeit, je nach Spielsituation ihre aktuell besetzten Felder zu verlassen (vgl. 2), um einen einfachen Punktgewinn des Gegners zu verhindern. Nach einer Balleroberung bzw. Ballberührung durch einen Spieler A wird das Spiel unmittelbar fortgesetzt. Die Angreifer sammeln Punkte, wenn ein Feld durchdribbelt wird und die Verteidiger erhalten eine Wertung, wenn eine Balleroberung realisiert wurde. Die Aufgabenstellung wird regelmäßig gewechselt. Welcher Spieler sammelt die meisten Punkte?

Varianten

- Die Felder unterscheiden sich in ihrer Wertigkeit gemäß Zentrumsnähe (GELB: zwei Punkte, WEISS: zwei Punkte und BLAU: ein Punkt).
- Es werden nur Punktwertungen durch ein erfolgreiches Dribbling mit Ball erzielt. Nach einer Balleroberung darf der entsprechende ballgewinnende Spieler auf Punktejagd gehen. Welches Team sammelt die meisten Punkte?

9 SPIELEINSTIEG

Die Idee des alternativen Spieleinstiegs stellt einen Übergang zwischen Übungs- bzw. Lauf- und Spielformen dar. Grundsätzlich geht es darum, einen Einstieg im Sinne einer kurzen Pass-, Schuss-, Dribbling-, Lauf-, Athletik- oder Polysportivsequenz dem Spiel oder der Spielform vorzuschalten. Je nach Ablauf und letztlicher Positionierung während und nach den Einstiegsaufgaben entstehen über diese Form verschiedenste Konstellationen für den Spielstart.

Die Grundidee folgt also nicht dem traditionellen Spielstart, bei dem beide Teams grundsätzlich geordnet stehen. Ganz im Gegenteil werden verschiedene Konstellationen hervorgerufen, bei denen Spieler bereits innerhalb des gegnerischen Verbunds agieren oder Unordnung herrscht. Über den alternativen Spieleinstieg ist es möglich, verschiedene Technik- und Bewegungsaufgaben, Zahlenverhältnisse und Spielrichtungen anzusteuern, um so kreative Spiellösungen und zielgerichtete Handlungen bei den Spielern anlegen.

Der Moment des Spielstarts fordert den Spielern ein hohes Maß an Handlungsschnelligkeit ab. Durch schnelle und situationsadäquate Entscheidungen sowie geschicktes Positions- und Passspiel ist es möglich, schnell tornahe Spieler anzuspielen, die etwaige Unordnung im gegnerischen Verbund zu nutzen und unmittelbar zu einem Treffer zu kommen. Der jeweilige Spielstart kann über ein Trainersignal gesteuert werden.

Je nach Einstiegsaufgabe muss stets ein Spielball bestimmt werden, sodass die Spieler neben der Orientierung auf dem Spielfeld zusätzlich auf das Signal des Trainers reagieren müssen. Um eine schnellere und präzisere Ausführung der vorgeschalteten Technik- oder Bewegungsaufgabe zu erreichen, kann der erste Ball für die Spielsequenz stets der schnelleren oder präziseren Mannschaft zugesprochen werden. Für die Spieler löst der Wettkampfcharakter mit dem Ballbesitz als Belohnung eine zusätzliche Motivation und Bereitschaft aus.

9.1 LAUFEINSTIEG ZUM 2 GEGEN 2

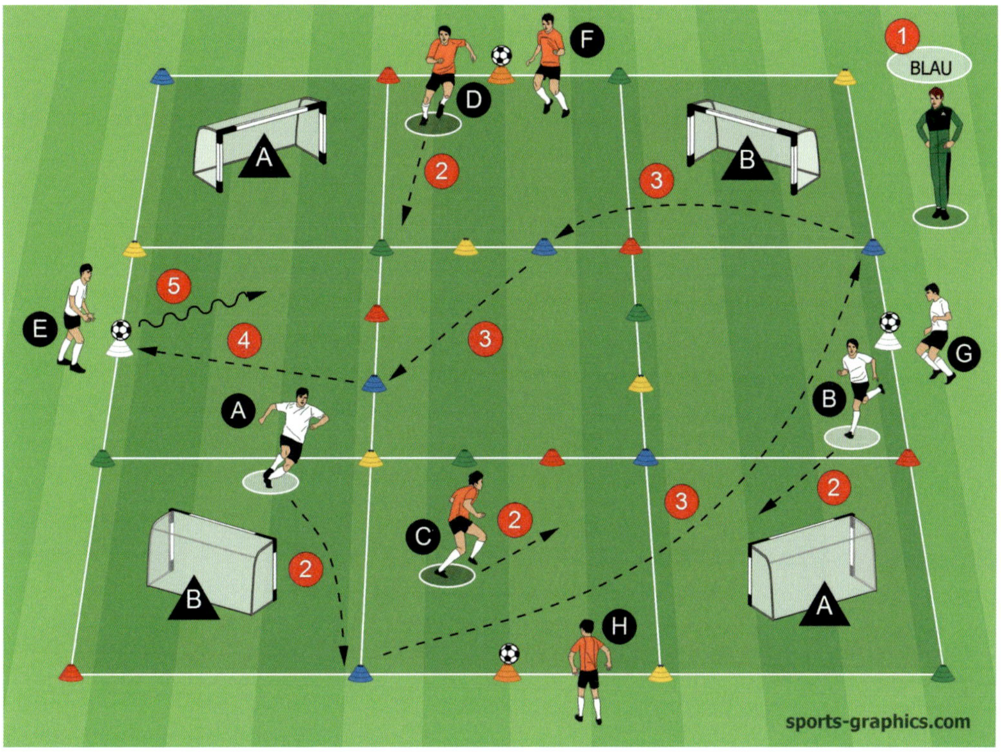

Durchführung

Die Spieler werden in zwei Teams zu je vier Spielern aufgeteilt (vgl. Team WEISS und Team ORANGE). Die Spieler positionieren sich gemäß ihrer Teamfarbe an den Markierungshütchen. Nach einem Laufwettkampf beginnt eine Spielsequenz im 2 gegen 2. Der Trainer benennt mit einem akustischen oder visuellen Signal eine Farbe und startet somit den Laufwettkampf (vgl. 1). Mit diesem Signal (Bsp. BLAU) startet ein Spieler von jeder Startposition (vgl. Spieler A, B, C und D) ins Feld (vgl. 2). Die Spieler müssen nun Markierungshütchen der vom Trainer benannten Farbe mit der Hand berühren. Dabei müssen die Spieler zwei Markierungshütchen auf der äußeren Feldbegrenzung (vgl. 3) und zwei Markierungshütchen auf der inneren Feldbegrenzung (vgl. 3) mit der Hand berühren. Anschließend laufen die Spieler zurück zu ihrer Startposition (vgl. 4). Der Spieler, welcher als Erster das Starthütchen erreicht (vgl. Spieler A), beginnt in Ballbesitz mit dem dort positionierten Ball das 2 gegen 2 (vgl. 5). Die langsameren drei anderen Spieler (vgl. Spieler B, C und D) starten ohne Ball in die Spielsequenz. In der 2-gegen-2-Spielsequenz verteidigt Team WEISS die Tore A und Team ORANGE die Tore B. Anschließend beginnen die wartenden Spieler (vgl. Spieler E, F, G und H) einen neuen Laufwettkampf.

Variante

- Der Trainer benennt zwei Farben. Die Spieler müssen zunächst die äußeren Markierungshütchen der zuerst genannten Farbe und im Anschluss die zentralen Markierungshütchen der zweiten benannten Farbe umlaufen.

9.2 LAUFEINSTIEG ZUM DOPPELTEN 2 GEGEN 2

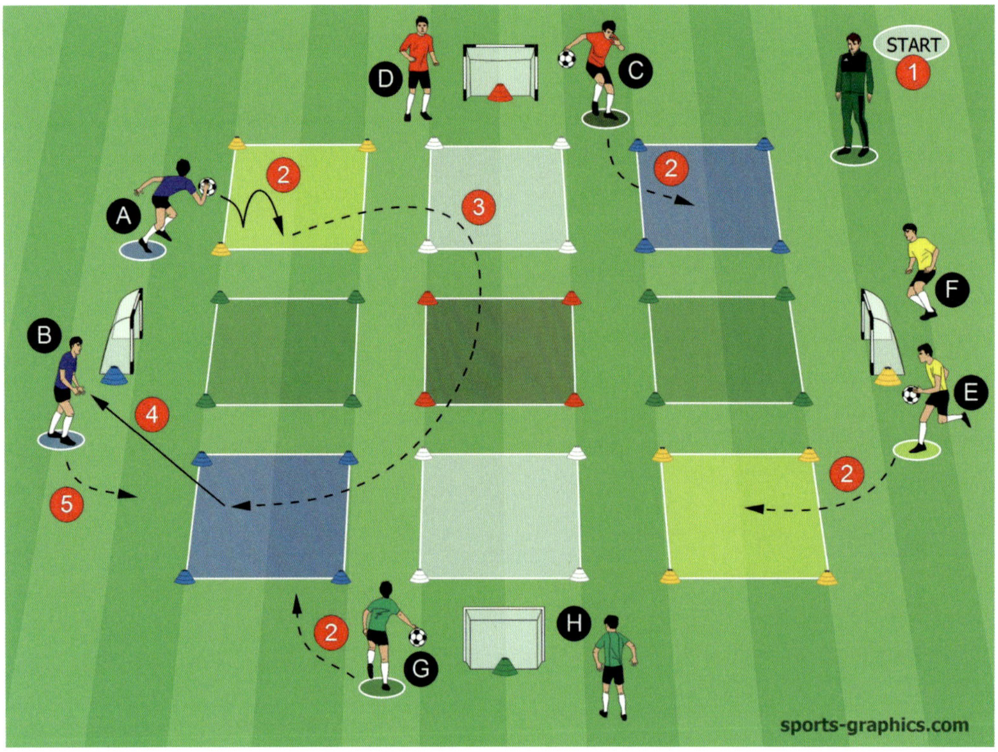

Durchführung

Die Spieler werden in vier Teams zu je zwei Spielern eingeteilt (vgl. Team BLAU, Team ROT, Team GELB und Team GRÜN). Die Spieler positionieren sich entsprechend ihrer Teamfarbe an den farblich markierten Minitoren. Ein Spieler jedes Teams hat einen Ball, welchen er in der Hand hält. Nach einer Laufaktion beginnt eine Spielsequenz im doppelten 2 gegen 2. Der Trainer startet die Laufaktion mit einem akustischen oder visuellen Signal (vgl. 1). Ein Spieler jedes Teams startet mit dem Ball prellend ins Feld (vgl. 2). Spieler A muss nun ein Feld von jeder Farbe durchlaufen (vgl. 3) und den Ball anschließend zu Spieler B am Minitor zurückwerfen (vgl. 4). Spieler B startet ebenfalls prellend ins Feld (vgl. 5) und durchläuft ebenfalls ein Feld von jeder Farbe. Spieler B wirft den Ball anschließend zu Spieler A am Minitor zurück. Alle anderen Teams setzen die identische Laufaufgabe zeitgleich um. Dabei geht es darum, schneller zu sein als das gegenüberstehende Team, um den Ballbesitz für die anschließende Spielsequenz zu erhalten. Team BLAU spielt demnach gegen Team GELB und Team ROT spielt gegen Team GRÜN. Ist der jeweilige Schlussläufer schneller als sein Gegenpart des gegenüberstehenden Teams, so wird der zurückgeworfene Ball zum Spielball, mit dem das Spiel im 2 gegen 2 beginnt.

Variante

- Der Trainer benennt vor jedem Lauf die Farben der Felder, die durchlaufen werden sollen.

9.3 LAUFEINSTIEG ZUM DOPPELTEN 3 GEGEN 3

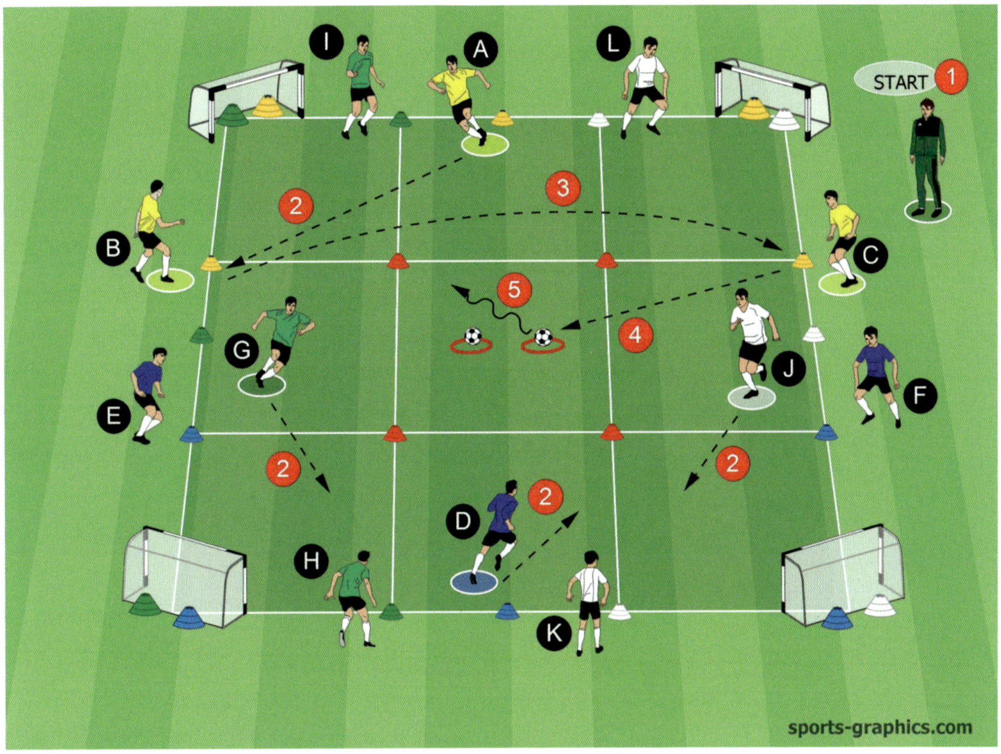

Durchführung

Die Spieler werden in vier Teams zu je drei Spielern eingeteilt (vgl. Team GELB, Team BLAU, Team GRÜN und Team WEISS). Die Spieler positionieren sich gemäß ihrer Teamfarbe an den farbigen Startpositionen. Ein Laufwettkampf gegen das gegenüberstehende Team bestimmt die ballbesitzende Mannschaft für die anschließende Spielsequenz im 3 gegen 3. Team GELB tritt gegen Team BLAU an und das Team GRÜN duelliert sich mit Team WEISS. Jedes Team hat einen Startläufer (vgl. Spieler A/D und Spieler G/J). Der Trainer startet den Laufwettkampf mit einem akustischen oder visuellen Signal (vgl. 1). Die Startläufer der jeweiligen Teams laufen ins Feld hinein (vgl. 2). Spieler A läuft zu Spieler B und schlägt mit diesem ab. Anschließend läuft Spieler A zu Spieler C und schlägt auch mit diesem ab (vgl. 3). Spieler A kann sich dann einen der im zentralen Feld positionierten Bälle sichern. Erreicht er den Ball vor seinem Gegenspieler (vgl. Spieler D), so startet Team GELB mit Ballbesitz in die 3-gegen-3-Spielsequenz. In dieser Spielsequenz verteidigen die Teams jeweils die farblich markierten Minitore.

Variante

- Beim Abschlagen findet ein Wechsel statt, sodass der ankommende Spieler die Position am Markierungshütchen einnimmt und der abgeschlagene Spieler den Lauf zum nächsten Spieler oder in Richtung Zentrum zum Ball umsetzt.

9.4 LAUFEINSTIEG ZUM 4 GEGEN 4

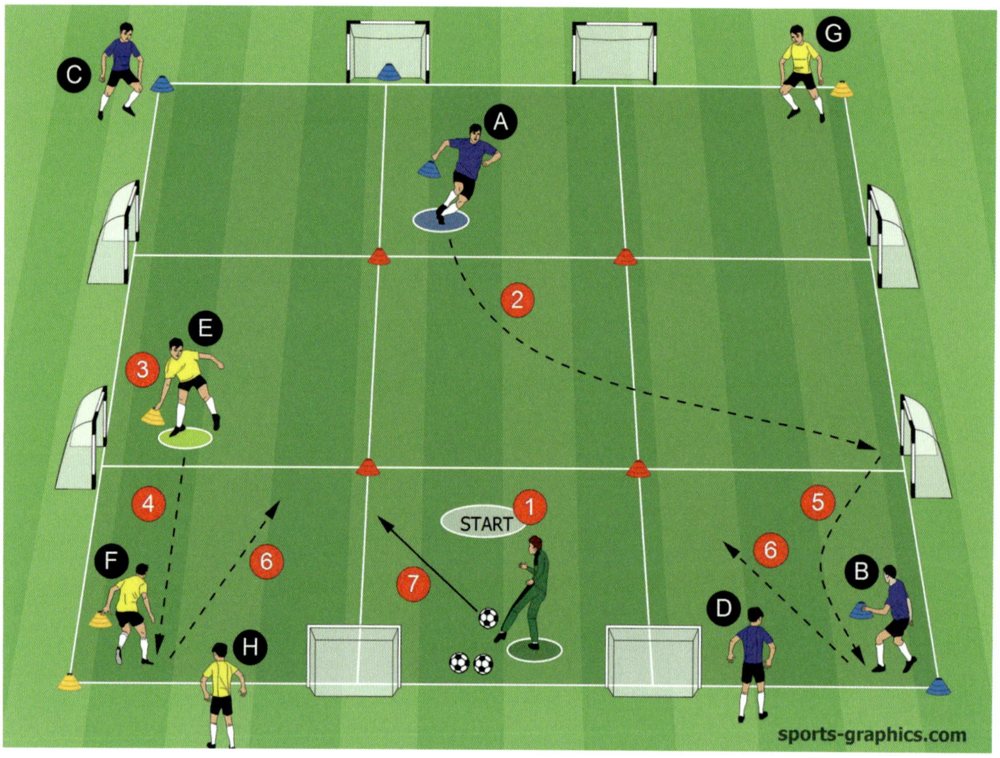

Durchführung

Die Spieler werden in zwei Teams zu je vier Spielern eingeteilt (vgl. Team BLAU und Team GELB). Die Spieler positionieren sich gemäß ihrer Teamfarbe an den Markierungshütchen. Nach einem Laufwettkampf, bei dem es darum geht, die Torzuordnung für die anschließende Spielsequenz festzulegen, beginnt eine 4-gegen-4-Spielsequenz. Der Trainer startet mit einem akustischen oder visuellen Signal den Laufwettkampf. Ein Spieler jedes Teams startet mit einem der eigenen Teamfarbe entsprechenden farbigen Markierungshütchen in der Hand ins Feld und steuert ein Minitor an (vgl. 2). Am Minitor angekommen, legt der Spieler das Markierungshütchen im Minitor ab (vgl. 3). Anschließend läuft der Spieler zur jeweils anderen Startposition seiner Mannschaft zurück und schlägt dort mit dem wartenden Spieler ab (vgl. 4 und 5). Die wartenden Spieler starten nun ebenfalls mit einem Markierungshütchen ins Feld und legen dieses in einem Tor ab (vgl. 6). Der Laufwettkampf läuft so lange, bis alle Minitore mit Markierungshütchen belegt sind. Dann startet der Trainer die Spielsequenz. Die Mannschaften greifen nun auf alle Minitore an, in denen ein Markierungshütchen ihrer eigenen Teamfarbe platziert wurde. Alle Spieler nehmen aktiv am Spiel teil. Je nach Schnelligkeit der Spieler ist es möglich, dass die Anzahl der zugeordneten Tore voneinander abweicht.

Variante

* Bevor ein Minitor mit einem Markierungshütchen belegt werden darf, muss eine Bewegungsaufgabe (z. B. eine Vorwärtsrolle) im zentralen Feld umgesetzt werden.

9.5 LAUFEINSTIEG ZUM 5 GEGEN 5

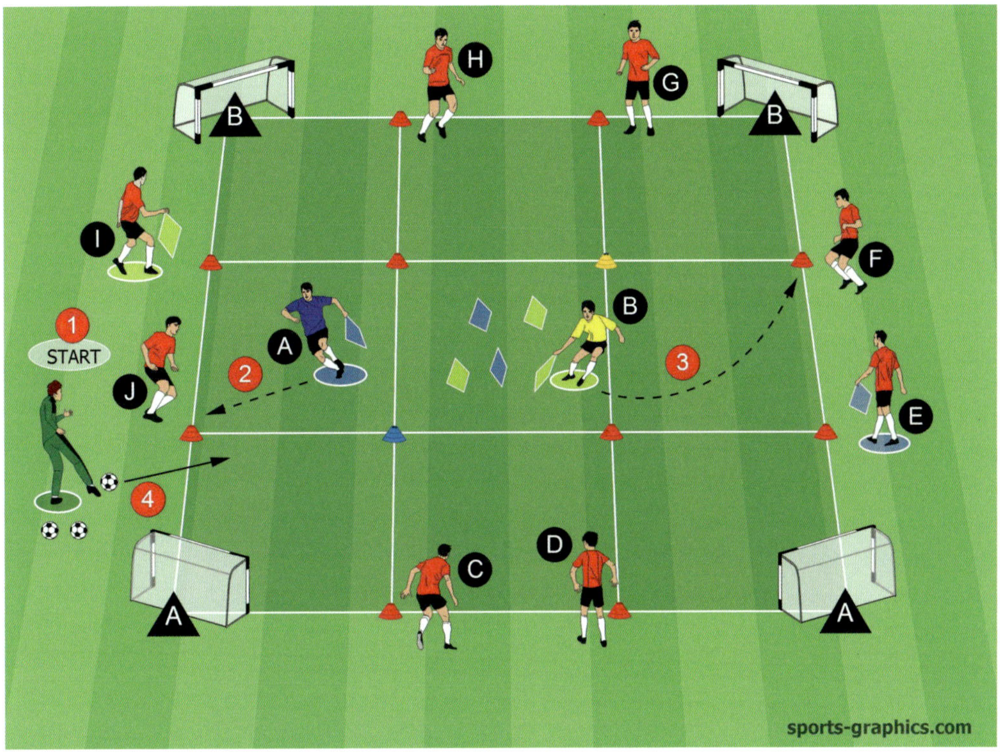

Durchführung

Die Spieler positionieren sich an den roten Markierungshütchen um das Feld herum. Zwei weitere Spieler sind je einem Team zugeordnet und positionieren sich gemäß ihrer Teamfarbe an den zentralen Markierungshütchen (vgl. Spieler A und Spieler B). Die Spieler im zentralen Feld legen im Rahmen eines Laufwettkampfs die Teamzusammensetzungen für die anschließende Spielsequenz fest. Der Trainer startet mit einem akustischen oder visuellen Signal den Laufwettkampf (vgl. 1). Spieler A und Spieler B halten je ein Markierungsleibchen in der Hand, laufen damit zu einem äußeren Spieler ihrer Wahl und übergeben es (vgl. 2). Nach der Übergabe laufen Spieler A und Spieler B zurück in das zentrale Feld, heben das nächste Markierungsleibchen auf und übergeben es an einen nächsten Spieler (vgl. 3). Ein äußerer Spieler kann nur ein Markierungsleibchen erhalten. Der Laufwettkampf läuft so lange, bis alle äußeren Spieler ein Leibchen haben. So können je nach Schnelligkeit der Spieler auch ungleiche Zahlenverhältnisse entstehen. Wenn alle äußeren Spieler ein Leibchen bekommen haben, spielt der Trainer einen Ball für die nun startende Spielsequenz ein (vgl. 4). Die Teamzugehörigkeit ergibt sich aus der Verteilung der Trainingsleibchen. In dieser Spielsequenz verteidigt Team GELB die Tore A und Team BLAU die Tore B.

Variante:

* Bei der Übergabe findet ein Wechsel statt, sodass der ankommende Spieler die Position am Markierungshütchen einnimmt und der andere Spieler das nächste Markierungsleibchen aufnimmt und es einem nächsten Spieler übergibt.

9.6 ATHLETIKEINSTIEG ZUM 3 GEGEN 3

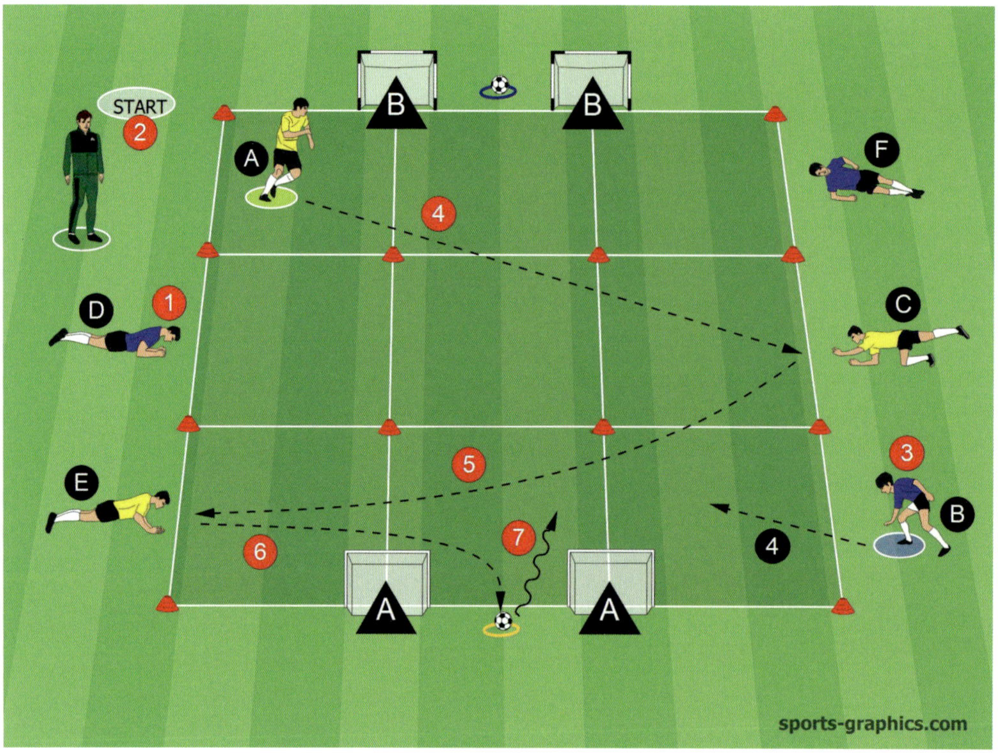

Durchführung

Die Spieler werden in zwei Teams zu je drei Spielern eingeteilt (vgl. Team GELB und Team BLAU). Auf einen Laufwettkampf folgt eine Spielsequenz im 3 gegen 3. Die Spieler positionieren sich an den Außenseiten des Felds, wobei sich niemals zwei Spieler des gleichen Teams nebeneinander positionieren (vgl. Spieler A/B/C und Spieler D/E/F). Die Spieler nehmen unterschiedliche kräftigende oder mobilisierende Positionen ein (vgl. 1). Der Trainer startet durch ein akustisches oder visuelles Signal den Laufwettkampf. Dabei löst sich ein Spieler jedes Teams aus der eingenommenen Position (vgl. 3) und läuft schnellstmöglich zum Spieler des eigenen Teams auf der anderen Spielfeldseite. Spieler A läuft zu Spieler C, schlägt bei diesem ab und nimmt dann die Position von Spieler C ein (vgl. 4). Spieler C löst seine Position auf, läuft zu Spieler E, schlägt diesen ebenfalls ab und nimmt anschließend die Position von Spieler E ein (vgl. 5). Spieler E läuft zum zwischen den Minitoren positionierten Ball (vgl. 6). Team BLAU und Team GELB setzen die identische Lauffolge zeitgleich um. Dabei geht es darum, den zwischen den Minitoren positionierten Ball vor dem jeweils anderen Team zu erreichen. Erreicht Spieler E den Ball vor dem Spieler des blauen Teams (vgl. Spieler F), so startet Team GELB mit dem Ball die Spielsequenz im 3 gegen 3 (vgl. 7). Alle Spieler lösen sich dann aus ihren Positionen und nehmen am Spiel teil. Dabei verteidigt Team GELB die Tore A und Team BLAU die Tore B.

9.7 ATHLETIKEINSTIEG ZUM 4 GEGEN 4

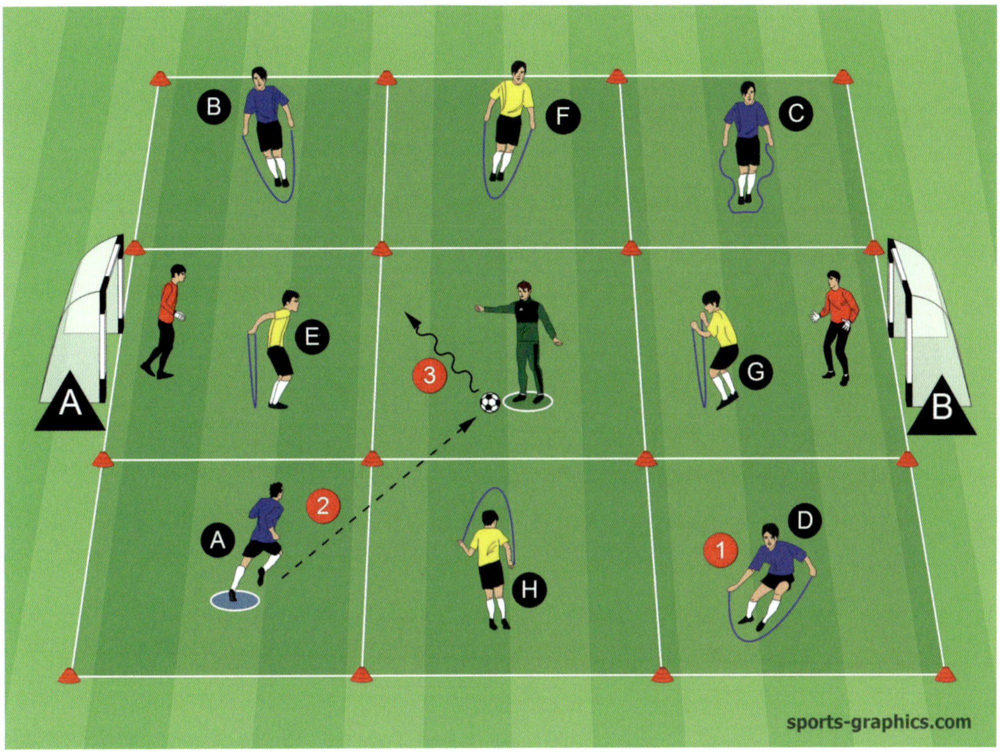

Durchführung

Die Spieler werden in zwei Teams eingeteilt (vgl. Team BLAU und Team GELB). Die Spieler erhalten ein Springseil und positionieren sich abwechselnd in den Feldern. Das zentrale Feld bleibt frei. Nach einer Aufgabe mit dem Springseil beginnt eine Spielsequenz im 4 gegen 4. Die Spieler setzen, gleichzeitig startend, 25 Sprünge mit dem Springseil um (vgl. 1). Der Spieler, welcher zuerst die geforderte Anzahl Sprünge umgesetzt hat (vgl. Spieler A), lässt sein Seil fallen und läuft schnellstmöglich zum Trainer (vgl. 2). Der Spieler, welcher zuerst beim Trainer ankommt, erhält den Ball und beginnt das Spiel im 4 gegen 4. Sobald ein Spieler den Ball erhalten hat, lassen auch die übrigen Spieler ihre Springseile fallen und nehmen an der Spielsequenz teil. Team BLAU verteidigt Tor A und Team GELB verteidigt Tor B.

Varianten

- Die Spieler setzen verschiedene Aufgaben mit dem Springseil um. Dabei können vom Trainer Sprünge auf einem Bein, Doppelsprünge, Sprünge rückwärts oder Sprünge über Kreuz gefordert werden.
- Nachdem eine Mannschaft in Ballbesitz gelangt ist, muss zuerst ein Torhüter angespielt werden. Ist das Zuspiel zum Torhüter erfolgt, ergibt sich die Spielrichtung. Der angespielte Torhüter ist dann bei dem Team, welches ihn angespielt hat. Die Mannschaft greift entsprechend auf das andere Tor an.

9.8 POLYSPORTEINSTIEG ZUM DOPPELTEN 2 GEGEN 2

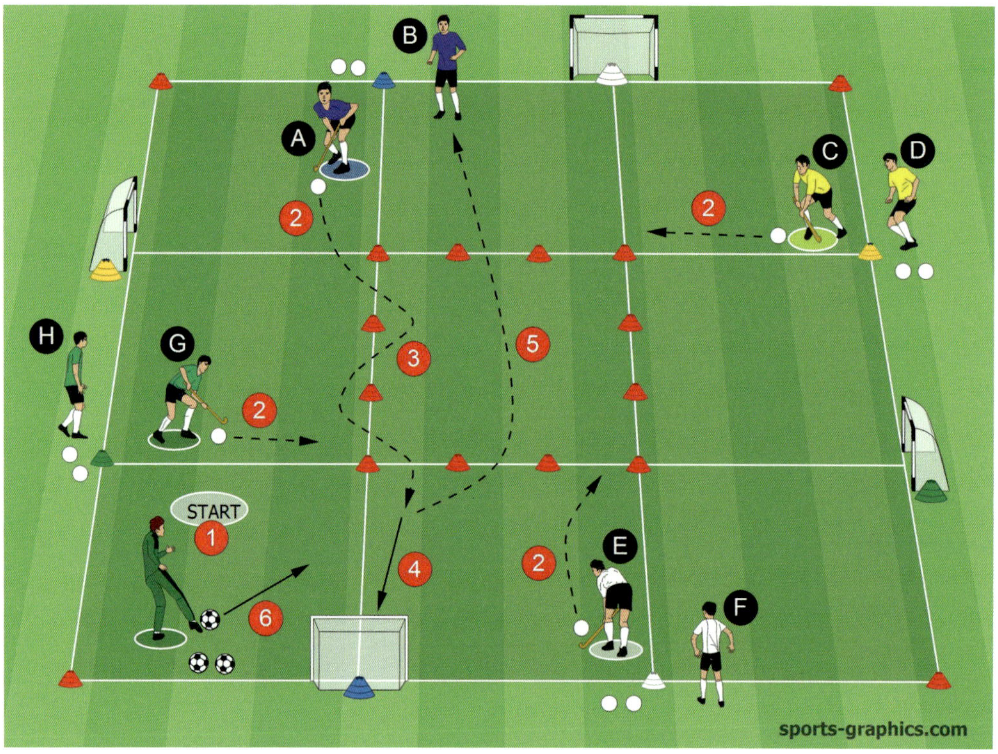

Durchführung

Die Spieler werden in vier Teams zu je zwei Spielern eingeteilt (vgl. Team BLAU und Team GELB sowie Team WEISS und Team GRÜN). Die Spieler positionieren sich gemäß ihrer Teamfarbe an den Markierungshütchen. Ein Spieler jedes Teams hat einen Hockeyschläger und einen entsprechenden Ball (vgl. Spieler A/C und Spieler E/G). Nach einem Einstieg als Technikwettkampf mit dem Hockeyschläger beginnt ein Fußballspiel im doppelten 2 gegen 2. Der Trainer startet durch ein akustisches oder visuelles Signal den Technikwettkampf. Die Ballbesitzer der jeweiligen Teams starten zeitgleich (vgl. 2). Spieler A führt den Ball mit dem Hockeyschläger durch den Slalomparcours im Zentrum des Felds (vgl. 3) und schließt auf das Minitor ab (vgl. 4). Anschließend läuft Spieler A zurück zur Startposition (vgl. 5) und übergibt den Hockeyschläger an Spieler B, der ebenfalls in den Slalomparcours startet und auf das Minitor abschließt. Die übrigen Teams setzen den Technikwettkampf in identischer Weise um und treten dabei sowohl im Technikwettkampf als auch in der Spielsequenz gegen ein anderes Team an. Team BLAU spielt gegen Team WEISS und Team GRÜN spielt gegen Team GELB. Es geht darum, schnellstmöglich drei Treffer mit dem Hockeyschläger zu erzielen. Nach dem dritten Treffer spielt der Trainer einen Ball für die schnellere Mannschaft ein (vgl. 6) und die Spielsequenz im 2 gegen 2 beginnt. Dabei verteidigen die Teams die entsprechend ihrer Teamfarbe markierten Minitore. Es ist möglich, dass zwei Teams bereits die Spielsequenz umsetzen, während sich die übrigen Teams noch im Technikwettkampf befinden.

9.9 POLYSPORTEINSTIEG ZUM 4 GEGEN 4 #1

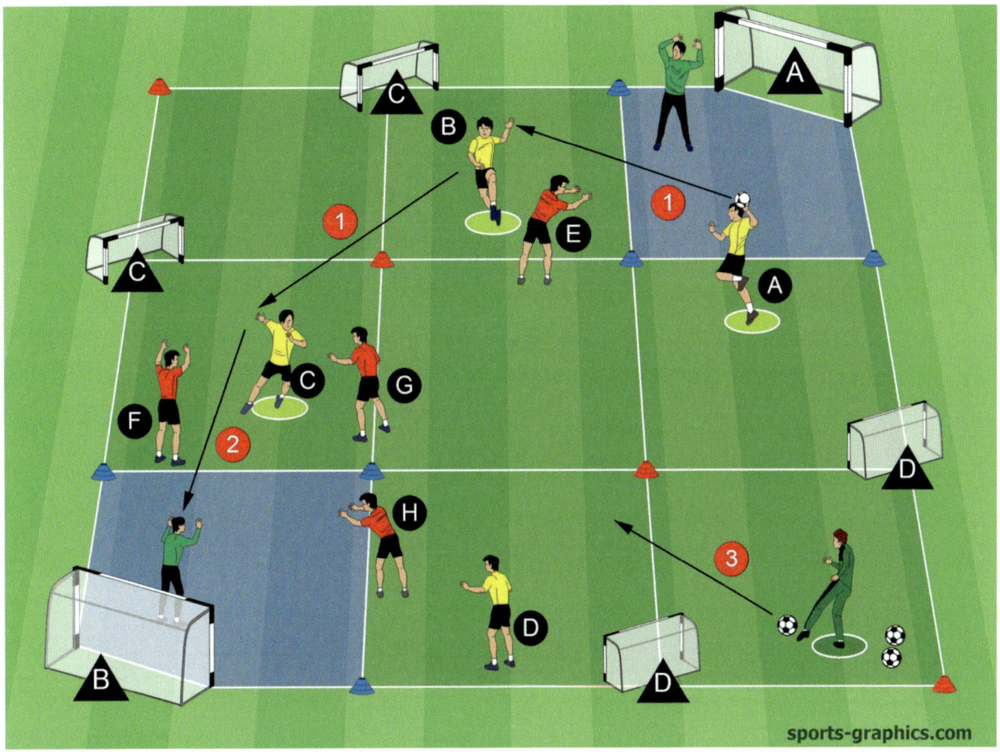

Durchführung

Die Spieler werden in zwei Teams zu je vier Spielern eingeteilt. Zusätzlich werden zwei Torhüter benannt. Die Spieler setzen ein Handballspiel mit anschließendem Wechsel zum Fußball um. Team GELB spielt gegen Team ROT nach bekannten Handballregeln. So dürfen die Spieler nur drei Schritte mit dem Ball laufen, Tore nur außerhalb des blauen Felds erzielen und den Ball nicht mit den Füßen berühren. Team GELB verteidigt Tor A und Team ROT verteidigt Tor B. Durch geschicktes Passspiel (vgl. 1) versuchen die Spieler, einen Treffer zu erzielen (vgl. 2). Fällt ein Treffer, so findet ein Wechsel zum Fußballspiel statt. Der Trainer spielt der erfolgreichen Mannschaft einen Fußball zu (vgl. 3) und startet so das Spiel im 4 gegen 4 plus 2 auf die Minitore. Die Torhüter agieren als neutrale Spieler. Team GELB verteidigt die Tore C und Team ROT verteidigt die Tore D.

Varianten

- Bei größerer Spieleranzahl wird zeitgleich ein Spiel im Fußball und ein Spiel im Handball umgesetzt. Bei einem Treffer wechseln die Spieler die Sportart und greifen auf die zugeordneten Tore an.
- Auch im Fußballspiel können Treffer auf die Großtore erzielt werden. Die Treffer auf Groß- und Minitore unterscheiden sich in ihrer Wertung.

9.10 POLYSPORTEINSTIEG ZUM 4 GEGEN 4 #2

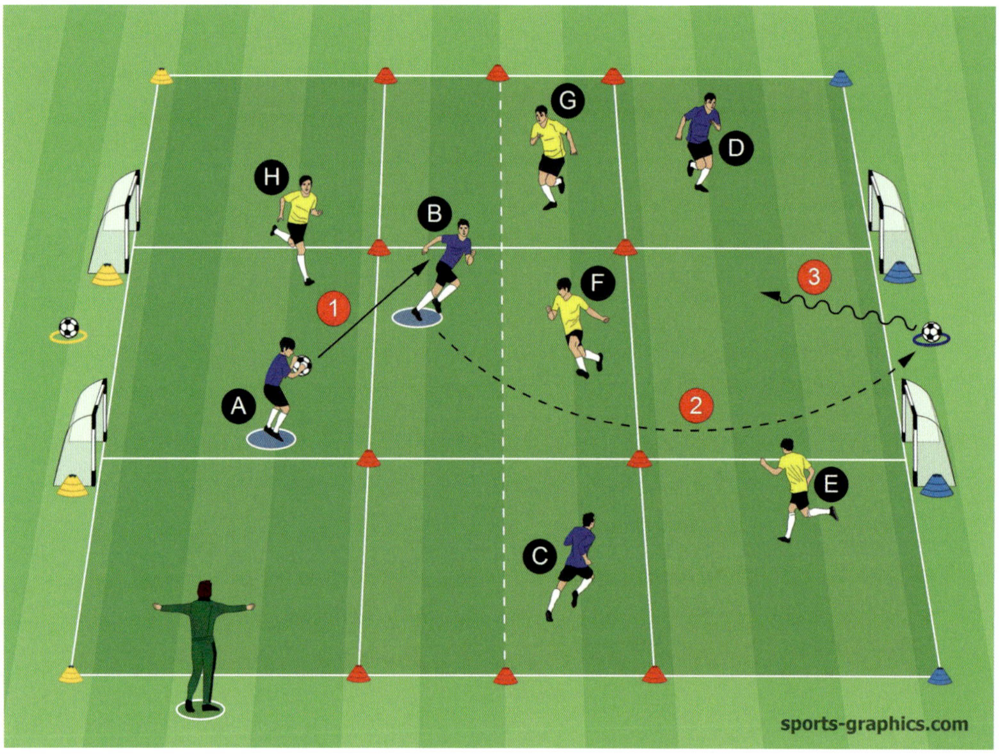

Durchführung

Die Spieler werden in zwei Teams eingeteilt (vgl. Team BLAU und Team GELB). Die Spieler setzen einen Spieleinstieg nach Rugbyregeln um und können nach Erreichen bestimmter Spielziele ein Fußballspiel beginnen. Die Teams spielen gegeneinander. Die Spieler haben dabei die Aufgabe, durch geschickte Würfe (vgl. 1) oder vorwärts gerichtete Läufe die Grundlinie des Gegners zu überqueren (vgl. 2). Jedes Team versucht, die Grundlinie der eigenen Teamfarbe zu überqueren und die jeweils andere Grundlinie zu verteidigen. Zum Zwecke einer Verteidigungsaktion dürfen die ballbesitzenden Gegenspieler festgehalten werden. Es findet ein Ballbesitzwechsel statt, falls der Ball den Boden berührt oder sich der Ballbesitzer nach drei Sekunden nicht aus der Umklammerung des Verteidigers lösen kann. Überquert ein Spieler die Grundlinie, lässt er den bisherigen Spielball liegen, übernimmt den im Ring positionierten Ball und beginnt das Fußballspiel (vgl. 3). Beim Fußballspiel verteidigen die Teams die gemäß ihrer Teamfarbe markierten Minitore.

Variante

- Um den Ballbesitzer aufzuhalten, berühren die Verteidiger den Ballbesitzer mit der Hand und führen so einen Ballbesitzwechsel herbei.

9.11 PASSEINSTIEG ZUM 2 GEGEN 2 PLUS 1

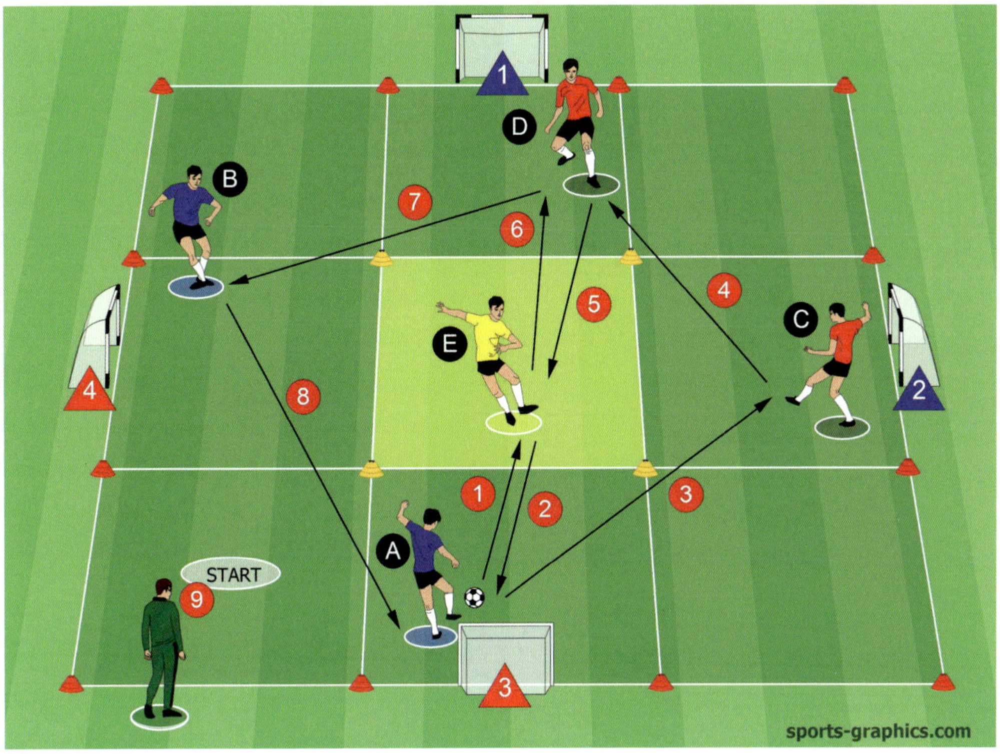

Durchführung

Die Spieler werden in zwei Teams zu je zwei Spielern eingeteilt (vgl. Team BLAU und Team ROT). Die Spieler besetzen die Felder vor den Minitoren (vgl. Spieler A, B, C und D). Ein weiterer Spieler besetzt das zentrale Feld (vgl. Spieler E). Nach einem Technikeinstieg in Form einer Passfolge wird ein 2 gegen 2 plus 1 auf die Minitore umgesetzt. Spieler A hat einen Ball und beginnt die Passfolge, indem er zu Spieler E passt (vgl. 1). Spieler E lässt den Ball zu Spieler A prallen (vgl. 2). Spieler A passt zu Spieler C (vgl. 3). Spieler C passt zu Spieler D (vgl. 4). Spieler D spielt ins zentrale Feld zu Spieler E (vgl. 5). Spieler E lässt den Ball zu Spieler D prallen (vgl. 6). Spieler D passt zu Spieler B (vgl. 7). Spieler B passt den Ball auf die Ausgangsposition zu Spieler A (vgl. 8), der die Passfolge erneut beginnt. Zu einem beliebigen Zeitpunkt der Passfolge startet der Trainer mit einem visuellen oder akustischen Signal das Spiel im 2 gegen 2 plus 1 (vgl. 9). Der aktuell ballbesitzende Spieler beginnt das Spiel. Spieler A und Spieler B bilden ein Team und greifen auf die Minitore 1 und 2 an, während Spieler C und Spieler D zusammenspielen und auf die Minitore 3 und 4 angreifen. Spieler E darf von der jeweils ballbesitzenden Mannschaft angespielt werden.

Variante

* Voraussetzung für einen Treffer (drei Pässe innerhalb des eigenen Teams).

9.12 PASSEINSTIEG ZUM DREIFACHEN 2 GEGEN 2

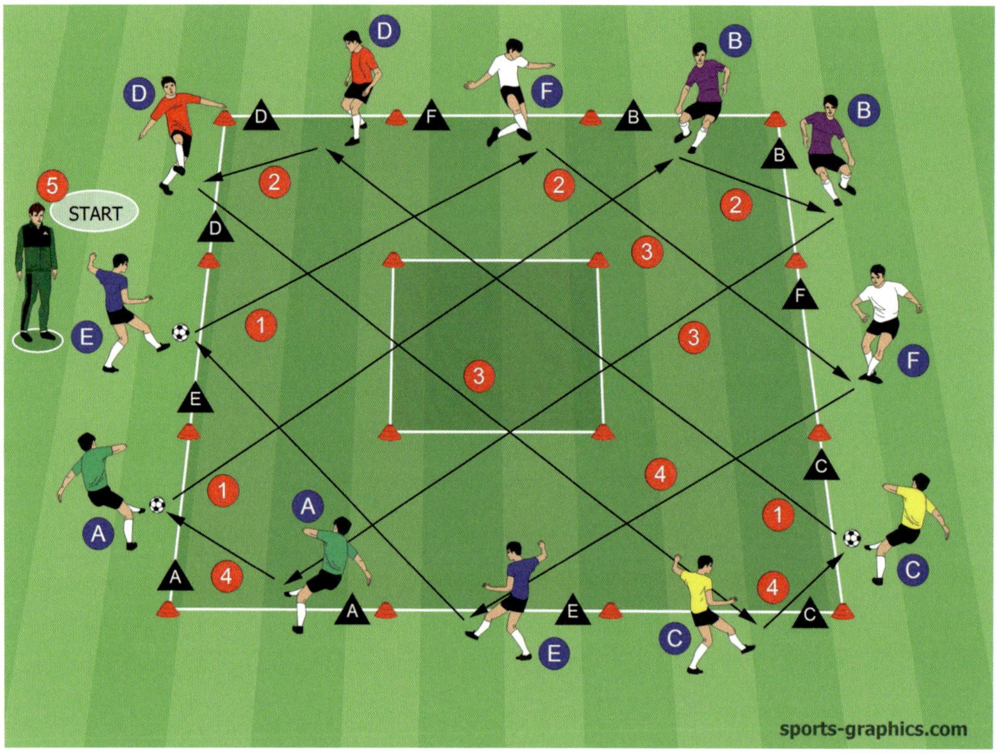

Durchführung

Die Spieler werden in sechs Teams zu je zwei Spielern eingeteilt (vgl. Team GRÜN und Team LILA, Team GELB und Team ROT sowie Team BLAU und Team WEISS). Jeder Spieler positioniert sich auf einer äußeren Linie (vgl. Linien A, B, C, D, E und F). Es werden nach einem Technikeinstieg drei zeitgleich ablaufende 2-gegen-2-Situationen umgesetzt. Zunächst haben die Spieler die Aufgabe, mit der diagonal gegenüber positionierten Gruppe im Passspiel zu agieren (vgl. 1, 2, 3 und 4). Die Spieler verbleiben dabei auf ihren Positionen. Der Trainer startet die drei 2-gegen-2-Situationen mit einem akustischen oder visuellen Signal (vgl. 5). Die Teams reagieren und nutzen den zuvor im Passspiel bewegten Ball für die direkt startenden 2-gegen-2-Situationen (vgl. GRÜN gegen LILA, GELB gegen ROT und BLAU gegen WEISS). Der jeweilige Ballbesitzer dribbelt an. Die Gegner verlassen ihre Startpositionen in Richtung Zentrum. Nach einer etwaigen Balleroberung besteht die Möglichkeit des Konterns.

Varianten

- Ein Torerfolg mit vorherigem Bespielens des zentralen Felds zählt doppelt.
- Nach dem Bespielen des Zentrums wird auch ein Dribbling über die eigenen Linien gewertet.

9.13 PASSEINSTIEG ZUM DOPPELTEN 3 GEGEN 3

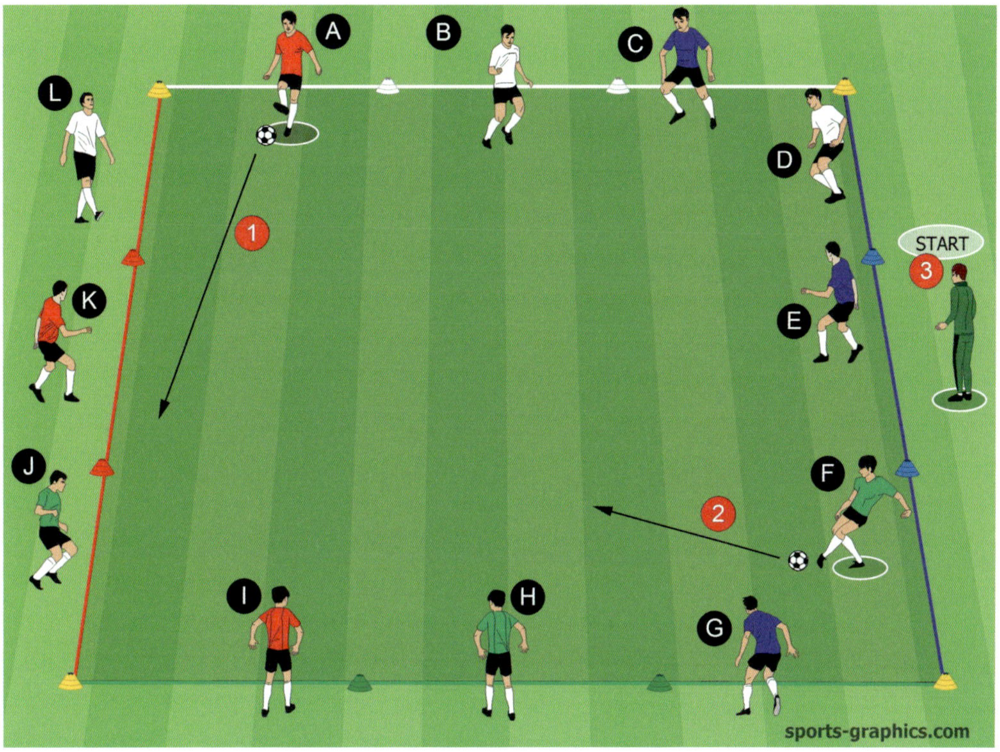

Durchführung

Die Spieler werden in vier Teams zu je drei Spielern eingeteilt (vgl. Team BLAU und Team ROT, Team GRÜN und Team WEISS). Die Spieler positionieren auf den Linien des Felds. Nach einem Passeinstieg startet ein Spiel im doppelten 3 gegen 3. Die Spieler lassen zwei Bälle teamunabhängig zirkulieren, ohne dabei die Positionen zu verändern (vgl. 1 und 2). Der Trainer startet die Spiele im 3 gegen 3 mit einem akustischen oder visuellen Signal (vgl. 3). Die Bälle werden dann zu den Spielern B und E gepasst. Team WEISS spielt gegen Team GRÜN, während Team ROT gegen Team BLAU spielt. Ziel des Spiels ist es, über die gegnerische Dribbellinie zu dribbeln.

Varianten

* Nach 10 erfolgreichen Pässen innerhalb des Teams können alle Dribbellinien bespielt werden.
* Dribbling nur mit ständigem Fußwechsel (links – rechts – abwechselnd) ausführen.

9.14 PASSEINSTIEG ZUM 4 GEGEN 4 #1

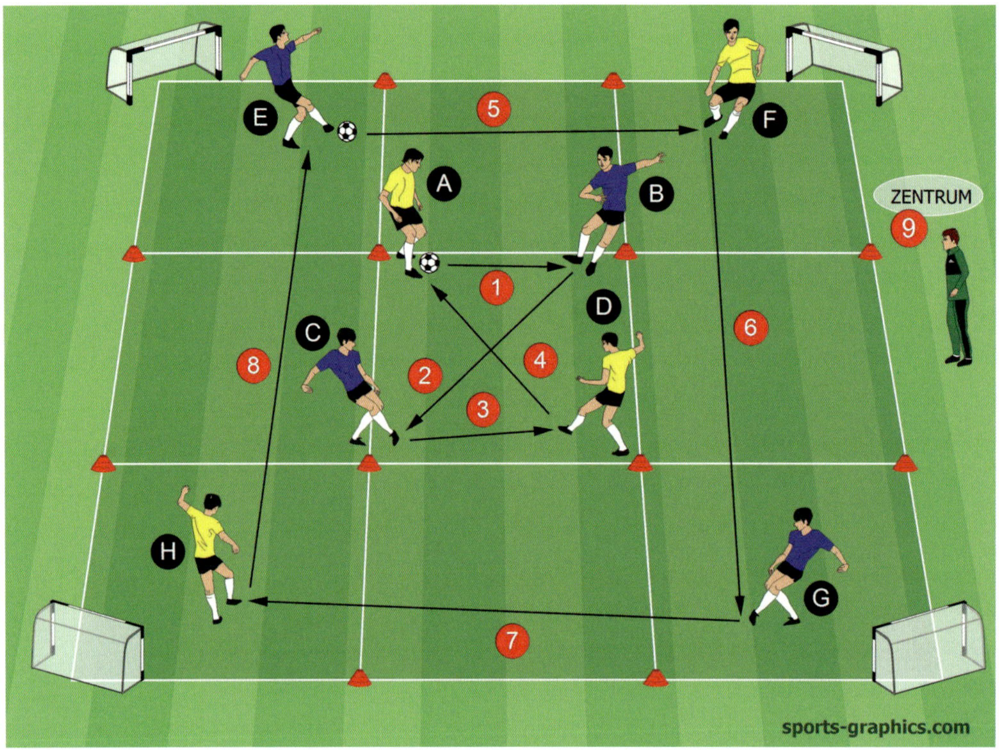

Durchführung

Die Spieler werden in zwei Teams zu je vier Spielern eingeteilt (vgl. Team BLAU und Team GELB). Die Spieler verteilen sich gemäß der Abbildung auf verschiedene Startpositionen. Nach zwei parallel ablaufenden Passfolgen startet ein Spiel im 4 gegen 4 auf die Minitore. Je zwei Spieler beider Teams positionieren sich im zentralen Feld (vgl. Spieler A, B, C und D) und je zwei weitere Spieler positionieren sich außen um das zentrale Feld herum (vgl. Spieler E, F, G und H). Die Spieler A und E haben je einen Ball und starten die Passfolgen zeitgleich. In der zentralen Passfolge spielt Spieler A zu Spieler B (vgl. 1). Spieler B passt diagonal zu Spieler C (vgl. 2). Spieler C passt zu Spieler D (vgl. 3). Spieler D spielt den Ball zur Ausgangsposition zu Spieler A (vgl. 4), der die Abfolge erneut beginnt. Die äußere Passfolge wird von Spieler E mit einem Pass auf Spieler F gestartet (vgl. 5). Spieler F passt zu Spieler G (vgl. 6). Spieler G passt zu Spieler H (vgl. 7). Spieler H spielt den Ball zur Ausgangsposition zu Spieler E (vgl. 8), der die Abfolge erneut einleitet. Zu einem beliebigen Zeitpunkt startet der Trainer das 4 gegen 4 (vgl. 9). Durch die Signale ZENTRUM (Ball der Passfolge im Zentrum) oder FLÜGEL (Ball der Passfolge außen) benennt der Trainer einen der beiden Bälle als Spielball. Der nicht benannte Ball wird zum Trainer gespielt. Während des unmittelbar nach Trainersignal startenden Spiels darf nach drei erfolgreichen Pässen auf alle Minitore abgeschlossen werden. Nach einem Torabschluss ist das Spiel beendet und die Spieler starten auf anderen Positionen erneut mit dem Passspieleinstieg.

9.15 PASSEINSTIEG ZUM 4 GEGEN 4 #2

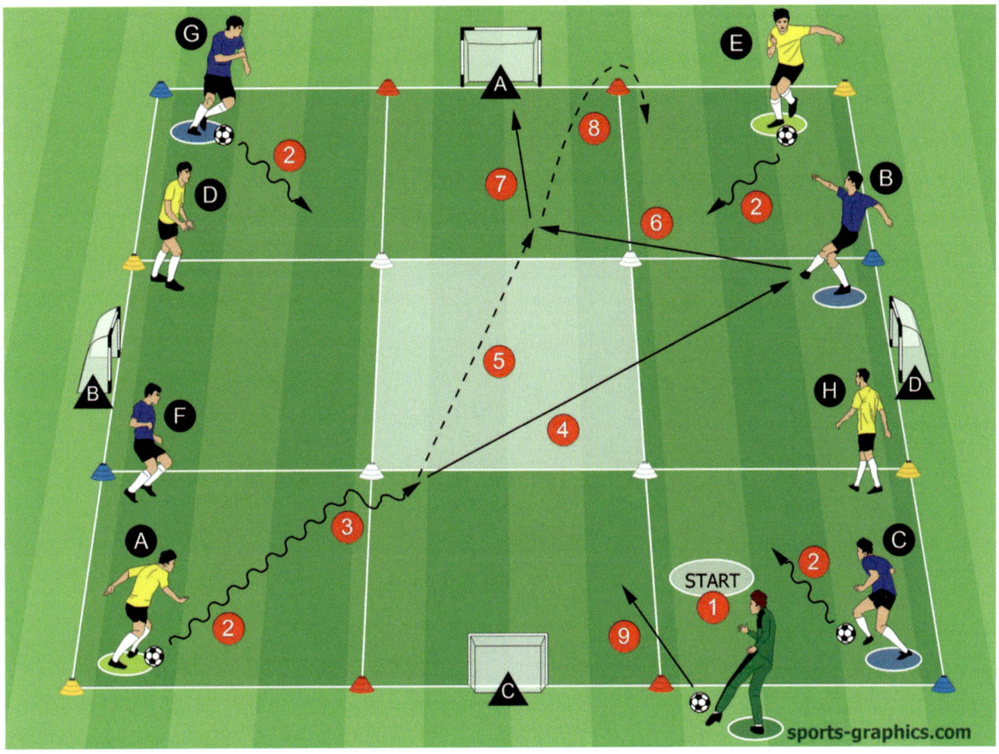

Durchführung

Die Spieler werden in zwei Teams zu je vier Spielern eingeteilt (vgl. Team GELB und Team BLAU). Die Spieler positionieren sich gemäß ihrer Teamfarbe an den entsprechenden Markierungshütchen. Die Spieler an den Eckmarkierungen haben einen Ball (vgl. Spieler A, C, E und G). Nach einer Dribbling- und Passfolge startet der Trainer durch ein Einspiel ein 4 gegen 4 auf die Minitore. Auf ein visuelles oder akustisches Trainersignal (vgl. 1) starten die ballbesitzenden Spieler ein Dribbling in Richtung des zentralen Felds (vgl. 2). Spieler A fintiert vor dem Feld (vgl. 3) und passt den Ball zu Spieler B (vgl. 4). Spieler A läuft in Richtung Tor A nach (vgl. 5) und erhält einen Rückpass von Spieler B (vgl. 6). Spieler A schließt nach Erhalt des Balls auf Minitor A ab (vgl. 7) und läuft dann um das nebenliegende Markierungshütchen (vgl. 8). Zeitgleich spielt Spieler C mit Spieler D auf Tor B, Spieler E mit Spieler F auf Tor C und Spieler G mit Spieler H auf Tor D die gleiche Passfolge. Nach erfolgten Abschlussaktionen und dem Lauf um das Markierungshütchen spielt der Trainer den Ball zum 4 gegen 4 ein (vgl. 9). Team GELB greift auf die Minitore A und B an, während Team BLAU ein Tor auf die Minitore C und D erzielen kann.

Varianten

- Voraussetzung für einen Treffer (drei Pässe innerhalb des eigenen Teams).
- Nach drei erfolgreichen Pässen innerhalb des Teams können alle Minitore bespielt werden.
- Wird eine Ballaktion im Zentrum umgesetzt, können alle Minitore bespielt werden.

9.16 PASSEINSTIEG ZUM 4 GEGEN 4 PLUS 2

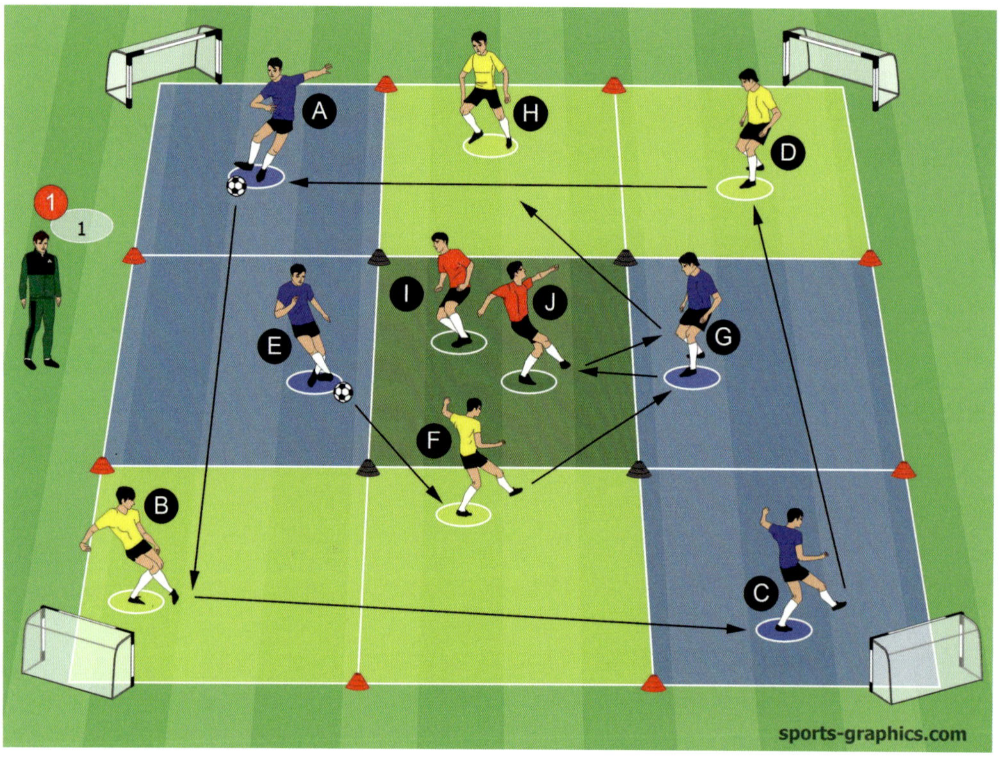

Durchführung

Die Spieler werden in zwei Teams eingeteilt (vgl. Team BLAU und Team GELB). Zusätzlich werden zwei neutrale Spieler benannt (vgl. ROT). Die Spieler setzen zwei parallele Passformen um und starten nach dem Trainersignal ein Spiel im 4 gegen 4 plus 2. Jeder Spieler besetzt ein Feld gemäß seiner Teamfarbe. Die neutralen Spieler befinden sich im zentralen Feld. Spieler A und Spieler E starten die Passfolge zeitgleich. Spieler A passt zu Spieler B, Spieler B passt zu Spieler C, Spieler C passt zu Spieler D. Spieler D passt zu Spieler A, der die Passfolge erneut beginnt. Spieler E startet seine Passfolge mit einem Pass zu Spieler F. Spieler F passt zu Spieler G. Spieler G passt zu Spieler H. Spieler H passt zu Spieler E, der die Passfolge erneut beginnt. Die neutralen Spieler bieten sich an und können bei beiden Passfolgen jederzeit eingebunden werden. Durch ein akustisches oder visuelles Trainersignal sagt der Trainer an, welcher Ball für welche Passfolge (außen oder innen) für das 4 gegen 4 plus 2 genutzt wird (vgl. 1). Der nicht genannte Ball wird zum Trainer gespielt. Der nun ballbesitzende Spieler beginnt das Spiel, wobei das gelbe gegen das blaue Team spielt. Die neutralen Spieler sind stets bei der ballbesitzenden Mannschaft. Bevor ein Tor erzielt werden darf, muss das ballbesitzende Team festgelegte Aufgaben erledigen, die zum Abschluss auf eines der Tore berechtigen.

Aufgabenstellung

* Innerhalb eines Teams müssen fünf Pässe gespielt werden, bevor die Spieler auf alle vier Minitore abschließen dürfen.

9.17 PASSEINSTIEG ZUM 5 GEGEN 5

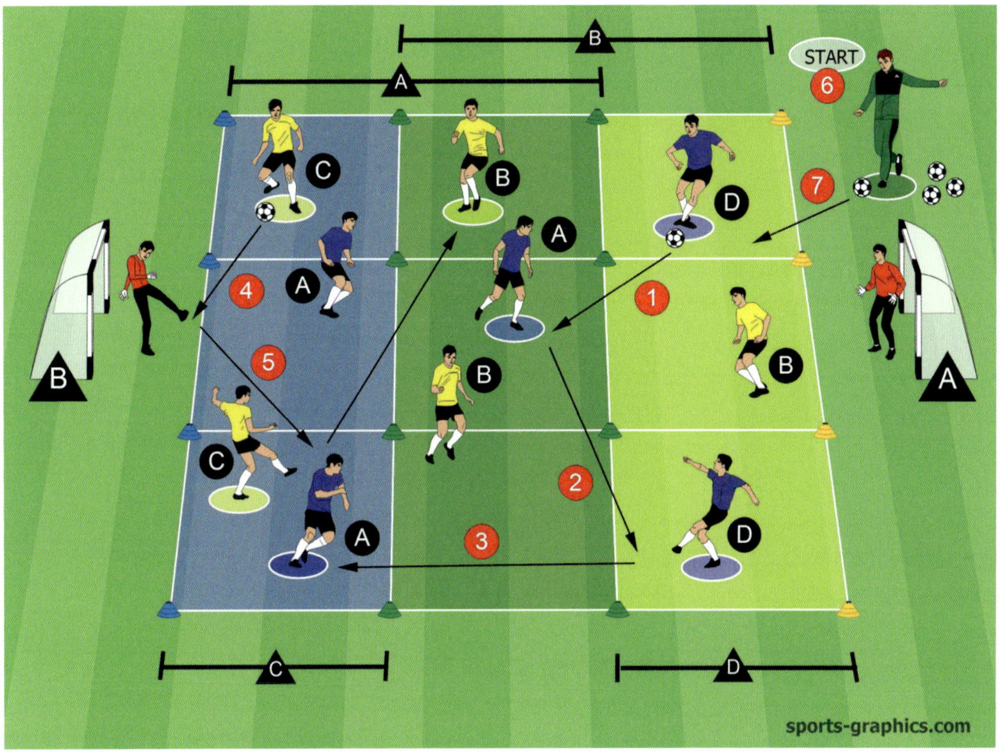

Durchführung

Die Spieler werden in zwei Teams eingeteilt (vgl. Team BLAU und Team GELB). Das Feld ist in vier Zonen unterteilt, die von den Spielern besetzt werden. Die Spieler A positionieren sich in der Zone A, die Spieler B positionieren sich in der Zone B, die Spieler C positionieren sich in der Zone C und die Spieler D positionieren sich in der Zone D. Die Spieler dürfen ihre Zone vorerst nicht verlassen. Jedes Team hat einen Ball. Die Spieler lassen nun den eigenen Ball innerhalb ihres Teams zirkulieren (vgl. 1, 2 und 3) und beziehen dabei auch die beiden Torhüter mit ein (vgl. 4 und 5). Auf ein akustisches oder visuelles Trainersignal (vgl. 6) spielen die beiden Teams ihren Ball schnellstmöglich in eines der Tore. Der Trainer spielt einen neuen Ball ein (vgl. 7) und es entsteht ein 5 gegen 5. Team GELB verteidigt dabei Tor B, während Team BLAU Tor A verteidigt. Sobald das Spiel begonnen hat, werden die Zonenzuteilungen aufgehoben und die Spieler dürfen sich frei bewegen. Nach einem Torerfolg spielt der Trainer einen weiteren Ball ins Spiel oder es startet erneut das freie Passspiel unter Einbezug der Torhüter.

Varianten

- Während der Ballzirkulation wechseln Passgeber und Passempfänger ihre Positionen.
- Die Spieler verbleiben auch während des Spiels in ihren jeweiligen Zonen.

9.18 PASSEINSTIEG ZUM 6 GEGEN 6

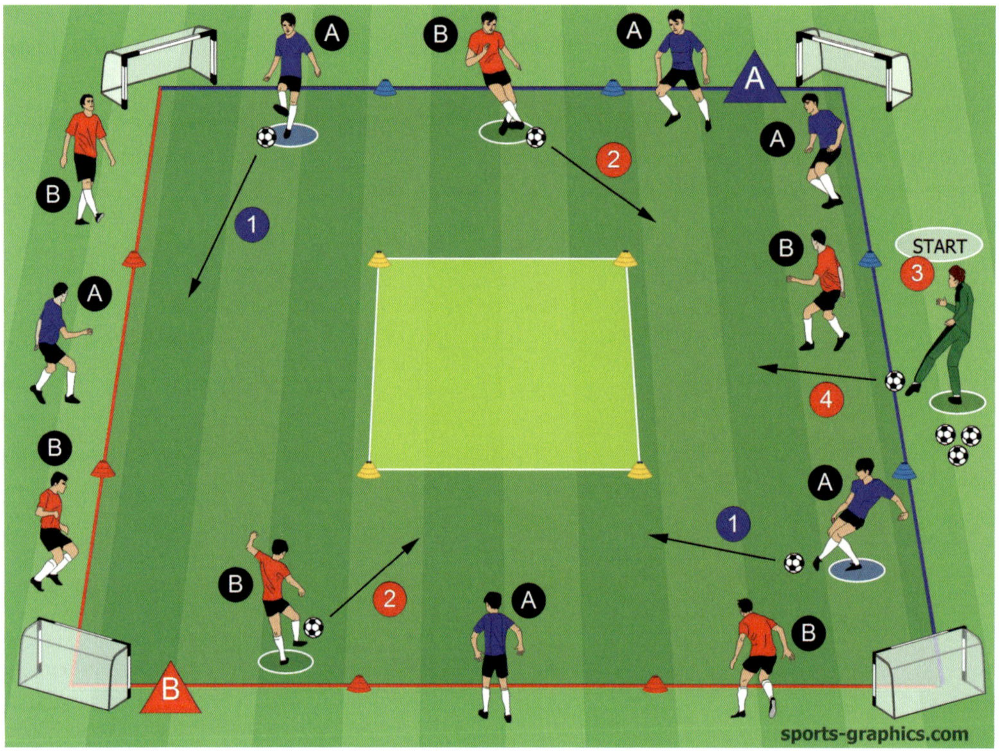

Durchführung

Die Spieler werden in zwei Teams zu je sechs Spielern eingeteilt (vgl. Team BLAU und Team ROT). Die Spieler positionieren sich auf den Linien des Felds. Nach einem Passeinstieg startet ein Spiel im 6 gegen 6. Die Spieler lassen innerhalb des eigenen Teams je zwei Bälle frei zirkulieren, ohne dabei die Position zu verlassen (vgl. 1 und 2). Auf ein akustisches oder visuelles Trainersignal (vgl. 3) passen die aktuell ballbesitzenden Spieler ihren Ball in eines der Minitore. Der Trainer spielt einen Spielball ein und startet damit das Spiel im 6 gegen 6 (vgl. 4). Ziel des Spiels ist es, als Mannschaft so lange wie möglich in Ballbesitz zu bleiben.

Varianten

- Nach einer vom Trainer vorgegebenen Zahl von Pässen innerhalb des eines Teams dürfen die Spieler die gegnerische Dribbellinie angreifen. Die Spieler A verteidigt dabei die blaue Linie A, während die Spieler B die rote Linie B verteidigen.
- Sobald die ballbesitzende Mannschaft eine Ballaktion im oder durch das Zentrum hatte, dürfen alle Minitore angegriffen werden.

9.19 TORSCHUSSEINSTIEG ZUM 2 GEGEN 1

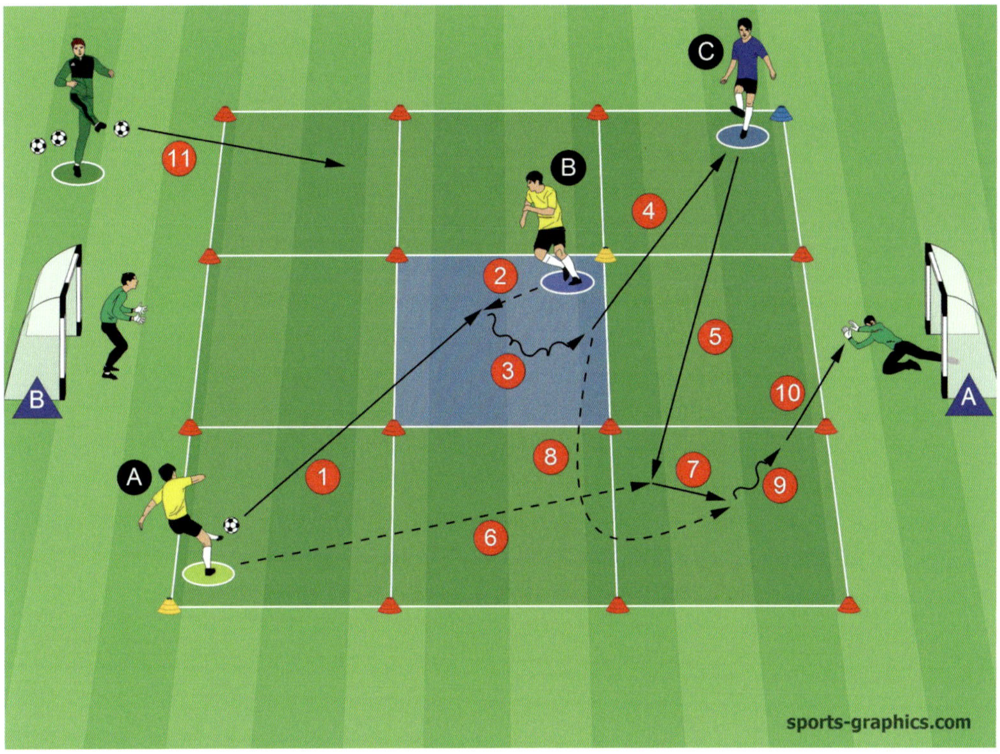

Durchführung

Die Spieler werden in zwei Teams eingeteilt, wobei ein Team aus zwei Spielern besteht (vgl. Team GELB) und ein Team nur aus einem Spieler besteht (vgl. Team BLAU). Die Spieler positionieren sich gemäß ihrer Teamfarbe an einem Markierungshütchen. Jedes Tor wird von einem Torhüter besetzt. Nach einer Passfolge mit anschließendem Torschuss entsteht durch ein Trainereinspiel ein 2 gegen 1 auf die beiden Tore. Spieler A beginnt die Passfolge und spielt den Ball zu Spieler B (vgl. 1). Spieler B löst sich vom Markierungshütchen und geht dem Ball entgegen (vgl. 2). Spieler B verarbeitet den Ball mit einer Aufdrehbewegung (vgl. 3) und setzt mit einem Pass auf Spieler C fort (vgl. 4). Spieler C passt auf den einlaufenden Spieler A (vgl. 5 und 6). Spieler A passt den Ball weiter auf den hinterlaufenden Spieler B (vgl. 7 und 8). Spieler B verarbeitet den Ball (vgl. 9) und schließt auf Tor A ab (vgl. 10). Nachdem der Torschuss abgegeben wurde, startet der Trainer durch ein Einspiel (vgl. 11) ein 2 gegen 1 zwischen Team BLAU und Team GELB. In dieser 2-gegen-1-Situation greift Team BLAU auf Tor B und Team GELB auf Tor A an.

Variante

- Eine zusätzliche Passfolge mit Torabschluss wird zeitgleich von drei weiteren Spielern umgesetzt. Entsprechend kann mit dem Trainerzuspiel ein 3 gegen 3 oder ein 4 gegen 2 angeschlossen werden.

9.20 TORSCHUSSEINSTIEG ZUM 3 GEGEN 3

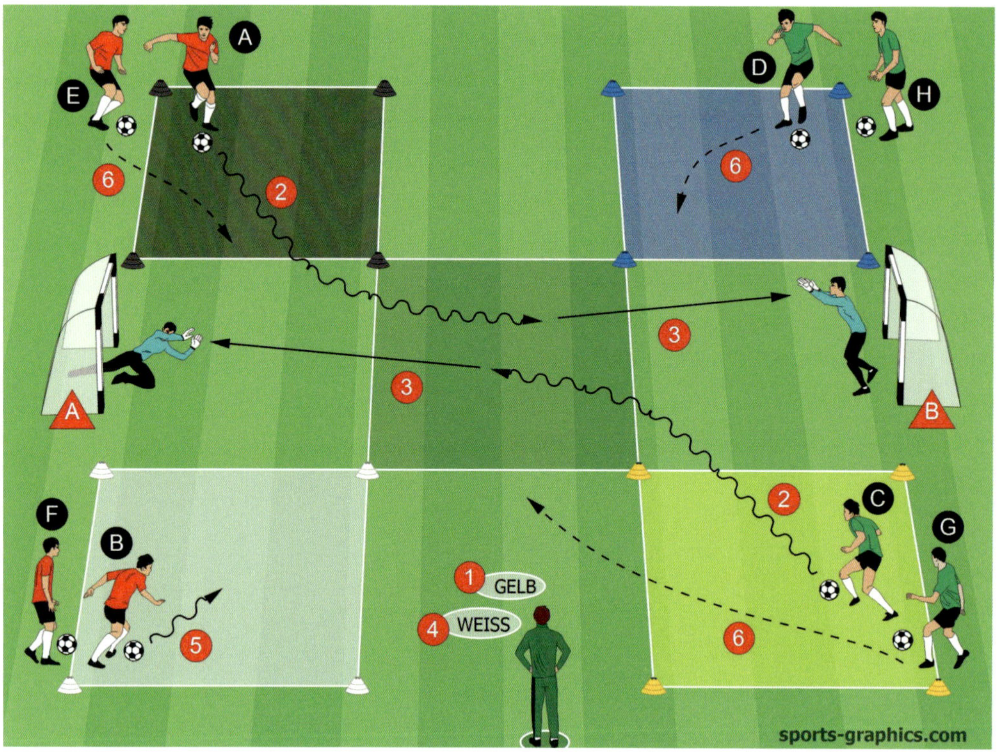

Durchführung

Die Spieler werden in zwei Teams zu je zwei vier Spielern eingeteilt (vgl. Team GRÜN und Team ROT). Die Spieler positionieren sich in den farblich markierten Feldern neben den Toren. Jeder Spieler hat einen Ball. In den Toren steht jeweils ein Torhüter. Nach einem Torschusseinstieg startet ein Spiel im 3 gegen 3 auf die beiden Tore. Der Trainer benennt durch ein akustisches oder visuelles Signal ein farbiges Feld (vgl. 1). Auf das Trainersignal starten die ersten Spieler des benannten Felds und des diagonal gegenüberliegenden Felds (hier Feld SCHWARZ) mit einem Dribbling in das zentrale Feld (vgl. 2) und schließen auf das Tor ab (vgl. 3). Nachdem der Abschluss erfolgt ist, benennt der Trainer ein weiteres Feld (vgl. 4) und bestimmt damit, bei welchem Spieler der Spielball für das Spiel im 3 gegen 3 liegt. Der benannte Spieler dribbelt in das Feld (vgl. 5) und aus allen drei weiteren, nicht benannten Felder, greift jeweils ein weiterer Spieler in das nun anschließende Spiel ein (vgl. 6). Die einlaufenden Spieler des roten Teams (vgl. Spieler B und Spieler E) spielen mit dem Torschützen des roten Teams (vgl. Spieler A) auf Tor B, während die einlaufenden Spieler des grünen Teams (vgl. Spieler D und Spieler G) mit dem Torschützen des grünen Teams (vgl. Spieler C) auf Tor A spielen. Nachdem das Spiel im 3 gegen 3 beendet ist, nehmen die Spieler andere Startpositionen ein und der Trainer startet erneut mit einem Signal.

Varianten

- Vorgabe der Torschusstechnik (z. B. Vollspannschuss oder Innenseitstoß).
- Die Spieler A und C tauschen vor ihren Torschüssen (vgl. 3) ihre Bälle.

EXEMPLARISCHE TRAININGSEINHEIT

THEMA PASSSPIEL

Das 9er-Feld ist schnell und einfach mit wenig Trainingsmaterialien angelegt. Es bietet optimale Voraussetzungen, um komplette Trainingseinheiten in ein und demselben Aufbau umzusetzen. So kann unnötige Wartezeit durch Umbauphasen vermieden werden und ein direkter Beitrag zur Optimierung der Trainingsqualität geleistet werden.

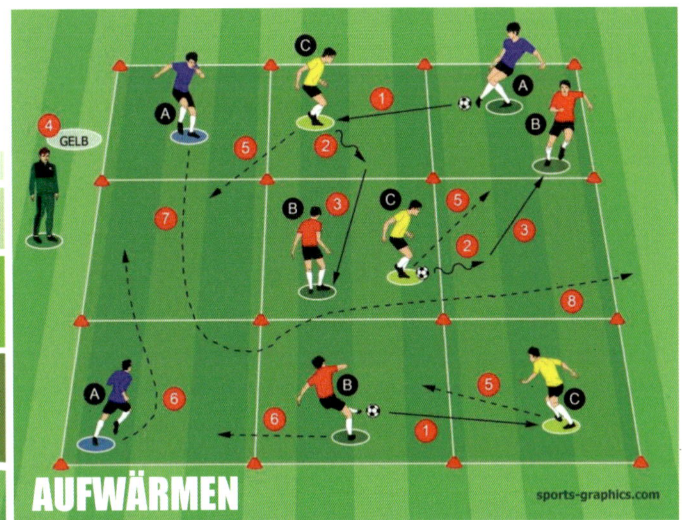

Vgl. 7.20 Fangspiel (Passspiel) S. 66

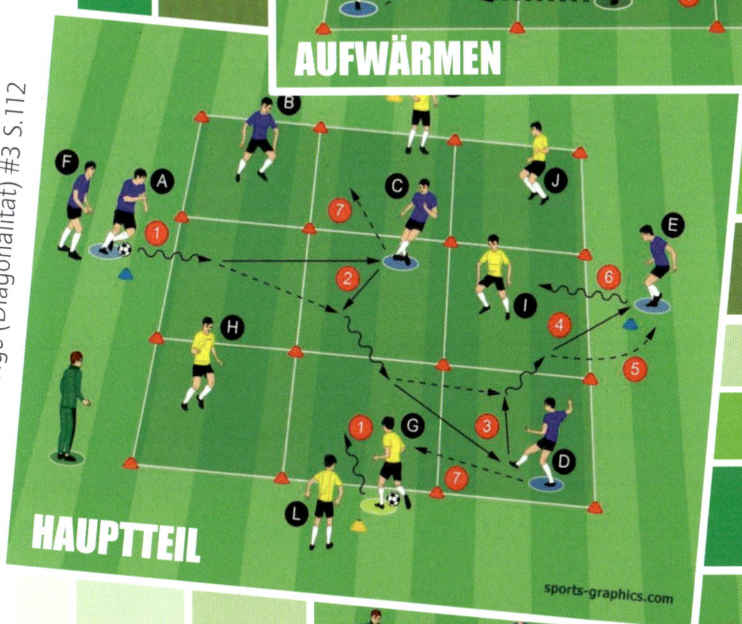

Vgl. 8.2.24 Passfolge (Diagonalität) #3 S. 112

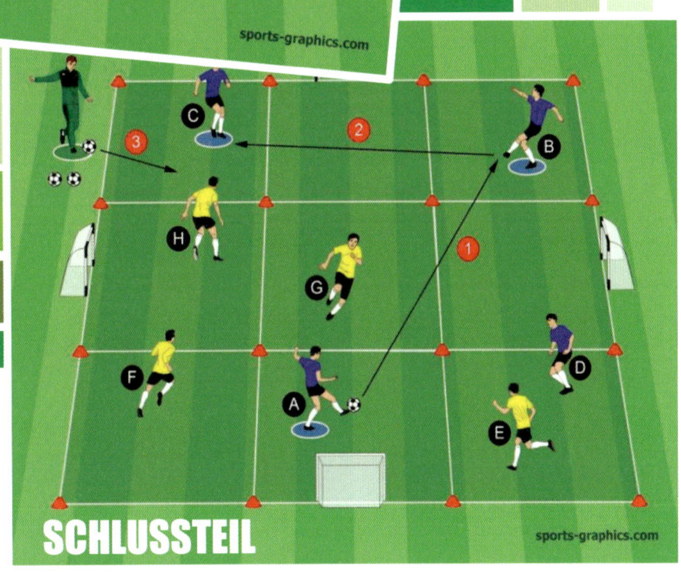

Vgl. 10.3.4 4 gegen 4 (Ballbesitz vs. Torerfolg) S. 228

10 SPIELFORMEN

Der Ansatz zum Training in Spielformen folgt der Idee des ganzheitlichen Trainings. Die spielnahe Auslegung der angebotenen Formen stellt dabei einen wesentlichen Unterschied zum Training in Übungsformen dar. Durch den nun entstehenden Gegnerdruck sind die Spieler in einem höheren Maße gefordert, Entscheidungen zu treffen, Lösungen zu finden und mutig zu agieren. Durch die Hinzunahme von Toren haben die Spieler die Möglichkeit, gelungene Aktionen spielgemäß abzuschließen.

Grundsätzlich sind die Spielformen in Ballbesitzformen und Spielformen auf Mini- sowie Großtore unterteilt, sodass für die Spieler unterschiedliche Spielziele bestehen. Durch den Aufbau des 9er-Felds können dem Torerfolg weitere Aufgaben vorgeschaltet werden, die vor dem Abschluss auf eines der Tore umgesetzt werden müssen. In diesem Zusammenhang können Linien, einzelne und mehrere Zonen für verschiedene Dribbling-, Pass- oder Laufaufgaben genutzt werden. Die Struktur des 9er-Felds ermöglicht es dem Trainer, das Spielverhalten sehr variabel zu steuern.

10.1 DIE STEUERUNG VON SPIELFORMEN

Die Steuerung des Trainings ist eine der Hauptaufgaben des Trainers. Die zentralen Steuerungselemente im Fußballtraining sind die Größe und Form des Aktionsfelds, die Ausgestaltung des Regelwerks, die Spieleranzahl im Sinne der Gruppen- und Teamgrößen sowie der Einsatz der Tore. Die Ausgestaltung dieser Elemente und das Zusammenwirken der verschiedenen Steuerungsmittel provozieren und verhindern bestimmte Verhaltensweisen und entscheiden über den Charakter einer Übungs- oder Spielform. Im erweiterten Kontext kann auch das Spielgerät und das Coachingverhalten zu den möglichen Steuerungselementen gezählt werden.

Die Gliederung des Spielfelds in die verschiedenen Zonen des 9er-Felds kann als Basis dienen, um in Spielformen einen bestimmten Schwerpunkt herauszuarbeiten und entsprechend gewünschtes Spielerverhalten zu provozieren. Die verschiedenen Zonen können mit bestimmten Spielzielen und Spielregeln so verknüpft werden, dass spezifische Verhaltensweisen begünstigt, vereinfacht und deshalb häufig angewendet werden. Die Methodik im Umgang mit einzelnen Zonen ist im einleitenden Theorieteil beschrieben und differenziert aufbereitet.

Je nachdem, wie eine Spielform angelegt ist, werden verschiedene Inhalte hervorgehoben. So können technische Inhalte, wie das Dribbling, die Ballverarbeitung, das Passspiel, der Torschuss, das Kopfballspiel oder das Flanken, angesteuert werden. Es lassen sich auch individual- oder gruppentaktische Inhalte akzentuieren. Dabei können sowohl Angriffsmittel wie der Doppelpass, das Spiel über den Dritten, das Hinterlaufen oder das Kreuzen als auch Abwehrmittel wie die Tiefenstaffelung, das Kettenverhalten, das Doppeln oder das Abwehrdreieck trainiert werden. Weiterführend können Spiele im 9er-Feld auch auf mannschaftstaktischer Ebene Aspekte wie Pressingstrategien behandeln.

Das 9er-Feld hält mit seinen Zonen verschiedenste Möglichkeiten bereit, um Spielformen zu steuern und unmittelbar auf das Spielerverhalten einzuwirken. Die folgenden Spielformen akzentuieren unterschiedlichste technisch-taktische Schwerpunkte. Grundsätzlich werden durch den Einsatz von neutralen Spielern Überzahlsituationen erzeugt, um bestimmte Verhaltensweisen zu erleichtern. Die vorgestellten Zahlenverhältnisse im 3 gegen 3 oder 4 gegen 4 sind als exemplarisch zu verstehen. Die Spieleranzahl kann bei entsprechender Anpassung der Feldgröße bis zum 11 gegen 11 erhöht werden.

Je nach Schwerpunkt werden Mini- oder Großtore eingesetzt. Die Zonen und ihre Begrenzungslinien werden mit verschiedenen Spielregeln verknüpft, sodass unterschiedlichste Spielziele bestehen und das Spielerverhalten sich an genau diesen Spielzielen ausrichtet. Die nachfolgende Sammlung gibt einen exemplarischen Überblick über die spezifischen Möglichkeiten des 9er-Felds zum Training in Spielformen mit Bezug zu verschiedenen Schwerpunkten.

10.1.1 Dribbling

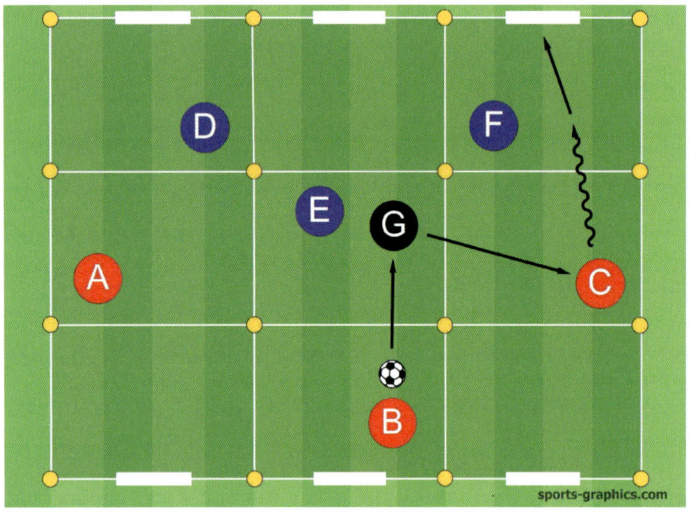

Abb. 105: Dribbling

Team ROT (vgl. Spieler A, B und C) spielt gegen Team BLAU (vgl. Spieler D, E und F) im 3 gegen 3 plus 1. Mit einem neutralen Spieler (vgl. Spieler G) wird im Ballbesitz eine Überzahl erzeugt, um die Technik des Dribblings vereinfacht und daher häufiger umsetzen zu können. Das Spielziel besteht darin, eine Linie im Dribbling zu bespielen und im Anschluss einen Treffer auf die gegnerischen Minitore zu erzielen. Der Treffer zählt doppelt, wenn zuvor ein Dribbling über zwei Linien realisiert werden konnte.

10.1.2 Ballverarbeitung

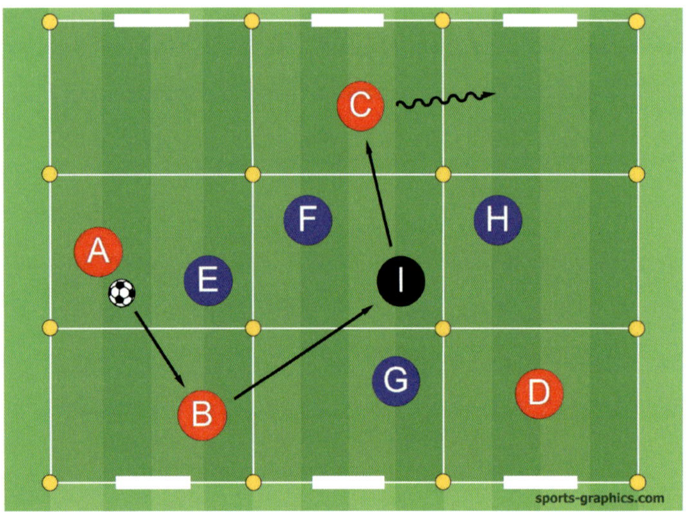

Abb. 106: Ballverarbeitung

Team ROT (vgl. Spieler A, B, C und D) spielt gegen Team BLAU (vgl. Spieler E, F, G und H) im 3 gegen 3 plus 1. Mit einem neutralen Spieler (vgl. Spieler I) wird im Ballbesitz eine Überzahl erzeugt, um die Technik der Ballverarbeitung vereinfacht und daher häufiger umsetzen zu können. Das Spielziel besteht darin, eine Linie nach einer Ballmitnahme zu bespielen und im Anschluss einen Treffer auf die gegnerischen Minitore zu erzielen. Der Treffer zählt doppelt, wenn die Linie zuvor mit dem ersten Ballkontakt überwunden wurde.

10.1.3 Passspiel

Die Spieler werden in drei Teams (vgl. Team ROT, BLAU und SCHWARZ) eingeteilt. Es agieren jeweils zwei Teams gemeinsam im Ballbesitz (vgl. Team ROT und SCHWARZ) gegen ein in Unterzahl agierendes Team (vgl. Team BLAU). Durch die Überzahlsituation im Ballbesitz ist das Passspiel vereinfacht. Nach einer vorgegebenen Anzahl an Pässen (z. B. fünf Pässe) darf auf die gegnerischen Minitore abgeschlossen werden.

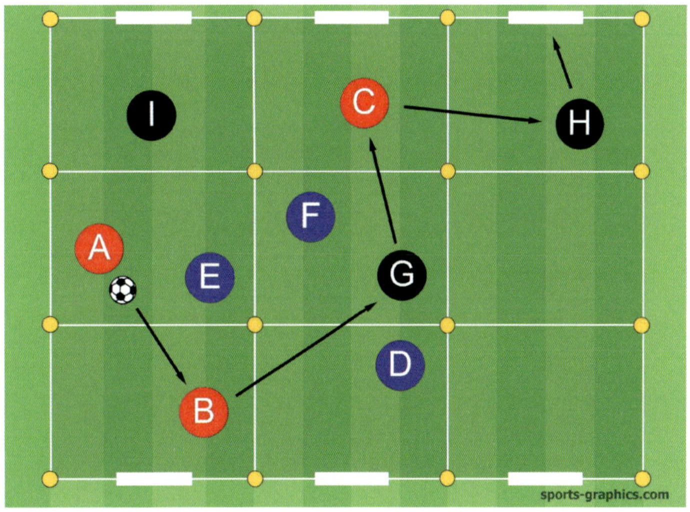

Abb. 107: Passspiel

10.1.4 Torschuss

Team ROT (vgl. Spieler A, B, C und D) spielt gegen Team SCHWARZ (vgl. Spieler E, F, G und H) im 4 gegen 4. Team ROT greift auf Großtor B an und Team SCHWARZ greift auf Großtor A an. Außerdem können beide Teams einen Treffer in die vier Minitore erzielen. Dabei dürfen sie aber nur aus der mittleren oder entfernten Zone abschließen. Auf die Minitore C und D darf nur aus der Zone WEISS oder GRÜN und auf die Minitore E und F darf nur aus der Zone WEISS und BLAU abgeschlossen werden.

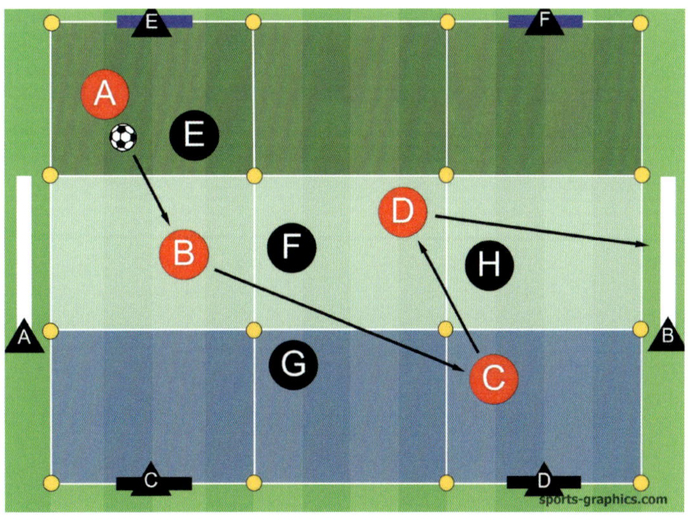

Abb. 108: Torschuss

10.1.5 Kopfballspiel

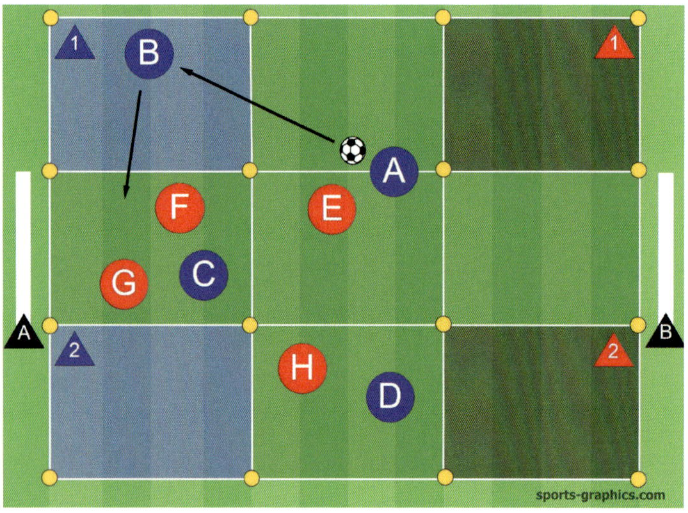

Abb. 109: Kopfballspiel

Team BLAU (vgl. Spieler A, B, C und D) spielt gegen Team ROT (vgl. E, F, G und H) im 4 gegen 4. Tore mit dem Kopf zählen dreifach. Team BLAU greift auf Tor A und Team ROT greift auf Tor B an. Die Zonen 1 und 2 dürfen nur von Offensivspielern des ballbesitzenden Teams belaufen werden. Zur weiteren Vereinfachung des Kopfballspiels kann den Verteidigern in der zentralen Zone vor dem eigenen Tor das Springen und dem Torhüter bei Flanken der Einsatz seiner Hände verboten werden.

10.1.6 Flanken

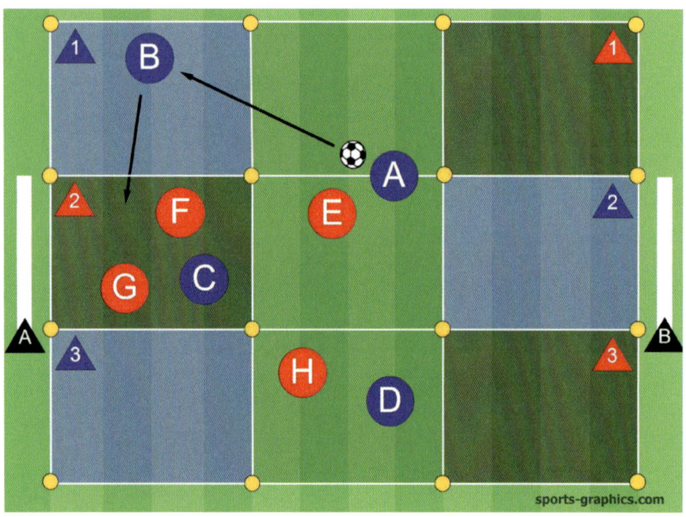

Abb. 110: Flanken

Team BLAU (vgl. Spieler A, B, C und D) spielt gegen Team ROT (vgl. E, F, G und H) im 4 gegen 4. Nach Flanken erzielte Tore zählen dreifach. Team BLAU greift auf Tor A und Team ROT greift auf Tor B an. Die Zonen 1 und 3 dürfen nur von Offensivspielern des ballbesitzenden Teams belaufen werden. Zur weiteren Vereinfachung der Verwertung von Flanken dürfen die Defensivspieler in der Zone 2 nur teilaktiv agieren. Tore nach einer Flanke aus den Zonen 1 oder 3 zählen doppelt.

10.1.7 Doppelpass

Team ROT (vgl. Spieler A, B und C) spielt gegen Team BLAU (vgl. Spieler D, E und F) im 3 gegen 3 plus 4. Mit vier neutralen Spielern (vgl. Spieler G, H, I und J) wird im Ballbesitz eine Überzahl erzeugt, um das gruppentaktische Angriffsmittel Doppelpass vereinfacht und daher häufiger umsetzen zu können. Die Spieler G, H, I und J agieren in den Eckfeldern. Durch einen Doppelpass mit einem neutralen Spieler wird eine Punktewertung erzielt. Als Variante können durch einen Doppelpass mit einem neutralen Spieler die Minitore geöffnet werden.

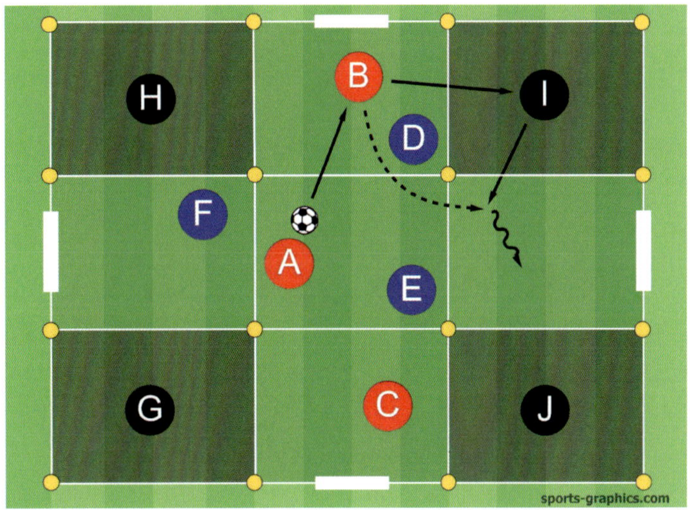

Abb. 111: Doppelpass

10.1.8 Spiel über den Dritten

Team ROT (vgl. Spieler A, B und C) spielt gegen Team BLAU (vgl. Spieler D, E und F) im 3 gegen 3 plus 4. Mit vier neutralen Spielern (vgl. Spieler G, H, I und J) wird im Ballbesitz eine Überzahl erzeugt, um das gruppentaktische Angriffsmittel Spiel über den Dritten vereinfacht und daher häufiger umsetzen zu können. Die Spieler G, H, I und J agieren in den Eckfeldern. Durch das Spiel über den Dritten mit einem neutralen Spieler wird eine Punktewertung erzielt. Als Variante können durch das Spiel über den Dritten die Minitore geöffnet werden.

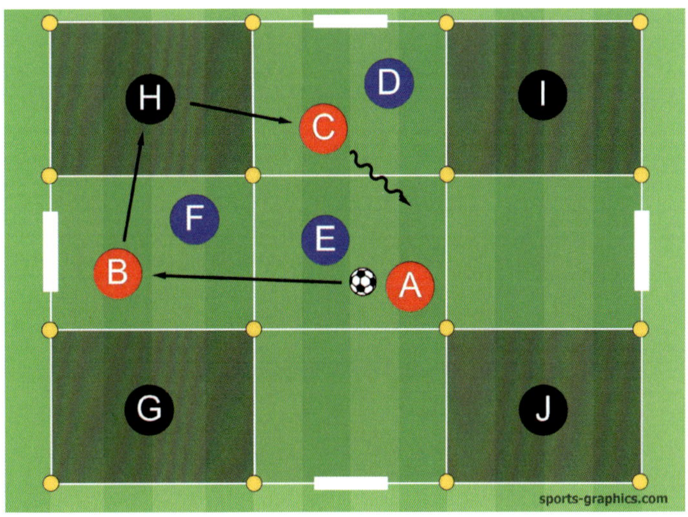

Abb. 112: Spiel über den Dritten

10.1.9 Hinterlaufen

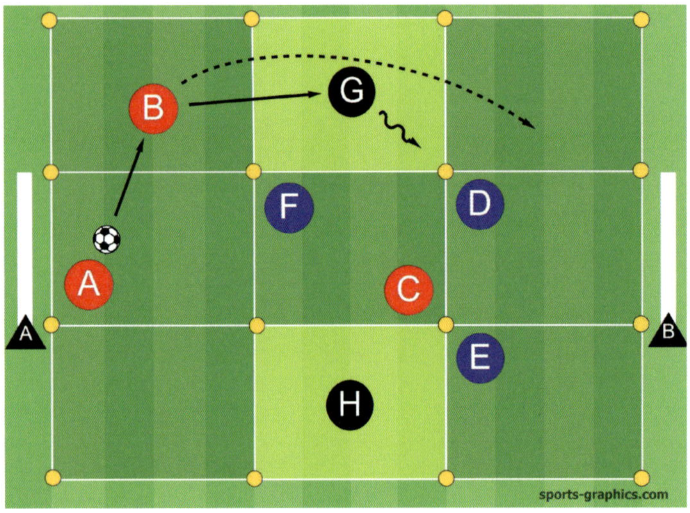

Abb. 113: Hinterlaufen

Team ROT (vgl. Spieler A, B und C) spielt gegen Team BLAU (vgl. Spieler D, E und F) im 3 gegen 3 plus 2. Mit zwei neutralen Spielern (vgl. Spieler G und H) wird im Ballbesitz eine Überzahl erzeugt, um das gruppentaktische Angriffsmittel Hinterlaufen vereinfacht und daher häufiger umsetzen zu können. Die Spieler G und H agieren in den Zonen GELB. Tore nach Hinterlaufen zählen doppelt. Die neutralen Spieler erzeugen Überzahlsituationen auf den Flügeln und vereinfachen tiefe Läufe im Sinne des Hinterlaufens.

10.1.10 Kreuzen

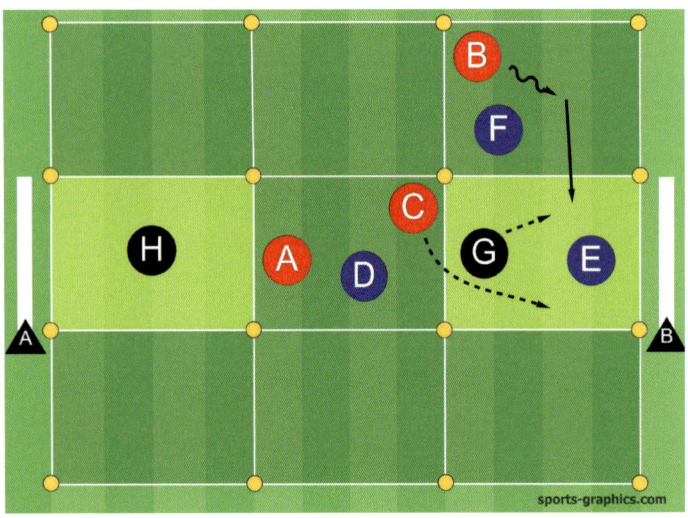

Abb. 114: Kreuzen

Team ROT (vgl. Spieler A, B und C) spielt gegen Team BLAU (vgl. Spieler D, E und F) im 3 gegen 3 plus 2. Mit zwei neutralen Spielern (vgl. Spieler G und H) wird im Ballbesitz eine Überzahl erzeugt, um das gruppentaktische Angriffsmittel Kreuzen vereinfacht und daher häufiger umsetzen zu können. Die Spieler G und H agieren in den Zonen GELB. Tore nach Kreuzen zählen doppelt. Die neutralen Spieler erzeugen Überzahlsituationen im Zentrum vor den Toren und vereinfachen Freilaufaktionen im Sinne des Kreuzens.

10.1.11 1 gegen 1 frontal

Team ROT (vgl. Spieler A, B, C, D und E) spielt gegen Team BLAU (vgl. Spieler F, G, H, I und J) im 5 gegen 5. Team ROT greift auf Tor A und Team BLAU greift auf Tor B an. Die Spieler D/E und I/J nehmen Startpositionen im Außenbereich ein und das Spiel startet im 3 gegen 3. Die Teams können im 3 gegen 3 einen Treffer erzielen. Sobald ein Außenspieler angespielt wird, greift dieser mit seinem unmittelbaren Gegner zum 4 gegen 4 in das Spiel ein. Die Außenspieler versuchen mutig, das 1 gegen 1 für sich zu entscheiden.

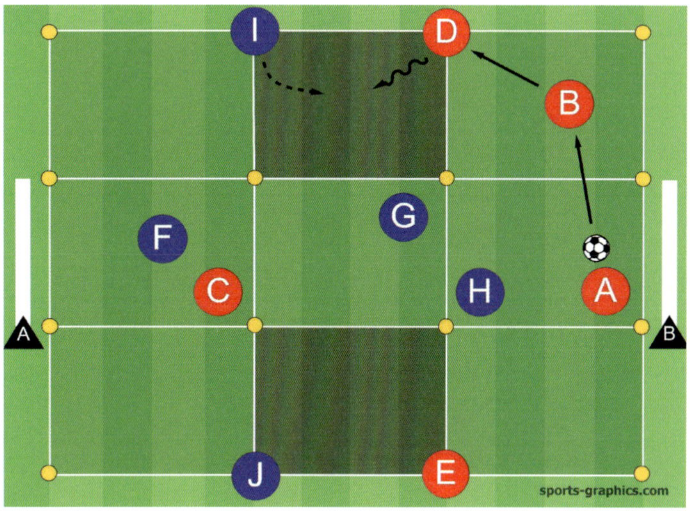

Abb. 115: 1 gegen 1 frontal

10.1.12 1 gegen 1 mit dem Gegner im Rücken

Team ROT (vgl. Spieler A, B, C, D und E) spielt gegen Team BLAU (vgl. Spieler F, G, H, I und J) im 5 gegen 5. Team ROT greift auf die Minitore A und Team BLAU greift auf die Minitore B an. Die Spieler D/E und I/J nehmen Startpositionen im zentralen Bereich ein. Das Spiel startet im 3 gegen 3. Die Teams können im 3 gegen 3 einen Treffer erzielen. Sobald ein Überzahlspieler (vgl. Spieler E/D oder I/J) angespielt wird, greift dieser mit seinem unmittelbaren Gegner zum 4 gegen 4 in das Spiel ein. Die Überzahlspieler versuchen mutig, das 1 gegen 1 für sich zu entscheiden.

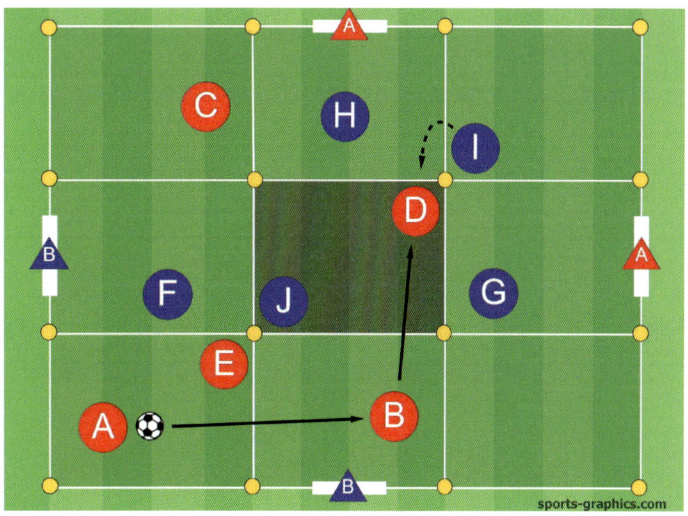

Abb. 116: 1 gegen 1 mit dem Gegner im Rücken

10.1.13 Tiefenstaffelung

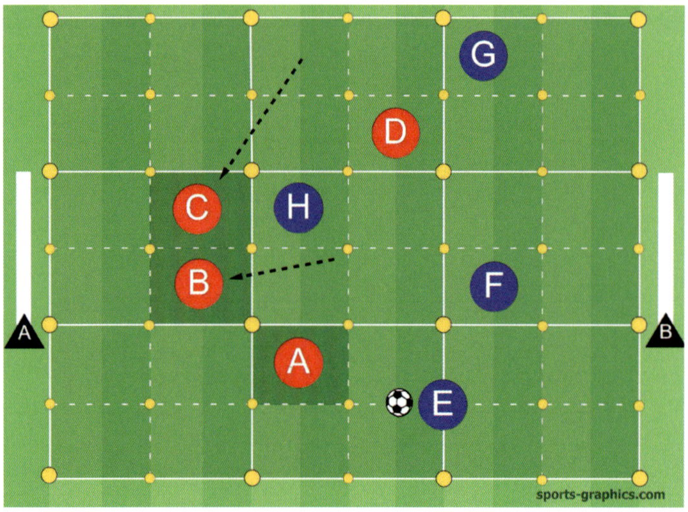

Abb. 117: Tiefenstaffelung

Das Feld besteht aus neun großen Feldern. Jedes dieser Felder ist in vier kleinere Bereiche unterteilt. Diese Segmente sollen beim Training von gruppentaktischen Abwehrmitteln helfen, um Spieler präziser zu positionieren, Abstände zu Mitspielern zu verringern, verschiedene Ebenen zu besetzen und Lücken zu schließen. Team ROT greift auf Tor B und Team BLAU greift auf Tor A an. In der Grafik attackiert Spieler A den Ballführer und die Spieler B und C staffeln sich zur Absicherung von Spieler A.

10.1.14 Kettenverhalten

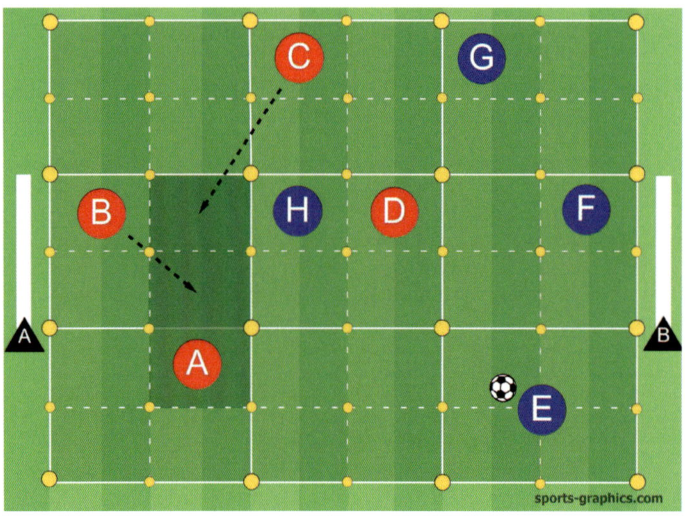

Abb. 118: Kettenverhalten

Das Feld besteht aus neun großen Feldern. Jedes dieser Felder ist in vier kleinere Bereiche unterteilt. Diese Segmente sollen beim Training von gruppentaktischen Abwehrmitteln helfen, um Spieler präziser zu positionieren, Abstände zu Mitspielern zu verringern, verschiedene Ebenen zu besetzen und Lücken zu schließen. Team ROT greift auf Tor B und Team BLAU greift auf Tor A an. In der Grafik positionieren sich die Spieler B und C gemeinsam mit Spieler A als Abwehrkette.

10.1.15 Doppeln

Das Feld besteht aus neun großen Feldern. Jedes dieser Felder ist in vier kleinere Bereiche unterteilt. Diese Segmente sollen beim Training von gruppentaktischen Abwehrmitteln helfen, um Spieler präziser zu positionieren, Abstände zu Mitspielern zu verringern, verschiedene Ebenen zu besetzen und Lücken zu schließen. Team ROT greift auf Tor B und Team BLAU greift auf Tor A an. Im Spielverlauf kann es zusätzliche Wertungen geben, wenn zwei Defensivspieler gemeinsam durch Doppeln eine Balleroberung in einem der neun Felder realisieren.

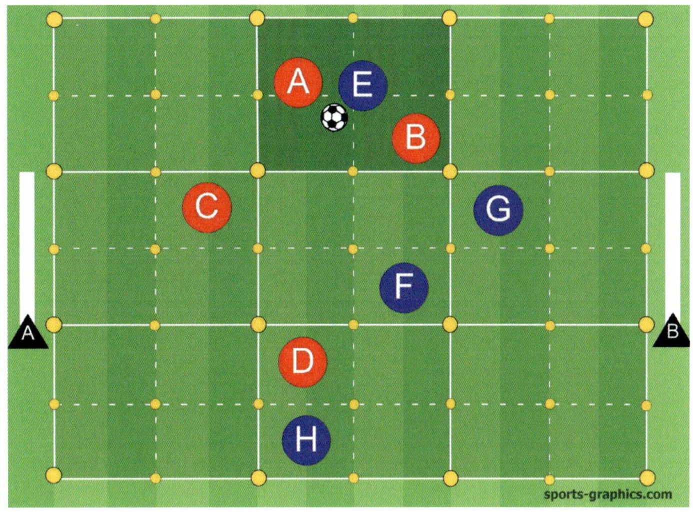

Abb. 119: Doppeln

10.1.16 Abwehrdreieck

Das Feld besteht aus neun großen Feldern. Jedes dieser Felder ist in vier kleinere Bereiche unterteilt. Diese Segmente sollen beim Training von gruppentaktischen Abwehrmitteln helfen, um Spieler präziser zu positionieren, Abstände zu Mitspielern zu verringern, verschiedene Ebenen zu besetzen und Lücken zu schließen. Team ROT greift auf Tor B und Team BLAU greift auf Tor A an. In der Grafik positionieren sich die Spieler A, B und C als Abwehrdreieck und sichern sich gegenseitig in Breite und Tiefe ab.

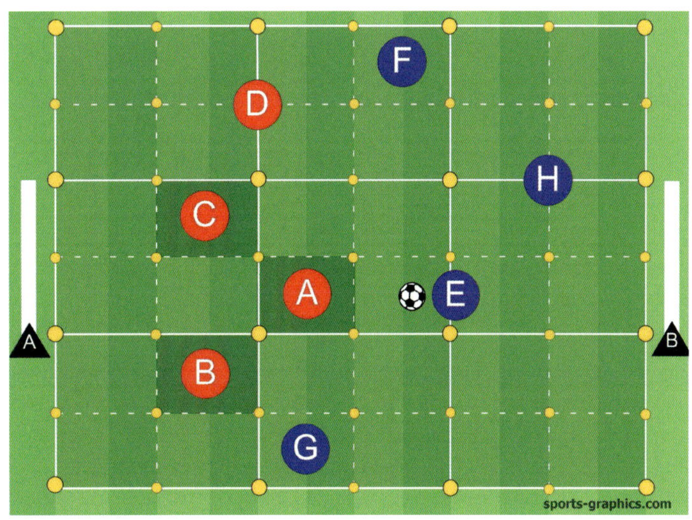

Abb. 120: Abwehrdreieck

10.1.17 Nach außen lenken

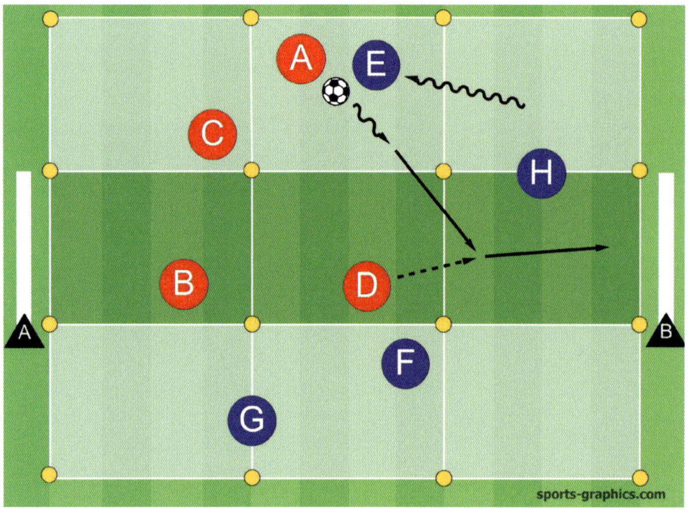

Abb. 121: Nach außen lenken

Das Feld besteht aus neun Feldern. Jeweils drei Felder sind als zusammenhängende Zone zu verstehen. Es ergeben sich zwei Außenbereiche (vgl. Zonen WEISS) und eine zentrale Zone. Team ROT greift auf Tor B und Team BLAU greift auf Tor A an. Im Spiel sollen die Defensivspieler provoziert werden, ihre ballbesitzenden Gegner nach außen zu lenken. Entsprechend können Balleroberungen in den Außenzonen zusätzliche Wertungen bedeuten oder Torerfolge nach Balleroberungen in den Außenzonen mehrfach zählen.

10.1.18 Nach innen lenken

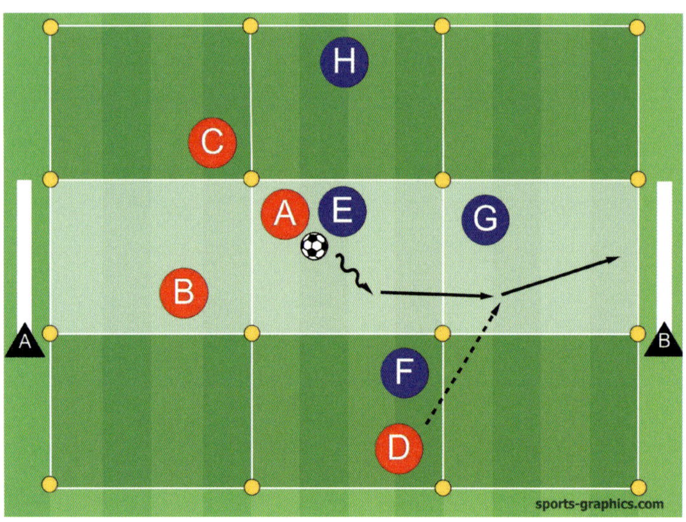

Abb. 122: Nach innen lenken

Das Feld besteht aus neun Feldern. Jeweils drei Felder sind als zusammenhängende Zone zu verstehen. Es ergeben sich zwei Außenbereiche und eine zentrale Zone (vgl. Zone WEISS). Team ROT greift auf Tor B und Team BLAU greift auf Tor A an. Im Spiel sollen die Defensivspieler provoziert werden, ihre ballbesitzenden Gegner nach innen zu lenken. Entsprechend können Balleroberungen in der zentralen Zone zusätzliche Wertungen bedeuten oder Torerfolge nach Balleroberungen im Zentrum mehrfach zählen.

10.1.19 Herausspielen von Torchancen über den Flügel

Team ROT greift auf Tor B und Team BLAU greift auf Tor A an. Die Außenbereiche und die jeweils tornahen Feldlinien (vgl. Linien ROT und BLAU) spielen eine besondere Bedeutung, um das Herausspielen von Torchancen über die Außenbahnen zu erleichtern und zu provozieren. Auf der Außenbahn darf sich nur ein Defensivspieler (vgl. Spieler E) aufhalten. Die Offensivspieler dürfen mit mehreren Spielern (vgl. Spieler A und B) in diesen Bereich. Ein Treffer zählt dreifach, wenn zuvor eine rote (bzw. blaue) Linie bespielt wurde.

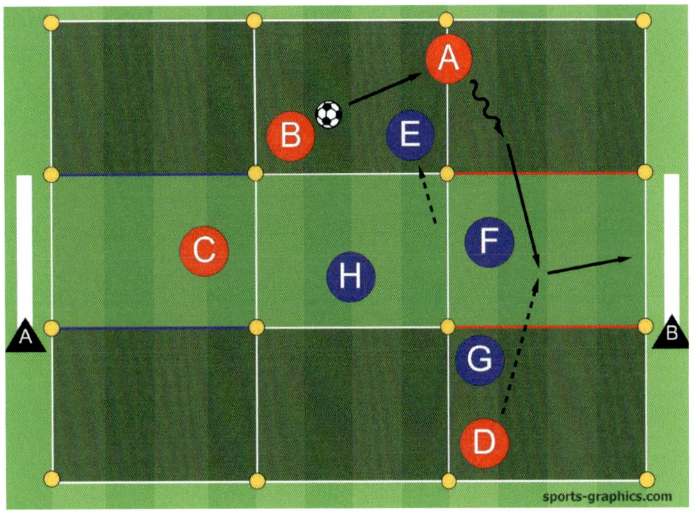

Abb. 123: Herausspielen von Torchancen über den Flügel

10.1.20 Herausspielen von Torchancen über das Zentrum

Team ROT greift auf Tor B und Team BLAU greift auf Tor A an. Das Zentrum und die zentralen Feldlinien (vgl. Linien ROT und BLAU) spielen eine besondere Bedeutung, um das Herausspielen von Torchancen durch das Zentrum zu erleichtern und zu provozieren. Im Zentrum positioniert sich ein neutraler Spieler und erzeugt eine Überzahlsituation für das jeweils ballbesitzende Team. Nur dieser neutrale Spieler darf im zentralen Feld agieren. Ein Treffer zählt dreifach, wenn zuvor eine rote (bzw. blaue) Linie bespielt wurde.

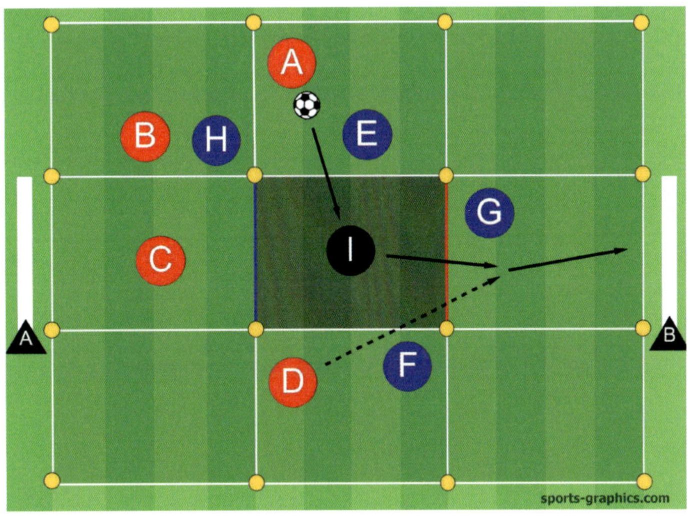

Abb. 124: Herausspielen von Torchancen über das Zentrum

10.1.21 Angriffspressing

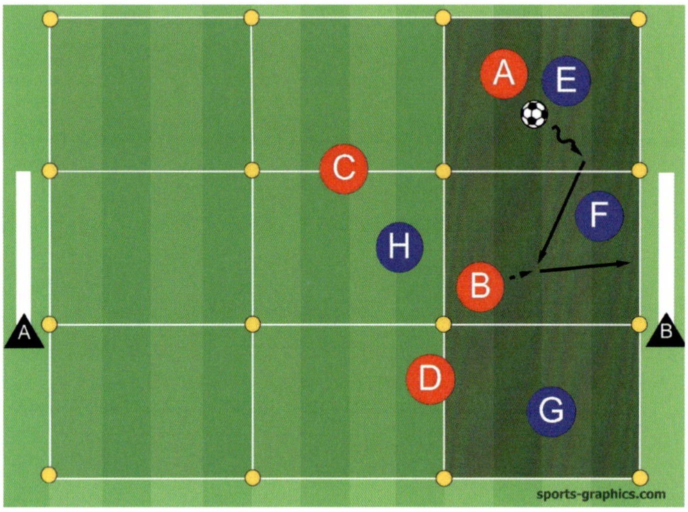

Abb. 125: Angriffspressing

Das Feld besteht aus neun Feldern. Team ROT spielt auf Tor B und Team BLAU spielt auf Tor A. Die jeweils letzten drei Felder in Spielrichtung besitzen eine besondere Bedeutung, um mannschaftstaktisches Angriffspressing zu provozieren. Für eine Balleroberung im Angriffsdrittel (vgl. Spieler A) erhält das Defensivteam eine zusätzliche Wertung. Treffer nach einer Balleroberung im letzten Drittel zählen dreifach. Zusätzlich kann ein neutraler Spieler eingebunden werden, welcher nur für das Defensivteam agiert.

10.1.22 Mittelfeldpressing

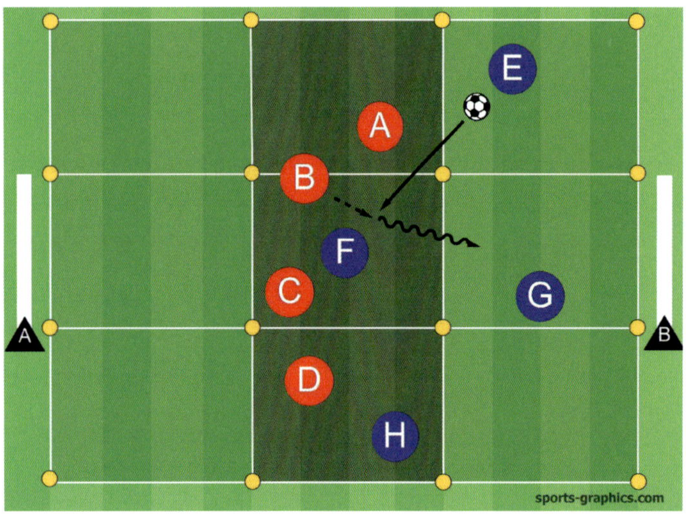

Abb. 126: Mittelfeldpressing

Das Feld besteht aus neun Feldern. Team ROT spielt auf Tor B und Team BLAU spielt auf Tor A. Die jeweils zentralen drei Felder besitzen eine besondere Bedeutung, um mannschaftstaktisches Mittelfeldpressing zu provozieren. Für eine Balleroberung im zentralen Spielfeldbereich (vgl. Spieler B) erhält das Defensivteam eine zusätzliche Wertung. Treffer nach einer Balleroberung in diesem zentralen Bereich zählen dreifach. Zusätzlich kann ein neutraler Spieler eingebunden werden, welcher nur für das Defensivteam agiert.

10.1.23 Abwehrpressing

Das Feld besteht aus neun Feldern. Team ROT spielt auf Tor B und Team BLAU spielt auf Tor A. Die jeweils ersten drei Felder in Spielrichtung besitzen eine besondere Bedeutung, um mannschaftstaktisches Abwehrpressing zu provozieren. Für eine Balleroberung im Abwehrdrittel (vgl. Spieler B) erhält das Defensivteam eine zusätzliche Wertung. Treffer nach einer Balleroberung in diesem Bereich zählen dreifach. Zusätzlich kann ein neutraler Spieler eingebunden werden, welcher nur für das Defensivteam agiert.

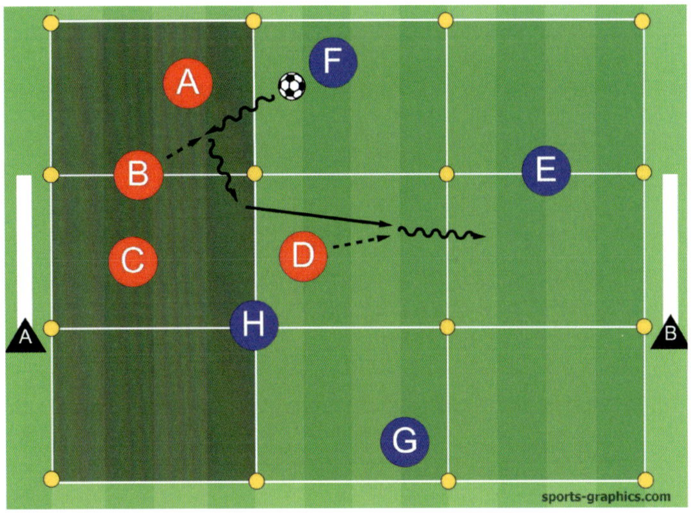

Abb. 127: Abwehrpressing

10.1.24 Seite überlagern

Das Feld besteht aus neun Feldern. Team ROT spielt auf Tor B und Team BLAU spielt auf Tor A. Der neutrale Spieler (vgl. Spieler I) und die Außenbereiche besitzen eine besondere Bedeutung, um das zahlenmäßige Überlagern einer Seite zu provozieren und zu erleichtern. Das ballbesitzende Team hat die Chance, auf einer Seite eine deutliche Überzahl zu schaffen, um sich über diese Seite durchzukombinieren. Treffer, die nach einem Zuspiel von außen über eine rote Linie erzielt wurden, zählen dreifach.

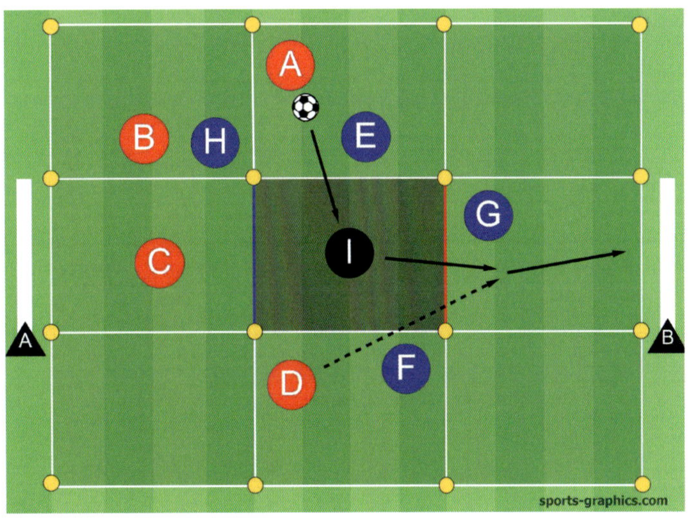

Abb. 128: Seite überlagern

10.2 BALLBESITZSPIELE

Der Schwerpunkt Ballbesitzspielformen generiert unterschiedlichste Spielsituationen in verschiedenen Räumen und in unterschiedlichen Zahlenverhältnissen. Neben der grundsätzlichen Anforderung des Ballhaltens werden die Spieler durch verschiedene Regelwerke vor allem im Bereich der individuellen Positionierung bzw. des Anbiet- und Freilaufverhaltens trainiert. Über den Aufbau des 9er-Felds lassen sich innerhalb der Ballbesitzspiele durch die Zonierung feste Positionen für einige Spieler festlegen. So ist es möglich, spielnah und positionsgetreu zu trainieren, bestimmte Spielrichtungen zu bemühen und das Verhalten der Spieler in den unterschiedlichen Positionierungen auf dem Feld zu präzisieren.

Weiterführend sind verschiedene Spielziele denkbar, die dafür sorgen können, dass die Spieler in einem höheren Maße strukturiert und zielgerichtet agieren. So können Zonen bespielt, überspielt oder tabuisiert werden, Schnittstellenpässe abgefordert, bestimmte Passanzahlen oder Kontaktbegrenzungen vorausgesetzt werden und Freilaufbewegungen um Zonen herum oder durch Zonen hindurch belohnt werden.

Durch die Steuerung von Überzahl- und Unterzahlverhältnissen hat der Trainer einen erhöhten Einfluss auf das Erreichen einzelner Spielziele und das Gelingen der Spielform. So sollten die Zahlenverhältnisse stets dem Leistungsniveau angepasst werden. Um eine schnelle Spielfortsetzung zu gewährleisten, sollte der Trainer stets mit ausreichend Bällen am Spielfeldrand ausgerüstet sein. Sobald ein Ball das Spielfeld verlässt, kann der Trainer einen neuen Ball einspielen.

BALLKONTAKTE
ORIENTIERUNG POSITIONIERUNG
BALLBESITZ
PASSSPIEL FREILAUFEN
ENTSCHEIDUNG
PRÄZISION ZIELRÄUME

10.2.1 2 plus 2 plus 2 gegen 2 (Zonenspiel)

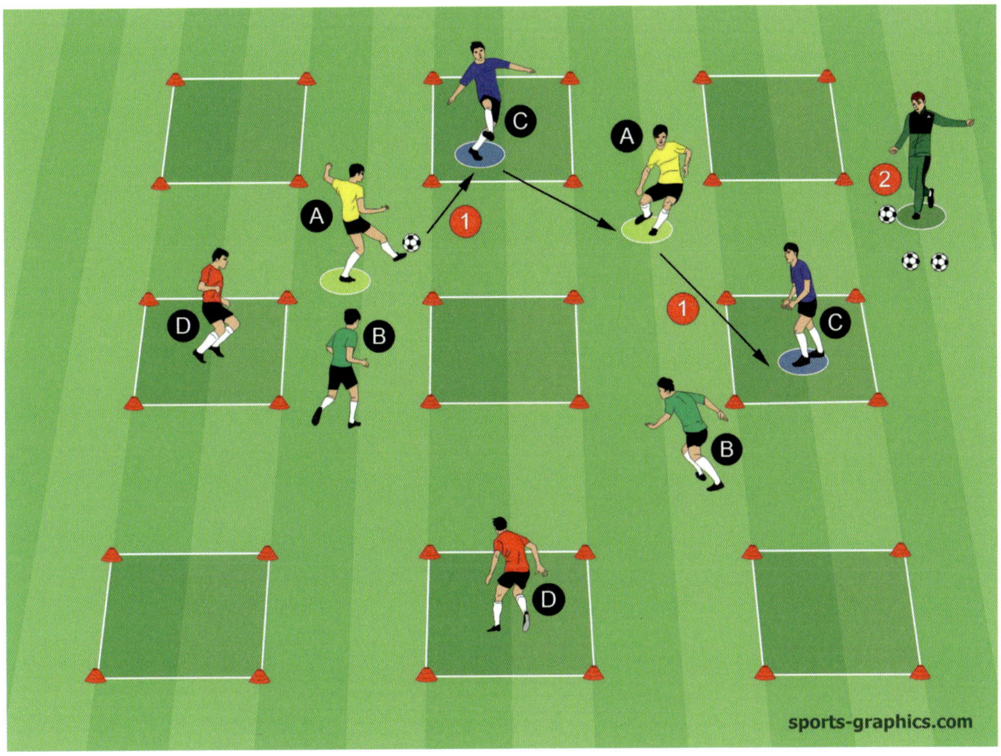

Durchführung

Die Spieler werden in vier Teams eingeteilt (vgl. Team GELB, Team GRÜN, Team BLAU und Team ROT). Die Spieler von zwei Teams besetzen je ein Feld (vgl. Team BLAU und Team ROT). Die übrigen Spieler halten sich in den Zwischenräumen der Felder auf. Team GELB spielt gegen Team GRÜN auf Ballbesitz und bespielt dabei die Zwischenräume. Die leer stehenden Felder dürfen dabei weder durchpasst noch durchdribbelt werden. Das ballbesitzende Team (hier Team GELB) kann die Spieler in den Feldern als neutrale Anspieler nutzen, um in Ballbesitz zu bleiben (vgl. 1). Bei einem Ballverlust oder Fehlpass wechselt stets das für den Fehler verantwortliche Team in die Defensive. Bei einem Ballverlust von Team C würde dies Folgendes bedeuten: Team B übernimmt die Aufgabe von Team A. Team A übernimmt die Aufgabe von Team C und Team C löst Team B in der Defensive ab. Der Trainer bringt regelmäßig neue Bälle ins Spiel (vgl. 2).

Varianten

* Vorgabe der Ballkontaktzahlen für die neutralen Anspieler (z. B. direktes Passspiel).
* Nach einer Ballaktion dürfen die neutralen Anspieler ihre Zone verlassen und sich in den Zwischenräumen frei bewegen. Bei einem Ballverlust muss der Spieler wieder eine Zone besetzen.
* Zonenwechsel durch die neutralen Anspieler nach jeder Ballaktion.

10.2.2 Dreifaches 2 gegen 2 plus 2 (Ballzirkulation)

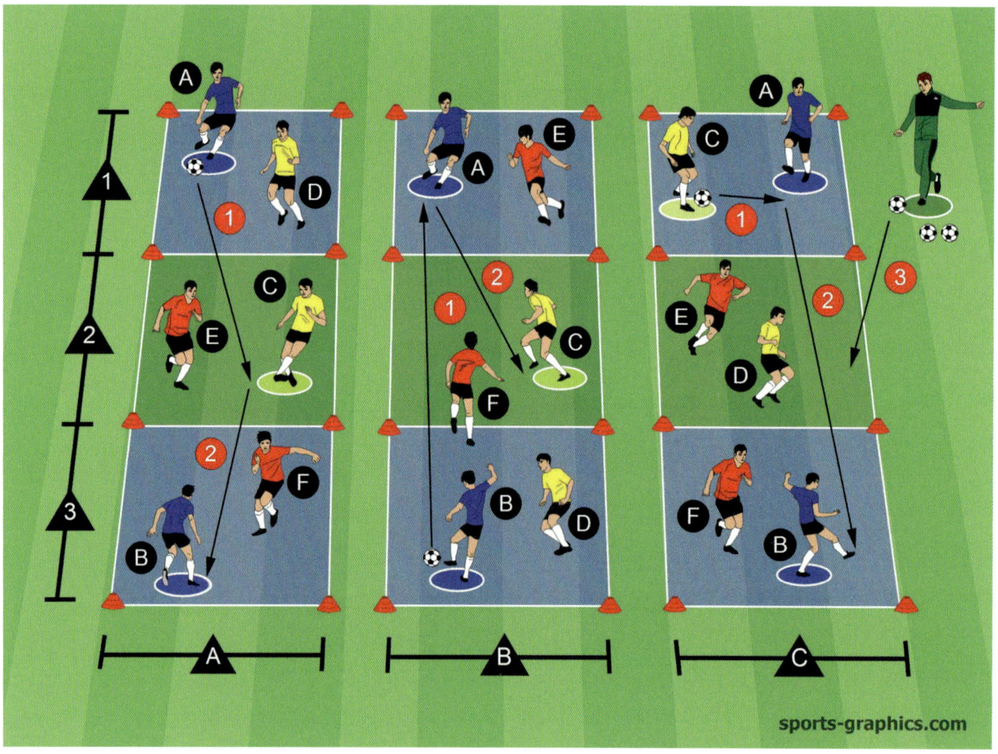

Durchführung

Die Spieler werden in drei Teams eingeteilt (vgl. Team BLAU, Team GELB und Team ROT). In drei nebeneinanderliegenden Feldern (vgl. Feld A, Feld B und Feld C) findet jeweils ein Ballbesitzspiel statt. Die einzelnen Felder sind in jeweils drei Zonen unterteilt (vgl. Zone 1, Zone 2 und Zone 3). Spieler A besetzt die Zone 1 und Spieler B positioniert sich in Zone 3. Spieler A und Spieler B dürfen ihre zugeordneten Zonen nicht verlassen. Die übrigen Spieler (vgl. Spieler C, D, E und F) dürfen sich frei in allen drei Feldern bewegen. Team BLAU lässt gemeinsam mit Team GELB den Ball im Feld zirkulieren (vgl. 1 und 2). Team ROT versucht, den Ball zu erobern. Nach einer Ballberührung oder Balleroberung agiert anschließend das Team, welches den Ball erobert hat, in Ballbesitz und besetzt die Positionen der Spieler A und B. Das Team, welches den entscheidenden Fehler zum Ballverlust gemacht hat, agiert im Anschluss in der Defensive ohne Ball. Sobald ein Ball das Spielfeld verlässt, bringt der Trainer einen nächsten Ball ins Spiel (vgl. 3).

Varianten

- Durchführung als Wettkampf ohne Aufgabenwechsel bei Balleroberung: Welches verteidigende Team erzielt in einer Minute die meisten Ballgewinne?
- Durchführung als Wettkampf ohne Aufgabenwechsel bei Balleroberung: Welches der verteidigenden Teams erzielt am schnellsten 10 Balleroberungen?

10.2.3 3 gegen 3 plus 3 (Freilaufverhalten) #1

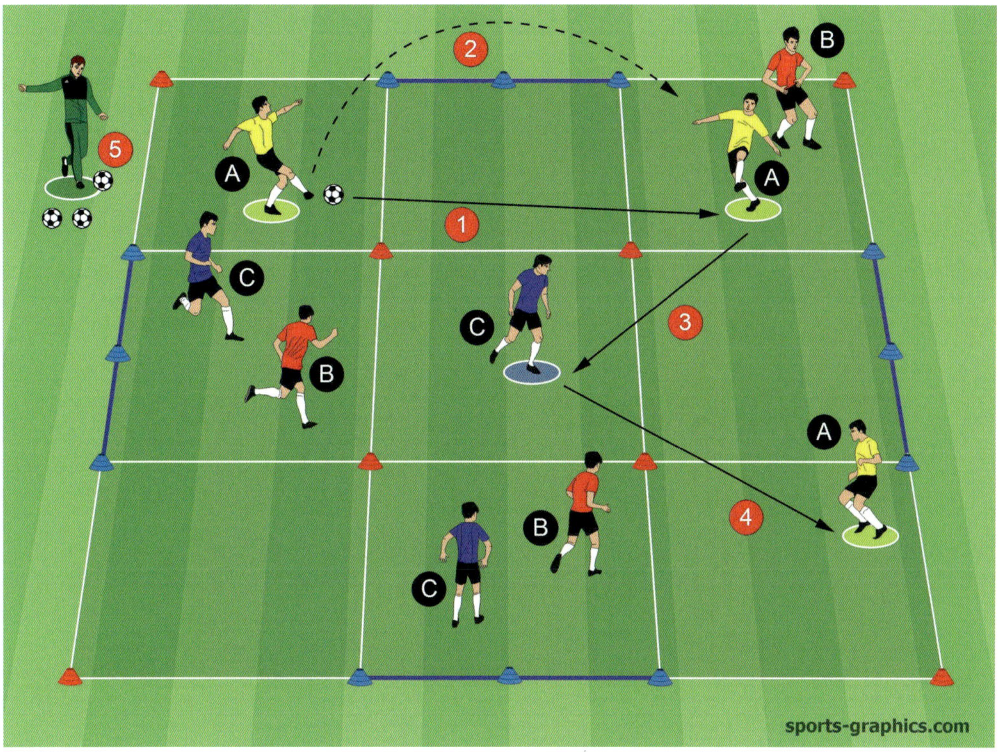

Durchführung

Die Spieler werden in drei Teams eingeteilt (vgl. Team GELB, Team BLAU und Team ROT). Alle Spieler bewegen sich frei im Feld. Ein Team agiert als Überzahlspieler (vgl. Team BLAU) und spielt entsprechend immer gemeinsam mit der ballbesitzenden Mannschaft (hier Team GELB). Das gegnerische Team (vgl. Team ROT) versucht, in Unterzahl eine Balleroberung zu realisieren. Nach jedem gespielten Pass (vgl. 1) hat der Passgeber die Aufgabe, eine der blauen Linien zu umlaufen (vgl. 2). Erst im Anschluss darf er ins zentrale Feld zurückkehren und wieder am Spiel teilnehmen. Um Wartezeiten zu vermeiden, ersetzt der Trainer jeden aus dem Spielfeld gelaufenen Ball sofort durch das Einspielen eines neuen Balls (vgl. 5).

Varianten

- Das Umlaufen der Linien ist keine Plicht. Nach jedem gespielten Pass hat der Passgeber die Möglichkeit, eine Linie zu umlaufen, um so Punkte für das eigene Team zu generieren.
- Vorgabe der Bewegungsform (z. B. rückwärts/seitwärts/hüpfend) während des Umlaufens (vgl. 2).

10.2.4 3 gegen 3 plus 3 (Freilaufverhalten) #2

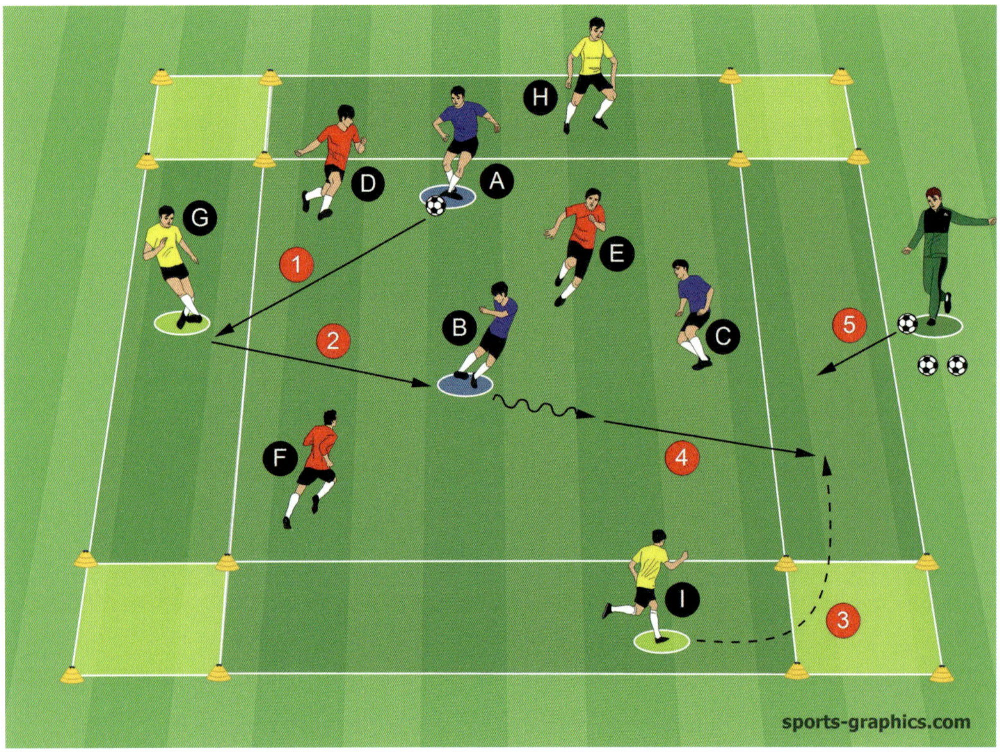

Durchführung

Die Spieler werden in drei Teams zu je drei Spielern eingeteilt (vgl. Team BLAU, Team ROT und Team GELB). Team BLAU und Team ROT positionieren sich im zentralen Feld. Die Spieler des gelben Teams besetzen die äußeren Felder um das zentrale Feld herum. Team BLAU spielt gegen Team ROT auf Ballbesitz und kann dabei die gelben Außenspieler einbeziehen (vgl. 1). Die Außenspieler passen den Ball wieder zu der Mannschaft zurück, von der sie ihn erhalten haben (vgl. 2). Die Außenspieler dürfen sich um das Feld herum bewegen (vgl. 3), sodass sie für den Ballbesitzer anspielbar sind (vgl. 4). Sobald ein Ball das Spielfeld verlässt, bringt der Trainer einen nächsten Ball ins Spiel (vgl. 5).

Varianten

- Durchführung als Wettkampf: Welches Team realisiert 10 Pässe?
- Kontaktbegrenzung für die Außenspieler (drei Ballkontakte, zwei Ballkontakte oder direktes Spiel).
- Kontaktbegrenzung für die Zentrumsspieler (drei Ballkontakte, zwei Ballkontakte oder direktes Spiel).
- Die Außenspieler müssen beim Freilaufen durch die Eckfelder eine Bewegungsaufgabe umsetzen (Bsp.: Vorwärtsrolle, Rückwärtsrolle oder Radschlag).

10.2.5 3 gegen 3 plus 3 (Schnittstellenpass)

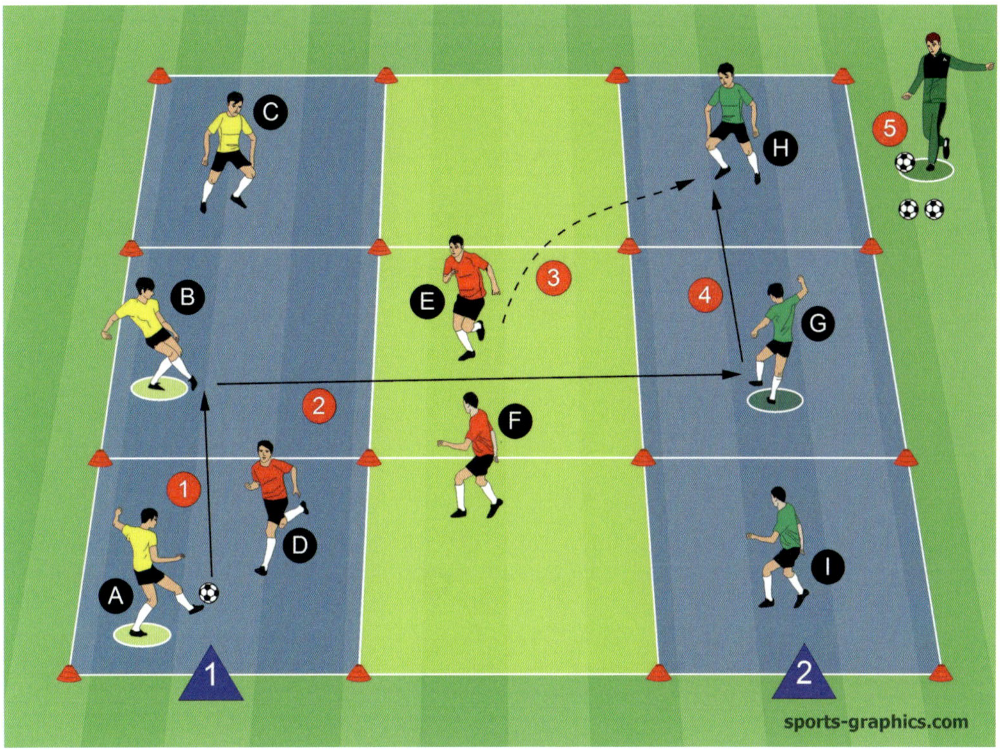

Durchführung

Die Spieler werden in drei Teams zu je drei Spielern eingeteilt (vgl. Team GELB, Team GRÜN und Team ROT). Jedes Team besetzt eine Zone. Die Spieler haben die Aufgabe, aus dem Ballbesitz durch das zentrale Feld in die jeweils andere Zone zu passen. Team GELB startet in Zone 1 im Ballbesitz (vgl. 1). Ein Spieler aus der zentralen Zone setzt die ballbesitzende Mannschaft in Zone 1 unter Druck (vgl. Spieler D). Aus dem Ballbesitz wird nun in einem geeigneten Moment ein Pass durch das zentrale Feld hindurch in die Zone 2 gespielt (vgl. 2). Team ROT versucht, den Ball abzufangen. Gelingt der Pass in Zone 2 ohne gegnerische Ballberührung, läuft erneut ein Spieler aus der zentralen Zone in Zone 2 und setzt die ballbesitzende Mannschaft unter Druck (vgl. 3). Das nun im Ballbesitz agierende Team (vgl. Team GRÜN) versucht, in Ballbesitz zu bleiben (vgl. 4) und erneut in Zone 1 zu verlagern. Um Wartezeiten zu vermeiden, ersetzt der Trainer jeden aus dem Spielfeld gelaufenen Ball sofort durch das Einspielen eines neuen Balls (vgl. 5).

Varianten

- Durchführung als Wettkampf: Welches Team realisiert in fünf Minuten mehr Spielverlagerungen?
- Durchführung als Wettkampf: Das Team, welches den fünften Fehler macht, wechselt ins zentrale Feld und hat dann die defensive Aufgabe, einen Ball abzufangen. Als Fehler gilt jeder in den äußeren Zonen verlorene Ball und jede missglückte Verlagerung.

10.2.6 3 gegen 3 auf 3 gegen 3 plus 3 (Schnittstellenpass)

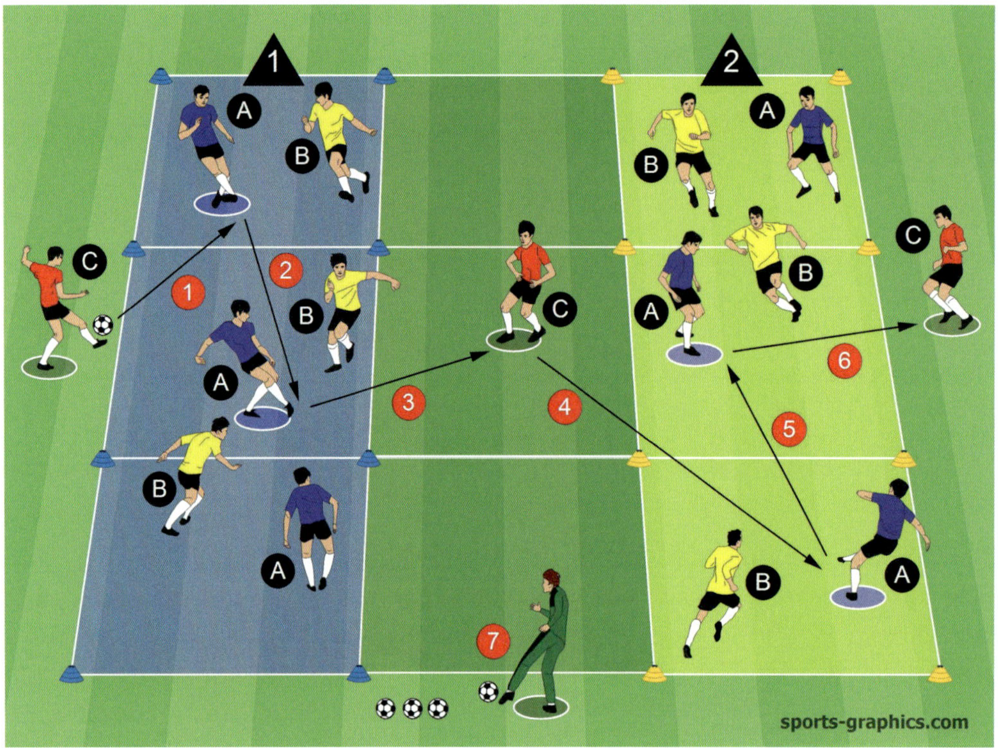

Durchführung

Die Spieler werden in zwei Teams zu je sechs Spielern eingeteilt (vgl. Team GELB und Team BLAU). Je drei Spieler jedes Teams befinden sich in Zone 1, während sich die anderen drei Spieler in Zone 2 aufhalten. Die Spieler dürfen diese Zonen nicht verlassen. Zusätzlich werden drei Überzahlspieler benannt (vgl. Team ROT), welche sich zwischen den Zonen und außerhalb des Felds positionieren. Die Aufgabe der ballbesitzenden Mannschaft ist es, aus den Zonen heraus, über die Überzahlspieler in die jeweils andere Zone zu spielen. Spieler C eröffnet dementsprechend das Spiel mit einem Pass in Zone 1 (vgl. 1). Team BLAU spielt auf Ballhalten (vgl. 2) und passt in die zentrale Zone (vgl. 3). Spieler C verlagert in Zone 2 (vgl. 4). Team BLAU spielt nun auf Ballhalten in Zone 2 (vgl. 5), hat die Option, erneut über das Zentrum zu verlagern oder die Spielrichtung beizubehalten (vgl. 6). Das ballbesitzende Team erhält eine Punktewertung, wenn alle drei Anspieler in Spielrichtung in eine Passfolge einbezogen wurden, ohne dass ein gegnerischer Spieler den Ball berühren konnte. Um Wartezeiten zu vermeiden, ersetzt der Trainer jeden aus dem Spielfeld gelaufenen Ball sofort durch das Einspielen eines neuen Balls (vgl. 7).

Variante

* Nach dem Pass in die zentrale Zone läuft der jeweilige Passgeber nach, erhält einen Rückpass vom zentralen Überzahlspieler und realisiert selbst den Pass in die andere Zone.

10.2.7 3 gegen 3 plus 5 (Ballzirkulation)

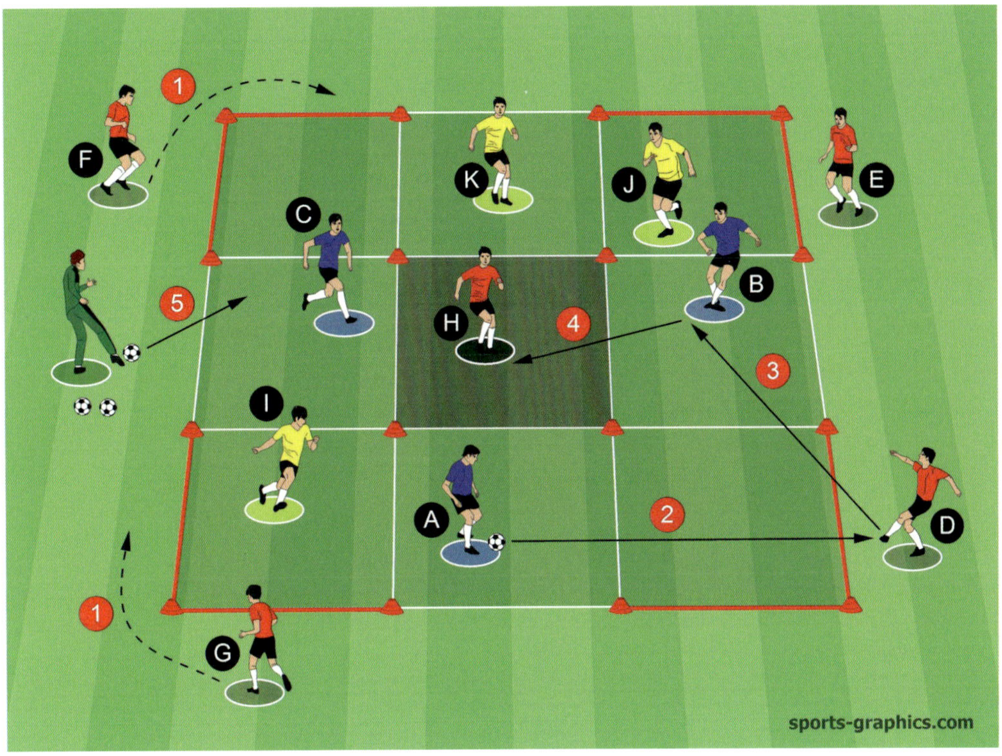

Durchführung

Die Spieler werden in drei Teams eingeteilt (vgl. Team BLAU, Team ROT und Team GELB). Die Spieler des roten Teams positionieren sich außerhalb des Felds jeweils entlang eines Eckfelds (vgl. Spieler D, E, F und G). Die Spieler des roten Teams agieren als neutrale Spieler und dürfen sich entlang ihres Eckfelds bewegen (vgl. 1). Ein weiterer Spieler des roten Teams befindet sich im zentralen Feld (vgl. Spieler H). Innerhalb des Felds spielt Team BLAU gegen Team GELB. Das Ziel der ballbesitzenden Mannschaft besteht darin, den Ball durch gezielte Zirkulation mithilfe der neutralen Spieler (vgl. 2, 3 und 4) so lange wie möglich in den eigenen Reihen zu halten. Das verteidigende Team versucht seinerseits, in Ballbesitz zu gelangen. Sobald ein Ball das Spielfeld verlässt, bringt der Trainer einen nächsten Ball ins Spiel (vgl. 5).

Varianten

- Durchführung als Wettkampf: Welches Team realisiert zuerst 10 Pässe, ohne den Ball zu verlieren?
- Durchführung als Wettkampf: Jeder Pass zählt als Punkt. Die Pässe von einem neutralen Spieler zu einem weiteren zählen doppelt. Welches Team sammelt zuerst 10 Punkte?

10.2.8 3 gegen 3 plus 7 (Ballzirkulation)

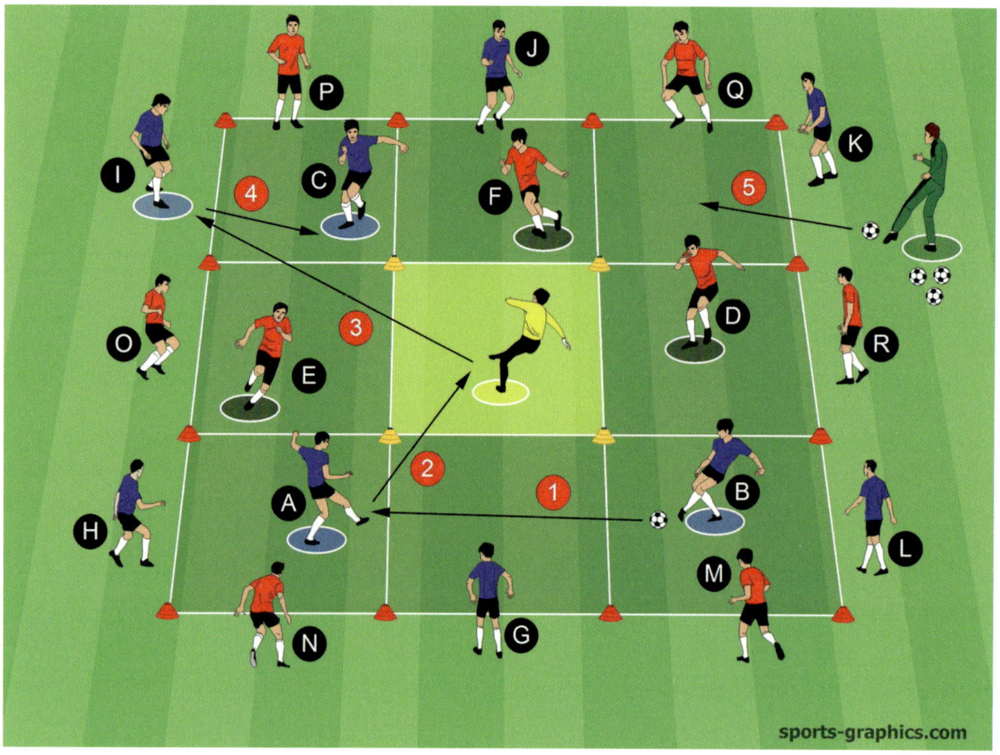

Durchführung

Die Spieler werden in zwei Teams eingeteilt (vgl. Team BLAU und Team ROT). Jeweils sechs Spieler jedes Teams positionieren sich außerhalb des Felds (vgl. Spieler G-R), wobei niemals zwei Spieler eines Teams unmittelbar nebeneinanderstehen. Die äußeren Spieler dürfen ihre Positionen nicht verändern. Weitere drei Spieler jedes Teams agieren als Innenspieler (vgl. Spieler A-F) und dürfen sich frei im Feld bewegen. Im zentralen Feld befindet sich ein Torhüter, der als Überzahlspieler fungiert. Die Innenspieler der ballbesitzenden Mannschaft lassen nun den Ball zirkulieren (vgl. 1) und können dabei den Torhüter im zentralen Feld anspielen (vgl. 2) oder die eigenen Außenspieler einbeziehen (vgl. 3 und 4). Das verteidigende Team versucht, den Ball zu erobern und nutzt bei eigenem Ballbesitz ebenfalls die eigenen Außenspieler und den Torwart. Sobald ein Ball das Spielfeld verlässt, bringt der Trainer einen nächsten Ball ins Spiel (vgl. 5).

Varianten

- Durchführung als Wettkampf: Welche Mannschaft realisiert zuerst 10 Punkte?
- Bestimmte Pässe erhalten verschiedene Wertigkeiten: Pass von Außenspieler zu Außenspieler (ein Punkt), Direktpass über den Torhüter (drei Punkte) oder ein komplett durchspieltes Feld (vier Punkte).

10.2.9 4 gegen 2 auf 4 gegen 2 (Schnittstellenpass) #1

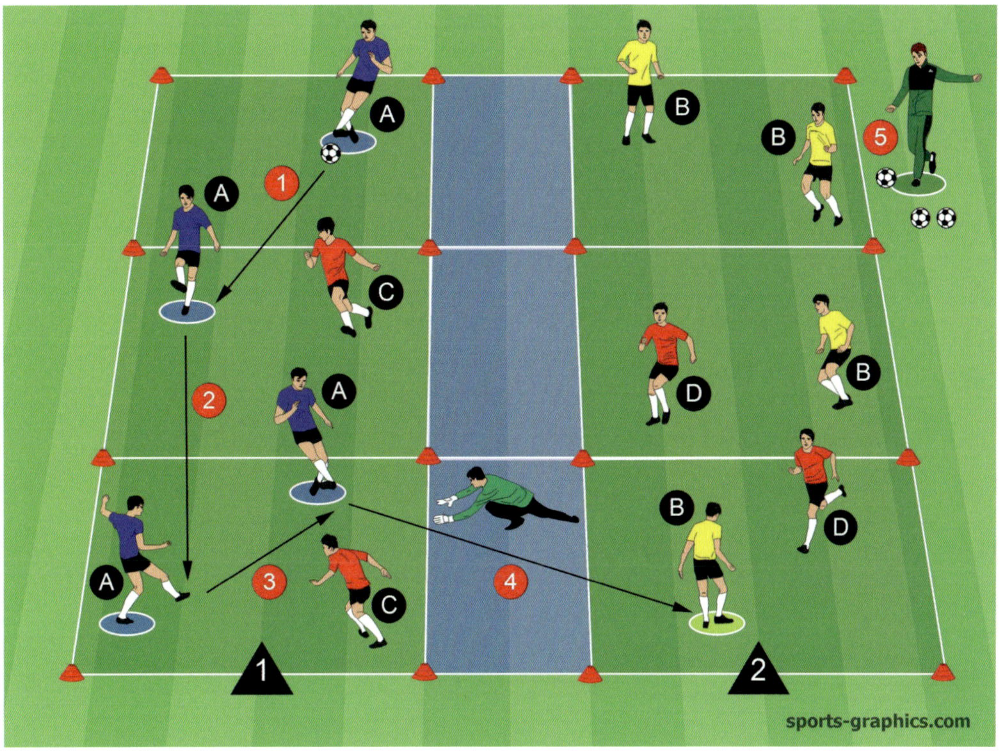

Durchführung

Die Spieler werden in drei Teams zu je vier Spielern eingeteilt (vgl. Team BLAU, Team GELB und Team ROT). Ein Team befindet sich in Zone 1 (vgl. Team BLAU), während sich ein weiteres Team in Zone 2 positioniert (vgl. Team GELB). Die Spieler des dritten Teams (vgl. Team ROT) teilen sich auf die beiden Zonen auf, sodass sich in jeder Zone zwei Spieler befinden (vgl. Spieler C und Spieler D). Die ballbesitzende Mannschaft hat die Aufgabe, unter Gegnerdruck eine Verlagerung durch die zentrale Zone zu realisieren. Team BLAU startet mit Ballbesitz in Zone 1 (vgl. 1, 2 und 3). Die Spieler C setzen die ballbesitzende Mannschaft unter Druck und haben die Aufgabe, den Ball zu erobern. Team BLAU hat die Aufgabe, durch die zentrale Zone in die gegenüberliegende Zone 2 zu verlagern (vgl. 4). Der Torhüter in der zentralen Zone versucht, den Ball abzufangen. Nach einer erfolgreichen Spielverlagerung in Zone 2 hat nun Team GELB die Aufgabe, aus dem Ballbesitz eine Verlagerung zurück in Zone 1 umzusetzen. Die Spieler D versuchen, den Ball zu gewinnen. Sobald ein Ball das Spielfeld verlässt, bringt der Trainer durch ein Einspiel einen neuen Ball ins Spiel (vgl. 5).

Variante

- Nach der Verlagerung müssen mindestens drei Pässe innerhalb des Teams gespielt werden, bevor eine weitere Verlagerung umgesetzt werden kann.

10.2.10 4 gegen 2 auf 4 gegen 2 (Schnittstellenpass) #2

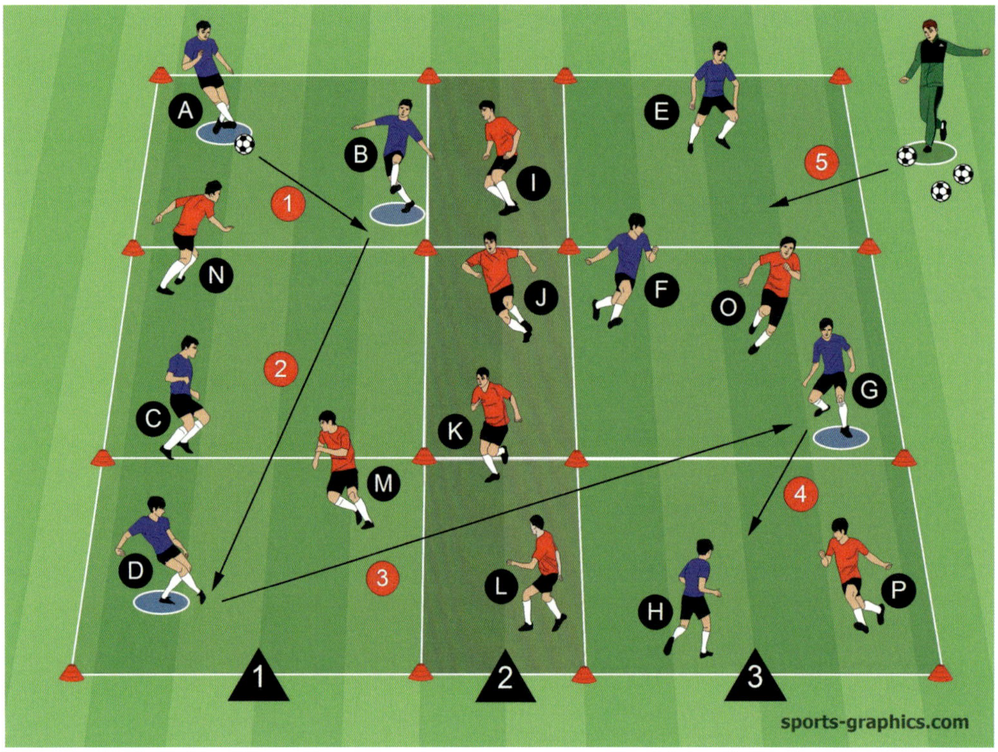

Durchführung

Die Spieler werden in zwei Teams zu je acht Spielern eingeteilt (vgl. Team BLAU und Team ROT). Spieler A, B, C, D, M und N positionieren sich in Zone 1, die Spieler E, F, G, H, O und P positionieren sich in Zone 3 und die Spieler I, J, K und L positionieren sich in der zentralen Zone. Die Spieler dürfen die Zonen nicht verlassen. In Zone 1 beginnt ein Spiel im 4 gegen 2. Team BLAU lässt den Ball zirkulieren (vgl. 1 und 2). Das Ziel des blauen Teams ist es, einen Schnittstellenpass in Zone 3 zu realisieren (vgl. 3). Sowohl Spieler M und N als auch die Spieler in Zone 2 versuchen, dies zu verhindern. Ist der Schnittstellenpass gelungen, beginnt in Zone 3 das Spiel im 4 gegen 2 erneut (vgl. 4). Eine erfolgreiche Balleroberung durch die Spieler von Team ROT wird ebenso als Punkt gewertet, wie ein erfolgreicher Schnittstellenpass (vgl. 3). Die Aufgaben der Teams werden in regelmäßigen Abständen gewechselt. Sobald ein Ball das Spielfeld verlässt, bringt der Trainer einen nächsten Ball ins Spiel (vgl. 5).

Varianten

* Durchführung als Wettkampf: Wie lange benötigt das ballbesitzende Team für 10 Verlagerungen?
* Durchführung als Wettkampf: Wie viele Verlagerungen werden in vier Minuten Spielzeit realisiert?
* Begrenzung der Ballkontakte (maximal drei oder zwei Ballkontakte pro Spieler).

10.2.11 4 plus 2 gegen 4 plus 2 (Positionswechsel)

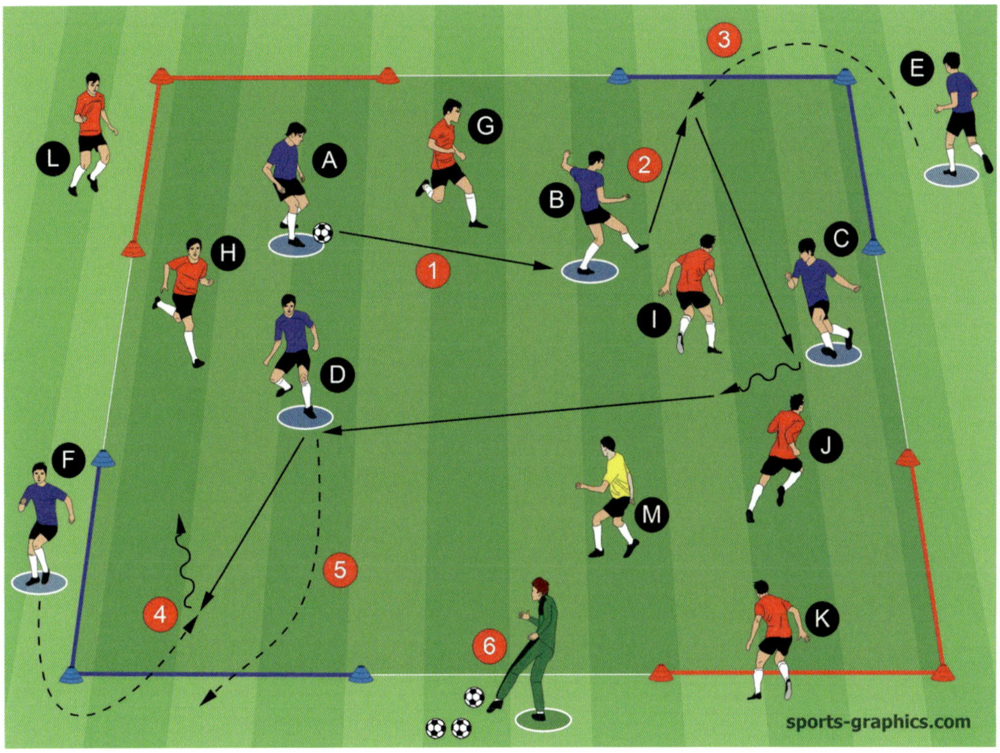

Durchführung

Die Spieler werden in zwei Teams zu je sechs Spielern eingeteilt (vgl. Team BLAU und Team ROT). Von jedem Team befinden sich vier Spieler innerhalb des Felds (vgl. Spieler A, B, C, D, G, H, I und J). Jeweils zwei Spieler pro Team positionieren sich entsprechend ihrer Teamfarbe hinter den farbigen Linien in den Ecken des Felds (vgl. Spieler E/F und K/L). Die beiden Teams spielen innerhalb des Felds im 4 gegen 4 auf Ballbesitz (vgl. 1). Das ballbesitzende Team hat dabei die Möglichkeit, die Außenspieler ihrer Mannschaft einzubeziehen (vgl. 2). Die Außenspieler bieten sich entsprechend der Spielsituation an beiden Linien an (vgl. 3). Sobald ein Ball das Spielfeld verlässt, bringt der Trainer durch ein Einspiel einen neuen Ball ins Spiel (vgl. 6).

Varianten

- Nach einem Pass zum Außenspieler wechseln die Aufgaben, sodass der Außenspieler nach Erhalt des Balls in das zentrale Feld passt oder dribbelt und der Passgeber auf die Position des Außenspielers läuft (vgl. 3, 4 und 5).
- Vereinfachung durch Hinzufügen eines neutralen Spielers (vgl. Spieler M) zum 4 gegen 4 plus 1.
- Nach sechs erfolgreichen Pässen ohne gegnerische Ballberührung erhält das ballbesitzende Team eine Punktewertung.

10.2.12 4 gegen 4 (Zonenspiel)

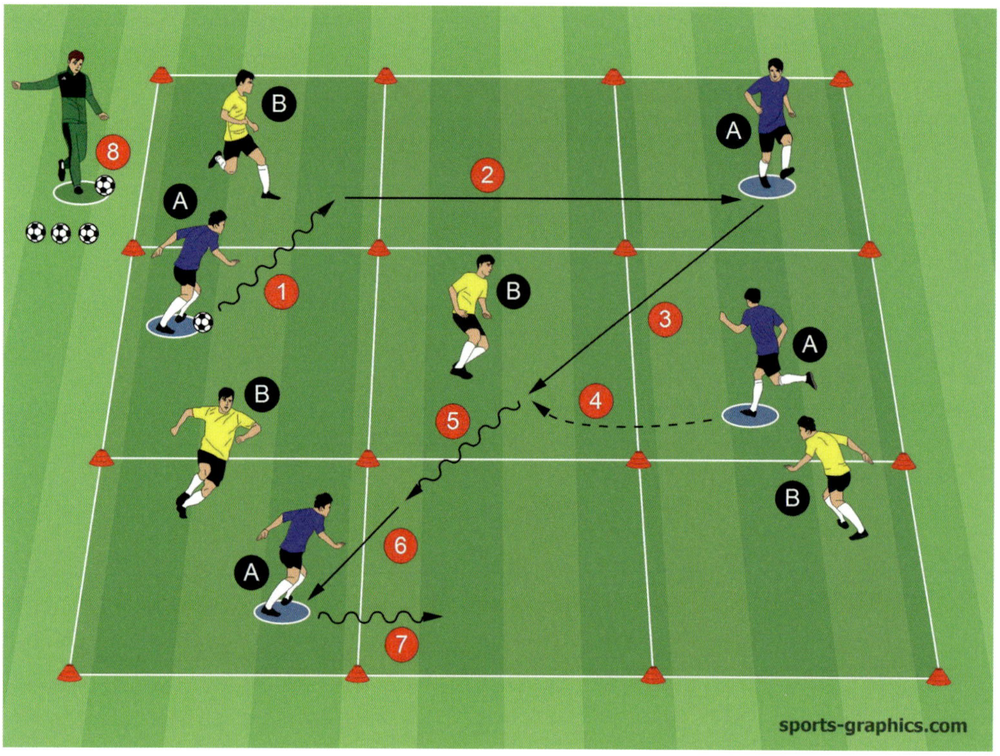

Durchführung

Die Anordnung der Zonen als zusammenhängende Spielfläche erlaubt das Formulieren einer Vielzahl an unterschiedlichen Spielzielen. Die Spielziele sind in erster Linie auf gruppentaktisches Spielverhalten ausgerichtet, welches gemeinsames Agieren erfordert und stets nur mit aufeinander abgestimmten Aktionen bewältigt werden können. In einem bestimmten Zahlenverhältnis (hier 4 gegen 4) werden die Felder vom ballbesitzenden Team gemäß einer Aufgabenstellung bespielt. Das defensive Team versucht, das Erreichen dieser Spielziele zu verhindern und den Ball zu erobern, um die Spielziele im eigenen Ballbesitz zu erreichen. Das Spielfeld ist nicht begrenzt, sodass auch Aktionen außerhalb der Zielfelder möglich sind. Sobald ein Ball das Spielfeld verlässt, bringt der Trainer durch ein Einspiel einen neuen Ball ins Spiel (vgl. 8).

Aufgaben und Punktewertungen

- Dribbling in ein Feld (vgl. 1) / Pass aus dem Feld heraus (vgl. 2).
- Pass in ein Feld (vgl. 3) / Anlaufen des Felds (vgl. 4) / dribbelt aus dem Feld heraus (vgl. 5).
- Pass in ein Feld (vgl. 6) / Ballmitnahme in ein anderes Feld (vgl. 7).

10.2.13 4 gegen 4 plus 1 (Verteidigungsverhalten)

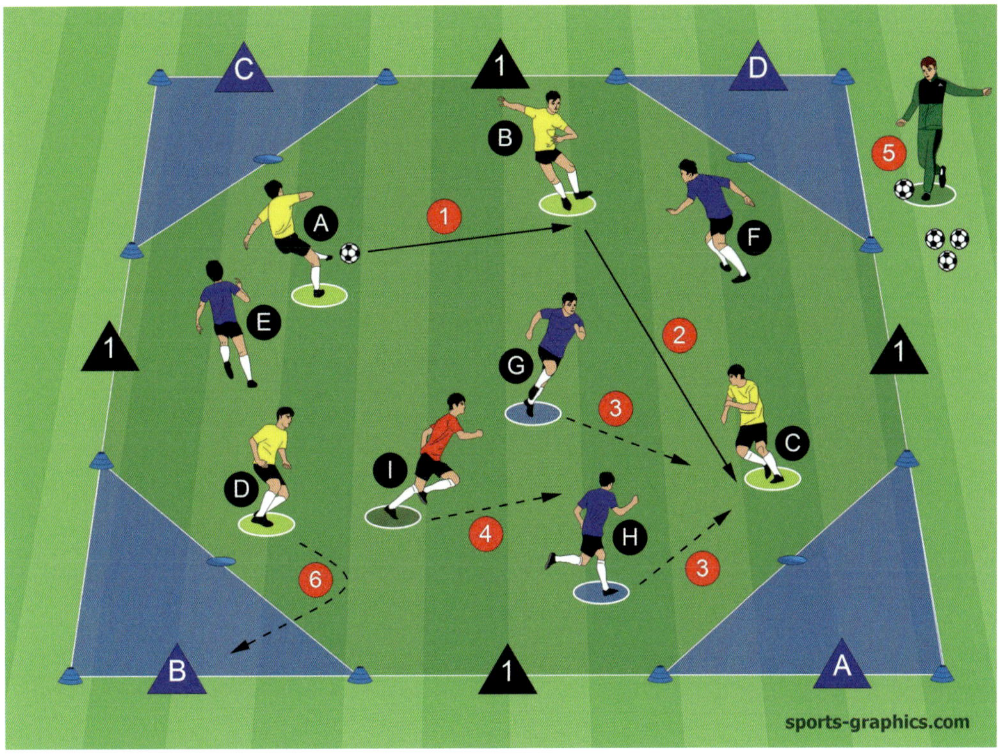

Durchführung

Die Spieler werden in zwei Teams zu je vier Spielern eingeteilt (vgl. Team BLAU und Team GELB). Zusätzlich agiert ein Spieler als neutraler Spieler (vgl. I). Der neutrale Spieler befindet sich stets beim verteidigenden Team. Das offensive, ballbesitzende Team verfolgt das Ziel, in Ballbesitz zu bleiben (vgl. 1 und 2). Das defensive Team hat die Aufgabe, einen ballbesitzenden Spieler in eine der Eckzonen (vgl. Zone A, B, C und D) abzudrängen (vgl. 3) oder den Ball zu erobern. Der neutrale Spieler unterstützt bei der Umsetzung dieser Aufgabe (vgl. 4). Nach einer direkten Balleroberung ohne Abdrängen in eine Eckzone wird das Spiel vom nun offensiven Team im Ballbesitz sofort fortgeführt. Der Trainer ersetzt aus dem Feld gelaufene Bälle oder durch Abdrängen verlorene Bälle sofort durch das Einspielen eines neuen Balls (vgl. 5).

Variante

- Wenn ein Spieler des ballbesitzenden Teams über eine der Linien 1 abgedrängt wird, spielt der Trainer einen neuen Ball ein und ein Spieler (hier Spieler D) des abgedrängten Teams verweilt für fünf Sekunden in einer der Eckzonen, sodass in dieser Zeit eine weitere Unterzahl entsteht (vgl. 6).

10.2.14 4 gegen 4 plus 4 (Ballzirkulation)

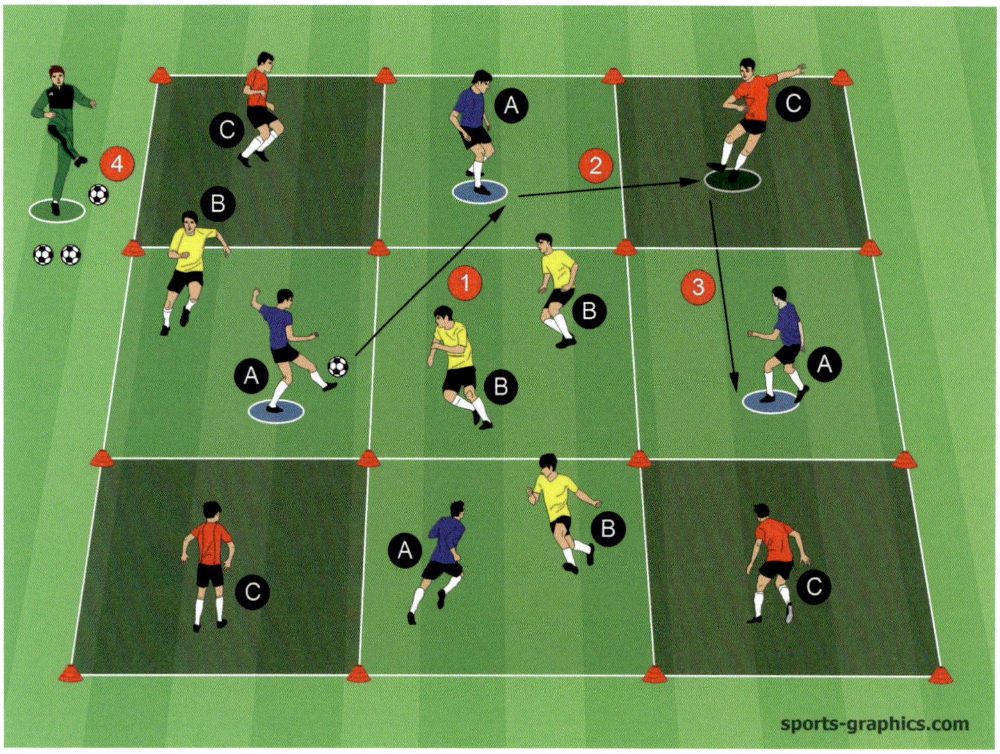

Durchführung

Die Spieler werden in drei Teams eingeteilt (vgl. Team GELB, Team BLAU und Team ROT). Die Spieler des roten Teams besetzen jeweils ein Eckfeld (vgl. Spieler C) und dienen für das ballbesitzende Team als neutrale Anspieler. Team BLAU spielt gegen Team GELB in den übrigen Feldern auf Ballbesitz (vgl. 1). Es werden verschiedene Spielziele formuliert. Diese Spielziele werden durch Einbezug der Anspieler erreicht und verhelfen dem ballbesitzenden Team zu einer Punktewertung. Um Wartezeiten zu vermeiden, ersetzt der Trainer jeden aus dem Spielfeld laufenden Ball sofort durch das Einspielen eines neuen Balls (vgl. 4).

Spielziele

- Spiel über einen Dritten (kurze Distanz): Das ballbesitzende Team spielt den Ball zu einem der äußeren Anspieler (vgl. 2). Der Anspieler leitet den Ball zu einem anderen Spieler weiter (vgl. 3).
- Spiel über einen Dritten (große Distanz): Ein äußerer Anspieler erhält den Ball und spielt ihn zu einem weiteren Anspieler, ohne vorher einen Spieler des ballbesitzenden Teams einzubinden.
- Doppelpass: Ein äußerer Anspieler erhält den Ball (vgl. 2) und spielt ihn zurück zum Passgeber. Dabei wird ein gegnerischer Spieler umspielt.

10.2.15 5 gegen 3 (Spielverlagerung)

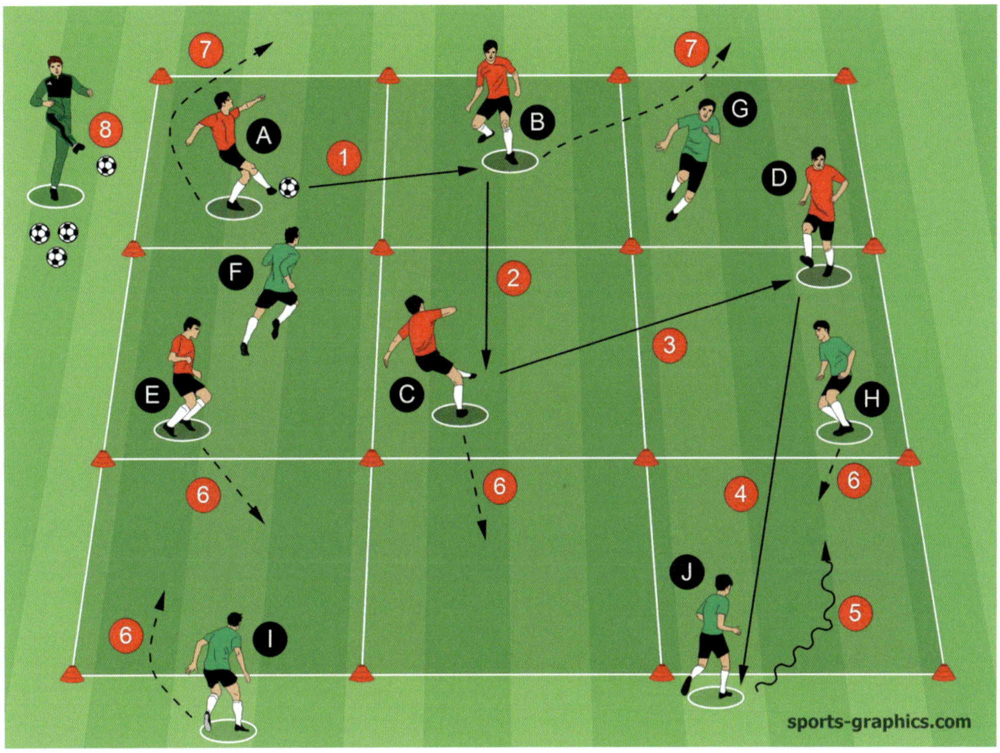

Durchführung

Die Spieler werden in zwei Teams zu je fünf Spielern eingeteilt (vgl. Team ROT und Team GRÜN). Zwei Spieler des grünen Teams positionieren sich außerhalb des Felds (vgl. Spieler I und Spieler J). Alle anderen Spieler können sich frei in den sechs entfernten Feldern bewegen. Team ROT hat die Aufgabe, in der Überzahlsituation und aus dem Ballbesitz (vgl. 1, 2 und 3) einen tiefen Pass über zwei Linien zu einem außen positionierten Spieler des anderen Teams zu spielen (vgl. 4). Nach Ballerhalt dribbelt der Passempfänger (hier Spieler J) ins Feld (vgl. 5). Die übrigen Spieler verlagern das Spielgeschehen nun auf die ballnahen sechs Felder (vgl. 6). Nachdem der tiefe Pass realisiert wurde, setzen sich zwei Spieler des roten Teams (hier Spieler A und Spieler B) aus dem Feld ab (vgl. 7) und agieren als tiefe Anspieler. Das ballbesitzende Team GRÜN hat nun seinerseits die Aufgabe, mit einem tiefen Pass über zwei Linien zu Spieler A oder Spieler B zu verlagern. Gewinnt das in Unterzahl agierende Team den Ball, so spielen sie den Ball ebenfalls zu den außen positionierten Spielern und gelangen so in Überzahl. Sobald ein Ball das Spielfeld verlässt, bringt der Trainer durch ein Einspiel einen neuen Ball ins Spiel (vgl. 8).

Varianten

- Der tiefe Pass darf erst nach drei Pässen innerhalb des eigenen Teams gespielt werden.
- Durchführung als Wettkampf: Welches Team realisiert mehr tiefe Pässe in einer vom Trainer vorgegebenen Zeit?

10.2.16 5 gegen 5 (Zonenspiel) #1

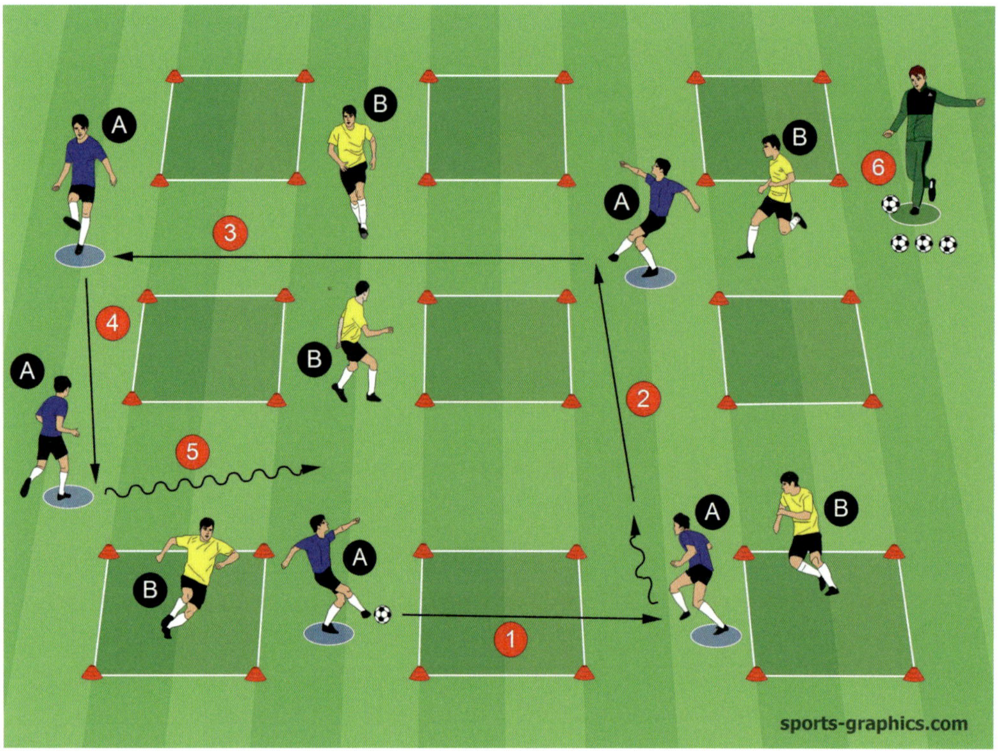

Durchführung

Eine aufgefächerte Anordnung der Felder erzeugt ein Zonenkonzept mit Zwischenräumen. Die Felder und vor allem auch die Zwischenräume erlauben die Formulierung einer Vielzahl von Spielzielen. Die Kombination der Spielziele mit den Zwischenräumen kann auf die Verbesserung taktischer Verhaltensweisen oder technischer Abläufe abzielen. In einem bestimmten Zahlenverhältnis (hier 5 gegen 5) werden die Felder und die Zwischenräume vom jeweils ballbesitzenden Team gemäß einer konkreten Aufgabenstellung bespielt. Das defensive Team hat die Aufgabe, den Ball zu erobern und dann seinerseits die Spielziele zu erreichen. Das Spielfeld ist nicht begrenzt, sodass auch Aktionen außerhalb der Zielfelder möglich sind. Um die Spielziele zu erreichen, können Aktionen auch im äußeren Bereich vorbereitet werden (vgl. 4). Sobald ein Ball das Spielfeld verlässt, bringt der Trainer durch ein Einspiel einen neuen Ball ins Spiel (vgl. 6).

Aufgaben und Punktewertungen

* Pass durch ein Feld zu einem Mitspieler, ohne dass der Ball abgefangen wird (vgl. 1).
* Pass durch einen Korridor zwischen zwei Feldern zu einem Mitspieler (vgl. 2).
* Pass durch zwei Korridore zwischen vier Felder zu einem Mitspieler (vgl. 3).
* Dribbling durch den Korridor zwischen zwei Feldern (vgl. 5).

10.2.17 5 gegen 5 (Zonenspiel) #2

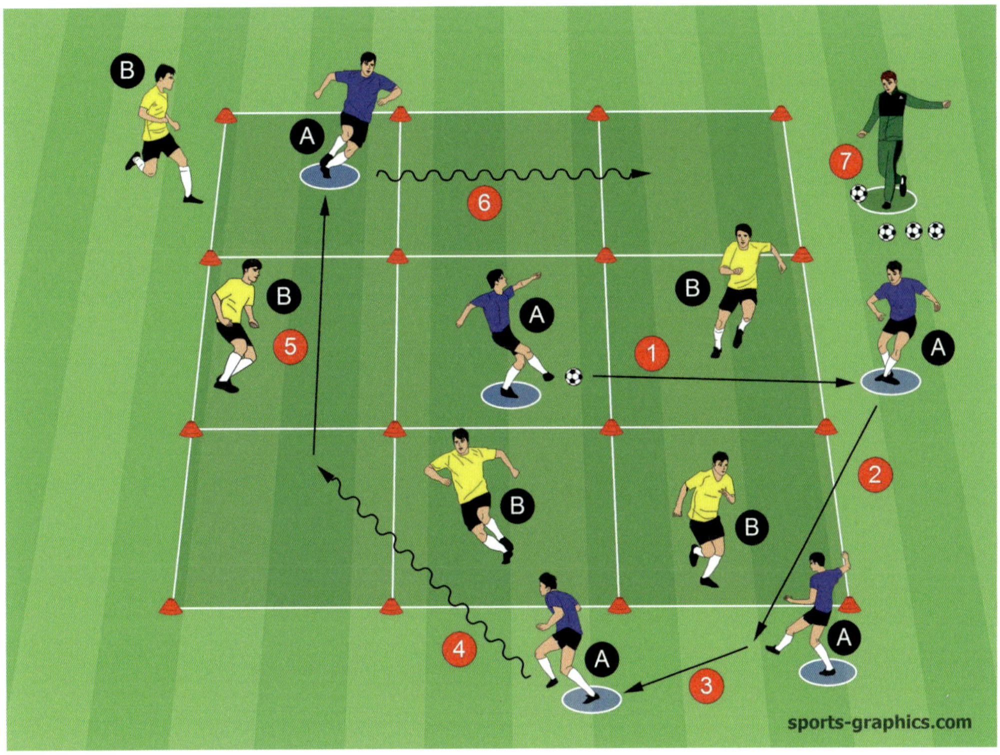

Durchführung

Die Anordnung der Zonen als zusammenhängende Spielfläche erlaubt das Formulieren einer Vielzahl an unterschiedlichen Spielzielen. Die verschiedenen Spielziele werden grundsätzlich für das ballbesitzende Team formuliert. Das Abwehrverhalten der Defensive orientiert sich als Antwort am Verhalten der Offensive. Die Spielziele für das ballbesitzende Team können beispielsweise durch einen Pass über zwei Linien einer Zone (vgl. 1 und 2) oder durch ein Dribbling über zwei Linien (vgl. 4) realisiert werden. Das defensive Team versucht, das Erreichen der offensiven Spielziele zu verhindern, den Ball zu erobern und dann seinerseits die Spielziele zu erreichen. Das Spielfeld ist nicht begrenzt, sodass auch Aktionen außerhalb der Zielfelder möglich sind (vgl. 3). Im Rahmen der Punktewertung kann auch die Spielrichtung in Richtung Zentrum (vgl. 4) oder in Richtung der Außenbereiche (vgl. 2) relevant sein. Sobald ein Ball das Spielfeld verlässt, bringt der Trainer durch ein Einspiel einen neuen Ball ins Spiel (vgl. 7).

Aufgaben und Punktewertungen

- Pass durch ein Feld zu einem Mitspieler, ohne dass der Ball abgefangen wird (vgl. 1 und 5).
- Pass diagonal durch ein Feld zu einem Mitspieler, ohne dass der Ball abgefangen wird (vgl. 2).
- Dribbling diagonal durch ein Feld (vgl. 4).
- Dribbling gerade durch ein Feld (vgl. 6).

10.2.18 5 gegen 5 plus 5 (Ballzirkulation) #1

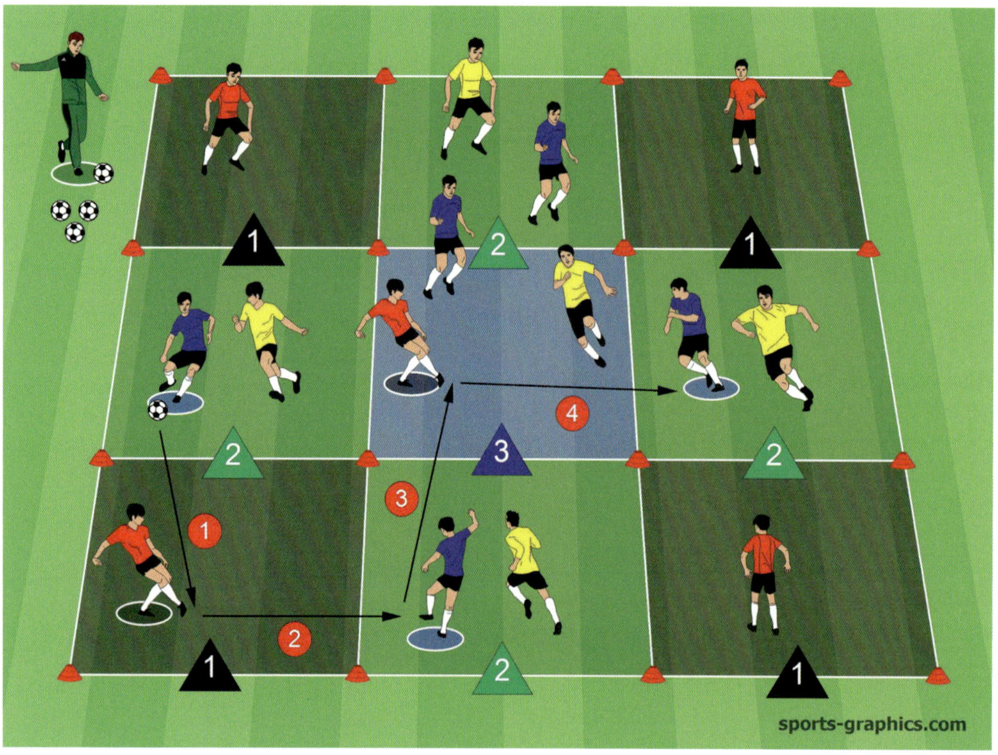

Durchführung

Die Spieler werden in drei Teams eingeteilt (vgl. Team BLAU, Team GELB und Team ROT). Die Spieler positionieren sich in den Zonen und verlassen diese nicht. Die Zonen 1 werden von je einem Spieler des roten Teams besetzt. Die Zonen 2 werden von je einem Spieler des blauen und des gelben Teams besetzt. In Zone 3 befindet sich je ein Spieler jedes Teams. Team BLAU spielt nun gegen Team GELB auf Ballbesitz, wobei die Spieler des roten Teams stets für die ballbesitzende Mannschaft als Anspieler dienen (vgl. 1) Die Spieler haben nun die Aufgabe, den Ball so lange wie möglich in den eigenen Reihen zu halten (vgl. 2, 3 und 4).

Varianten

* Die Spieler des neutralen Teams dürfen nur einen Ballkontakt nutzen.
* Durchführung als Wettkampf: Jeder Pass zu einem neutralen Spieler bringt der ballbesitzenden Mannschaft einen Punkt. Ein Pass von einem neutralen Spieler zu einem weiteren neutralen Spieler bringt doppelte Punkte.

10.2.19 5 gegen 5 plus 5 (Ballzirkulation) #2

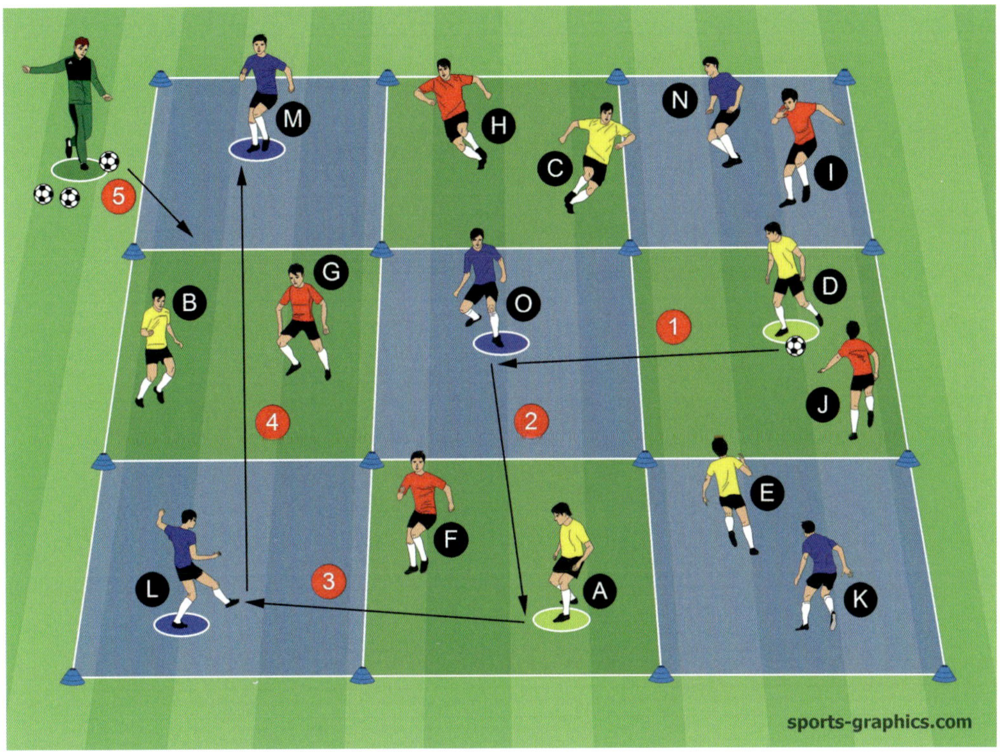

Durchführung

Die Spieler werden in drei Teams eingeteilt (vgl. Team BLAU, Team GELB und Team ROT). Die Spieler des blauen Teams (vgl. Spieler K, L, M, N und O) positionieren sich in den farblich markierten Feldern und dürfen diese im Spielverlauf nicht verlassen. Team GELB spielt gegen Team ROT auf Ballbesitz. Die Spieler des blauen Teams agieren als neutrale Überzahlspieler und sind so jeweils für die ballbesitzenden Spieler anspielbar. Das ballbesitzende Team (vgl. Team GELB) lässt den Ball zirkulieren (vgl. 1, 2 und 3) und versucht dabei, so viele Pässe wie möglich umzusetzen, ohne dass das verteidigende Team (vgl. Team ROT) den Ball erobert. Ein Pass von einem Überzahlspieler zu einem anderen Überzahlspieler ist möglich (vgl. 4). Die Überzahlspieler können angegriffen werden. Sobald ein Ball das Spielfeld verlässt, bringt der Trainer einen nächsten Ball ins Spiel (vgl. 5).

Varianten

- Durchführung als Wettkampf: Welche Mannschaft realisiert zuerst 10 Pässe?
- Nach einer Ballaktion müssen die neutralen Überzahlspieler ihre Positionen tauschen.
- Die neutralen Überzahlspieler erhalten Auflagen (z. B. Begrenzung der Ballkontakte).

10.2.20 6 gegen 6 (Defensivzonen)

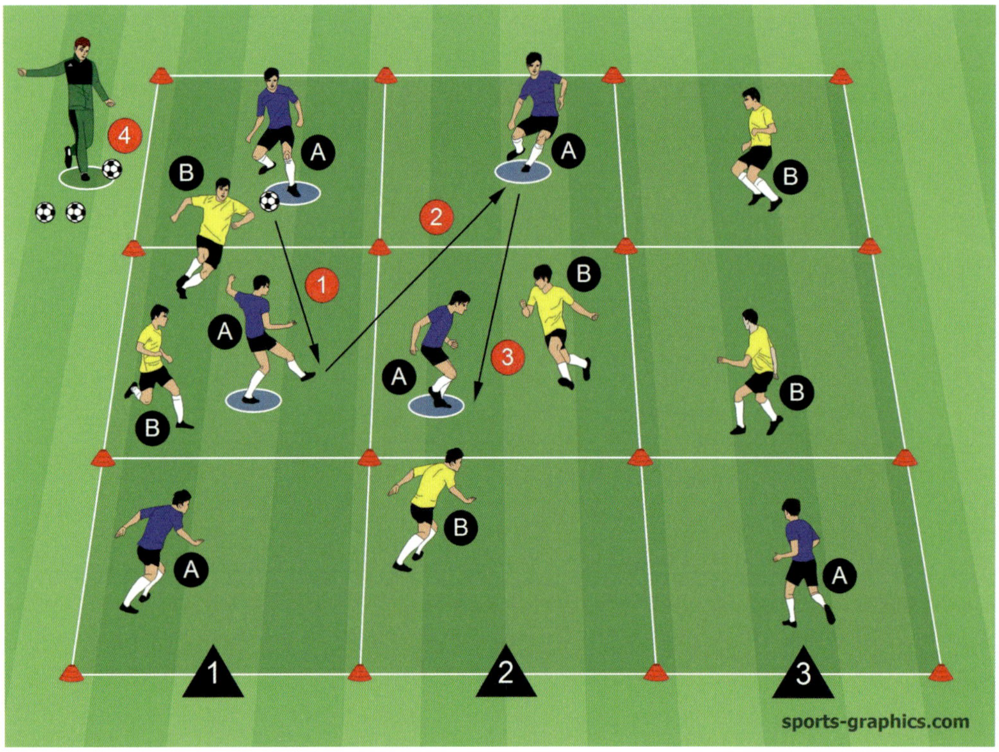

Durchführung

Die Spieler werden in zwei Teams zu je sechs Spielern eingeteilt (vgl. Team BLAU und Team GELB). Die Spieler des defensiven Teams (vgl. Team GELB) sind festen Zonen zugeteilt, sodass sich in den Zonen 1, 2 und 3 jeweils zwei Spieler positionieren. Die in der Defensive agierenden Spieler dürfen ihre Zonen nicht verlassen. Die Spieler des ballbesitzenden Teams (vgl. Team BLAU) dürfen sich frei und zonenunabhängig im gesamten Feld bewegen. Team BLAU versucht, den Ball in den eigenen Reihen zu halten (vgl. 1, 2 und 3). Gewinnt Team GELB den Ball, ist die Zonenzugehörigkeit der gelben Spieler aufgehoben. Nach einem Ballverlust agiert Team BLAU defensiv und positioniert sich dafür mit zwei Spielern in jeder Zone. Sobald ein Ball das Spielfeld verlässt, bringt der Trainer durch ein Einspiel einen neuen Ball ins Spiel (vgl. 4).

Variante

* Durchführung eines Zonenwechsels nach maximal drei Pässen in einer Zone.

EXEMPLARISCHE TRAININGSEINHEIT

THEMA TORSCHUSS

Das 9er-Feld ist schnell und einfach mit wenig Trainingsmaterialien angelegt. Es bietet optimale Voraussetzungen, um komplette Trainingseinheiten in ein und demselben Aufbau umzusetzen. So kann unnötige Wartezeit durch Umbauphasen vermieden werden und ein direkter Beitrag zur Optimierung der Trainingsqualität geleistet werden.

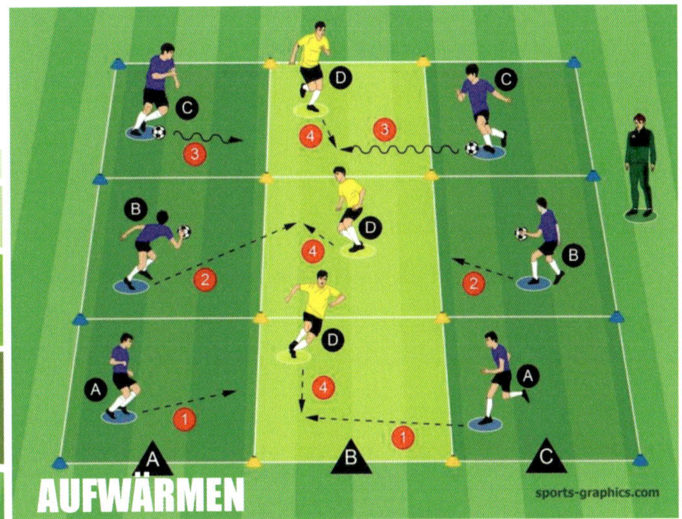

Vgl. 7.16 Fangspiel (Durchbrechen) S. 62

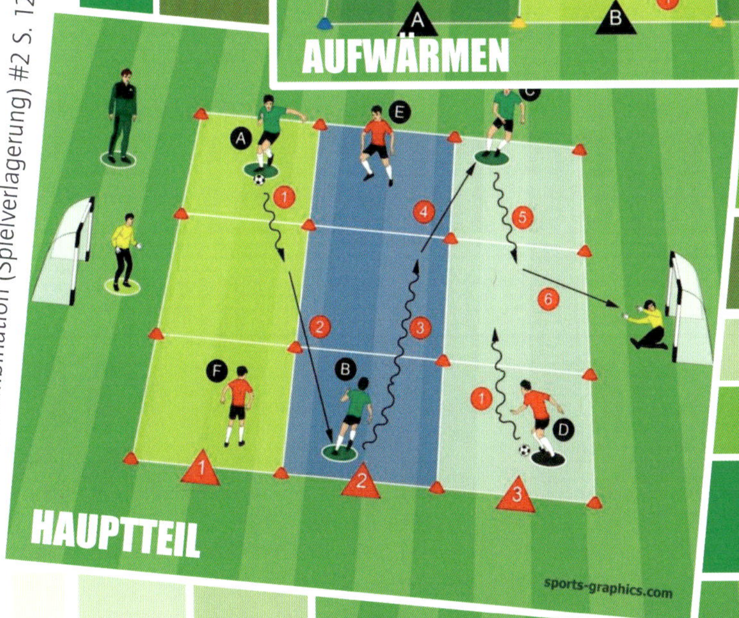

Vgl. 8.3.9 Passkombination (Spielverlagerung) #2 S. 125

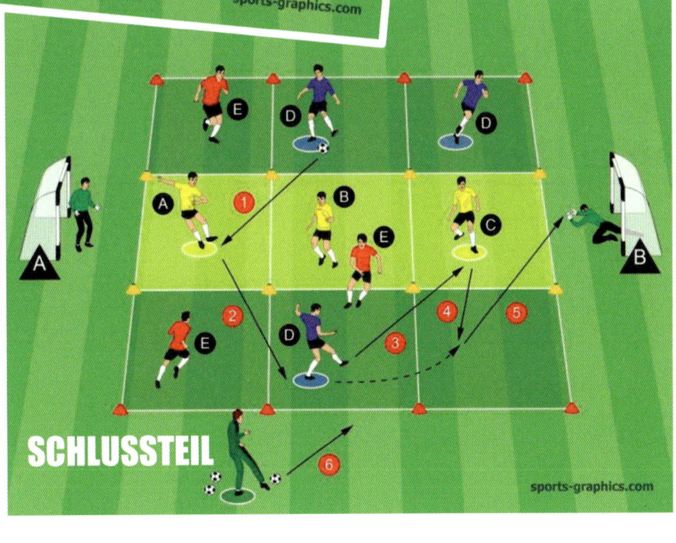

Vgl. 10.3.32 3 gegen 3 plus 3 (Spezialspieler) S. 252

10.3 SPIELFORMEN AUF TORE

Spielformen mit der Möglichkeit des Torabschlusses als letzte Konsequenz und Belohnung einer gelungenen Aktion lösen bei Spielern eine erhöhte Motivationslage aus. Diese Spielformen bieten optimale Voraussetzungen, um vor allem im offensiven Bereich gewünschtes Spielverhalten zu provozieren. Die Spielformen auf unterschiedlichste Tore sind grundsätzlich so konzipiert, dass der Torschuss als Vollendung einer gelungenen Technikaktion, einer erfolgreich umgesetzten Passabfolge oder eines bespielten Zielraums die Finalisierung eines konkreten Spielziels bedeutet.

Durch das Erreichen eines Spielziels eröffnen sich die Spieler eine Abschlussmöglichkeit auf zuvor definierte und dem Spielziel zugeordnete Tore. Die Spielformen sind jeweils mit Minitoren, Großtoren oder verschiedenartigen Toren angelegt, sodass entsprechend unterschiedliches Spiel- und Schussverhalten zum Erfolg führt. Durch den Aufbau des 9er-Felds können wettkampforientiert Zonen und Linien markiert werden, die in Verbindung mit den definierten Spielzielen mit anschließendem Torschuss genutzt werden können, um den Spielern Orientierung und Struktur in Hinblick auf Erfolg versprechende Handlungen zu geben.

ENTSCHEIDUNG
ZIELRÄUME LÖSUNGSFINDUNG
TORABSCHLUSS
DRIBBLING ZIELSTREBIGKEIT
SPIELKOMPETENZ PASSSPIEL

10.3.1 2 plus 2 gegen 2 plus 2 (Positionswechsel)

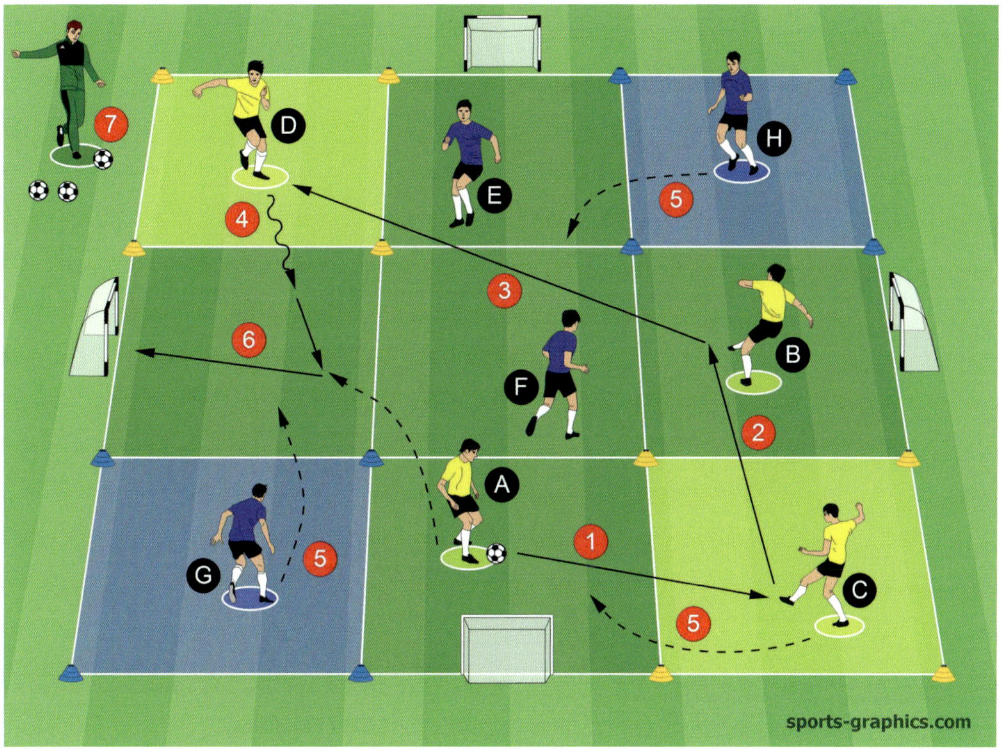

Durchführung

Die Spieler werden in zwei Teams eingeteilt (vgl. Team GELB und Team BLAU). Je zwei Spieler jedes Teams positionieren sich in den entsprechenden farbigen Eckfeldern (vgl. Spieler C/D und G/H). Diese Spieler verbleiben im Spielverlauf vorerst auf diesen Positionen. Es läuft eine Ballbesitzphase, in der die Spieler in den Eckzonen als Anspieler für die Spieler der gleichen Teamfarbe dienen (vgl. 1 und 2). Die ballbesitzende Mannschaft hat das Ziel, eine vorher festgelegte Passanzahl (z. B. sechs Pässe) zu realisieren. Erhält ein Anspieler nach Erreichen dieser Passanzahl den Ball (vgl. 3), so darf er im Dribbling sein Feld verlassen (vgl. 4) und ermöglicht es damit auch allen anderen Anspielern, ihre Felder zu verlassen (vgl. 5), sodass ein 4 gegen 4 ohne feste Positionsbindung entsteht. Nachdem die Anspieler ihre Felder verlassen haben, kann die ballbesitzende Mannschaft auf alle vier Minitore abschließen (vgl. 6). Gewinnt die verteidigende Mannschaft den Ball, so kehren die Anspieler wieder in ihre Felder zurück und die Aufgabe muss erneut gelöst werden. Sobald ein Ball das Spielfeld verlässt oder ein Treffer erzielt wird, bringt der Trainer einen nächsten Ball ins Spiel (vgl. 7).

Varianten

- Positionswechsel nach einem Pass in ein Eckfeld (Wechsel Passgeber und Passempfänger).
- Wenn beide Anspieler eines Teams ohne gegnerischen Ballgewinn den Ball erhalten (vgl. 1, 2 und 3), kann auf die Tore abgeschlossen werden.

10.3.2 2 plus 3 gegen 2 plus 3 (Positionsspiel)

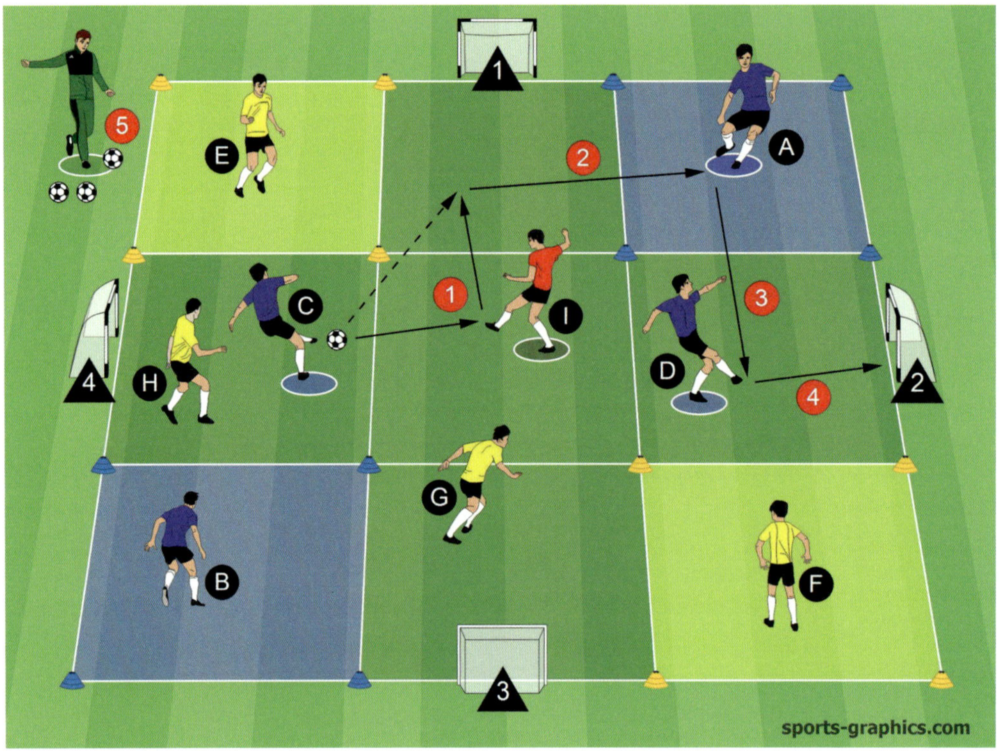

Durchführung

Die Spieler werden in zwei Teams eingeteilt (vgl. Team BLAU und Team GELB). Je zwei Spieler jedes Teams positionieren sich in den entsprechenden farbigen Eckfeldern und fungieren als Anspieler (vgl. Spieler A/B und E/F). Diese Spieler verbleiben im Spielverlauf vorerst auf ihren Positionen. Zusätzlich fungiert ein neutraler Spieler als Überzahlspieler für das jeweils ballbesitzende Team (vgl. Spieler I). Dieser Spieler darf sich im gesamten Feld frei bewegen. Das ballbesitzende Team verfolgt die Aufgabe, eine im Vorfeld vom Trainer festgelegte Passanzahl innerhalb der eigenen Reihen zu realisieren und darf dabei den neutralen Anspieler einbeziehen (vgl. 1). Nachdem die Passanzahl erreicht wurde, können die Tore geöffnet werden, indem die ballbesitzende Mannschaft den Ball zu einem der beiden Anspieler in den Eckzonen passt (vgl. 2). Der Anspieler kann selbst zum Abschluss kommen oder aber den Ball zu einem nachlaufenden Mitspieler passen (vgl. 3), der dann auf das Tor abschließt (vgl. 4). Sobald ein Ball das Spielfeld verlässt oder ein Treffer erzielt wird, bringt der Trainer einen nächsten Ball ins Spiel (vgl. 5).

Variante

- Nachdem die vorher festgelegte Passanzahl erreicht ist, werden mit einem Anspiel auf die äußeren Anspieler die zwei jeweils nahen Minitore und mit einem Anspiel auf den neutralen Anspieler alle Minitore geöffnet.

10.3.3 3 gegen 2 (Umschaltspiel)

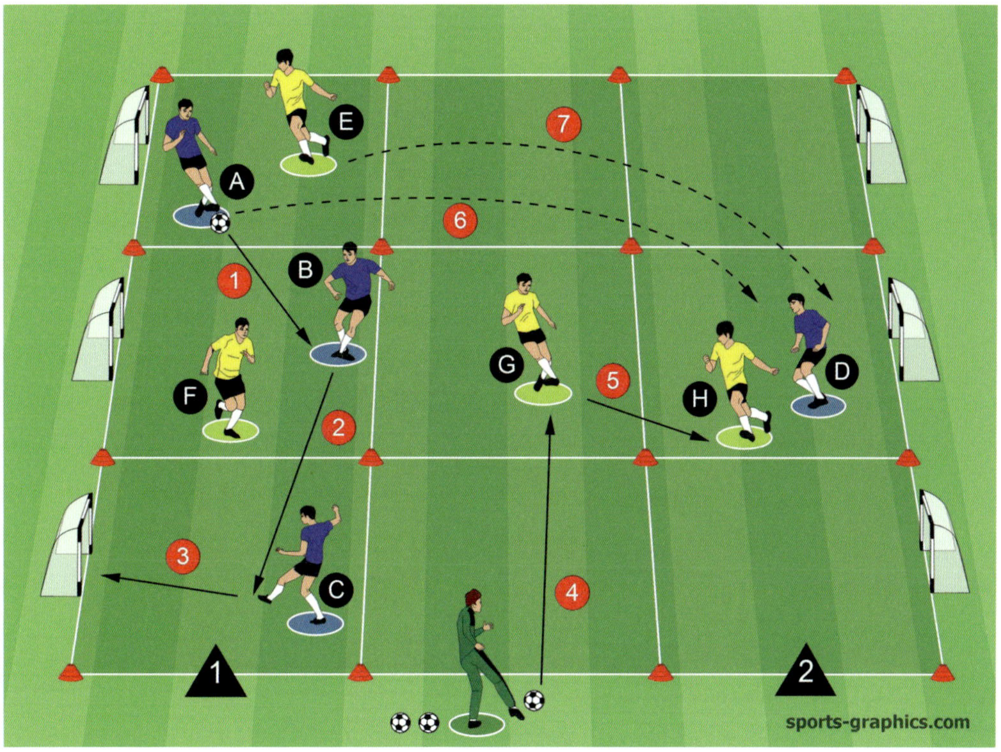

Durchführung

Die Spieler werden in zwei Teams zu je vier Spielern eingeteilt (vgl. Team BLAU und Team GELB). Die Spieler A, B und C sowie Spieler E und F positionieren sich in Zone 1. Spieler G positioniert sich im zentralen Feld. Die Spieler H und D positionieren sich in Zone 2. In Zone 1 beginnt ein Spiel im 3 gegen 2. Das Ziel des ballbesitzenden Teams BLAU ist es, über geschickte Ballzirkulation (vgl. 1 und 2) zum Torerfolg auf die Minitore zu kommen (vgl. 3). Spieler E und F versuchen, dies zu verhindern. Hat Team BLAU ein Tor erzielt (vgl. 3), spielt der Trainer einen neuen Ball für Spieler G ein (vgl. 4). Nun greift Team GELB im 3 gegen 2 in Zone 2 auf die Minitore an (vgl. 5). Um das geforderte Zahlenverhältnis herzustellen, müssen je ein blauer und ein gelber Spieler aus der ersten Spielsituation schnellstmöglich in die Zone 2 umschalten (vgl. 6 und 7). Sollte die Unterzahlmannschaft den Ball erobern, so spielen sie einen Pass auf den zentralen Spieler und dieser leitet die nächste Situation ein. Je nach Spielverlauf müssen die Spieler die entsprechenden Zonen eigenständig und in Abstimmung besetzen.

Variante

- Durchführung als Wettkampf: Welche Mannschaft erzielt zuerst 10 Tore?

10.3.4 3 gegen 3 (variable Minitore) #1

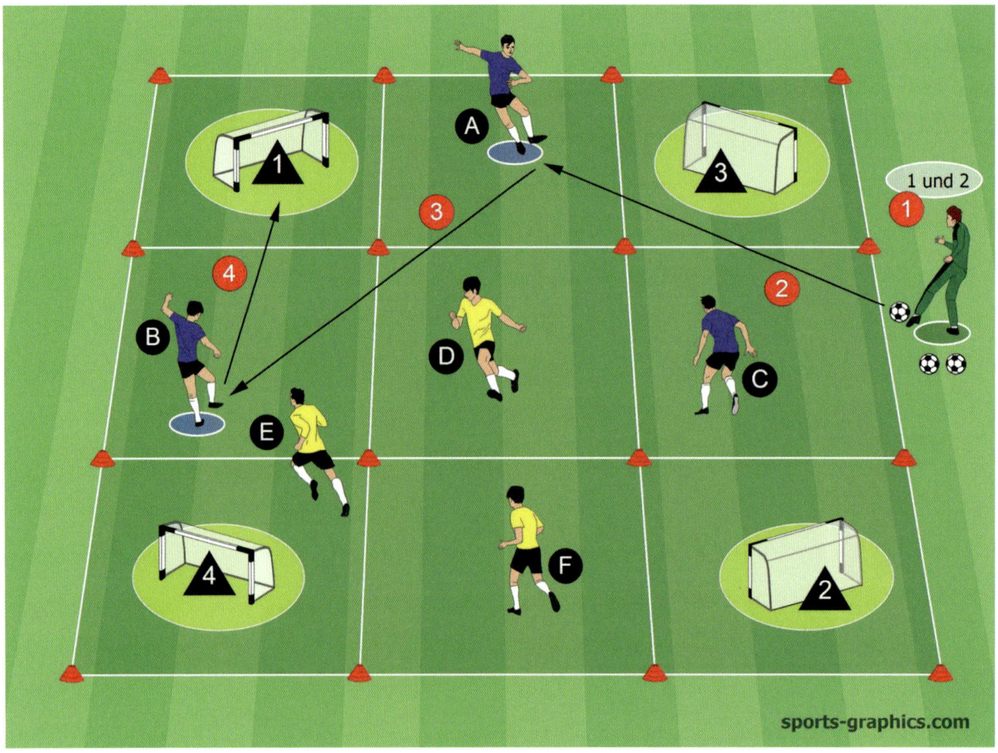

Durchführung

Die Spieler werden in zwei Teams zu je drei Spielern eingeteilt (vgl. Team BLAU und Team GELB). Der Trainer benennt durch ein akustisches oder visuelles Signal zwei Tore (vgl. 1) und passt den Spielball zu einem der beiden Teams (vgl. 2). Das ballbesitzende Team greift nun auf die benannten Tore an (vgl. 3 und 4). Bei einem Ballgewinn des verteidigenden Teams greift dieses auf die beiden nicht benannten Tore an. Sobald ein Ball das Spielfeld verlässt oder ein Treffer erzielt wurde, bringt der Trainer einen nächsten Ball ins Spiel und benennt erneut zwei Tore (vgl. 1 und 2).

Varianten

* Durchführung als Wettkampf: Welche Mannschaft erzielt zuerst 10 Tore?
* Die Mannschaft in Ballbesitz greift auf die vom Trainer nicht benannten Tore an.
* Der Trainer benennt während des laufenden Spiels neue Tore.
* Die Tore werden mit Zahlen und je einer Farbe belegt. Der Trainer kann nun entweder die Zahl oder die Farbe ausrufen, um die Tore zu benennen.

10.3.5 3 gegen 3 (variable Minitore) #2

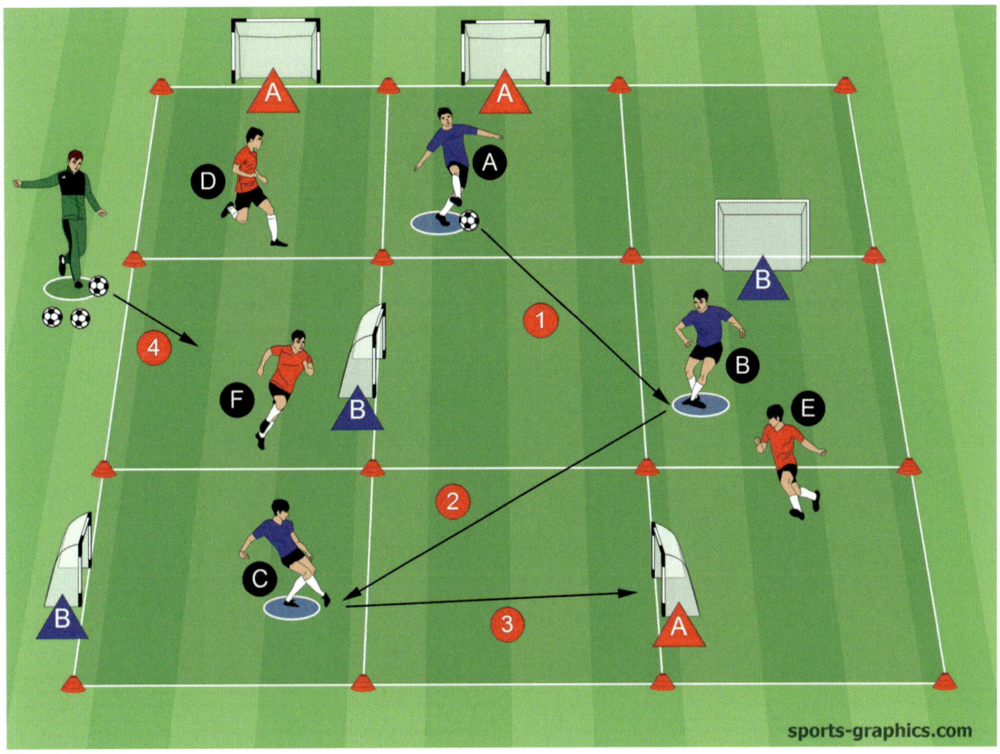

Durchführung

Die Spieler werden in zwei Teams zu je drei Spielern eingeteilt (vgl. Team BLAU und Team ROT). Bevor das Spiel startet, platziert jedes Team genau drei Minitore auf frei wählbaren Linien (vgl. Tore A und B). Dabei darf nur ein Tor pro Linie platziert werden und Tore auf der äußeren Linie nur nach innen geöffnet sein. In der von den Spielern gewählten Torkonstellation verteidigt nun jedes Team im freien Spiel die eigens platzierten Tore. Das ballbesitzende Team versucht, durch geschickte Ballzirkulation (vgl. 1 und 2) einen Treffer auf eines der gegnerischen Minitore zu erzielen (vgl. 3). Sobald ein Ball das Spielfeld verlässt oder ein Treffer erzielt wurde, bringt der Trainer einen nächsten Ball ins Spiel (vgl. 4). Nach einer vorgegebenen Toranzahl werden die Tore neu platziert.

Varianten

* Durchführung als Wettkampf: Welche Mannschaft erzielt zuerst fünf Tore?
* Die Mannschaften belegen vor Spielbeginn die Tore mit unterschiedlichen Wertungen (drei Punkte, zwei Punkte, ein Punkt).

10.3.6 3 gegen 3 (Zonenspiel)

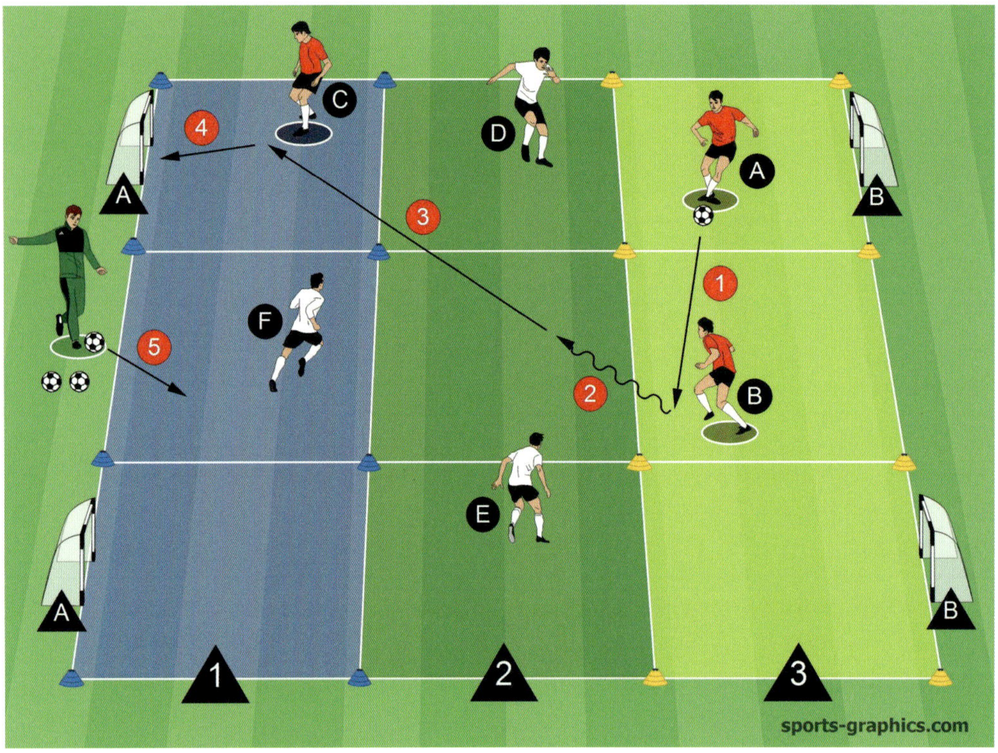

Durchführung

Die Spieler werden in zwei Teams zu je drei Spielern eingeteilt (vgl. Team ROT und Team WEISS). Das Spielfeld wird in drei Zonen unterteilt (vgl. Zone 1, Zone 2 und Zone 3). Team ROT spielt gegen Team WEISS. Team ROT greift auf die Tore A an, während Team WEISS auf die Tore B angreift. Tore dürfen jeweils nur aus der tornahen Zone erzielt werden. Team ROT darf Tore aus Zone 1 und Team WEISS darf Tore aus Zone 3 erzielen. Durch geschicktes Passen (vgl. 1) und Dribbeln (vgl. 2) versucht Team ROT, in Zone 1 vorzudringen (vgl. 3) und auf eines der Minitore abzuschließen (vgl. 4). Sobald ein Ball das Spielfeld verlässt oder ein Treffer erzielt wurde, bringt der Trainer einen nächsten Ball ins Spiel (vgl. 5).

Varianten

- Tore dürfen weiterhin nur aus der tornahen Zone erzielt werden. Die Spieler müssen die Linie zur tornahen Zone im Dribbling überwinden.
- Tore dürfen weiterhin nur aus der tornahen Zone erzielt werden. Die Spieler müssen die Linie zur tornahen Zone mit einem Pass überwinden.
- Alle Spieler müssen sich bei einem Torerfolg in der tornahen oder der zentralen Zone befinden.
- Es dürfen auch Treffer aus der zentralen Zone 2 erzielt werden.

10.3.7 3 gegen 3 plus 4 (Überzahlspiel)

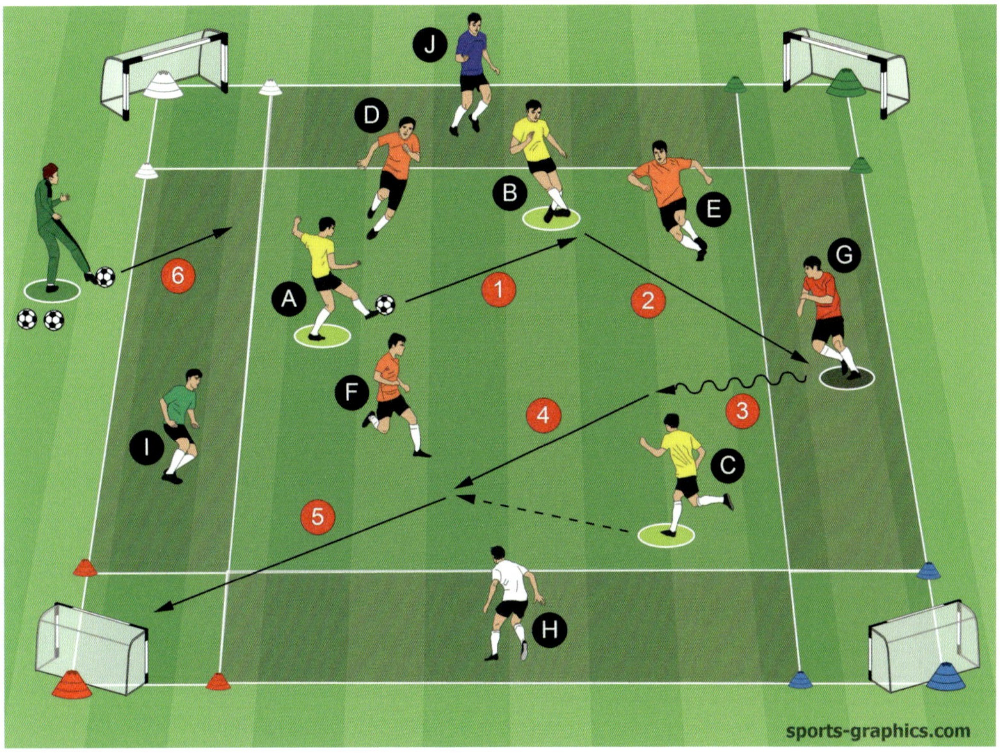

Durchführung

Die Spieler werden in zwei Teams zu je drei Spielern eingeteilt (vgl. Team GELB und Team ORANGE). Vier weitere Spieler positionieren sich in den seitlichen Feldern (vgl. Spieler G, H, I und J) und agieren als neutrale Spieler. Innerhalb des zentralen Felds läuft ein Spiel im 3 gegen 3. Dabei darf die ballbesitzende Mannschaft zunächst auf keines der Minitore abschließen. Durch geschickte Ballzirkulation innerhalb des zentralen Felds (vgl. 1) kann ein neutraler Außenspieler angespielt werden (vgl. 2). Dieser dribbelt ins zentrale Feld (vgl. 3) und spielt fortan innerhalb des Felds für die ballbesitzende Mannschaft (vgl. 4). Mit der Aktivierung eines Außenspielers durch das Anspiel kann die ballbesitzende Mannschaft nun auf das Tor (hier Tor ROT) angreifen, welches der Leibchenfarbe des aktivierten Außenspielers (vgl. Spieler G) entspricht (vgl. 5). Die ballbesitzende Mannschaft hat darüber hinaus auch die Möglichkeit, weitere neutrale Außenspieler anzuspielen, um die Überzahl im Zentrum zu vergrößern und auf weitere Tore angreifen zu können. Gewinnt die verteidigende Mannschaft den Ball, so kehren die neutralen Außenspieler wieder auf ihre Position außerhalb des Felds zurück. Sobald ein Ball das Spielfeld verlässt oder ein Treffer erzielt wurde, bringt der Trainer einen nächsten Ball ins Spiel (vgl. 6).

10.3.8 4 gegen 4 (Ballbesitz vs. Torerfolg)

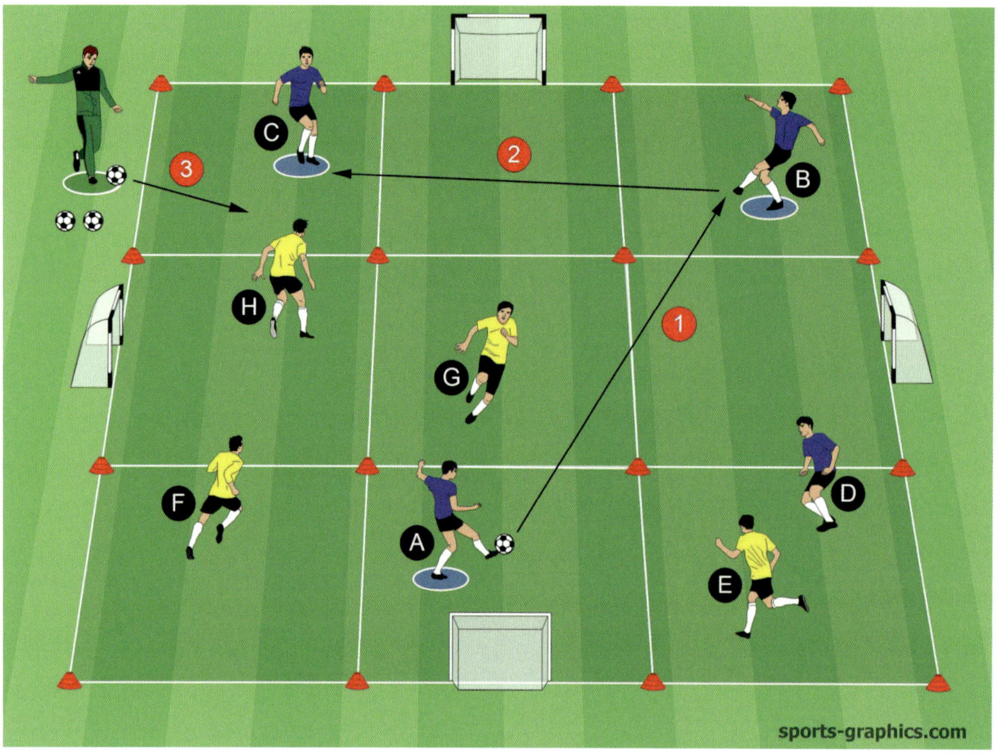

Durchführung

Die Spieler werden in zwei Teams zu je vier Spielern eingeteilt (vgl. Team BLAU und Team GELB). Team BLAU spielt auf Ballbesitz und versucht, möglichst viele Pässe in den eigenen Reihen zu spielen (vgl. 1 und 2), ohne dass Team GELB den Ball erobert. Team GELB hat die Aufgabe, im eigenen Ballbesitz so viele Tore wie möglich zu erzielen. Team BLAU erhält für 10 Pässe ohne Ballverlust einen Punkt. Team GELB erhält für jedes erzielte Tor einen Punkt. Welches Team hat nach einer bestimmten Spielzeit die meisten Punkte gesammelt? Die Aufgaben werden regelmäßig gewechselt. Sobald ein Ball das Spielfeld verlässt oder ein Treffer erzielt wurde, bringt der Trainer einen nächsten Ball ins Spiel (vgl. 3). Dabei erhält immer das Team, welches auf Ballbesitz spielt, die Zuspiele des Trainers.

Varianten

- Kontaktbegrenzung für das auf Ballbesitz spielende Team (3/2 Ballkontakte).
- Kontaktbegrenzung für das gegen den Ball agierende Team (direkter Abschluss).

10.3.9 4 gegen 4 (variable Torwertung) #1

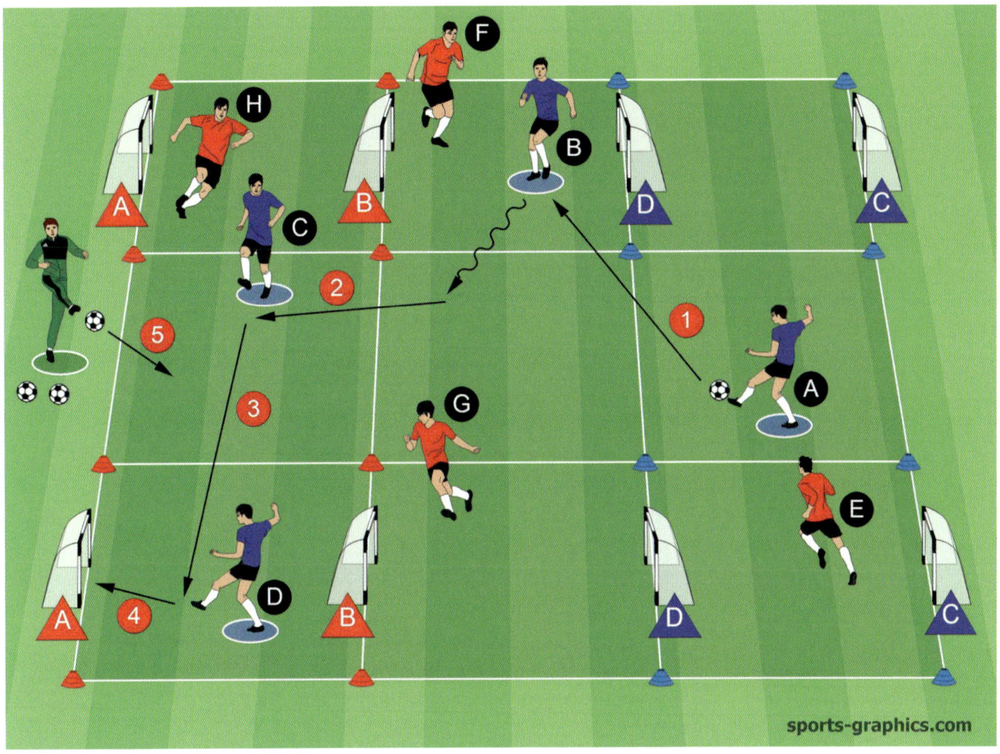

Durchführung

Die Spieler werden in zwei Teams zu je vier Spielern eingeteilt (vgl. Team BLAU und Team ROT). Team ROT verteidigt die Tore A und B. Team BLAU verteidigt die Tore C und D. Die ballbesitzende Mannschaft kann durch geschickte Ballzirkulation sowohl die vorderen Tore des Gegners (vgl. 1) als auch die hinteren Tore bedrohen (vgl. 2, 3 und 4). Dabei gelten unterschiedliche Wertungen. Ein Treffer auf die in Spielrichtung vorderen Tore wird einfach und ein Treffer auf die hinteren Tore wird doppelt gewertet. Sobald ein Ball das Spielfeld verlässt oder ein Treffer erzielt wurde, bringt der Trainer einen nächsten Ball ins Spiel (vgl. 5).

Varianten

- Bei einem Ballgewinn vor den hinteren Toren des Gegners und einem anschließenden Treffer auf eines der hinteren Tore erhält die erfolgreiche Mannschaft drei Punkte.
- Umkehr der Punktewertung zur Forcierung des Pressings.

10.3.10 4 gegen 4 (variable Torwertung) #2

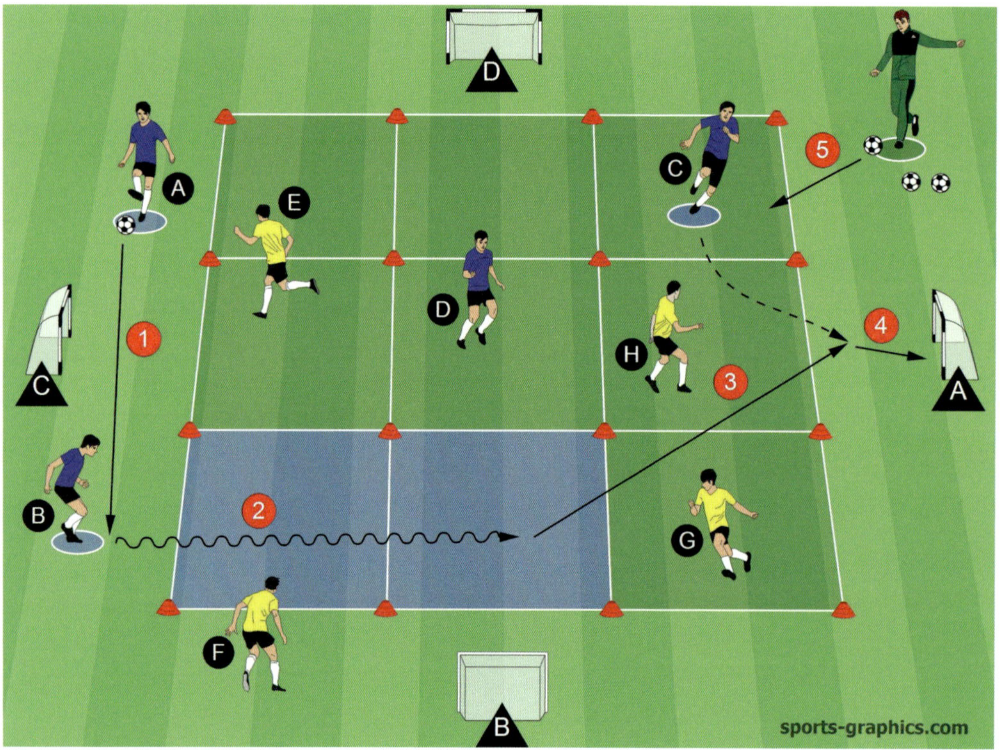

Durchführung

Die Spieler werden in zwei Teams zu je vier Spielern eingeteilt (vgl. Team BLAU und Team GELB). Das Spielfeld ist nicht von einer Auslinie begrenzt. Die Spieler agieren auch außerhalb des zentralen Felds (vgl. Spieler A und B). Die ballbesitzende Mannschaft lässt den Ball zirkulieren (vgl. 1) und versucht, ins Feld einzudringen. Die Dribbelrichtung des eindringenden Spielers (vgl. Spieler B) bestimmt die Spielrichtung. Spieler B versucht nun, so viele Felder wie möglich in Spielrichtung zu durchdribbeln (vgl. 2) und anschließend das Tor in Spielrichtung (hier Tor A) zu bedrohen (vgl. 3 und 4). Die Wertung des erzielten Tors hängt von der Anzahl der durchdribbelten Felder ab. Dribbelt der Spieler durch ein Feld, so zählt das Tor einfach, dribbelt er durch zwei oder drei Felder, so ergibt sich eine doppelte oder dreifache Wertung. Sobald ein Ball den Spielraum verlässt oder ein Treffer erzielt wurde, bringt der Trainer einen nächsten Ball ins Spiel (vgl. 5).

Variante

- Abschlussmöglichkeit nach Balleroberung ohne Auflagen auf alle Minitore.

10.3.11 4 gegen 4 (Passspiel)

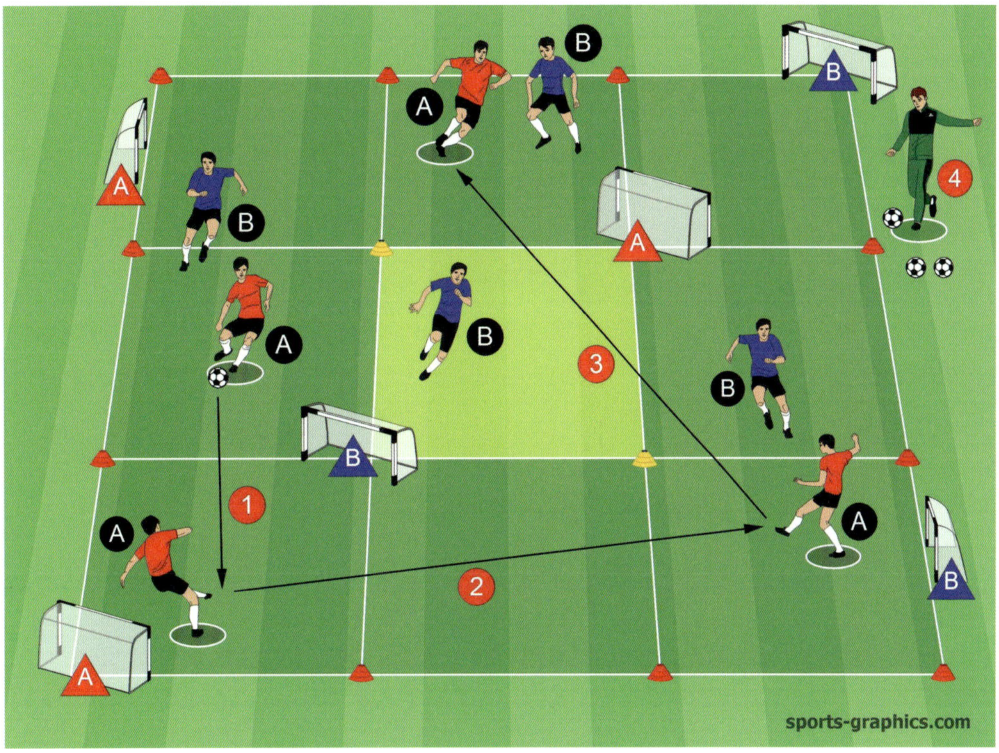

Durchführung

Die Spieler werden in zwei Teams eingeteilt (vgl. Team ROT und Team BLAU). Das ballbesitzende Team versucht, eine im Vorfeld vom Trainer festgelegte Anzahl von Pässen innerhalb der eigenen Reihen zu realisieren (vgl. 1 und 2). Nachdem die Passanzahl erreicht ist, darf die Mannschaft auf die farbigen Minitore abschließen. Team ROT greift auf die Minitore A an und Team BLAU greift auf die Minitore B an. Gelingt es der ballbesitzenden Mannschaft, einen Pass durch das zentrale Feld zu einem Mitspieler zu spielen (vgl. 3), so darf das Team im Anschluss auf alle sechs Minitore abschließen. Nach einer Balleroberung verfolgt das ballgewinnende Team die offensive Aufgabenstellung und versucht, durch das Erreichen der Passanzahl oder den Pass durch das Zentrum die Tore zu öffnen. Sobald ein Ball das Spielfeld verlässt, bringt der Trainer einen nächsten Ball ins Spiel (vgl. 4).

Variante

- Das Erreichen einer Passanzahl zum Öffnen der Tore wird aufgehoben. Die Teams spielen mit einer festen Spielrichtung gegeneinander. Team ROT verteidigt die Tore A und Team BLAU verteidigt die Tore B.

10.3.12 4 gegen 4 (Zonenspiel) #1

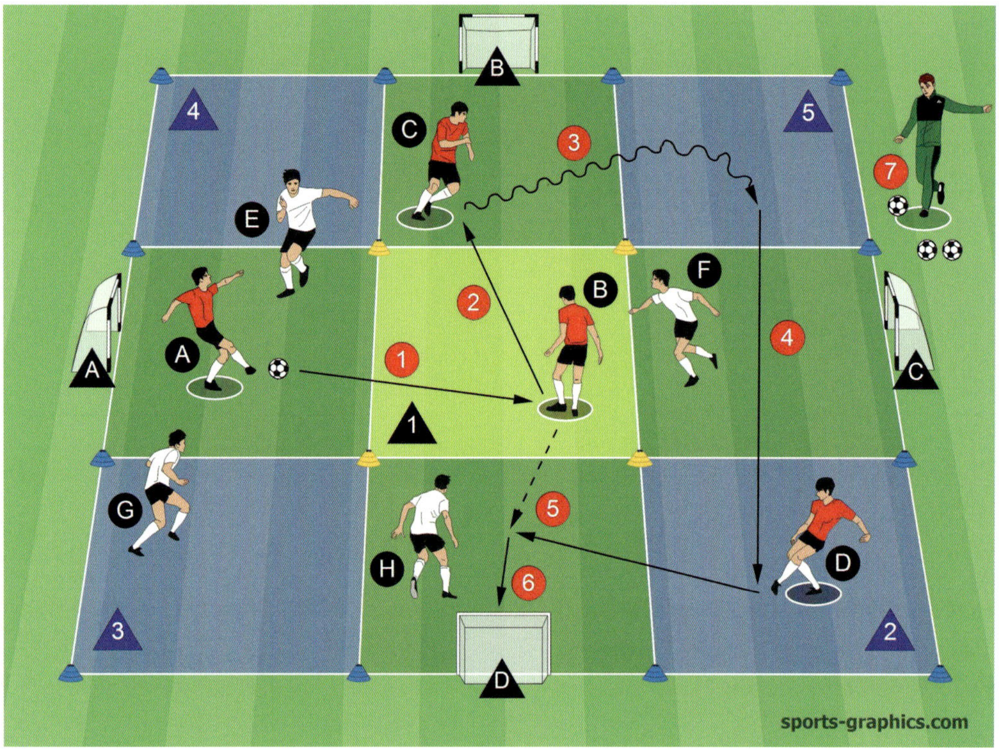

Durchführung

Die Spieler werden in zwei Teams eingeteilt (vgl. Team ROT und Team WEISS). Die ballbesitzende Mannschaft hat die Aufgabe, eine vorher vom Trainer festgelegte Anzahl von Pässen zu realisieren (vgl. 1 und 2). Sobald diese Aufgabe ohne Ballverlust gelöst wurde, können die farbig markierten Felder (vgl. Feld 1, 2, 3, 4 und 5) bespielt werden. Je nach Lage des bespielten Felds kann im direkten Anschluss auf die entsprechenden Tore abgeschlossen werden (vgl. 5 und 6). Feld 1 öffnet die Tore A, B, C und D. Feld 2 öffnet die Tore A und B. Feld 3 öffnet die Tore B und C. Feld 4 öffnet die Tore C und D. Feld 5 öffnet die Tore A und D. Sobald ein Ball das Spielfeld verlässt oder ein Treffer erzielt wird, bringt der Trainer einen nächsten Ball ins Spiel (vgl. 7).

Aufgabenstellungen zum Bespielen der Felder

- Pass in das Feld hinein (vgl. 1) und Pass aus dem Feld heraus (vgl. 2).
- Dribbling in das Feld hinein (vgl. 3) und Pass aus dem Feld heraus (vgl. 4).

10.3.13 4 gegen 4 (Zonenspiel) #2

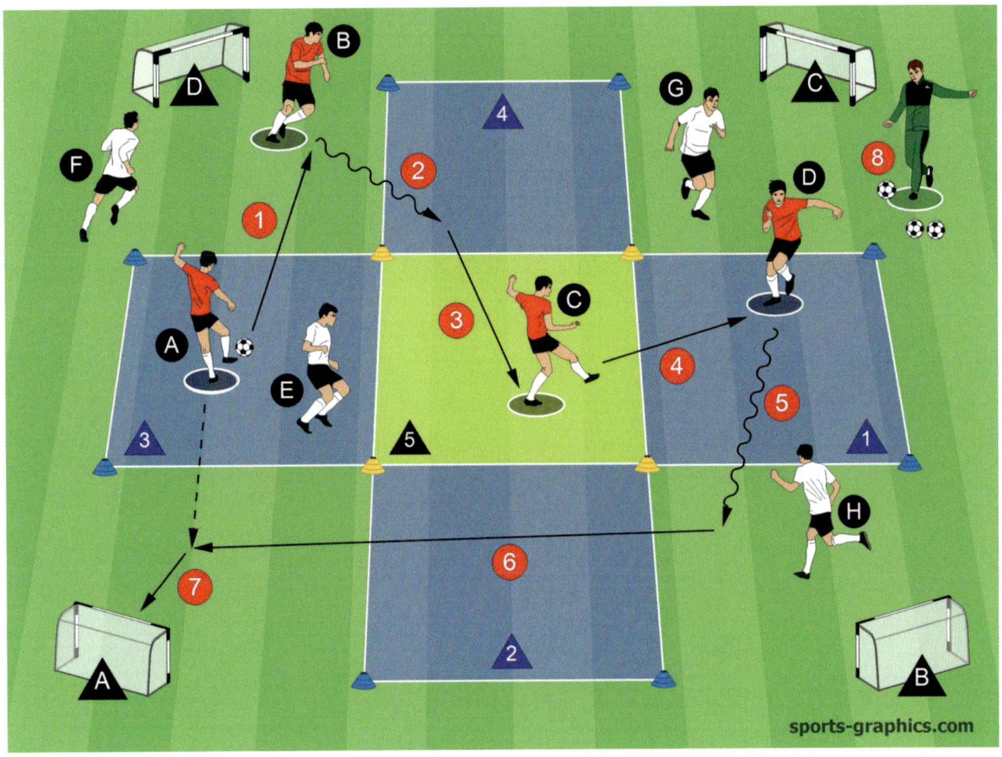

Durchführung

Die Spieler werden in zwei Teams eingeteilt (vgl. Team ROT und Team WEISS). Die ballbesitzende Mannschaft hat die Aufgabe, eine vorher vom Trainer festgelegte Anzahl von Pässen zu realisieren (vgl. 1). Sobald diese Aufgabe ohne Ballverlust gelöst wurde, können die farbig markierten Felder (vgl. Feld 1, 2, 3, 4 und 5) bespielt werden. Je nach Lage des bespielten Felds kann im Anschluss auf die entsprechenden Tore abgeschlossen werden (vgl. 7). Feld 1 öffnet die Tore A und D. Feld 2 öffnet die Tore C und D. Feld 3 öffnet die Tore B und C. Feld 4 öffnet die Tore A und B. Feld 5 öffnet die Tore A, B, C und D. Sobald ein Ball das Spielfeld verlässt oder ein Treffer erzielt wird, bringt der Trainer einen nächsten Ball ins Spiel (vgl. 8).

Aufgabenstellungen zum Bespielen der Felder

* Dribbling in das Feld hinein (vgl. 2) und Pass aus dem Feld heraus (vgl. 3).
* Pass in das Feld hinein (vgl. 4) und Dribbling aus dem Feld heraus (vgl. 5).
* Pass durch ein Feld hindurch (vgl. 6).

10.3.14 4 gegen 4 (Linienspiel) #1

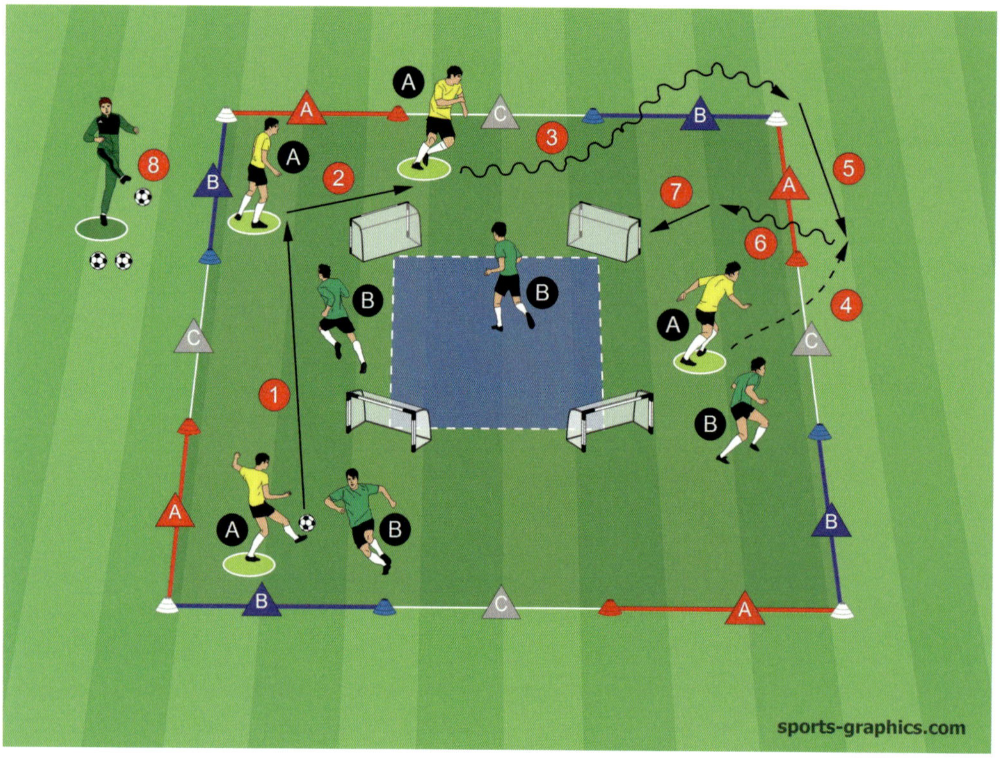

Durchführung

Die Spieler werden in zwei Teams eingeteilt (vgl. Team GELB und Team GRÜN). Das ballbesitzende Team verfolgt die Aufgabe, eine im Vorfeld vom Trainer festgelegte Passanzahl innerhalb der eigenen Reihen umzusetzen (vgl. 1 und 2). Nachdem die Passanzahl erreicht ist, können die farbigen Außenlinien bespielt werden (vgl. Linie A und Linie B). Bespielt werden die Linien, indem ein Spieler per Pass oder per Dribbling über eine Linie aus dem Feld ausbricht (vgl. 3), ein weiterer Spieler sich hinter einer Linie freiläuft (vgl. 4), den Ball erhält (vgl. 5) und ebenfalls per Pass oder per Dribbling über eine andersfarbige Linie wieder ins zentrale Feld einsteigt (vgl. 6). Sind die Linien nach einem dieser Muster bespielt worden, kann auf die Minitore im Zentrum abgeschlossen werden (vgl. 7). Dribbelt ein Spieler durch das zentrale Feld, sind ebenfalls alle Tore geöffnet und können zum Torabschluss genutzt werden. Sobald ein Ball das Spielfeld verlässt oder ein Treffer erzielt wird, bringt der Trainer einen nächsten Ball ins Spiel (vgl. 8).

Varianten

- Dribbelt oder passt ein Spieler über eine Linie C aus dem Feld hinaus, öffnen sich immer die beiden von der bespielten Linie aus entfernten Minitore.
- Verknüpfung der Aufgaben mit den Farben: Ausstieg ROT bedeutet Einstieg BLAU etc.

10.3.15 4 gegen 4 (Linienspiel) #2

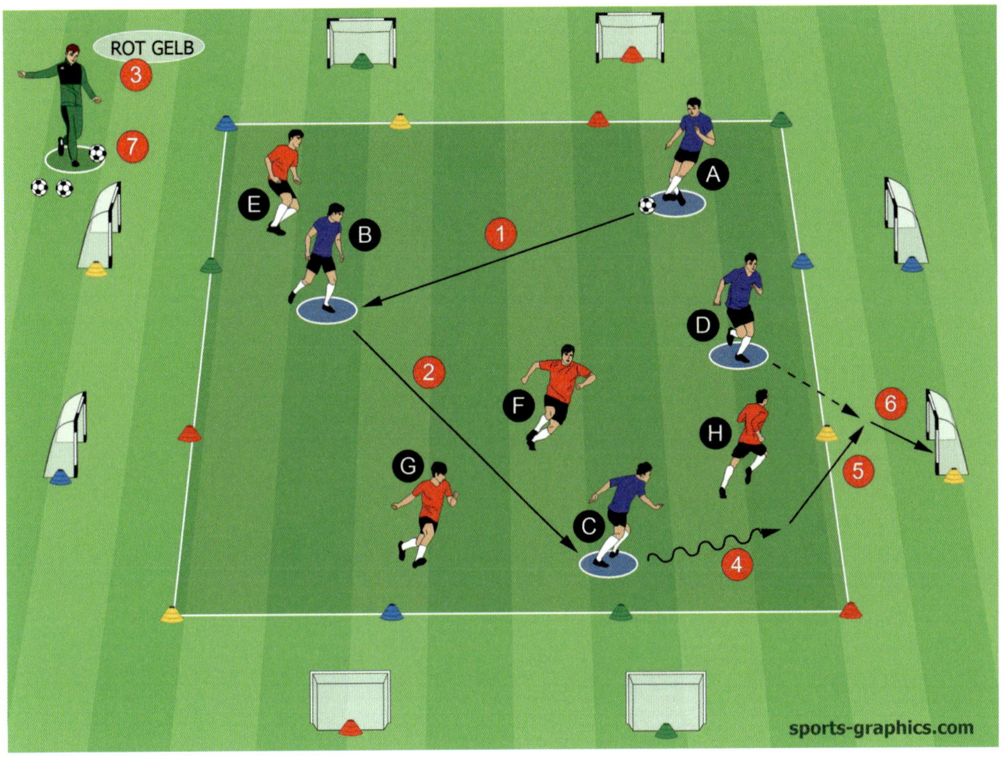

Durchführung

Die Spieler werden in zwei Teams eingeteilt (vgl. Team BLAU und Team ROT). Nach einer Ballbesitzsequenz startet der Trainer durch ein Signal das Spiel auf die verschiedenen Minitore. Das ballbesitzende Team hat zunächst die Aufgabe, den Ball in den eigenen Reihen zu halten (vgl. 1 und 2). Mit einem akustischen oder visuellen Trainersignal (vgl. 3) werden drei Linien auf der Außenseite des Felds benannt. Dabei geht es um die Linien, die zwischen den beiden farblich benannten Markierungshütchen liegen (hier ROT und GELB). Das ballbesitzende Team hat nun die Aufgabe, eine der benannten Linien mit einem Pass oder einem Dribbling zu bespielen (vgl. 4 und 5). Wurde diese Aufgabe gelöst, kann auf ein beliebiges Minitor abgeschlossen werden (vgl. 6). Sobald ein Ball das Spielfeld verlässt oder ein Treffer erzielt wird, bringt der Trainer einen nächsten Ball ins Spiel (vgl. 7).

Varianten

* Ein Pass oder ein Dribbling über eine der benannten Linien von innen nach außen öffnet die Tore.
* Ein Pass oder ein Dribbling über eine der benannten Linien von außen nach innen öffnet die Tore.
* Der Abschuss auf das Minitor muss über eine der benannten Linien erfolgen.
* Nach Bespielen einer Linie öffnen sich nur die Tore der zwei entsprechenden Farben.

10.3.16 4 gegen 4 (Linienspiel) #3

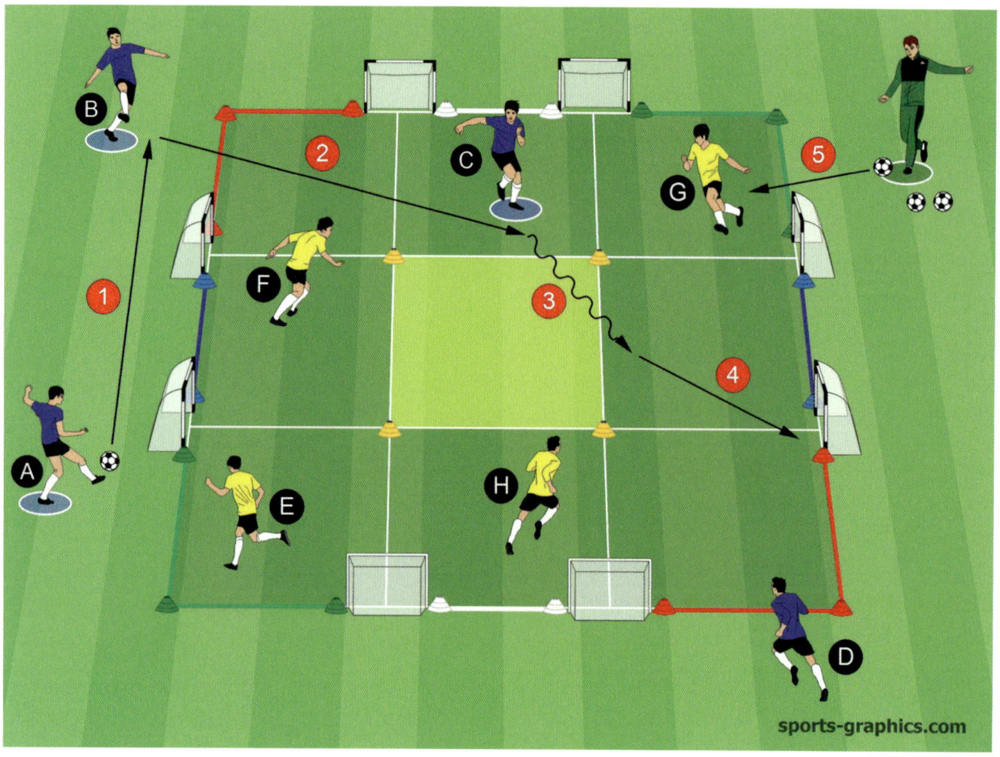

Durchführung

Die Spieler werden in zwei Teams zu je vier Spielern eingeteilt (vgl. Team BLAU und Team GELB). Die Linien zwischen den Minitoren sind farblich markiert und spielen für den Verlauf der Spielform eine entscheidende Rolle. Das Spielfeld ist nicht von einer Auslinie begrenzt. Die Spieler agieren auch außerhalb des zentralen Felds (vgl. Spieler A und B). Die ballbesitzende Mannschaft lässt den Ball zirkulieren (vgl. 1) und versucht, über eine der Linien mit einem Pass oder einem Dribbling in das Feld einzudringen (vgl. 2). Nun ist die Farbe der Linie entscheidend, über die in das Feld eingedrungen wurde. Die ballbesitzende Mannschaft darf im Anschluss nur auf die Tore angreifen, neben denen ein mit der Linie gleichfarbiges Markierungshütchen platziert ist (vgl. 3 und 4). Team BLAU dringt also über die Linie ROT in das Feld ein und greift anschließend auf die Tore an, neben denen ein rotes Markierungshütchen platziert ist. Gewinnt die verteidigende Mannschaft den Ball, so muss erst ein Pass aus dem Feld heraus gespielt werden, ehe ein neuer Angriff eingeleitet werden kann. Sobald ein Ball den Spielraum verlässt oder ein Treffer erzielt wurde, bringt der Trainer einen nächsten Ball ins Spiel (vgl. 5).

Variante

- Doppelte Punktewertung nach Bespielen der zentralen Zone (vgl. 3).

10.3.17 4 gegen 4 (Flügelspiel vs. Zentrumsspiel)

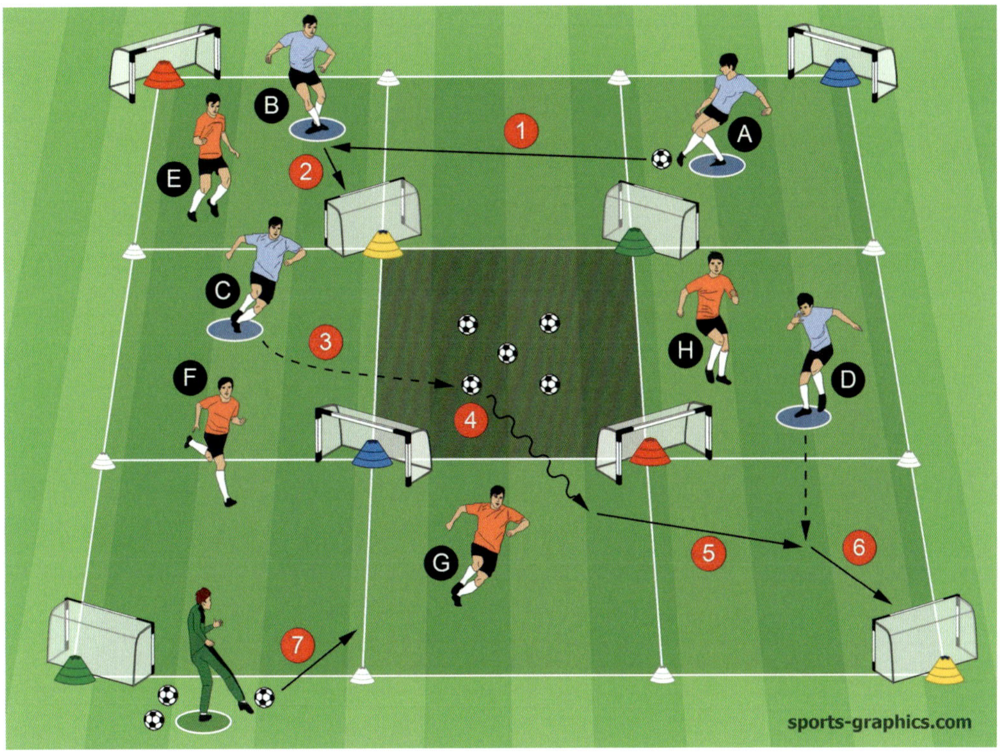

Durchführung

Die Spieler werden in zwei Teams zu je vier Spielern eingeteilt (vgl. Team BLAU und Team ORANGE). Im Feld sind vier äußere und vier zentrale Minitore platziert, die jeweils mit einem Markierungshütchen farblich gekennzeichnet sind. Das ballbesitzende Team versucht, durch geschicktes Passspiel (vgl. 1) einen Treffer auf eines der vier zentralen Minitore (hier Minitor GELB) zu erzielen (vgl. 2). Nach einem Treffer erhält das erfolgreiche Team einen Bonusball. Ein Spieler dieses Teams läuft ins Zentrum (vgl. 3) und nimmt einen der dort platzierten Bälle im Dribbling auf (vgl. 4). Mit diesem Ball versucht das Team, nun schnellstmöglich einen Treffer in das farblich gleiche Minitor (hier Minitor GELB) zu erzielen, welches zuvor bespielt wurde (vgl. 5 und 6). Sobald ein Ball das Spielfeld verlässt, ein Treffer erzielt wurde, der Ball zwischen erstem und zweitem Torerfolg verloren geht oder sich die Spielphase mit dem zweiten Ball festfährt, bringt der Trainer einen nächsten Ball ins Spiel (vgl. 7).

Varianten

* Nach einem Treffer in ein zentrales Tor dürfen alle äußeren Tore bespielt werden.
* Umkehr der Spielrichtung: Nach dem Treffer in ein äußeres Tor erfolgt das Spiel auf das Zentrum.

10.3.18 4 gegen 4 plus 2 (variable Minitore)

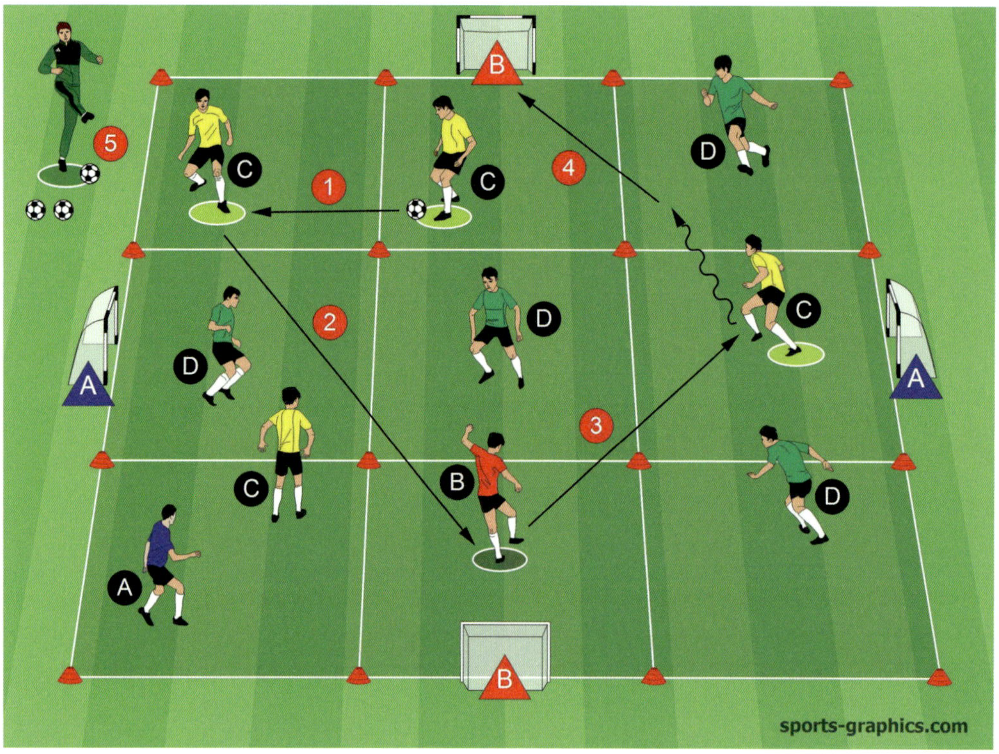

Durchführung

Die Spieler werden in zwei Teams eingeteilt (vgl. Team GELB und Team GRÜN). Zusätzlich werden zwei neutrale Anspieler eingeteilt (vgl. Spieler A und Spieler B). Das ballbesitzende Team verfolgt die Aufgabe, eine im Vorfeld vom Trainer festgelegte Passanzahl innerhalb der eigenen Reihen umzusetzen (vgl. 1). Dabei dürfen die neutralen Anspieler (vgl. Spieler A und Spieler B) einbezogen werden. Nachdem die Passanzahl erreicht wurde, können die Tore geöffnet werden, indem die ballbesitzende Mannschaft den Ball zu einem der beiden neutralen Anspieler passt (vgl. 2). Ist dies gelungen, kann auf das entsprechende farbige Tor gespielt und abgeschlossen werden (vgl. 3 und 4). Wird der neutrale Anspieler A einbezogen, öffnen sich die Tore A. Wird der neutrale Anspieler B einbezogen, öffnen sich die Tore B. Gewinnt die verteidigende Mannschaft den Ball, muss diese ihrerseits die geforderte Passanzahl umsetzen, ehe sie mithilfe der neutralen Anspieler Tore öffnen kann. Sobald ein Ball das Spielfeld verlässt oder ein Treffer erzielt wird, bringt der Trainer einen nächsten Ball ins Spiel (vgl. 5).

Variante

* Sofortige Öffnung aller Tore (direktes Passspiel zwischen den neutralen Spielern).

10.3.19 4 gegen 4 plus 4 (Positionsspiel)

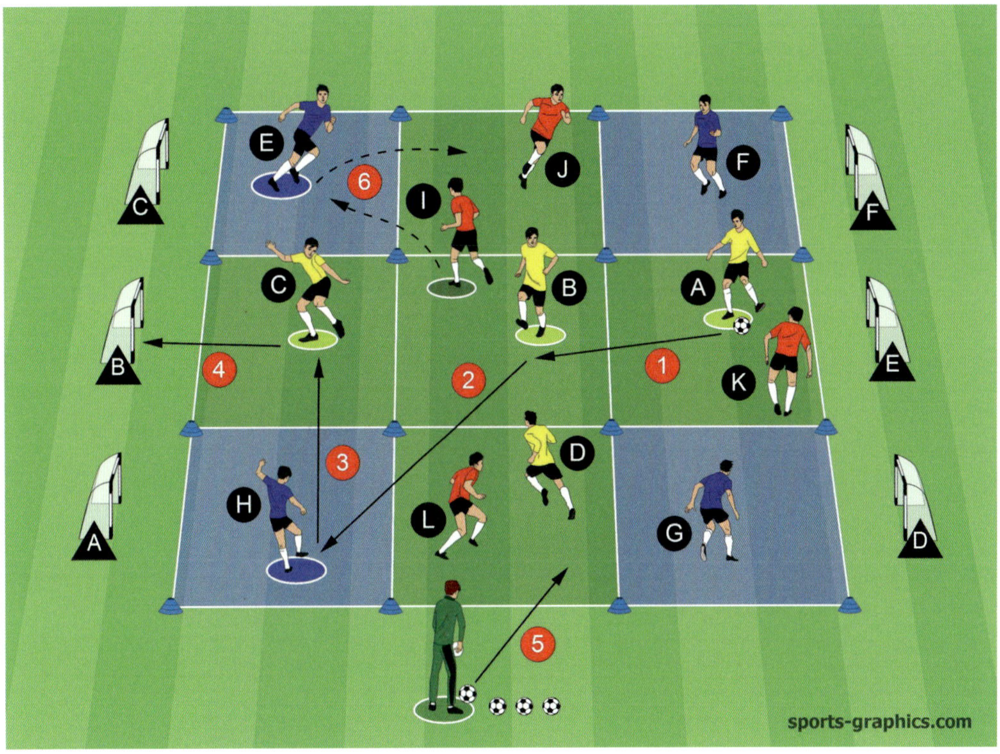

Durchführung

Die Spieler werden in drei Teams eingeteilt (vgl. Team GELB, Team BLAU und Team ROT). Die Spieler des blauen Teams besetzen die farblich markierten Eckfelder (vgl. Spieler E, F, G und H) und agieren dort als neutrale Spieler, die jeweils von der ballbesitzenden Mannschaft angespielt werden können. Team GELB greift auf die Tore A, B und C an, während Team ROT auf die Tore D, E und F angreift. Über die Ballzirkulation in den eigenen Reihen (vgl. 1) und den Einbezug der neutralen Spieler (vgl. 2 und 3) versucht die ballbesitzende Mannschaft, einen Treffer zu erzielen (vgl. 4). Die verteidigende Mannschaft versucht, dies zu verhindern. Fällt ein Treffer, erhält die erfolgreiche Mannschaft einen nächsten Ball vom Trainer (vgl. 5) und das zuvor verteidigende Team tauscht mit dem neutralen Team die Positionen (vgl. 6).

Varianten

- Wechsel der Spielrichtung nach jedem Treffer.
- Vorgabe einer Passanzahl (z. B. drei Pässe) als Voraussetzung für einen Abschluss.

10.3.20 5 gegen 5 (Offensivzonen)

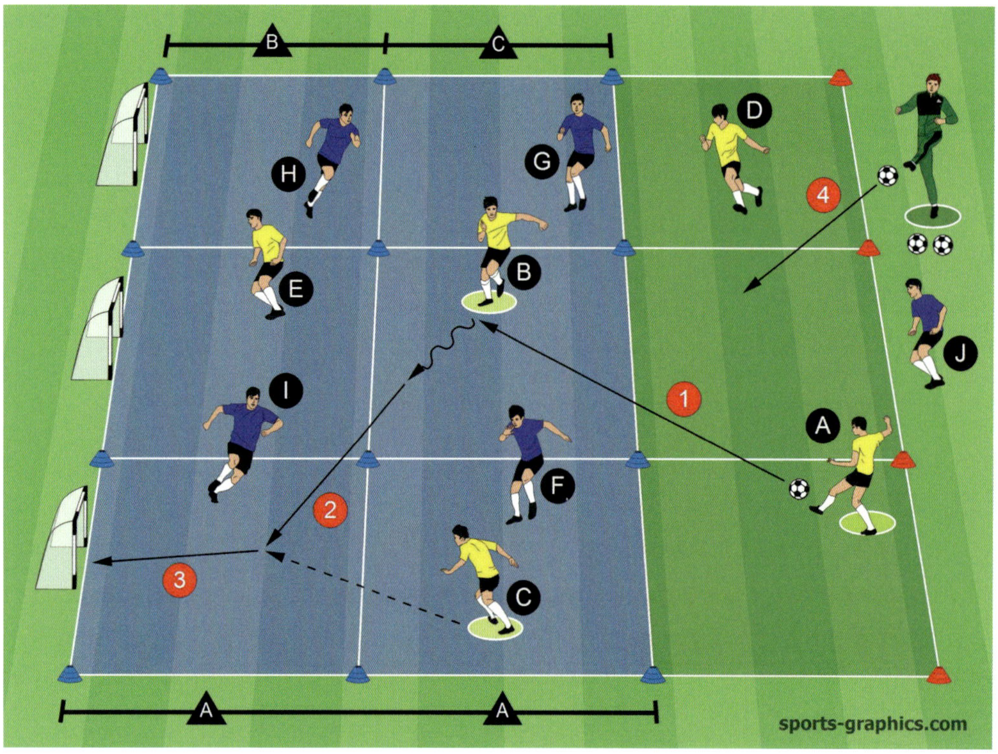

Durchführung

Die Spieler werden in zwei Teams eingeteilt (vgl. Team GELB und Team BLAU). Die Spieler des blauen Teams dürfen die Zone A in der Verteidigungssituation zunächst nicht verlassen. Die Spieler des gelben Teams dürfen ihre Positionierung innerhalb des gesamten Felds frei wählen. Das Ziel des gelben Teams ist es, durch gezielte Ballzirkulation und Dribblings (vgl. 1 und 2) einen Treffer auf eines der Minitore zu erzielen (vgl. 3). Team BLAU versucht, dies zu verhindern. Team BLAU erhält eine Wertung, wenn ein Spieler nach einer Balleroberung das Spielfeld im Dribbling verlässt. Sobald ein Ball das Spielfeld verlässt oder ein Treffer erzielt wurde, bringt der Trainer einen nächsten Ball ins Spiel (vgl. 4).

Varianten

- In der Verteidigungssituation befinden sich zwei Spieler des blauen Teams in Zone B (vgl. Spieler H und I) und zwei weitere Spieler in Zone C (vgl. Spieler F und G).
- Gewinnt das blaue Team den Ball, kann es zu Spieler J passen, der sich außerhalb des Felds befindet. War der Pass zu Spieler J erfolgreich, so wechseln die Aufgaben. Team BLAU agiert dann als ballbesitzendes Team, während Team GELB in Zone A verteidigt.

10.3.21 3 gegen 3 (Umschaltspiel)

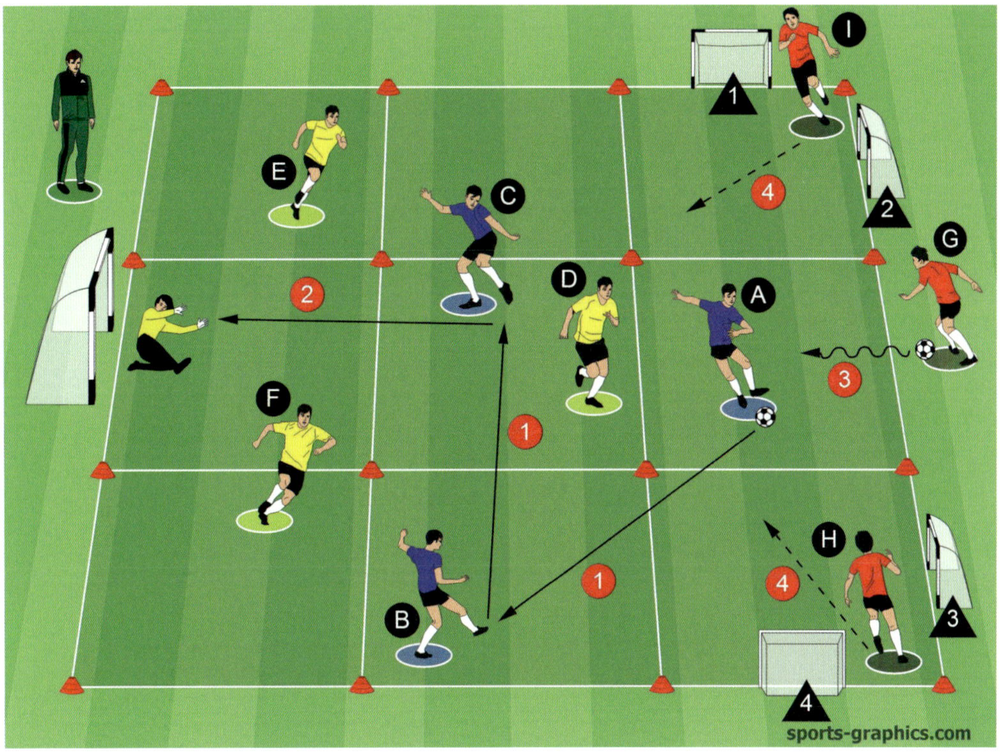

Durchführung

Die Spieler werden in drei Teams eingeteilt (vgl. Team BLAU, Team GELB und Team ROT). Team BLAU und Team GELB positionieren sich innerhalb des Felds. Team ROT positioniert sich an Tor 1 (vgl. Spieler I), an Tor 4 (vgl. Spieler H) und zwischen Tor 2 und 3 (vgl. Spieler G). Team ROT ist vorerst inaktiv. Team BLAU hat den Ball und spielt auf das Großtor, welches mit einem Torhüter besetzt ist. Team GELB verteidigt zunächst und greift im Falle eines Ballgewinns auf die Minitore an. Team BLAU hat die Aufgabe, durch geschicktes Passspiel (vgl. 1) einen Treffer auf das Großtor zu erzielen (vgl. 2). Ist der Ball im Tor oder aus dem Spiel, wird Team BLAU sofort zur verteidigenden Mannschaft. Der zentral positionierte Spieler von Team ROT (vgl. Spieler G) dribbelt ins Feld. Alle anderen Spieler von Team ROT (vgl. Spieler H und Spieler I) laufen ohne Ball ins Feld (vgl. 4). Team ROT greift nun gegen Team BLAU auf das Großtor an. Unterdessen verlässt Team GELB das Feld und positioniert sich auf den zuvor von Team ROT besetzten Positionen außen auf Höhe der Minitore. Auch wenn das verteidigende Team den Ball gewinnt und einen Treffer auf die Minitore erzielt, bleibt der Wechselrhythmus bestehen und das inaktive Team wird in Ballbesitz in Richtung Großtor aktiv.

Varianten

- Ermöglichen von Abschlüssen erst nach Spielzielerreichung (z. B. Passanzahl oder Felder bespielen).
- Wertigkeit der Tore verändern (Punkteanzahl gemäß Torstellung variieren).

10.3.22 3 gegen 3 (Linienspiel)

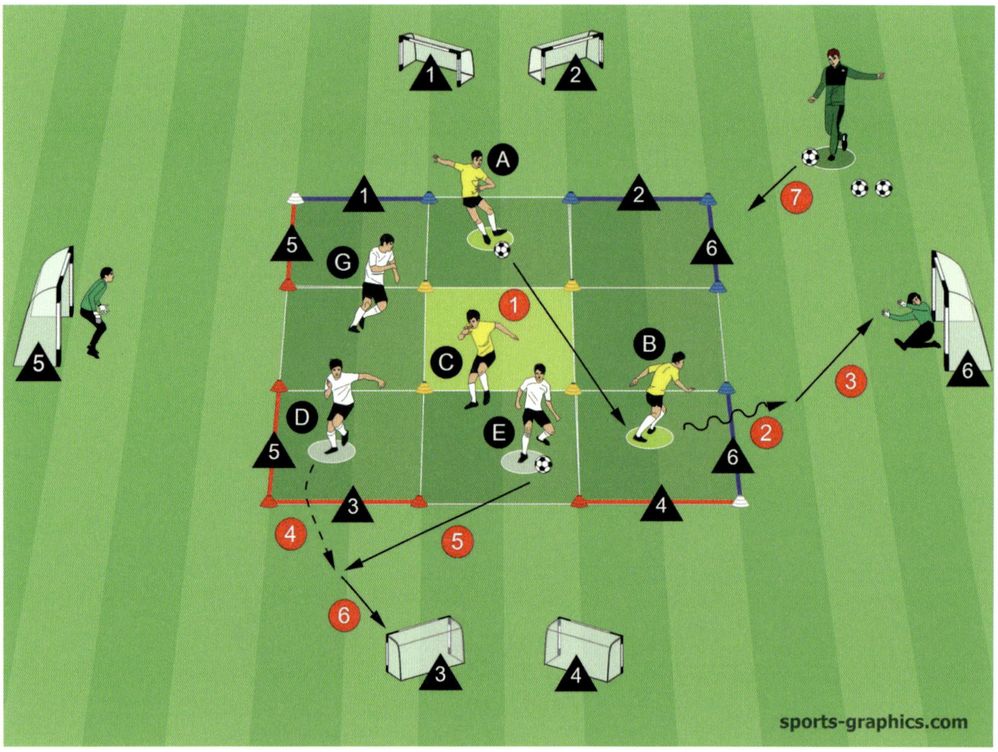

Durchführung

Die Spieler werden in zwei Teams eingeteilt (vgl. Team GELB und Team WEISS). Das ballbesitzende Team (vgl. 1) hat die Möglichkeit, durch das Erreichen bestimmter Spielziele die Mini- und Großtore zu öffnen. Die Mini- und Großtore sind mit den verschiedenen Linien des zentralen Felds verknüpft (z. B. Linien 6 und Großtor 6). Ein Dribbling über eine Linie (vgl. 2) erlaubt den Abschluss auf das farblich entsprechende bzw. das zugeordnete Mini- oder Großtor (vgl. 3). Ein Lauf über eine Linie (vgl. 4) mit dem Ballerhalt hinter der Linie (vgl. 5) erlaubt einen Abschluss auf das der Linie zugeordnete Minitor (vgl. 6). Sobald ein Ball das Spielfeld verlässt oder ein Treffer erzielt wird, bringt der Trainer einen nächsten Ball ins Spiel (vgl. 7).

Varianten

- Bei einem Treffer auf eines der Minitore bringt der Trainer einen Bonusball für die erfolgreiche Mannschaft ins Spiel. Mit dem Bonusball darf ohne weitere Auflagen auf eines der Großtore angriffen werden.
- Festlegung einer Spielrichtung: Team GELB greift auf die Linien 3, 4 und 5 an und Team WEISS spielt auf die Tore 1, 2 und 6.

10.3.23 3 gegen 3 (Diagonalität)

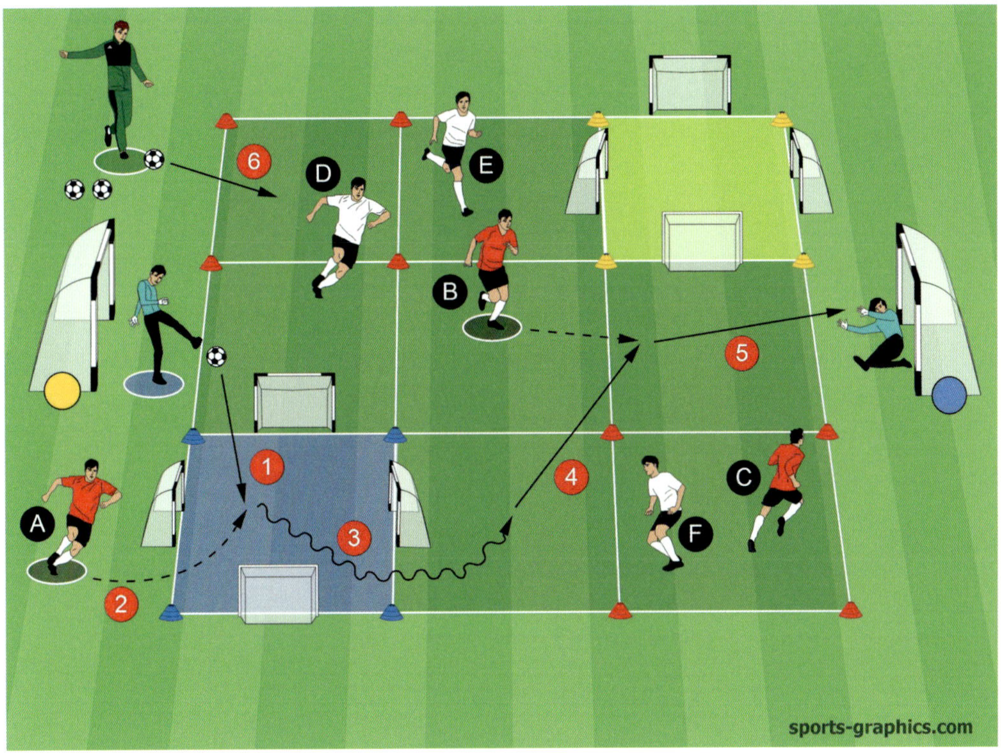

Durchführung

Die Spieler werden in zwei Teams eingeteilt (vgl. Team ROT und Team WEISS). Es gibt keine festgelegte Spielrichtung. Das Ziel der Spieler ist es, durch vorgeschaltete Aktionen im blauen oder gelben Feld einen Treffer auf die Großtore zu erzielen. Die Spieler passen den Ball ins blaue Feld (vgl. 1) zu einem hineinlaufenden Spieler (vgl. 2). Der in das Feld laufende Spieler verarbeitet den Ball und dribbelt aus dem Feld heraus (vgl. 3). Nun kann die ballbesitzende Mannschaft das Spiel zum blau markierten Tor fortsetzen (vgl. 4) und einen Treffer erzielen (vgl. 5). Sobald ein Ball das Spielfeld verlässt oder ein Treffer erzielt wird, bringt der Trainer einen nächsten Ball ins Spiel (vgl. 6).

Varianten

- Durch einen Treffer auf eines der Minitore wird das farblich entsprechende Tor geöffnet. Es wird mit einem vom Trainer eingespielten Bonusball auf das Großtor angegriffen.
- Durch einen Doppelpass durch das blaue oder gelbe Feld wird das entsprechende Tor geöffnet.
- Durch ein Dribbling durch das blaue oder gelbe Feld wird das entsprechende Tor geöffnet.

10.3.24 4 gegen 2 (Ballzirkulation)

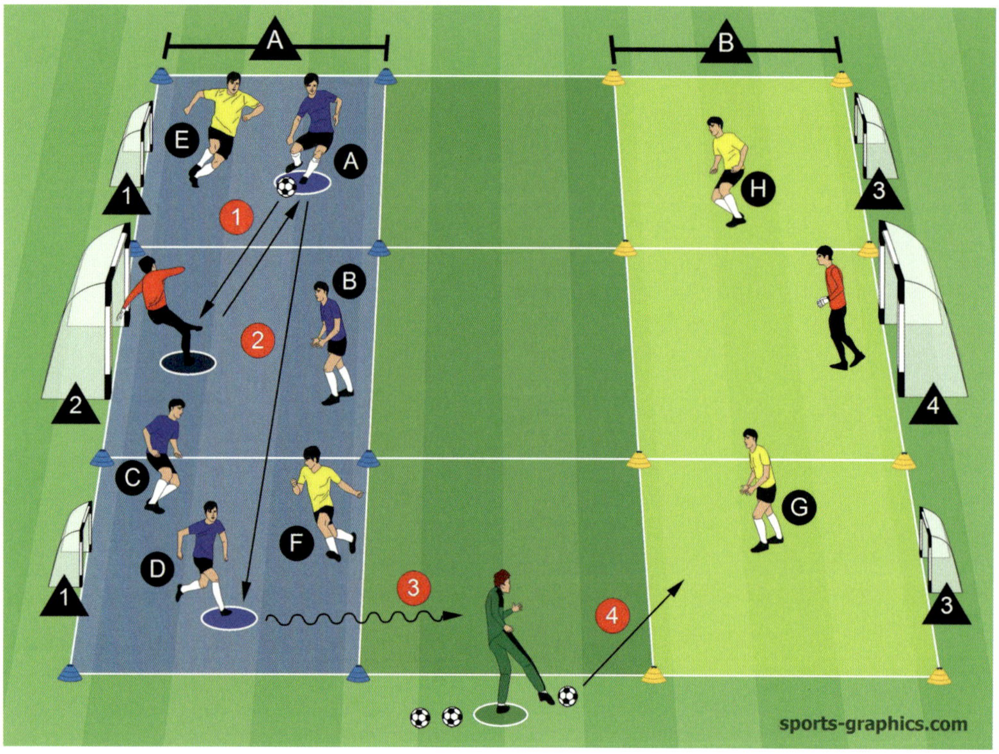

Durchführung

Die Spieler werden in zwei Teams eingeteilt (vgl. Team BLAU und Team GELB). Team BLAU und zwei Spieler von Team GELB (vgl. Spieler E und Spieler F) positionieren sich in Zone A. Die anderen zwei Spieler von Team GELB (vgl. Spieler H und Spieler G) positionieren sich in Zone B. Team BLAU lässt in Zone A den Ball zirkulieren und versucht, möglichst viele Pässe zu spielen, ohne dass Spieler E und Spieler F den Ball abfangen können (vgl. 1 und 2). Der Torwart agiert für die ballbesitzende Mannschaft als Anspieler. Nach sieben Pässen ohne Ballverlust darf die ballbesitzende Mannschaft Zone A verlassen und auf Tor 4 angreifen. Gewinnt die Unterzahlmannschaft den Ball, so darf sie sofort in Zone A auf die Tore 1 und in Zone B auf die Tore 3 abschließen. Gelingt der Unterzahlmannschaft ein Treffer auf eines der Minitore oder verlässt der Ball das Spielfeld, spielt der Trainer einen neuen Ball in die jeweils andere Zone (vgl. 4).

Varianten

* Nach sieben Pässen darf sowohl auf das Großtor als auch auf die beiden Minitore gespielt werden.
* Um nach sieben Pässen die Zone zu verlassen, muss ein Pass aus der Zone herausgespielt werden.

10.3.25 4 gegen 4 (Bonusball)

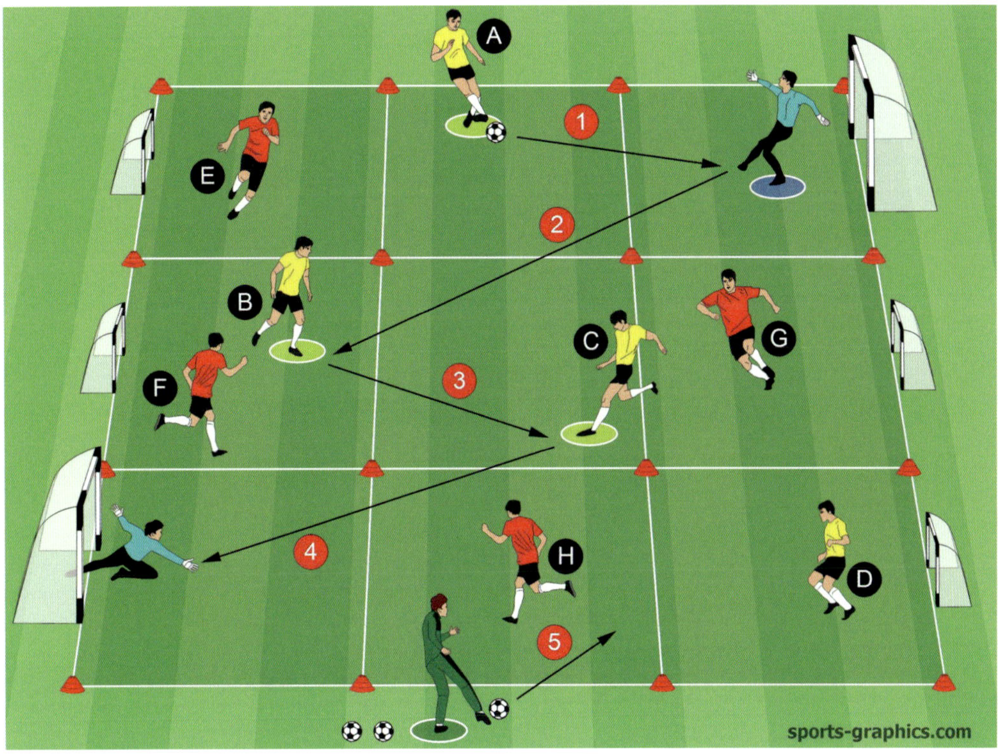

Durchführung

Die Spieler werden in zwei Teams eingeteilt (vgl. Team GELB und Team ROT). Es gibt keine festgelegte Spielrichtung. Das Ziel der Spieler ist es, durch vorgeschaltete Aktionen einen Treffer auf die Großtore zu erzielen. Die ballbesitzende Mannschaft kann durch einen Pass zu einem der Torhüter (vgl. 1) und dessen Pass zurück zum ballbesitzenden Team (vgl. 2) zum jeweils anderen Großtor fortsetzen (vgl. 3) und dort einen Treffer erzielen (vgl. 4). Zusätzlich besteht die Möglichkeit, durch einen Treffer auf die Minitore einen Bonusball zu erhalten (vgl. 5) und mit diesem auf eines der beiden Großtore abzuschließen. Sobald ein Treffer erzielt wird oder der Ball das Spielfeld verlässt, bringt der Trainer einen nächsten Ball ins Spiel.

Variante

- Die ballbesitzende Mannschaft erhält nach einem Treffer auf ein Minitor einen Bonusball, mit dem wiederum auf ein weiteres Minitor abgeschlossen werden kann oder ein Treffer auf ein Großtor erzielt werden kann. Je mehr Treffer in Vorfeld auf ein Minitor erzielt wurden, desto höher ist auch die Punktzahl des direkt anschließenden Treffers auf ein Großtor. Drei Treffer auf ein Minitor erzeugen eine dreifache Punktewertung für einen direkt anschließenden Treffer auf ein Großtor. Geht der Ball im Spiel auf ein Großtor verloren, gehen auch alle zuvor erzielten Treffer in die Minitore verloren.

10.3.26 4 gegen 4 (Dribbling)

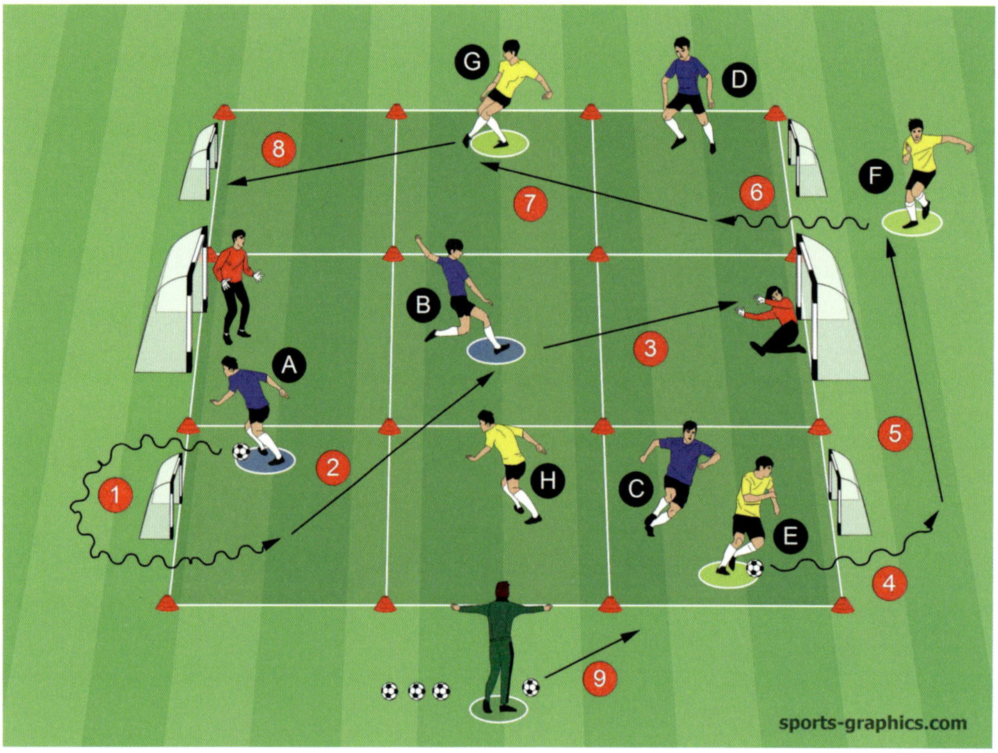

Durchführung

Die Spieler werden in zwei Teams eingeteilt (vgl. Team BLAU und Team GELB). Das ballbesitzende Team besitzt verschiedene Möglichkeiten, um Tore freizuschalten. Grundsätzlich werden die entfernten Tore geöffnet, indem ballbesitzende Spieler es schaffen, aus dem zentralen Feld auszubrechen.

Varianten

- Spieler A dribbelt aus dem Feld heraus und um ein Minitor herum (vgl. 1) und kann dadurch mit seinem Team die Tore auf der entfernten Spielfeldhälfte anvisieren (vgl. 2 und 3).
- Spieler E dribbelt aus dem Feld heraus (vgl. 4) und spielt einen Pass außerhalb des Felds (vgl. 5). Spieler F dribbelt mit dem Ball wieder in das Feld hinein (vgl. 6), schließt damit die Aktion zum Erreichen des ersten Spielziels ab und kann im Anschluss mit seinem Team die Tore auf der entfernten Spielfeldhälfte (vgl. 7 und 8) bedrohen.

10.3.27 4 gegen 4 (Passspiel und Dribbling)

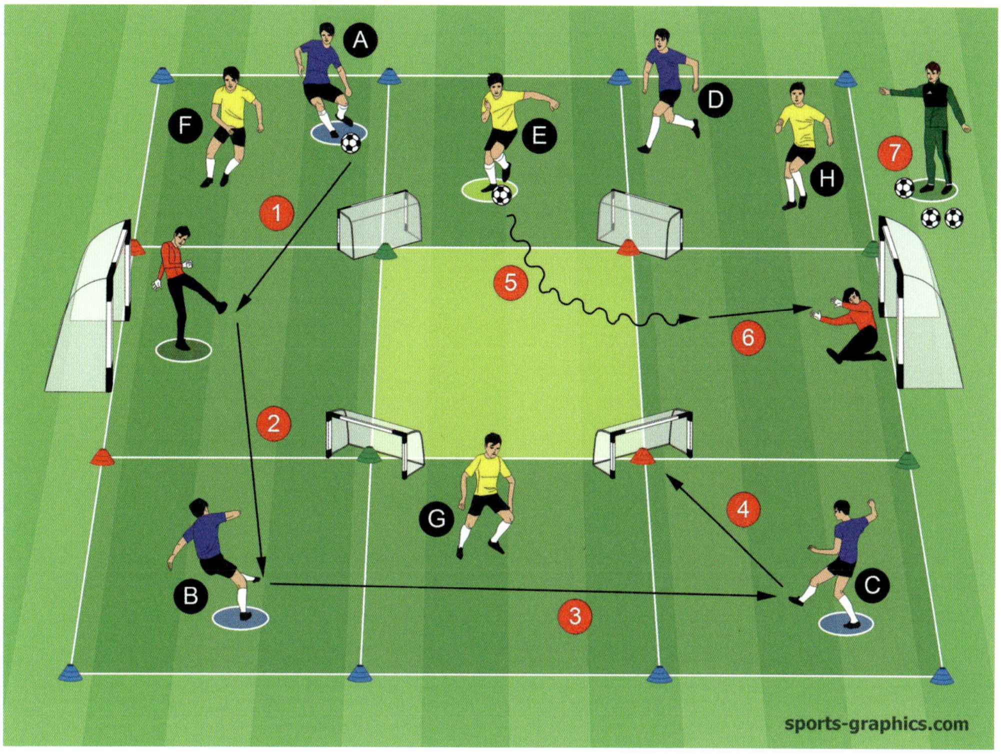

Durchführung

Die Spieler werden in zwei Teams eingeteilt (vgl. Team BLAU und Team GELB). Das ballbesitzende Team versucht, durch das Erreichen bestimmter Spielziele die Mini- oder Großtore zu öffnen. So besteht die Möglichkeit, über einen Pass zum Torwart (vgl. 1) die jeweils entfernten Minitore zu öffnen und auf diese gemeinsam anzugreifen (vgl. 3 und 4). Zusätzlich wird durch ein Dribbling durch das zentrale Feld (vgl. 5) der Abschluss auf das Großtore in Dribbel- bzw. Spielrichtung möglich (vgl. 6). Sobald ein Ball das Spielfeld verlässt oder ein Treffer erzielt wird, bringt der Trainer einen nächsten Ball ins Spiel (vgl. 7).

Variante

- Bei einem Treffer auf eines der Minitore bringt der Trainer einen Bonusball für die erfolgreiche Mannschaft ins Spiel. Mit dem Bonusball darf ohne weitere Auflagen auf eines der Großtore angriffen werden.

10.3.28 4 gegen 4 (Abschlusszonen)

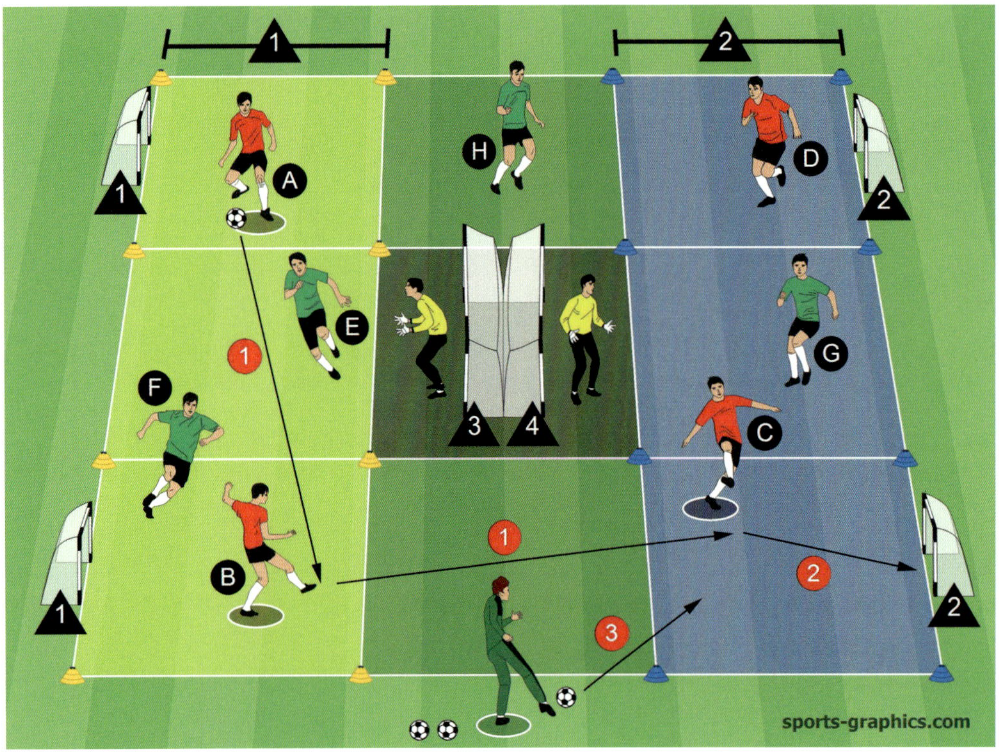

Durchführung

Die Spieler werden in zwei Teams eingeteilt (vgl. Team ROT und Team GRÜN). Team GRÜN spielt auf die Tore 1 und 4 und Team ROT greift auf die Tore 2 und 3 an. Treffer auf die Tore 1 und 3 dürfen nur aus Zone 1 erzielt werden. Treffer auf die Tore 2 und 4 dürfen nur aus Zone 2 erzielt werden. Das ballbesitzende Team versucht, durch geschicktes Passspiel (vgl. 1) in die Abschlusszonen zu kombinieren und einen Treffer zu erzielen (vgl. 2). Sobald ein Ball das Spielfeld verlässt oder ein Treffer erzielt wird, bringt der Trainer einen nächsten Ball ins Spiel (vgl. 3).

Varianten

* Der Torhüter darf als neutraler Spieler angespielt werden.
* Treffer auf die Großtore zählen doppelt. Treffer auf die Minitore zählen einfach.
* Vergrößerung der Mittelzone zur Provokation von Distanzschüssen auf das Großtor.

10.3.29 4 gegen 4 (Farbsignale)

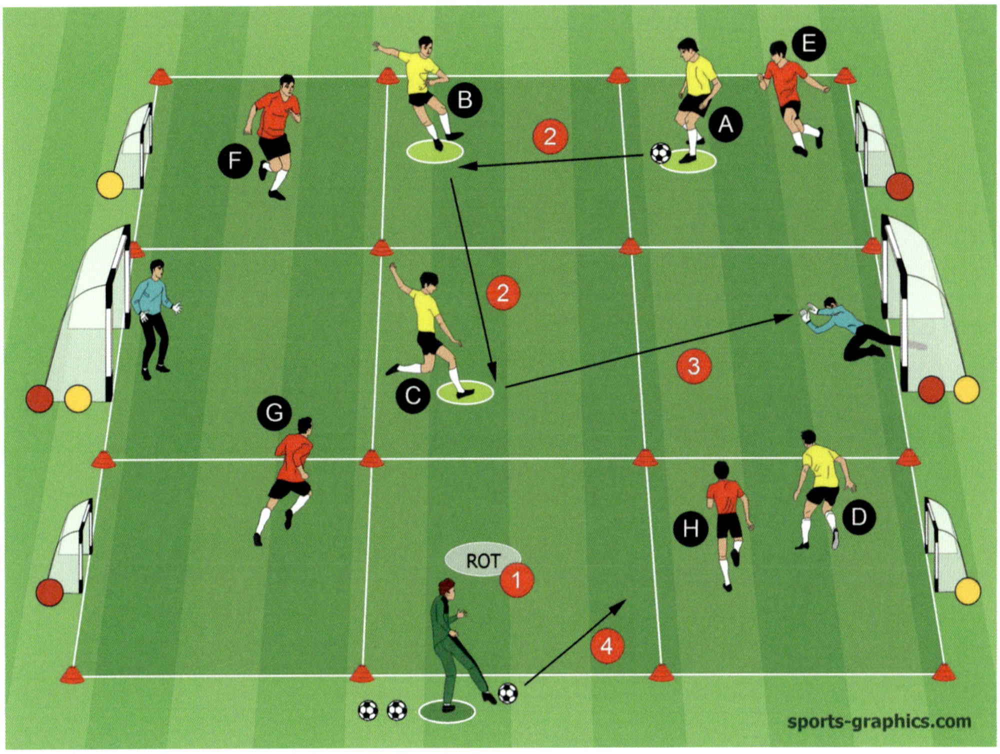

Durchführung

Die Spieler werden in zwei Teams eingeteilt (vgl. Team GELB und Team ROT). Die Tore sind farblich markiert. Es gibt keine festgelegte Spielrichtung. Der Trainer benennt durch ein akustisches oder visuelles Signal (vgl. 1) verschiedene Tore (hier Tore ROT). Das ballbesitzende Team kombiniert durch geschicktes Passspiel in die Nähe eines der benannten Tore (vgl. 2) und kann einen Treffer erzielen (vgl. 3). Gewinnt die verteidigende Mannschaft den Ball, darf sie auf alle vom Trainer nicht benannten Tore abschließen. Sobald ein Ball das Spielfeld verlässt oder ein Treffer erzielt wird, bringt der Trainer einen nächsten Ball ins Spiel (vgl. 4) und benennt durch ein nächstes Farbsignal die aktuell zu bespielenden Tore.

Varianten

- Der Trainer benennt während des laufenden Spiels neue Tore.
- Freischalten der Tore durch Einbezug eines Torhüters.
- Freischalten der Tore durch einen Doppelpass um ein nicht benanntes Minitor.
- Hinzufügen von weiteren Farbmarkierungen (GELB, BLAU, ROT und GRÜN).
- Tore mit Farben und Ziffern belegen (beide Trainersignale sind möglich).

10.3.30 4 gegen 4 (Spiel in die Tiefe)

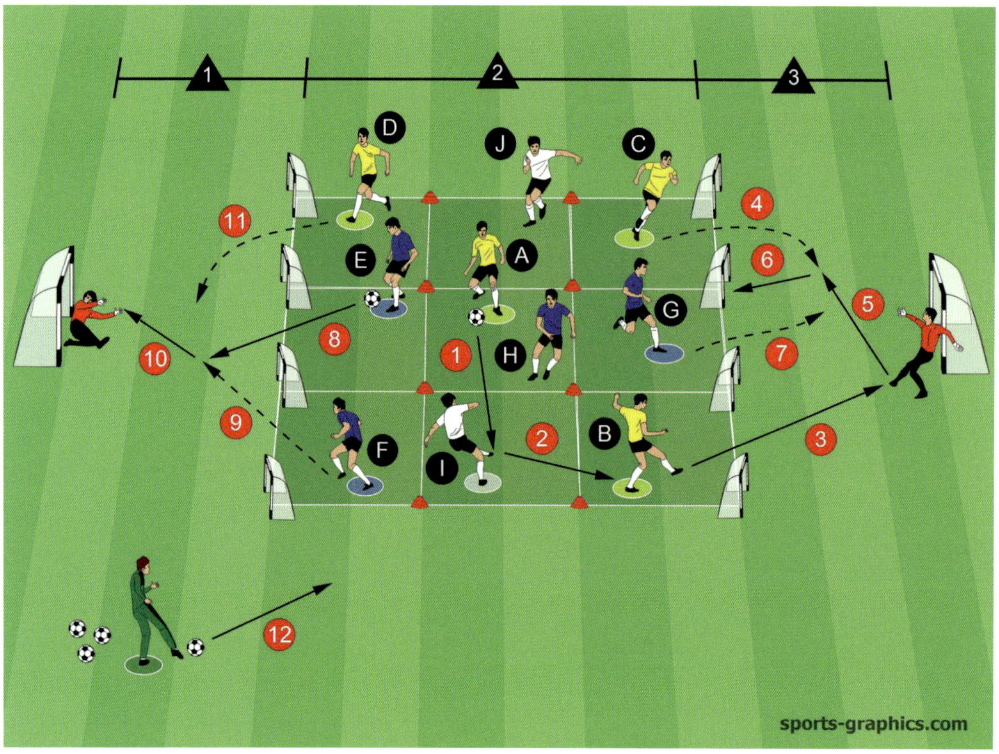

Durchführung

Die Spieler werden in zwei Teams eingeteilt (vgl. Team BLAU und Team GELB). Zusätzlich werden zwei neutrale Spieler benannt (vgl. Spieler I und Spieler J). Das ballbesitzende Team lässt den Ball unter Einbezug der neutralen Spieler zirkulieren (vgl. 1 und 2) und hat aus dem Ballbesitz heraus die Möglichkeit, den Ball aus dem zentralen Bereich zu einem der Torhüter zu passen (vgl. 3). Gleichzeitig läuft ein Spieler (vgl. Spieler C) aus dem Feld heraus (vgl. 4) und erhält den Ball vom Torhüter (vgl. 5). Spieler C kann nun auf eines der nahen Minitore abschließen (vgl. 6). Je ein Spieler des verteidigenden Teams hat die Möglichkeit, ebenfalls aus dem Feld herauszulaufen (vgl. 7), um die Angreifer am Torerfolg zu hindern. Zusätzlich hat die ballbesitzende Mannschaft die Möglichkeit, ein Großtor über einen tiefen Pass zu öffnen (vgl. 8). Ein nachlaufender Spieler (vgl. 9) verwertet den Ball dann zum Torschuss (vgl. 10). Je ein Spieler des verteidigenden Teams hat die Möglichkeit, ebenfalls aus dem Feld herauszulaufen (vgl. 11), um die Angreifer am Torerfolg zu hindern. Sobald ein Ball das Spielfeld verlässt oder ein Treffer erzielt wird, bringt der Trainer einen nächsten Ball ins Spiel (vgl. 12).

Varianten

- Vorgabe der Ballkontakte (Bsp. direkter Abschluss) nach einem tiefen Pass (vgl. 8).
- Vorgabe der Abschlusstechnik (Bsp. keine direkten Abschlüsse) auf die Minitore (vgl. 6).

10.3.31 3 gegen 3 (Torhüterspiel)

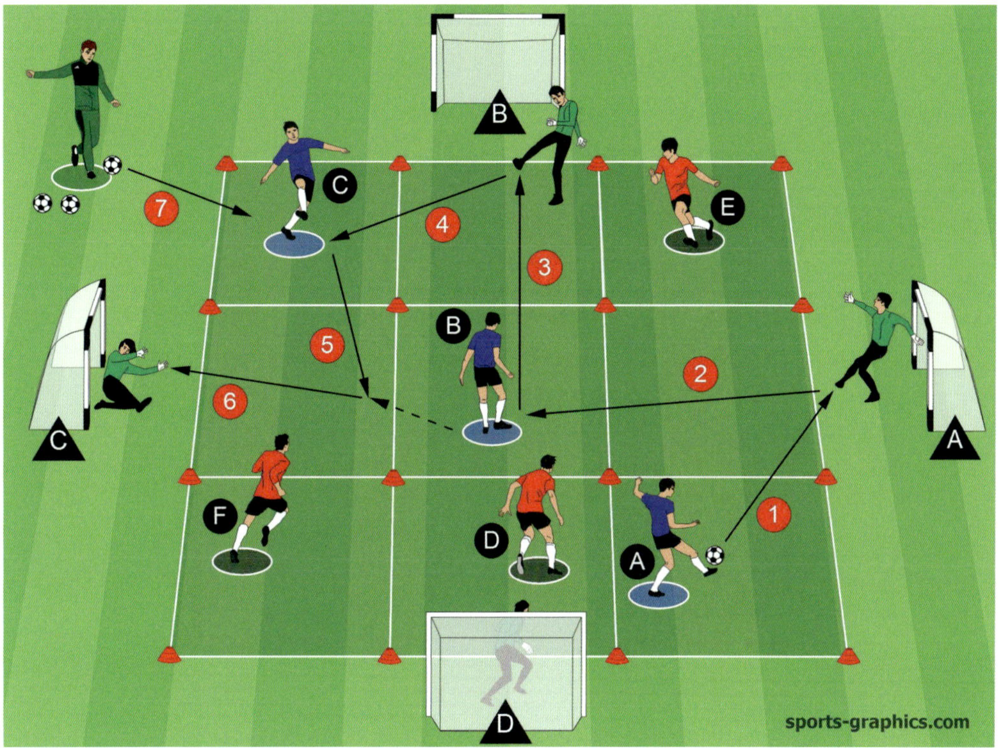

Durchführung

Die Spieler werden in zwei Teams eingeteilt (vgl. Team BLAU und Team ROT). Vorerst gibt es keine festgelegte Spielrichtung. Erst nachdem eine Mannschaft aus dem Ballbesitz heraus zwei Torhüter angespielt hat (vgl. 1, 2 und 3), wird die Spielrichtung festgelegt. Sobald der zweite Torhüter den Ball abgespielt hat (vgl. 4), kann die ballbesitzende Mannschaft auf die beiden Tore abschließen, deren Torhüter nicht angespielt wurden (vgl. 5 und 6). Sobald ein Ball das Spielfeld verlässt oder ein Treffer erzielt wird, bringt der Trainer einen nächsten Ball ins Spiel (vgl. 7). Die Torhüterrollen können auch von Feldspielern im Sinne einer breitgefächerten Positionsausbildung eingenommen werden.

Varianten

- Ein Torhüter darf nicht zu einem weiteren Torhüter passen. Der Ball muss jeweils wieder zu einem Feldspieler der ballbesitzenden Mannschaft zurückgespielt werden.
- Gewinnt die verteidigende Mannschaft den Ball, so darf sie sofort auf alle Tore abschließen, ohne vorher einen Torhüter angespielt zu haben.

10.3.32 3 gegen 3 plus 3 (Spezialspieler)

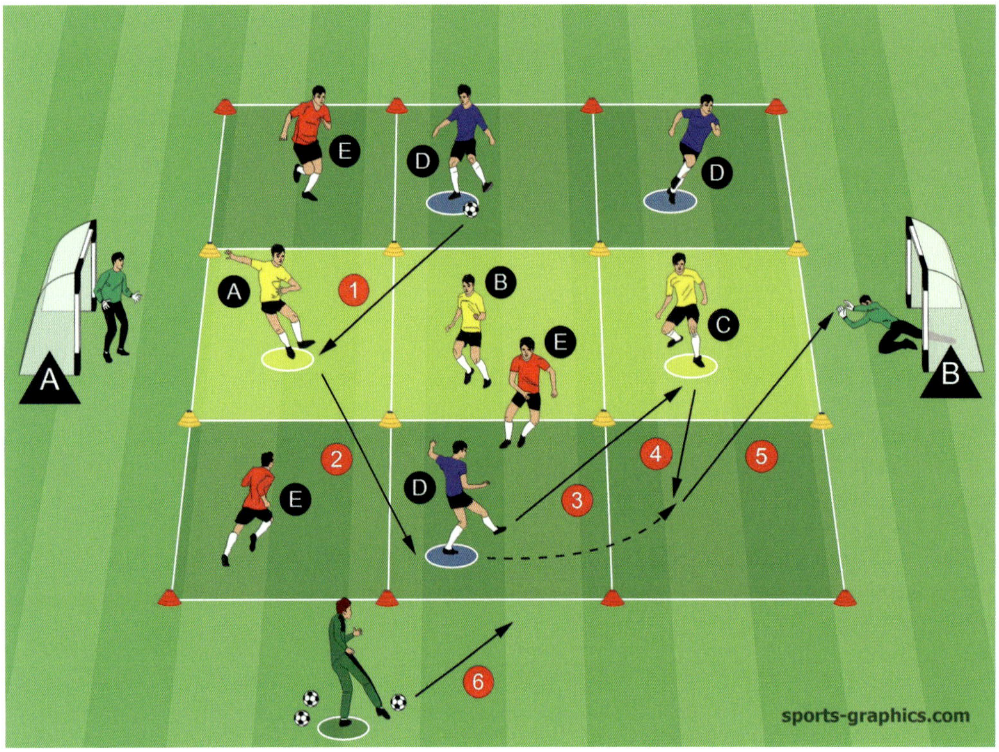

Durchführung

Die Spieler werden in zwei Teams eingeteilt (vgl. Team BLAU und Team ROT). Zusätzlich werden drei neutrale Spieler benannt (vgl. Spieler A, B und C), die sich im zentralen Korridor positionieren und diesen im Spielverlauf auch nicht verlassen dürfen. Alle übrigen Spieler dürfen sich frei im Feld bewegen. Team BLAU greift auf Tor B an und Team ROT greift auf Tor A an. Die neutralen Spieler spielen stets mit der ballbesitzenden Mannschaft zusammen (vgl. 1 und 2) und haben dabei unterschiedliche individuelle Vorgaben: Spieler A darf nur den linken Fuß nutzen, Spieler B darf nur zwei Kontakte nutzen und Spieler C darf nur den rechten Fuß nutzen. Das ballbesitzende Team hat nun die Aufgabe, mithilfe der neutralen Spieler, ein Tor zu erzielen (vgl. 3, 4 und 5). Sobald ein Ball das Spielfeld verlässt oder ein Treffer erzielt wird, bringt der Trainer einen nächsten Ball ins Spiel (vgl. 6).

Varianten

- Die individuellen Aufgaben sind an die Zonen gebunden. Mit jedem neuen Trainerball müssen die zentralen Spieler die Felder wechseln und erhalten somit ständig andere Aufgaben.
- Veränderung der individuellen Aufgaben: Spieler A darf nur diagonale Offensivpässe spielen (vgl. 2), Spieler B muss stets das Spiel verlagern und Spieler C muss die Bälle quer für die Spieler des ballbesitzenden Teams ablegen (vgl. 4).

10.3.33 3 gegen 3 plus 2 (Linienspiel)

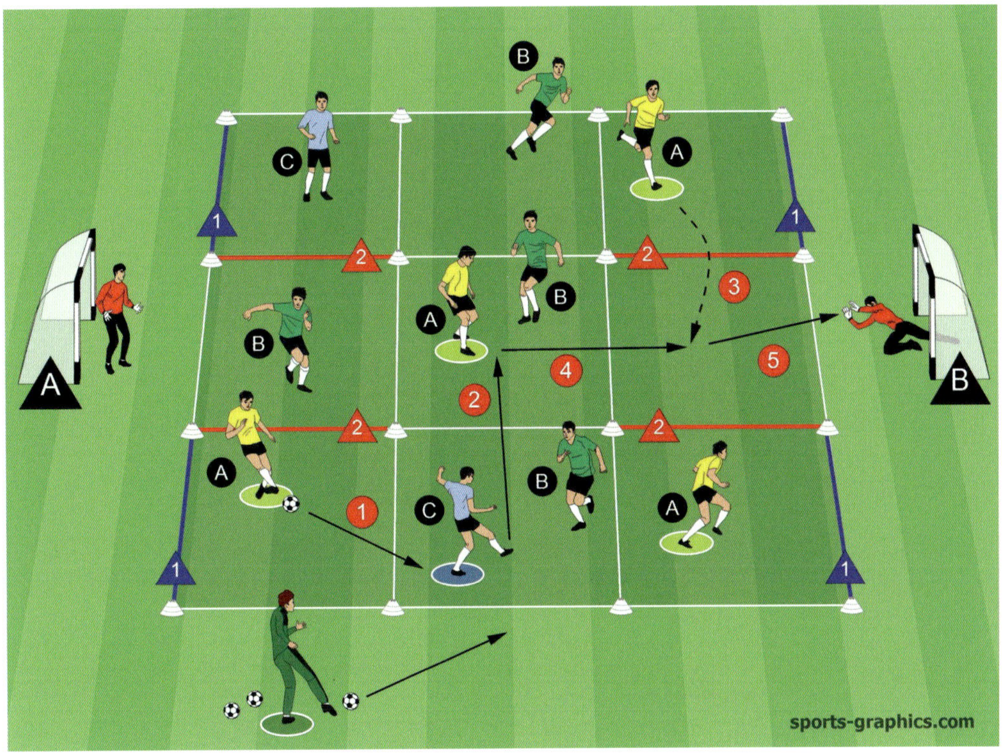

Durchführung

Die Spieler werden in zwei Teams eingeteilt (vgl. Team GELB und Team GRÜN). Zusätzlich werden zwei neutrale Spieler benannt (vgl. Spieler C). Team GELB greift auf Tor B an und Team GRÜN greift auf Tor A an. Die neutralen Spieler spielen stets mit der ballbesitzenden Mannschaft zusammen (vgl. 1 und 2). Die Spieler haben die Möglichkeit, aus dem Spiel heraus ohne weitere Vorgaben ein Tor zu erzielen. Ein solches Tor besitzt eine einfache Wertung. Die Spieler haben darüber hinaus die Möglichkeit, durch Nutzung der verschiedenen Linien eine doppelte Torwertung zu erzielen.

Varianten der Liniennutzung

- Ein Spieler des angreifenden Teams läuft über eine Linie 2 (vgl. 3) und erhält einen Pass, der nicht über die gleiche Linie gespielt wurde (vgl. 4). Bei einem erfolgreichen Abschluss (vgl. 5) auf das entsprechende Tor zählt der Treffer doppelt.
- Ein Spieler des angreifenden Teams läuft über eine Linie 1 ein und erhält einen Pass, der nicht über die gleiche Linie gespielt wurde. Bei einem erfolgreichen Abschluss auf das entsprechende Tor zählt der Treffer doppelt.
- Ein Spieler des angreifenden Teams dribbelt über eine Linie 1 in Torrichtung aus dem Feld heraus. Bei einer direkt anschließenden Flanke für einen Treffer oder einem erfolgreichen Abschluss auf das entsprechende Tor zählt der Treffer doppelt.

10.3.34 3 gegen 3 auf 2 gegen 2 (Zonenspiel)

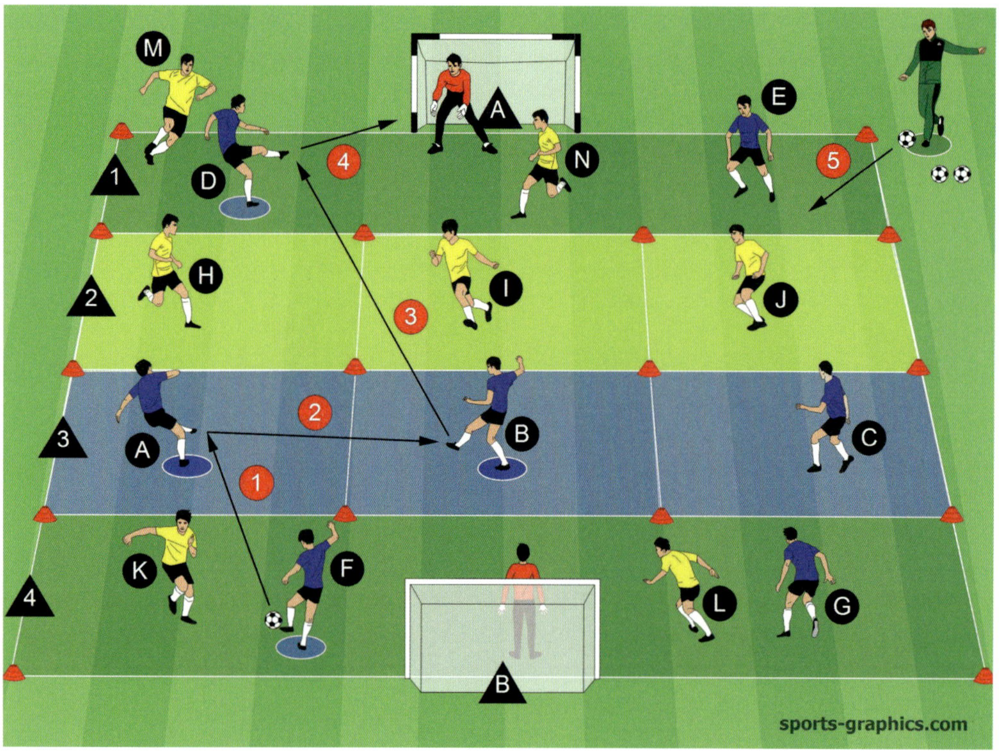

Durchführung

Die Spieler werden in zwei Teams eingeteilt (vgl. Team BLAU und Team GELB). Spieler A, B und C positionieren sich in Zone 3 und sind auf jeweils einen Zonenabschnitt festgelegt. Spieler I, J und H positionieren sich in Zone 2 und sind ebenfalls auf jeweils einen Zonenabschnitt festgelegt. Außerdem positionieren sich zwei Spieler von jedem Team in Zone 1 (vgl. Spieler D, E, M und N) und zwei weitere Spieler von jedem Team in Zone 4 (vgl. Spieler F, G, K und L). Team BLAU greift auf Tor A an und Team GELB greift auf Tor B an. Nach einer Spieleröffnung durch den Torhüter versucht das ballbesitzende Team, zunächst im 3 gegen 2 mit dem eigenen Torhüter in die nächste Ebene zu kombinieren (vgl. 1). Die verteidigenden Angreifer des Gegners (vgl. Spieler K und L) dürfen den Ball erobern und einen Treffer erzielen. Nach dem Erreichen der Zone 3 versucht das ballbesitzende Team, mit weiteren Passoptionen (vgl. 2) eine Lücke im gegnerischen Verbund (vgl. Spieler H, I und J) zu finden und einen Pass auf die letzte Ebene 1 zu spielen (vgl. 3) und im Anschluss einen Treffer zu erzielen (vgl. 4). Sofern ein Pass im zentralen Bereich abgefangen wird, darf das gegnerische Team sofort offensiv umschalten. Sobald ein Ball das Spielfeld verlässt oder ein Treffer erzielt wird, bringt der Trainer einen nächsten Ball ins Spiel (vgl. 5).

10.3.35 4 gegen 2 (Zentrumsspiel)

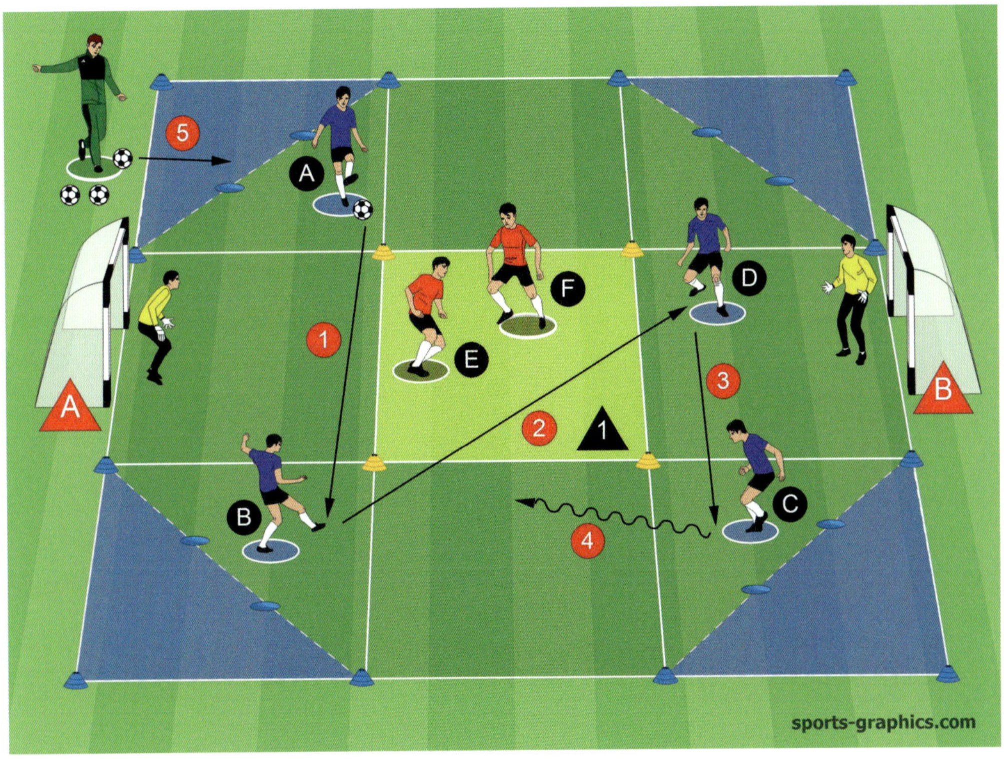

Durchführung

Die Spieler werden in zwei Teams eingeteilt (vgl. Team BLAU und Team ROT). Die Spieler des roten Teams (vgl. Spieler E und Spieler F) besetzen das zentrale Feld (vgl. Zone 1) und verbleiben vorerst in dieser Zone. Die Spieler des blauen Teams bewegen sich frei innerhalb des Felds und haben die Aufgabe, nach Zirkulation des Balls (vgl. 1) einen Pass durch das zentrale Feld zu realisieren (vgl. 2). Bei einem erfolgreichen Pass durch das zentrale Feld greift das blaue Team auf das vom Passempfänger entfernte Tor an (vgl. 3 und 4). Das rote Team kann nun das zentrale Feld verlassen und das Tor verteidigen. Fangen die roten Spieler den Pass durch das zentrale Feld ab, greifen sie sofort auf das vom Balleroberer aus nahe oder ein frei wählbares Tor an. Sobald ein Ball das Spielfeld verlässt oder ein Treffer erzielt wird, bringt der Trainer einen nächsten Ball ins Spiel (vgl. 5).

Varianten und Spielregeln

- Ein Treffer der Überzahl zählt einfach/ein Treffer der Unterzahl zählt dreifach.
- Nach erfolgreichem Pass durch das Zentrum (vgl. 2) oder dem Abfangen des Passes durch das Unterzahlteam benennt der Trainer die Spielrichtung durch ein akustisches Signal.

10.3.36 4 gegen 4 (Zentrumsspiel)

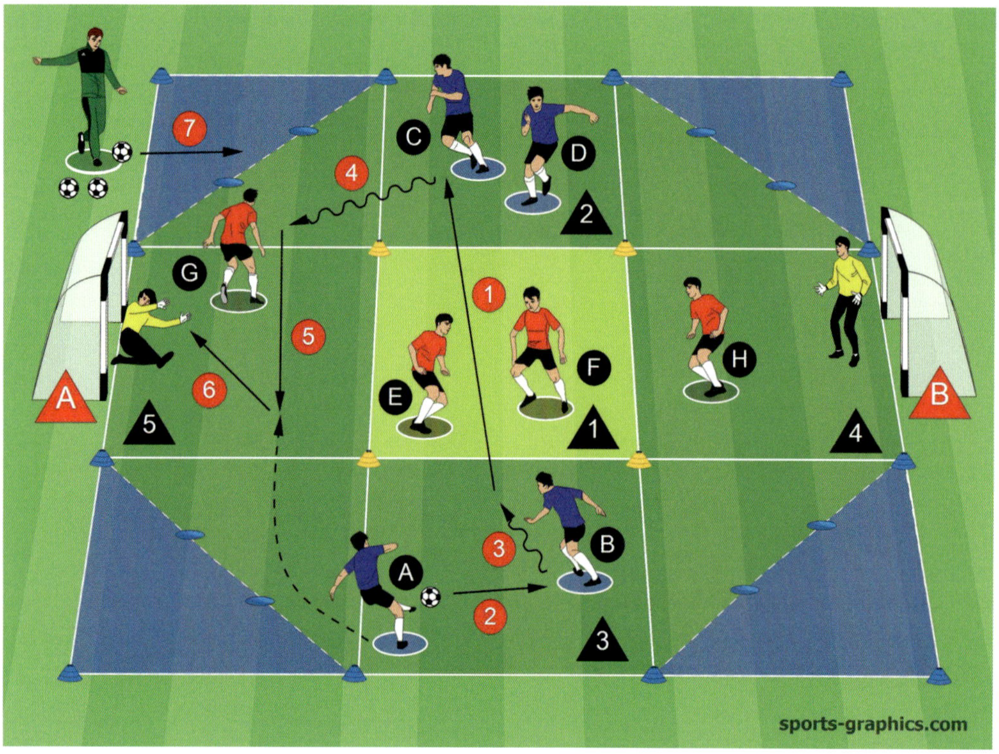

Durchführung

Die Spieler werden in zwei Teams eingeteilt (vgl. Team BLAU und Team ROT). Die Spieler besetzen die verschiedenen Zonen des Spielfelds so, dass sich in Zone 1 zwei Spieler des roten Teams (vgl. Spieler E und Spieler F), in Zone 2 und 3 jeweils zwei Spieler des blauen Teams (vgl. Spieler A/B und C/D) und in Zone 4 und 5 jeweils ein Spieler des roten Teams (vgl. Spieler G und Spieler H) befinden. Die Spieler verbleiben vorerst in ihren Zonen. Die Spieler des blauen Teams verfolgen die Aufgabe, den Ball durch das zentrale Feld zu passen (vgl. 1). Dazu haben sie die Möglichkeit, den Ball innerhalb ihrer Zone durch Passspiel (vgl. 2) oder Dribbling (vgl. 3) zu bewegen. Ist der Pass durch das zentrale Feld gelungen, kann auf eines der Tore angegriffen werden (vgl. 4, 5 und 6). Die Ballmitnahme des Ballempfängers (vgl. 4) entscheidet dabei, auf welches Tor angegriffen werden darf. Sobald der Pass durch das Zentrum gespielt wurde, lösen sich die Spieler aus ihren Feldern und unterstützen beim Angriff. Die Spieler des roten Teams verlassen dann ebenfalls ihre Zonen, um das Tor zu verteidigen. Fangen die Spieler des roten Teams den Pass durch das Zentrum ab, spielen sie einen Pass auf einen Spieler in Zone 4 oder 5 (vgl. Spieler G und H) und greifen dann auf das jeweils entfernte Tor an. Sobald ein Ball das Spielfeld verlässt oder ein Treffer erzielt wird, bringt der Trainer einen nächsten Ball ins Spiel (vgl. 7).

10.3.37 4 gegen 4 (Spielverlagerung)

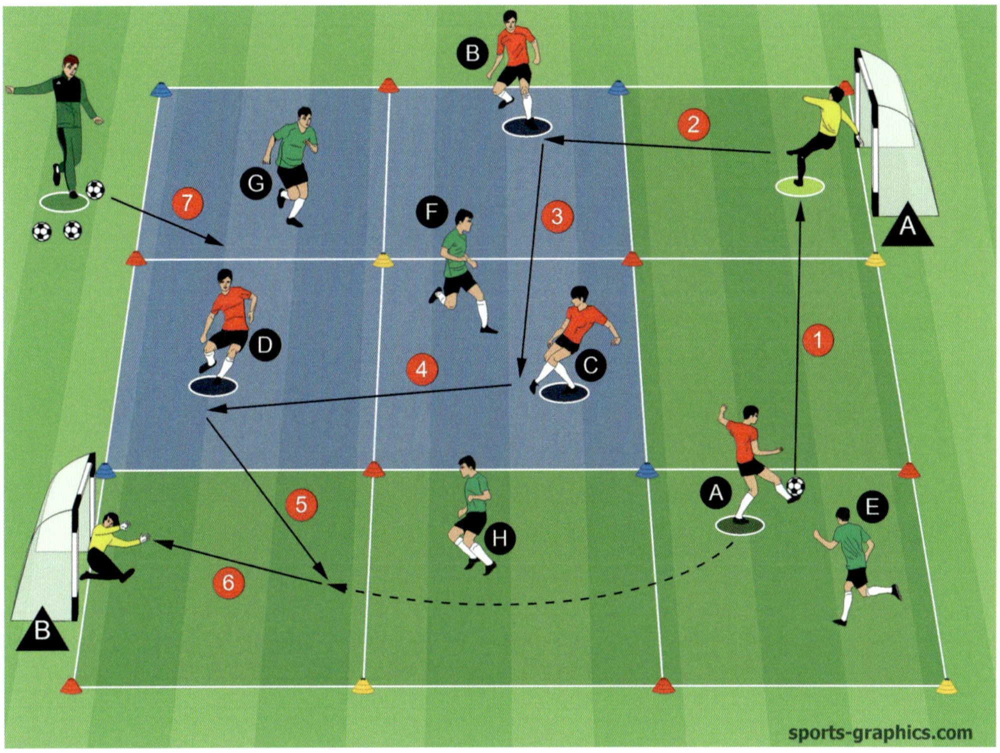

Durchführung

Die Spieler werden in zwei Teams eingeteilt (vgl. Team ROT und Team GRÜN). Vorerst gibt es keine festgelegte Spielrichtung. Erst nachdem eine Mannschaft aus dem Ballbesitz heraus einen Torwart angespielt hat (vgl. 1), wird die Spielrichtung festgelegt. Die ballbesitzende Mannschaft spielt nun auf das gegenüber positionierte Tor (hier Tor B). Bevor die ballbesitzende Mannschaft auf Tor B einen Treffer erzielen kann, muss eine Aufgabe in den seitlich vom zu bespielenden Tor liegenden vier blauen Feldern umgesetzt werden. Die Spieler müssen zunächst in die entsprechende Zone BLAU eindringen (vgl. 2) und zwei Pässe innerhalb der Zone spielen (vgl. 3 und 4). Anschließend kann die ballbesitzende Mannschaft das zuvor durch den Pass zum Torhüter (vgl. 1) geöffnete Tor bedrohen (vgl. 5) und einen Treffer erzielen (vgl. 6). Sobald ein Ball das Spielfeld verlässt oder ein Treffer erzielt wird, bringt der Trainer einen nächsten Ball ins Spiel (vgl. 7). Wird zuerst der Torwart in Tor B angespielt, muss vor einem Torerfolg auf Tor A die Zone GELB bespielt werden.

Varianten

- Variation der Zonenregel (z. B. Umsetzung einer Finte).
- Nach 10 Pässen dürfen, unabhängig von einem Torhüteranspiel, beide Großtore bespielt werden.

10.3.38 4 gegen 4 plus 2 (Diagonalität)

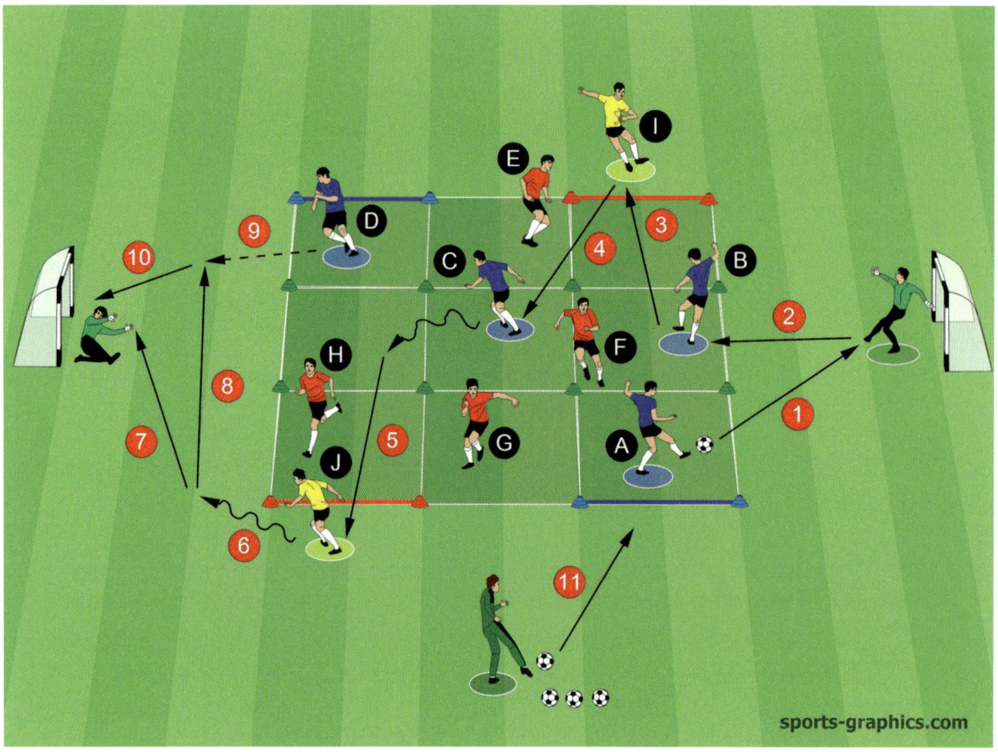

Durchführung

Die Spieler werden in zwei Teams eingeteilt (vgl. Team BLAU und Team ROT). Zusätzlich werden zwei neutrale Spieler benannt, die sich seitlich außerhalb des Felds positionieren (vgl. Spieler I und Spieler J). Die ballbesitzende Mannschaft hat die Möglichkeit, durch Erreichen verschiedener Spielziele die Großtore zu öffnen. Das ballbesitzende Team BLAU lässt den Ball in den eigenen Reihen zirkulieren und kann in dieser Phase die Torhüter einbeziehen (vgl. 1 und 2). Team BLAU zielt darauf ab, einen neutralen Außenspieler (vgl. 3) anzuspielen. Nach dem Rückpass des Außenspielers (vgl. 4) darf auf das entfernte Großtor angegriffen werden. Zusätzlich besteht die Möglichkeit, über einen Pass zum diagonal entfernten Außenspieler (vgl. 5) und einen anschließenden Treffer eine doppelte Torwertung zu erzielen. Der tornahe Außenspieler kann nach Ballerhalt ohne weitere Auflagen das Tor bedrohen (vgl. 6) und dabei selbst den Abschluss suchen (vgl. 7) oder mit einem Querpass einen nachlaufenden Mitspieler (vgl. 9) bedienen (vgl. 8), der dann auf das Tor abschließt (vgl. 10). Sobald ein Ball das Spielfeld verlässt oder ein Treffer erzielt wird, bringt der Trainer einen nächsten Ball ins Spiel (vgl. 11).

Varianten

- Vor einem Torabschluss müssen beide Außenspieler angespielt worden sein.
- Nach dem Anspiel auf einen Außenspieler muss innerhalb von sieben Sekunden ein Abschluss erfolgen.
- Begrenzung der Ballkontakte im zentralen Feld.

10.3.39 4 gegen 4 plus 2 (Torschuss) #1

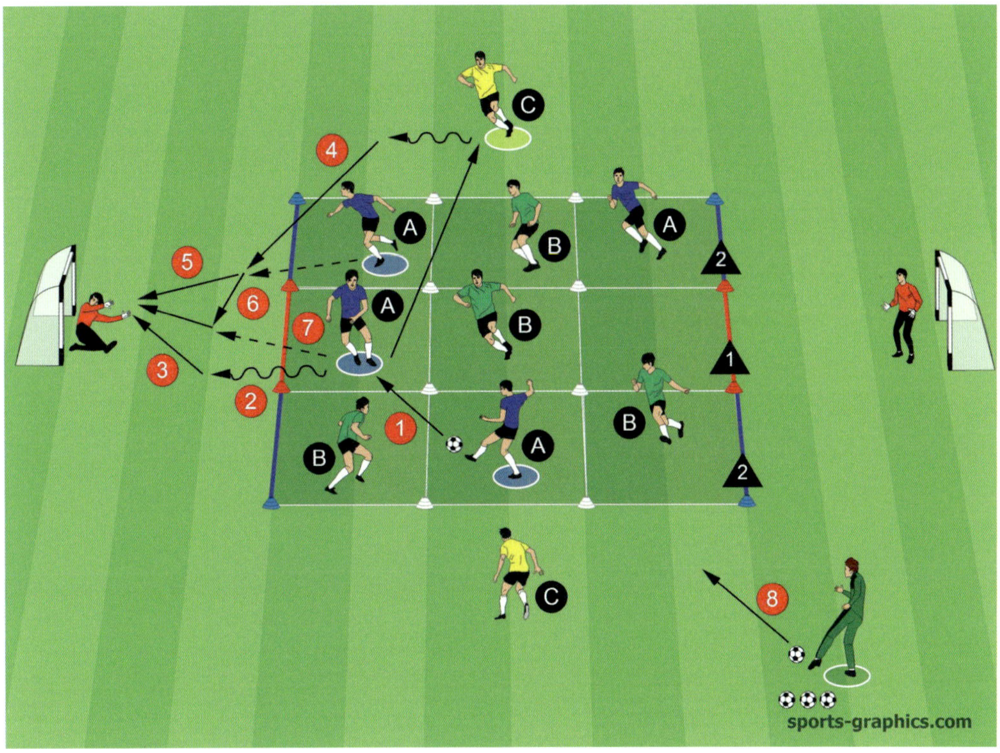

Durchführung

Die Spieler werden in zwei Teams eingeteilt (vgl. Team BLAU und Team GRÜN). Zusätzlich werden zwei neutrale Spieler benannt (vgl. Spieler C), die sich außerhalb des Felds positionieren und sich entlang der Außenseite des Felds bewegen dürfen. Team BLAU spielt gegen Team GRÜN auf Ballhalten (vgl. 1). Die ballbesitzende Mannschaft hat die Möglichkeit, die Linien 1 und 2 auf beiden Seiten des Felds nach bestimmten Vorgaben zu nutzen, um dann auf das entsprechende Tor angreifen zu dürfen. Sobald ein Ball das Spielfeld verlässt oder ein Treffer erzielt wird, bringt der Trainer einen nächsten Ball ins Spiel (vgl. 8).

Varianten zur Liniennutzung

- Ein Spieler dribbelt über eine Linie 1 (vgl. 2) und schließt auf das Tor ab (vgl. 3).
- Ein Außen- oder ein Innenspieler (hier Außenspieler) passt den Ball über eine Linie 2 zu einem einlaufenden Spieler (vgl. 4), der entweder selbst abschließt (vgl. 5) oder für einen nachlaufenden Spieler (vgl. 6) quer spielt (vgl. 7).

10.3.40 4 gegen 4 plus 2 (Torschuss) #2

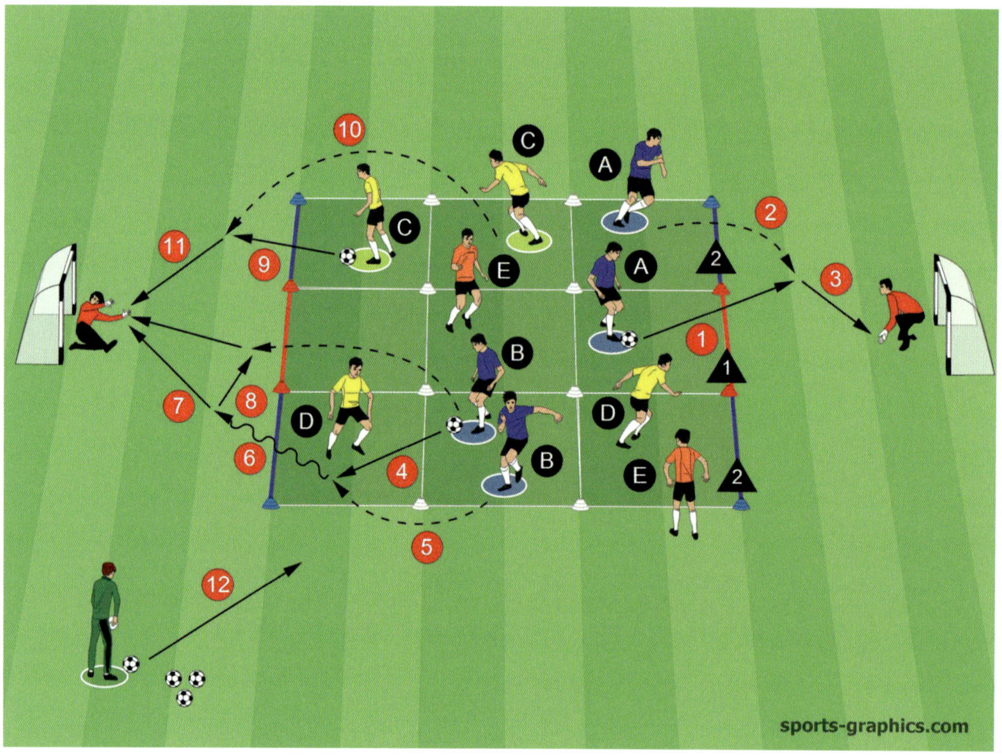

Durchführung

Die Spieler werden in zwei Teams eingeteilt (vgl. Team BLAU und Team GELB). Zusätzlich werden zwei neutrale Spieler benannt (vgl. Spieler E), die stets dem ballbesitzenden Team angehören. Team BLAU spielt gegen Team GELB auf Ballhalten. Die ballbesitzende Mannschaft hat die Möglichkeit, die Linien 1 und 2 auf beiden Seiten des Felds nach bestimmten Vorgaben zu nutzen, um dann auf das entsprechende Tor angreifen zu dürfen. Sobald ein Ball das Spielfeld verlässt oder ein Treffer erzielt wird, bringt der Trainer einen nächsten Ball ins Spiel (vgl. 12).

Varianten zur Liniennutzung

* Ein ballbesitzender Spieler passt den Ball über eine Linie 1 (vgl. 1) zu einem über Linie 2 zum Tor startenden Spieler (vgl. 2), der auf das Tor abschließt (vgl. 3).
* Ein ballbesitzender Spieler passt den Ball in eins der Eckfelder (vgl. 4) zu einem von außen einlaufenden Spieler (vgl. 5). Dieser verarbeitet den Ball, dribbelt über eine Linie 2 zum Tor (vgl. 6). Nach Überqueren der Linie schließt er entweder selbst auf das Tor ab (vgl. 7) oder spielt einen Querpass für einen nachlaufenden Spieler (vgl. 8).
* Ein ballbesitzender Spieler passt den Ball über eine Linie 2 (vgl. 9) zu einem von außen einlaufenden Spieler (vgl. 10), der auf das Tor abschließt (vgl. 11).

BUCHSERIE

Das Buch *Zonenfussball – Theorie, Methodik und Praxis – 200 Trainingsformen auf dem 9er-Feld* (2020) reiht sich als fünfter Titel in eine Buchserie ein. Die Bücher *Spielnahes Fussballtraining* (2016), *Kreatives Fussballtraining* (2017) und *Intelligentes Fussballtraining* (2018) sind umfassende Sammlungen von Trainingsformen. Während *Spielnahes Fussballtraining* ein breites Fundament legt, differenzieren die Bücher *Kreatives Fussballtraining* und *Intelligentes Fussballtraining* diesen Trainingsformenkatalog. Die Leser erhalten breitgefächerte Impulse für die eigene Trainingsplanung, um abwechslungsreiches, innovatives und motivierendes Fussballtraining anbieten zu können. Der Titel *Kreisfussball* (2018) beschäftigt sich mit einem konzeptionellen Trainingsansatz und thematisiert die Möglichkeiten von kreisrunden Spielfeldflächen. Auch *Zonenfussball* enthält neben konkreten Trainingsformen ein umfangreiches Konzept, welches die Leser unterstützen soll, eigene Ideen konzeptionell in die Praxis zu überführen.

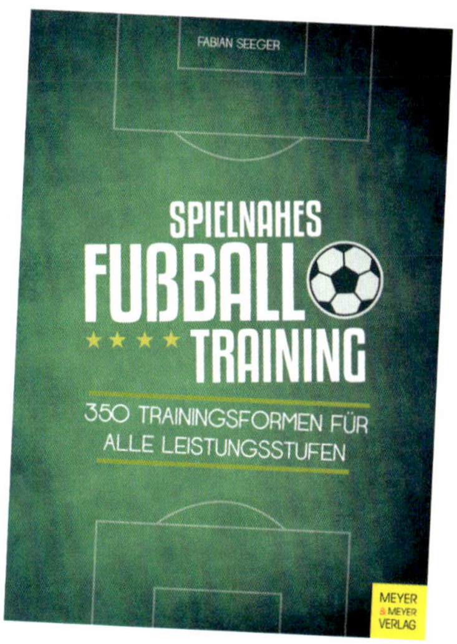

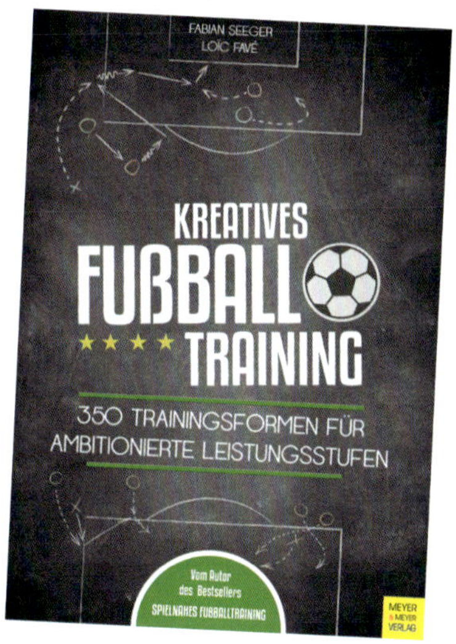

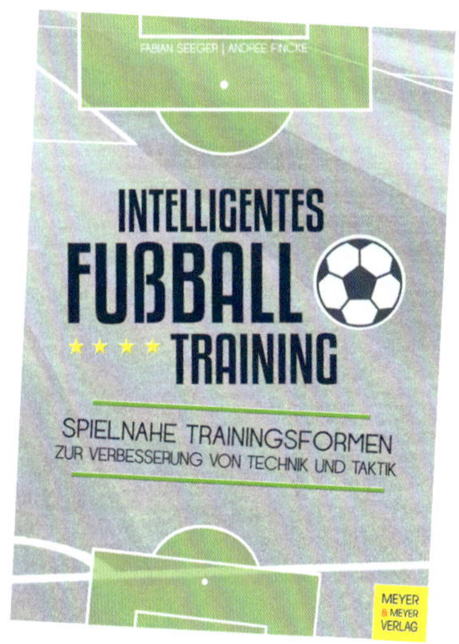

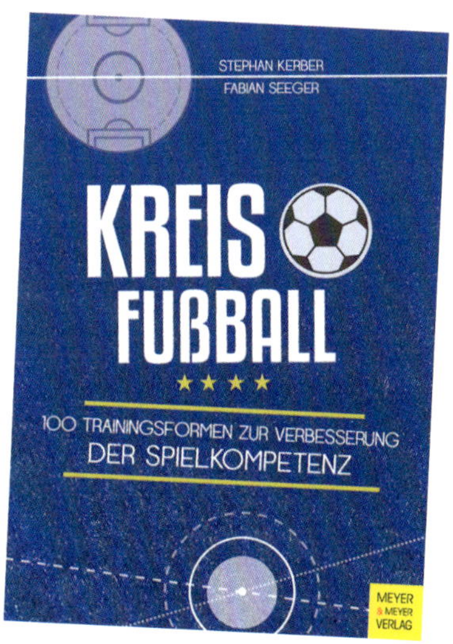

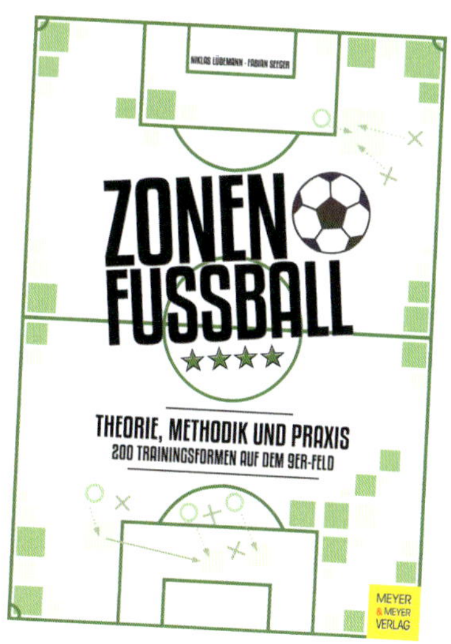

11 WEITERFÜHRUNG

Das 9er-Feld bietet vielschichtige Möglichkeiten, bestehende Ideen weiterzuentwickeln und neue Ansätze mithilfe der Zonen- und Feldstruktur umzusetzen. So wird der Blick nachfolgend auf Kognition im Zusammenhang mit dem 9er-Feld als Trainingsmittel gelegt.

Das 9er-Feld bietet hinsichtlich kognitiver Trainingsreize ein breites Repertoire an Übungs- und Spielformen. Darüber hinaus geht es um einen Ansatz der Einteilung des Spielfelds in verschiedene Zonen, um Hilfestellungen für Trainer und Spieler zu schaffen. Diese Grundidee beschränkt sich dabei nicht nur auf das Training. Mit Blick auf den Spielbetrieb lässt sich die Idee der Spielfeldzonen auch im Rahmen der Wettkämpfe nutzen.

Sie kann helfen, um grundsätzliche Spielideen zu vermitteln oder individuelle, gruppenorientierte oder mannschaftstaktische Handlungs- und Spielziele in konkreten Spielfeldzonen zu definieren. Im Sinne eines didaktischen Ansatzes wird die Zoneneinteilung durch Flächen, Linien, Farben und Bilder verdeutlicht. Das didaktische Vorgehen zielt letztlich also auf einen spielorientierten Verstehensprozess ab.

11.1 KOGNITIVES TRAINING IM 9ER-FELD

Auf Expertenebene ist man sich einig, dass erhöhte und verbesserte kognitive Fähigkeiten der Spieler den zukünftigen Wettbewerbsvorteil auf nationaler und internationaler Ebene sicherstellen können.

Unter *Kognition* versteht man zunächst höhere geistige Funktionen und Prozesse. Darunter fallen unter anderem die Wahrnehmung, die Aufmerksamkeit, die Erinnerung, das Lernen, das Problemlösen, die Kreativität, das Vorausplanen und die Orientierung. Im Kontext der Spielsportarten geht es zunächst um die Wahrnehmung visueller, taktiler oder akustischer Reize. Im Übertrag zum Wettkampf stehen visuelle Reize im vordergründigen Interesse. In diesem Zusammenhang geht es vor allem um das periphere Sehen und die Blickführung der Spieler, aber auch um die Qualität und Quantität der visuellen Wahrnehmung.

Konkret sind die Spieler in herausfordernden Spielsituationen vermehrt dazu aufgefordert, in einer höheren Frequenz, präziser und detaillierter sowie intelligenter wahrzunehmen. Die gerichtete Aufmerksamkeit steht dabei in direktem Zusammenhang mit der Wahrnehmung.

Dazu gehört vor allem die Selektion der Reize. So muss der Spieler auf einer eher unbewussten Ebene die relevanten von den irrelevanten Reizen trennen. Die Verarbeitungsgeschwindigkeit der Reize ist darüber hinaus maßgeblich für eine adäquate Spielhandlung. Aus einer Wahrnehmung und Selektion der situationsabhängigen Reize resultiert nach entsprechender Verarbeitung demnach eine Umsetzungsentscheidung des Spielers, deren Qualität von der Wahrnehmungsqualität und der Verarbeitungsqualität und -geschwindigkeit abhängig ist.

Die Lösung einer Spielsituation kann ins Langzeitgedächtnis überführt werden. Dazu ist es wichtig, dass die Spieler die ausgewählte Spiellösung individuell reflektieren und evaluieren. So besteht die Möglichkeit, dass Spieler ein breites Repertoire verschiedenster Spiellösungen und Handlungsoptionen ansteuern können, um optimale Entscheidungen treffen zu können.

Über geeignete Trainingsformen bietet sich die Möglichkeit, auf die Qualität der Wahrnehmung im Sinne einer verbesserten, höher frequentierten Blickführung und eines geschärften Blicks Einfluss zu nehmen. Auch die Hinführung zur gerichteten Aufmerksamkeit kann durch entsprechendes Training beeinflusst werden. Das 9er-Feld stellt eine Möglichkeit dar, das Training mit einem erhöhten kognitiven Anspruch anzureichern. Durch die unterschiedlichen Zonen, Linien und Markierungshütchen müssen die Spieler den Spielraum in erhöhter Frequenz wahrnehmen.

Viele Trainingsformen stellen Aufgaben an die Spieler, die dazu auffordern, genauer und mehr wahrzunehmen, auf verschiedene Signale zu reagieren und unter hohem Gegner,- Zeit,- Raum- und Präzisionsdruck Entscheidungen zu treffen. So sind die verschachtelten Passfolgen ein Beispiel für eine gesteigerte Anforderung an die Wahrnehmung der Spieler. Die in den Spielformen beschriebenen Provokationsregeln (Anzahl der Ballkontakte, Aufgabe vor Torerfolg, Überzahl und Unterzahl) sorgen für Entscheidungen unter Zeitdruck, sodass ein Einfluss auf die Verarbeitungsgeschwindigkeit besteht.

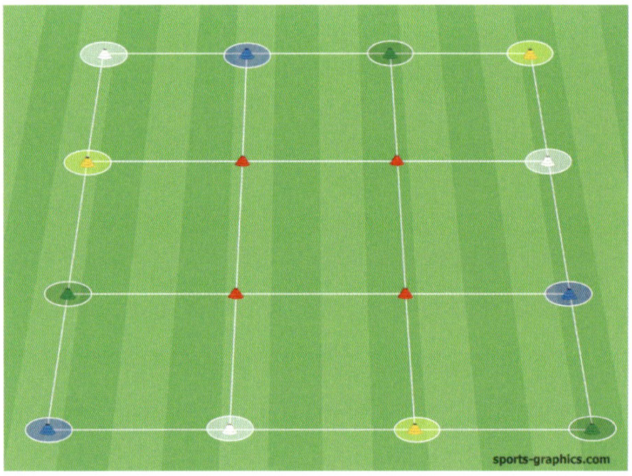

Abb. 129: 9er-Feld – 2.0

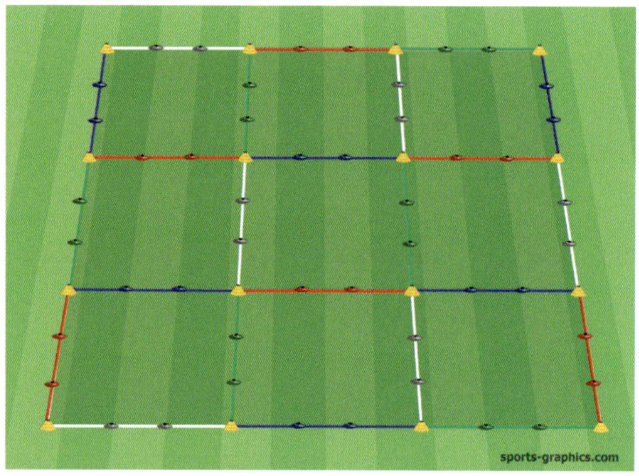

Abb. 130: 9er-Feld – 3.0

Über die bereits bestehenden Trainingsformen hinaus können über die Farbgebung und Anordnung von Markierungshütchen (vgl. Abb. 129: 9er-Feld – 2.0) oder Spielfeldlinien (vgl. Abb. 130: 9er-Feld – 3.0) mit farblich zugordneten Aktionen oder Toren die kognitiven Herausforderungen über das bloße Spielgeschehen hinaus erhöht werden. Beide dargestellten Formen erlauben sowohl Übungs- als auch Spielformen. Die Symmetrie und Gleichmäßigkeit der Linien und Markierungshütchen ermöglicht den Spielern ein Mindestmaß an Orientierung, sorgt aber auch dafür, dass den Spielern im Rahmen der jeweiligen Übungs- oder Spielform in jeglicher Positionierung auf dem Spielfeld multidirektionale Lösungsmöglichkeiten geboten werden.

11.1.1 Orientierung und Wahrnehmung

Die Spieler werden in vier Teams eingeteilt (vgl. Team BLAU und Team GELB, Team WEISS und Team GRÜN). Die Spieler bewegen sich frei im Feld und reagieren auf die unterschiedlichen Trainersignale. (1: Die Spieler laufen zu den äußeren Markierungshütchen gemäß ihrer Teamfarbe. 2: Die Spieler laufen zu einem äußeren Markierungshütchen, das nicht ihrer Teamfarbe entspricht. 3: Alle Spieler einer Mannschaft sammeln sich an einem Markierungshütchen. 4: Die Spieler müssen alle drei Markierungshütchen gemäß ihrer Teamfarbe umlaufen.)

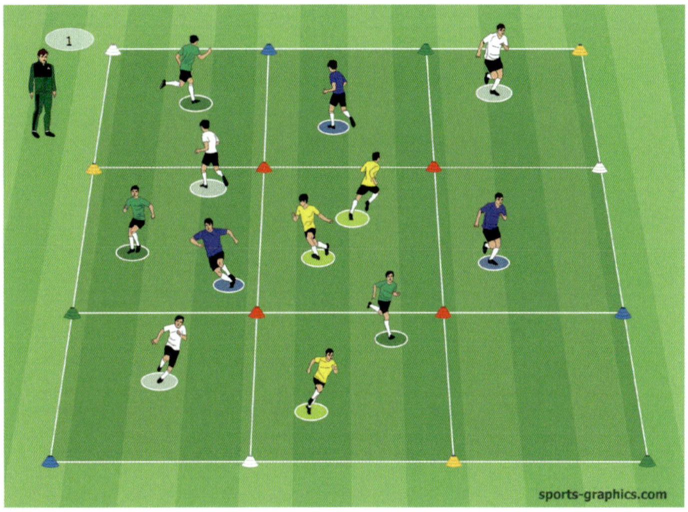

Abb. 131: Orientierung und Wahrnehmung

11.1.2 Dribbling (Markierungshütchen)

Team ROT spielt gegen Team BLAU im 3 gegen 3. Die Tore sind farblich markiert. Die Spieler dürfen auf ein Tor abschließen, nachdem ein Dribbling um eines der äußeren Markierungshütchen umgesetzt wurde. Das ballbesitzende Team darf dann auf die zugehörigen Tore abschließen. Nach einem Dribbling öffnen sich stets die Tore, die mit der Farbe des umspielten Markierungshütchens gekennzeichnet sind.

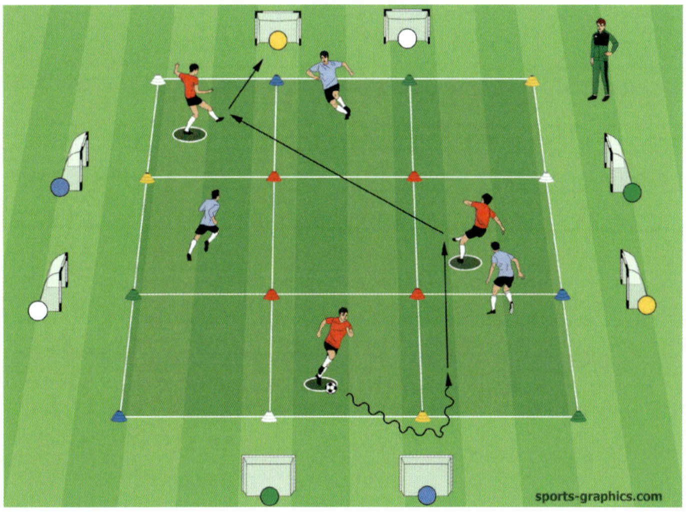

Abb. 132: Dribbling (Markierungshütchen)

11.1.3 Freilaufbewegung

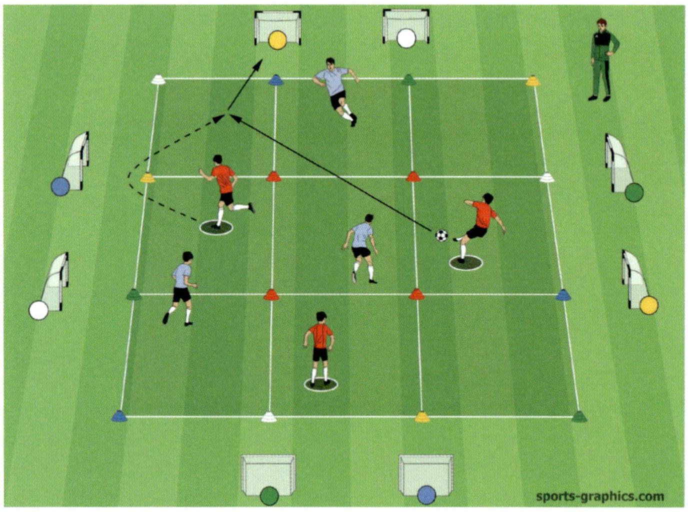

Abb. 133: Freilaufbewegung

Team ROT spielt gegen Team BLAU im 3 gegen 3. Die Tore sind farblich markiert. Die Spieler dürfen auf ein Tor abschließen, nachdem ein Spieler eine Freilaufbewegung um eines der äußeren Markierungshütchen umgesetzt hat und anschließend den Ball erhält. Nach einer Freilaufbewegung und dem entsprechenden Pass öffnen sich stets die Tore, die mit der Farbe des umlaufenen Markierungshütchens gekennzeichnet sind.

11.1.4 Fangspiel

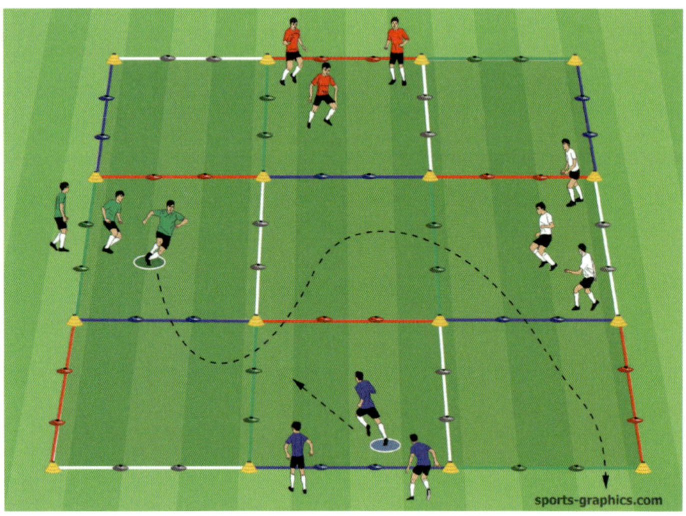

Abb. 134: Fangspiel

Die Spieler werden in vier Teams eingeteilt (vgl. Team BLAU und Team GELB, Team WEISS und Team GRÜN). Jedes Team positioniert sich an einer Spielfeldseite. Dabei hat je ein Spieler jedes Teams die Aufgabe, über die Linien der eigenen Farbe auf die gegenüberliegende Seite des Felds zu gelangen. Ein Spieler des gegenüberliegenden Teams kann dies verhindern, indem er den Läufer mit der Hand berührt.

11.1.5 Dribbling (Spielfeldlinien)

Die Spieler werden in zwei Teams eingeteilt. Team GELB spielt gegen Team BLAU im 3 gegen 3. Die Tore sind farblich markiert. Um ein Tor erzielen zu können, muss eine Mannschaft in direkter Abfolge ein Dribbling und einen Pass über zwei Linien einer Farbe umgesetzt haben. Anschließend können sie auf das entsprechend farblich markierte Minitor abschließen.

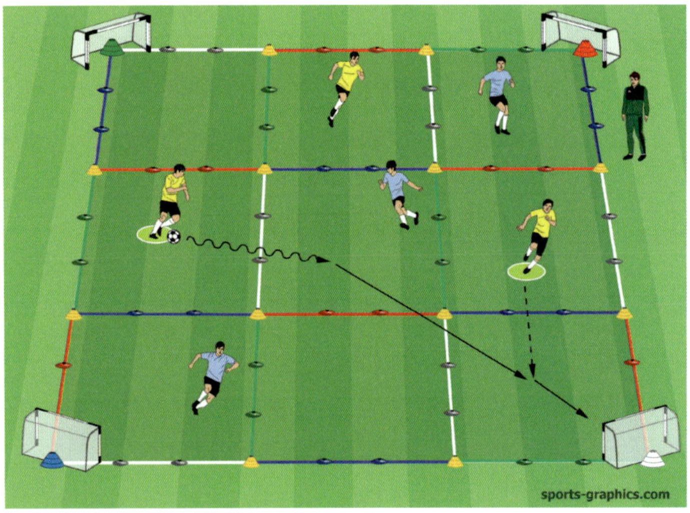

Abb. 135: Dribbling (Spielfeldlinien)

11.1.6 Variable Torwertung

Team GELB spielt gegen Team BLAU im 3 gegen 3. Die Tore sind farblich markiert. Die Spieler dürfen jederzeit auf eines der Tore abschließen. Mit jeder überdribbelten Linie einer Farbe in direkter Abfolge erhöht sich die Torwertung um einen Punkt. Je mehr Linien einer Farbe ein Team überdribbelt und danach mit einem Treffer endet, desto höher ist die Torwertung.

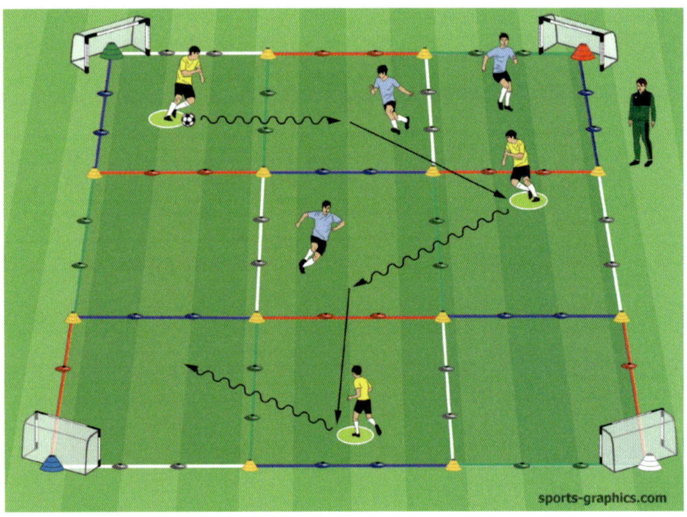

Abb. 136: Variable Torwertung

11.2 DIDAKTISCHE ANSÄTZE IM KINDERFUSSBALL

Die Zusammenarbeit zwischen Trainern und Spielern ist durch Lehren und Lernen gekennzeichnet. Die Einteilung des Spielfelds in verschiedene Zonen kann helfen, um diese Lehr- und Lernwege zu vereinfachen und zu optimieren. Die Einteilung in Zonen kann auf das komplette Fußballfeld erstreckt werden. In diesem Sinne können die verschiedenen Zonen mit Bildern oder Bezeichnungen verknüpft werden, welche den Spielern die Bedeutung einzelner Spielfeldbereiche erklären und verdeutlichen.

Dieser didaktische Ansatz hofft darauf, dass die Spieler konkrete Aufgaben und Zielsetzungen mit bestimmten Spielfeldbereichen verbinden und somit eine Hilfestellung zur situativen Lösungsfindung erhalten. Diese Herangehensweise zielt auf einen Übertrag der Theorie in die Praxis ab und kann gemäß Altersstruktur der Mannschaft oder dem bereits vorhandenen Wissensstand angepasst werden.

Grundsätzlich kann das Lernen und der Verstehensprozess mithilfe der Zoneneinteilung durch den Einsatz von Bildern unterstützt werden. Dieser visuelle Ansatz kann vor allem Kindern helfen, die unterschiedlichen Spielfeldbereiche zu erfassen und mit grundsätzlichen Strategien und Zielen zu verknüpfen. So besteht die grundlegende Vorgehensweise darin, das Spielfeld in Zonen einzuteilen und anschließend die Zonen mit Bildern zu versehen. Dabei geht es einerseits um die Positionierung auf dem Feld im Sinne der klassischen Positionsgebung und ihrer Verortung auf dem Spielfeld, aber auch darum, Positionswechsel zu verbildlichen oder Seitenüberlagerungen darzustellen. Weitergehend können über die Zonierung und die entsprechenden Bebilderungen verschiedenste Verhaltensweisen der Spieler angelegt werden.

Der grundlegendste Ansatz der Spielfeldzonierung besteht in der einfachen Farbgebung (vgl. Abb. 137: Farbgebung). Zunächst können die einzelnen Zonen je nach Zielsetzung und Trainingsgruppe in ihrer Anordnung und Größe variabel eingesetzt werden. Über die Farbgebung der einzelnen Zonen können für die Spieler die gewünschten Handlungsräume definiert und Zielräume aufgezeigt werden. Zusätzlich können Farben und Zonen die Spieler hinsichtlich ihrer Positionierung auf dem Spielfeld orientieren und dahin gehend einen längerfristigen Merkprozess unterstützen. Die unterschiedlichen Farben können mit konkreten Handlungen assoziiert werden.

So kann die Farbe ROT beispielsweise mit Gefahr gleichgesetzt und die Farbe GRÜN mit Erfolg verbunden werden. Die unterschiedlichen Abstufungen der Farben können so in sinngebender Weise mit den Bedeutungen und gewünschten Handlungen der Zonen verknüpft werden.

In der Vermittlung zwischen Spieler und Trainer kann es dem Lernenden helfen, neue Inhalte themenspezifisch zu visualisieren. Als Übertrag auf die Zonierung des Spielfelds können einzelne Spielräume mit aussagekräftigen und kindgerechten Bildern belegt werden, um den kindlichen Lernprozess nachhaltig zu beeinflussen. Tierbilder eignen sich im beschriebenen Kontext zur Vermittlung verschiedener fußballspezifischer Verhaltensweisen (vgl. Abb. 138: Tierwelt).

Kinder besitzen bereits Assoziationen zu den unterschiedlichen Tieren, sodass ein Übertrag auf das Fußballfeld mit den angelegten Zonen nicht schwerfällt. So kann der Löwe für Gefahr in offensiven und defensiven Feldregionen stehen, wohingegen die im Strafraum nötige Kopfballstärke mit dem Bild der Giraffe assoziiert wird.

Über die Vermittlung von Verhaltensweisen in unterschiedlichen Zonen hinaus können entsprechende Zonierungen auch die Positionierung der Spieler auf dem Spielfeld optimieren. Zusätzlich kann über geeignete Bilder bei den Spielern ein erstes Verständnis von den Ebenen des Spielfelds entstehen. Über die Bildgebung des Hochhauses (vgl. Abb. 139: Hochhaus) können verschiedene Stockwerke sinnbildlich besetzt werden, ein Hausmeister im Sinne eines Torwarts dafür sorgen, dass ungebetenen Besuchern der Zutritt verwehrt bleibt und das Dach des Hauses als Zielzone im Strafraum des Gegners genutzt werden.

Auch zur Übermittlung der Mannschaftsaufstellung bei kleineren Kindern kann das Bild des Hochhauses genutzt werden. So wohnen die Spieler sinnbildlich in den verschiedenen Stockwerken und können sich im Sinne von Positionswechseln und unterstützenden Läufen im Kontext des Spiels in ihren Wohnungen besuchen.

Der Fantasie und dem Erfindungsreichtum sind im Zusammenhang mit der Zonenvisualisierung keine Grenzen gesetzt. So ist es möglich, mit dem thematischen Hintergrund der Bilder auf den Leistungs- und Entwicklungsstand sowie die aktuellen Interessen der Kinder einzugehen. Eine interessenbezogene Lernumgebung mit entsprechenden Inhalten motiviert Kinder zusätzlich und sorgt für einen nachhaltigeren Lerneffekt.

Im Piratenspielfeld (vgl. Abb. 140: Piraten) ist ein Themenfeld beispielhaft aufgegriffen. In diesem Kontext geht es vermehrt darum, zonenabhängige Verhaltensweisen über entsprechendes Bildmaterial anzulegen. So wird über das Bild der Kanone eine Spielfeldzone definiert, aus der Torabschlüsse erfolgen sollen. Weitergehend kennzeichnet das Steuerrad eine Zone im Mittelfeld, in der es um Spielkontrolle und einen geordneten Spielaufbau geht. Zusätzlich ist es möglich, Zonen zu tabuisieren. So sind die Zonen in den Spielfeldecken ebenfalls mit entsprechendem Bildmaterial belegt.

Einige Themenbereiche lassen sich über die jeweilige inhaltliche Struktur besonders gut auf die Spielfeldzonen anwenden. Meist lässt sich zu diversen Bildern eines kindgerechten Themenbereichs ein entsprechender Fußballbezug herstellen. Der Straßenverkehr als Themenwelt steht so beispielhaft für einen Lebensbereich, der bei Kindern präsent ist und zugleich vielschichtige Assoziationsmöglichkeiten bietet (vgl. Abb. 141: Straßenverkehr).

So können Verkehrsschilder wie STOP und SACKGASSE konkrete Zonen in besonderer Weise hervorheben oder aber für die Spieler tabuisieren. Weiter kann in diesem Beispiel über die Bilder von eher schnellen oder langsamen Autos zusätzlich Einfluss auf die Spiel- und Laufgeschwindigkeit in den unterschiedlichen Zonen genommen werden.

Die folgenden Spielfelder als Verbindung von Zoneneinteilung und verschiedenen Bildern sind als Impulse und Denkanstöße zu verstehen. Die nachfolgenden Vorschläge können helfen, um ein grundsätzliches Verständnis für das Spielfeld zu vermitteln und gewünschte Verhaltensweisen anzulegen.

Die Einteilung des Spielfelds und Verknüpfung von Bild und Handlung ist ein didaktischer Ansatz, der einen spaßbetonten Zugang ermöglicht und die Fantasie der Kinder anregen soll. Die Namensgebung einzelner Zonen oder die Verbindung mit einer Bilderwelt kann auch gemeinsam und durch die Kinder selbst erfolgen. So sind sie in die Strukturierung des eigenen Spielfelds aktiv mit eingebunden und bereits interpretativ gefordert.

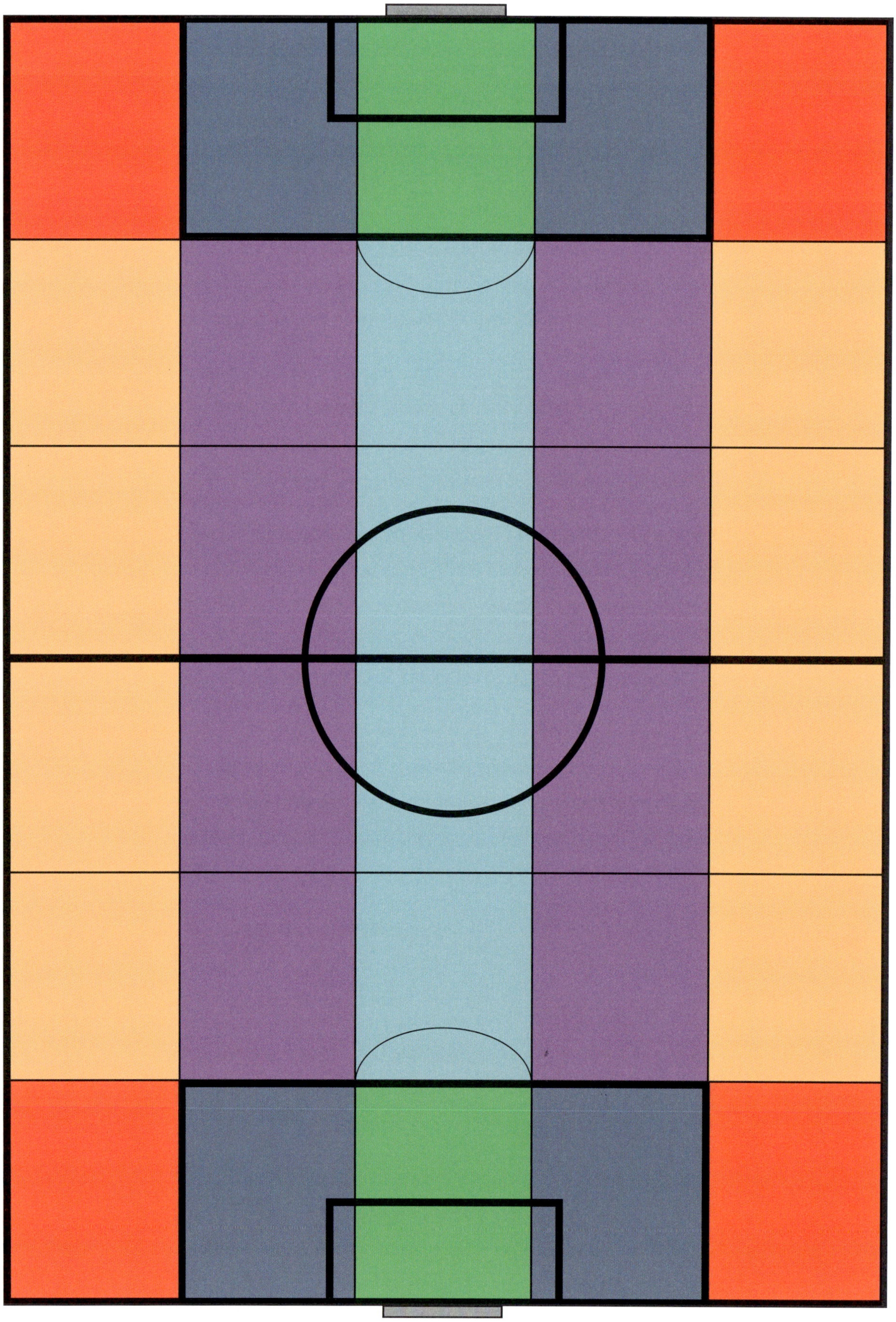

Abb. 137: Farbgebung

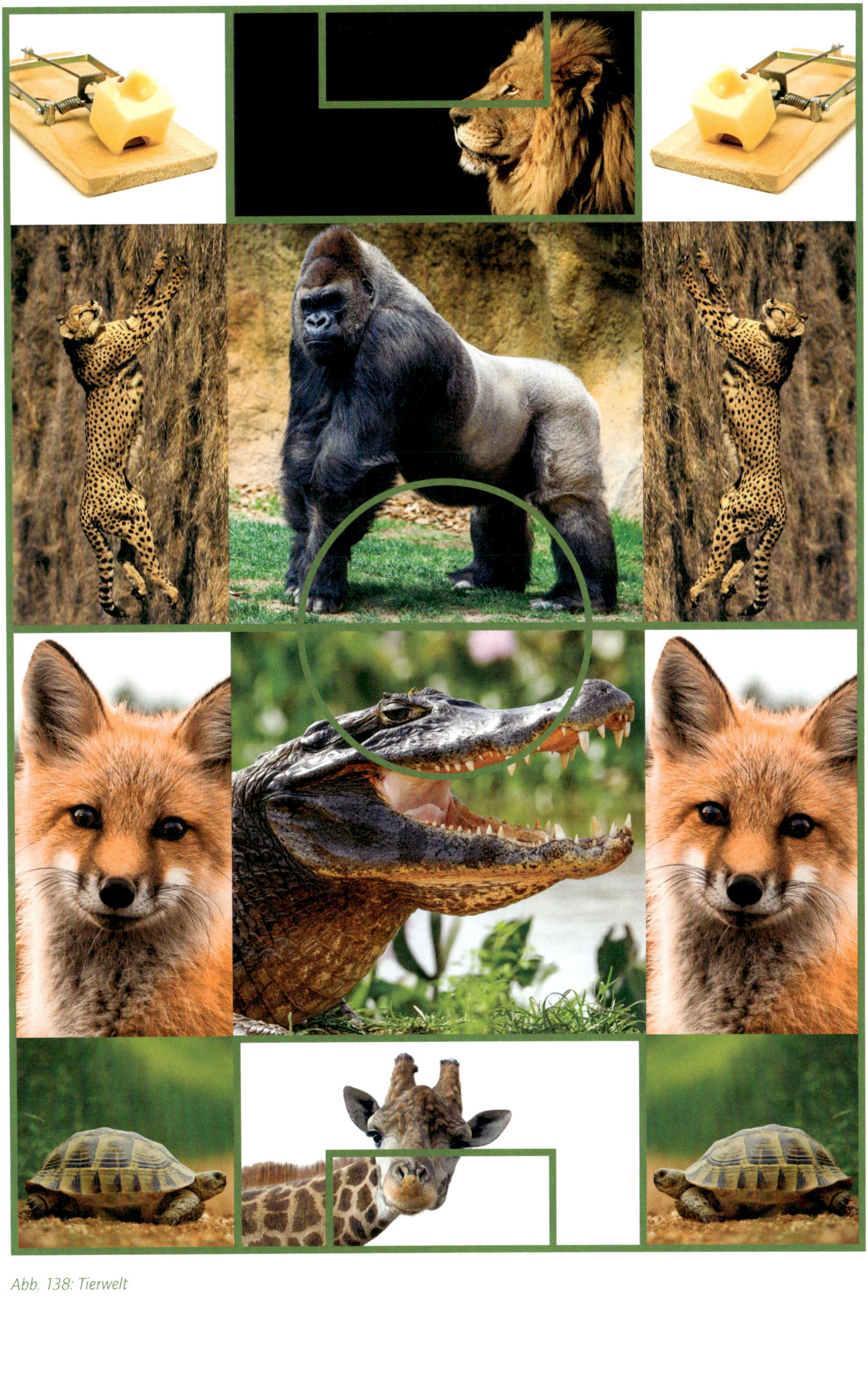

Abb. 138: Tierwelt

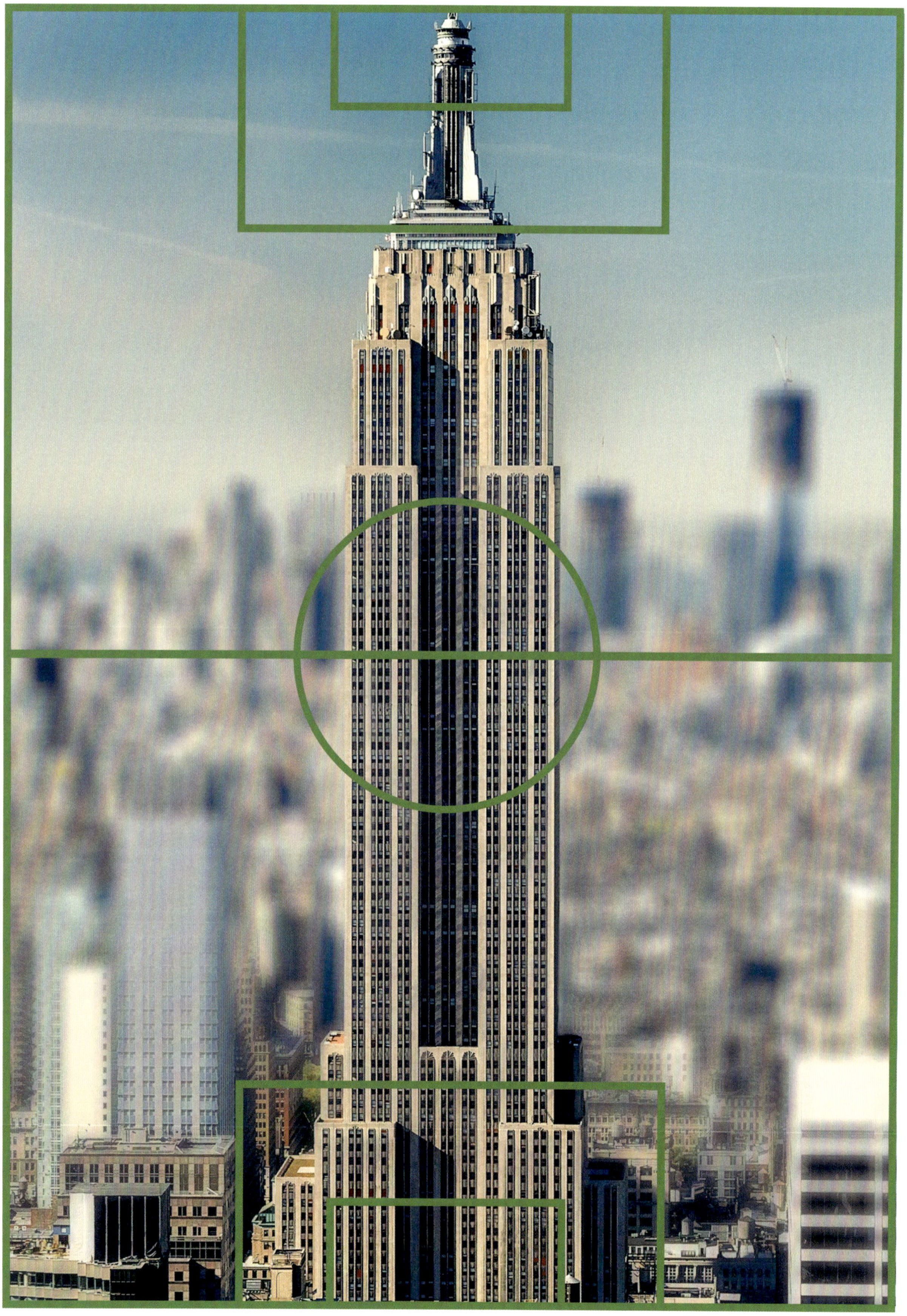

Abb. 139: Hochhaus

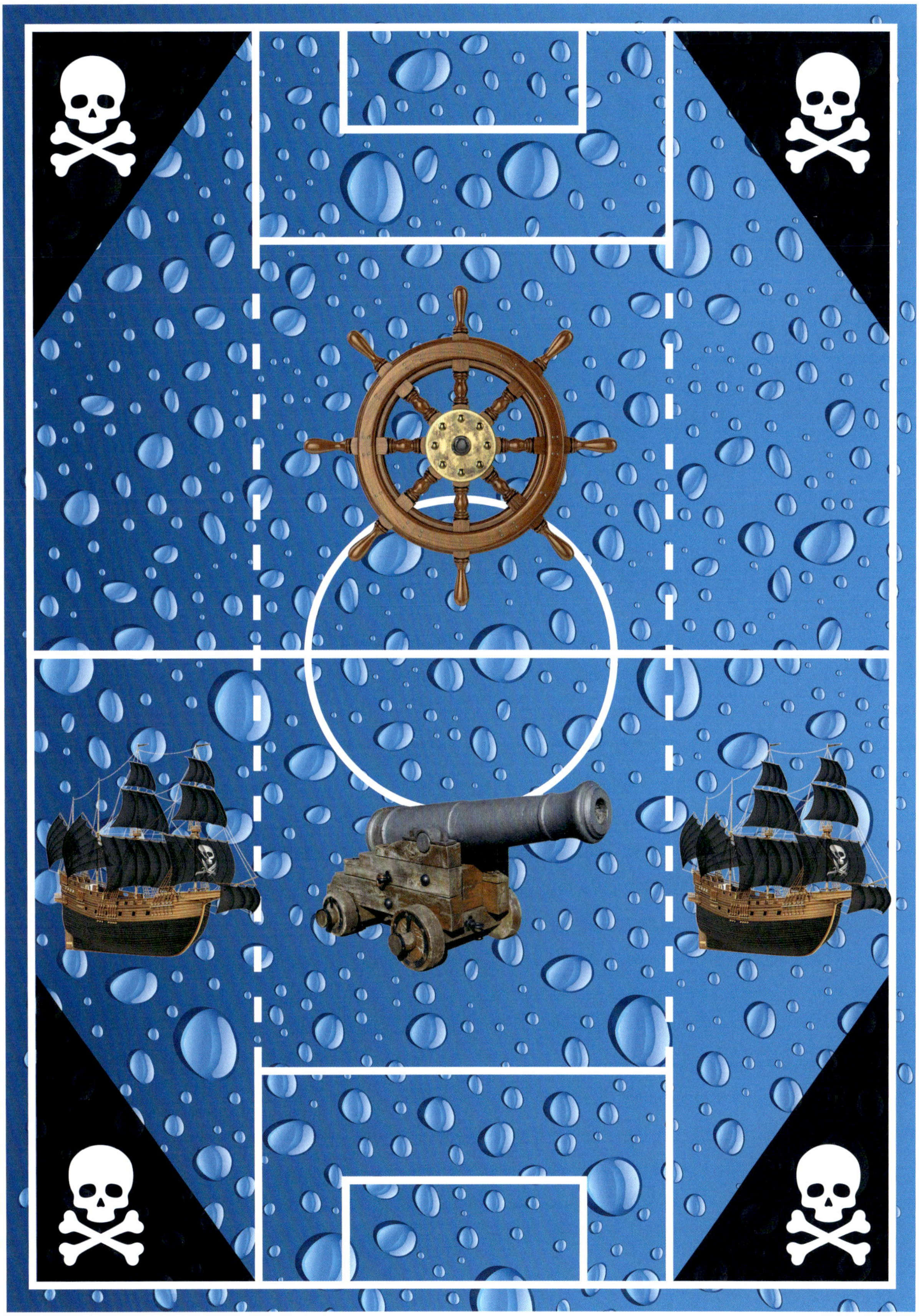

Abb. 140: Piraten

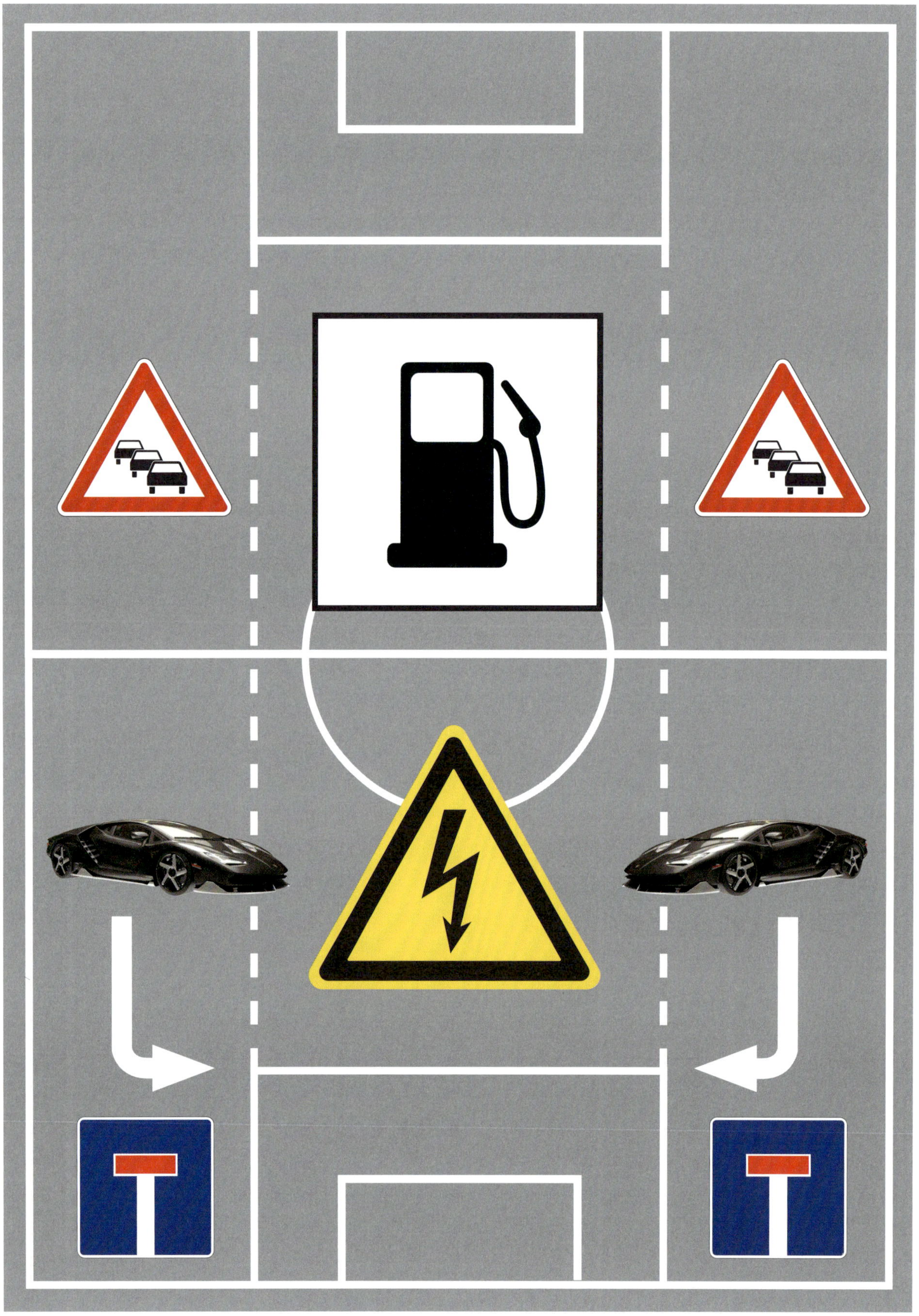

Abb. 141: Straßenverkehr

11.3 DIDAKTISCHE ANSÄTZE IM JUGEND- UND ERWACHSENENFUSSBALL

Die Einteilung des Spielfelds in verschiedene Zonen kann auch für Spieler im Jugend- oder Erwachsenenfußball eine nachhaltige Hilfestellung darstellen und zu einer Verbesserung des Spielverhaltens führen. Die Einteilung des Spielfelds in größere Mittelfeldbereiche, kleine Zonen in und um die Strafräume, lang gezogene Außenzonen oder verschiedenförmige Aktionsräume schafft die Möglichkeit, individual-, gruppen- und mannschaftstaktische Verhaltensweisen mit konkreten Räumen zu verknüpfen.

So lassen sich die Zonen mit Erfolg versprechenden und gewünschten Verhaltensweisen in Offensive und Defensive belegen. Speziell die kleineren Segmente in der Nähe des Strafraums können aus offensiver Sicht als Zielräume definiert werden, welche es im Dribbling oder mit Passkombinationen zu bespielen gilt. Die Einteilung kann zudem mit verschiedenen Farben unterfüttert werden. Mit farbigen Zonen sind beispielsweise offensive und defensive Räume oder verschiedene Pressingformen einfacher zu unterscheiden.

Darüber hinaus schaffen die angelegten Spielfeldzonen eine Orientierung in Bezug auf die Positionierung einzelner Spieler und deren Vernetzung zueinander. So ist es möglich, die Spieler hinsichtlich der Höhe, der Breite und der Entfernung zueinander auf dem Spielfeld zu navigieren und ihnen Orientierungspunkte zu geben.

Die Zoneneinteilung des Spielfelds mit konkretem Bezug zu Verhaltensweisen und Positionierungen bringt einen nachhaltigen Mehrwert im Kontext des individual-, gruppen- und mannschaftstaktischen Verhaltens. Über die konkrete Verknüpfung einzelner Spielelemente mit spezifischen Spielfeldregionen werden die Spieler dazu befähigt, zielgerichtete, spielintelligentere und erfolgreichere Handlungen umzusetzen und diese auch langfristig abrufen zu können.

Schon einfachste Zonierungen schaffen Orientierung und ein Bewusstsein für das Verhalten in den unterschiedlichen Spielfeldzonen. Unter Berücksichtigung der methodischen Reihe empfiehlt es sich, auch im Jugend- und Erwachsenenfußball mit einer verringerten und so übersichtlicheren und verständlicheren Zoneneinteilung zu beginnen (vgl. Abb. 142: Einfache Zonierung). Wenn Spieler erstmalig mit der Idee der Spielfeldzonen in Kontakt kommen, ist es zumeist sinnvoll, die gewünschten Inhalte auf ein weniger komplexes Maß herunterzubrechen. Aufbauend können engmaschigere Zonen gewählt werden, um diese mit konkretisierten und detaillierten Verhaltensweisen und Positionierungen zu belegen.

Das Verteidigungsverhalten kann über eine entsprechende Zonierung des Felds im Mannschaftsverbund trainiert, angelegt und umgesetzt werden. So wird das Spielfeld den einzelnen Pressingzonen entsprechend eingeteilt, um so zunächst zwischen Angriffs-, Mittelfeld- und Abwehrpressing zu unterscheiden (vgl. Abb. 143: Pressingzonen). So stellt sich bei den Spielern zunächst ein grundsätzliches Verständnis zu den einzelnen Verteidigungsräumen ein. Weiterführend können über engmaschigere Zonierungen innerhalb der einzelnen Pressingzonen anschließend detaillierte Verhaltensweisen mit den Spieler herausgearbeitet werden. Eine entsprechende Einteilung hilft Spielern, situationsabhängiger zu agieren und in jeder Zone des Spielfelds mit dem zughörigen Abwehrverhalten reagieren zu können.

In Anknüpfung an die minder komplexe Zoneneinteilung (vgl. Abb. 142: Einfache Zonierung) kann dem Spielfeld durch unterschiedlich große, präziser platzierte und engmaschiger angeordnete Zonen eine größere Dynamik und Spielnähe verliehen werden (vgl. Abb. 144: Komplexe Zonierung). Um einen adäquaten Übertrag auf das tatsächliche Spielfeld im Wettkampf sicherzustellen, können die Zonenbegrenzungen an den Spielfeldlinien angelehnt werden. Der Strafraum und die Mittellinie spielen dabei eine übergeordnete Rolle.

Denkbar ist auch eine Überlappung von Zonen und Linien, um beispielsweise die Strafraumecke als torgefährlichen Raum zu akzentuieren. Die Zoneneinteilung schafft bei den Spielern eine Differenzierung zwischen den einzelnen Spielfeldbereichen. Dabei können Farben helfen, die Zonen in ihren unterschiedlichen Bedeutungen für die erfolgreiche Spielgestaltung voneinander abzugrenzen. Farben wie ROT und GRÜN haben in diesem Kontext eine besondere Signalwirkung und heben einzelne Zonen gesondert heraus.

Die Einteilung der Spielfelder in Zonen reduziert die Komplexität des Zielspiels. So besteht ein Ansatz darin, das Spielfeld für Offensiv- und Defensivhandlungen zu teilen und so nur jeweils einen Themenbereich in der Vermittlung aufzugreifen oder beide Bereiche einander nachzuschalten. Mit dem Fokus auf das Offensiv- oder Defensivspiel als isolierten Bereich lässt sich in der Vermittlung auf detaillierte Verhaltensweisen eingehen und engmaschige Zonierungen lassen sich anlegen.

Dabei helfen besonders kleinere Zonen in und um den Strafraum. So können den Spielern detaillierte Lösungsmuster in spezifischen Situationen aufgezeigt werden. Im defensiven Kontext geht es so vorrangig um zu besetzende Felder, Verschiebebewegungen und besonders akzentuierte Verteidigungszonen, wohingegen die Zonen im offensiven Bereich besonders zur Visualisierung von Lauf-, Dribbling- und Passwegen genutzt werden können.

Als weiterführende Idee zu den vornehmlich quadratisch angelegten Spielfeldzonen besteht zusätzlich die Möglichkeit, das Spielfeld auch über diagonale Linien einzuteilen und Dreiecke, Trapeze sowie Parallelogramme als Formen der Zonierung anzulegen (vgl. Abb. 146: Diagonalität). Die Diagonalität verleiht dem Spielfeld zunehmend Dynamik, sodass Zonen zum oder vom Tor weg gerichtet werden können und den Spielern die einzelnen Handlungsoptionen noch spielnäher vermittelt werden können.

Somit werden Laufwege klarer, zielgerichtete Defensivaktionen besser verortet, Zielräume präziser definiert und Offensivaktionen gewinnbringender gesteuert. Weiter erlauben Spielfeldzonen in unterschiedlichen Formgebungen einen präziseren Umgang mit dem Spielfeld, der sich zugleich auf den Verstehensprozess der Spieler in positiver Weise überträgt.

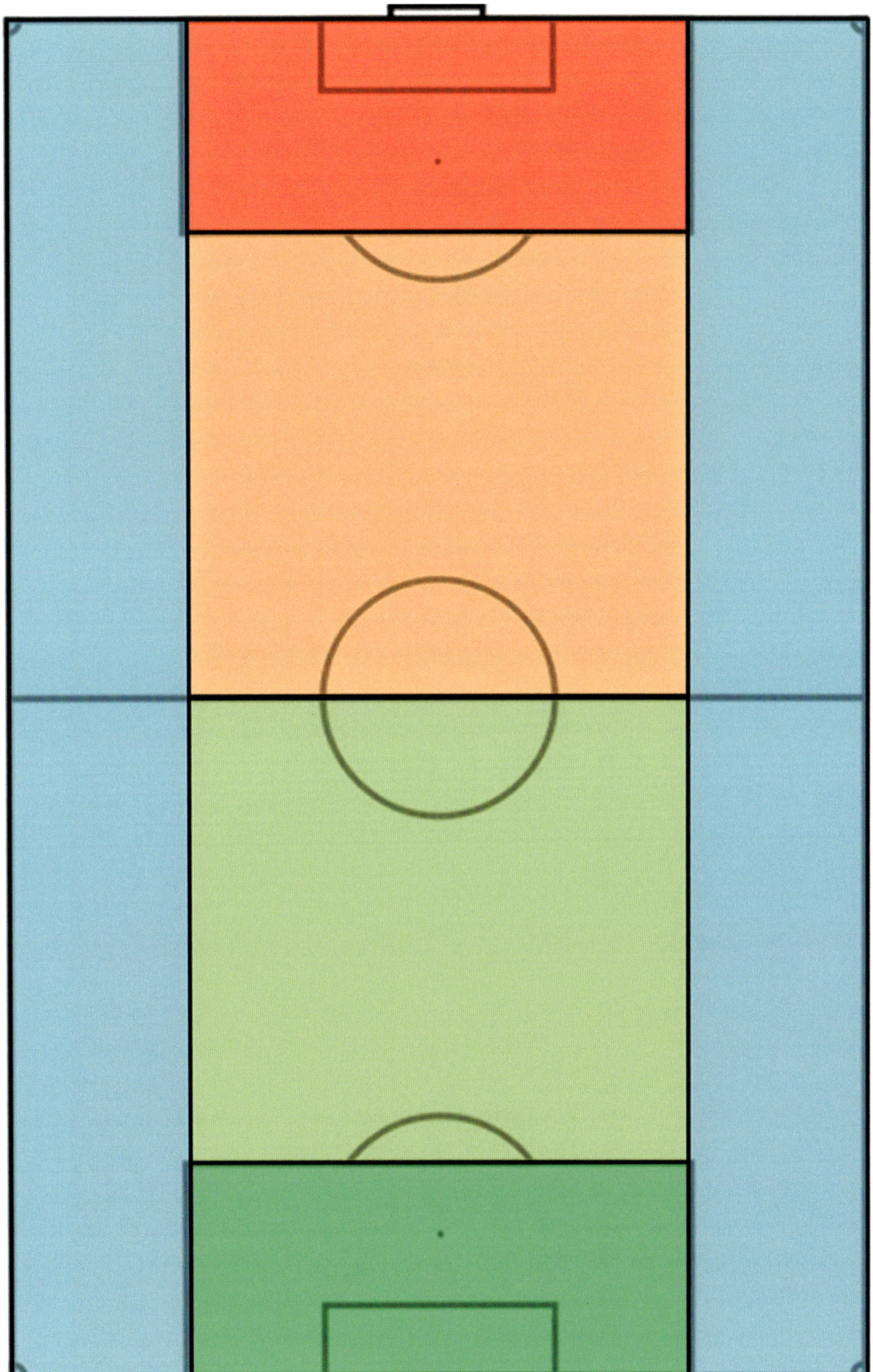

Abb. 142: Einfache Zonierung

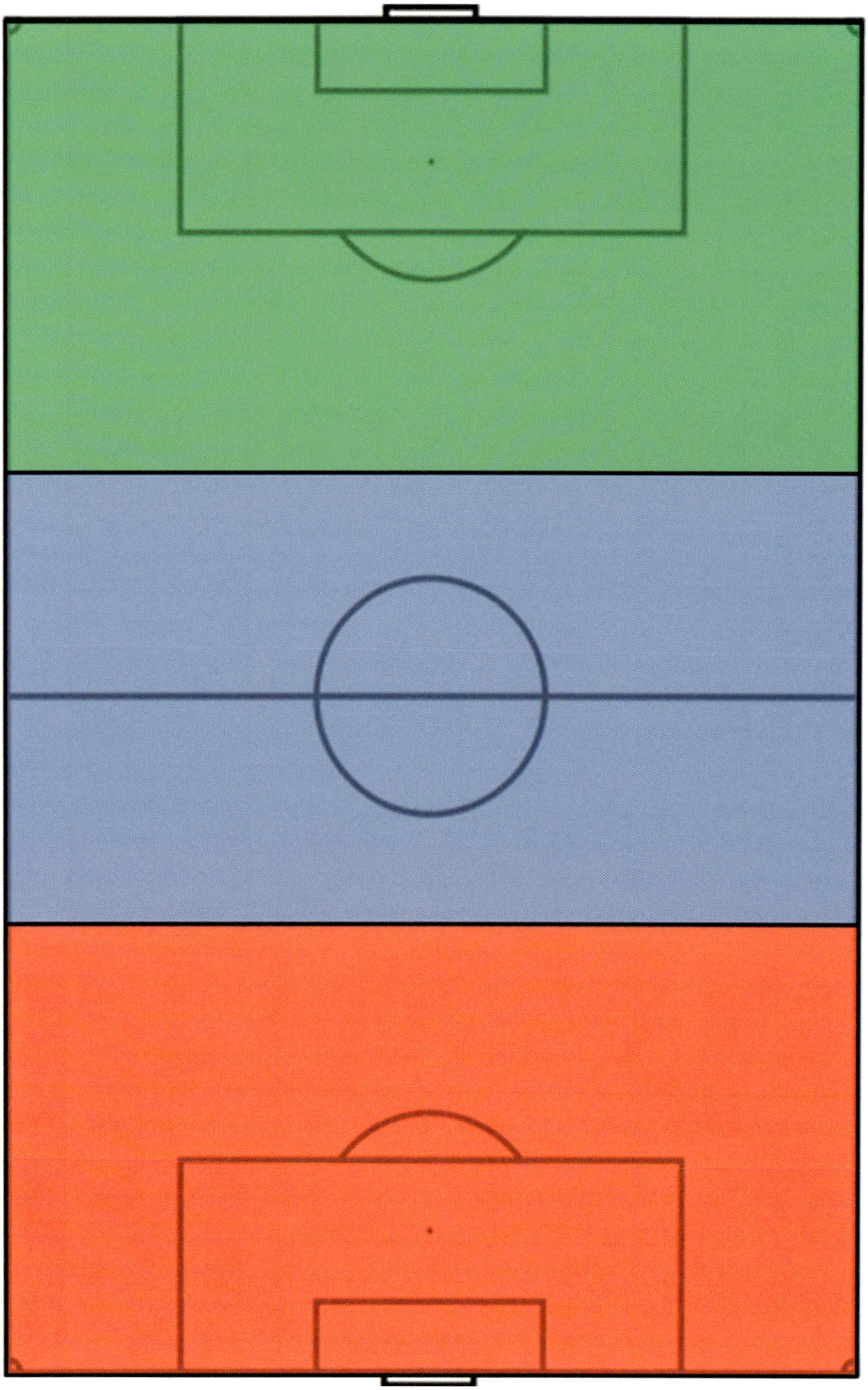

Abb. 143: Pressingzonen

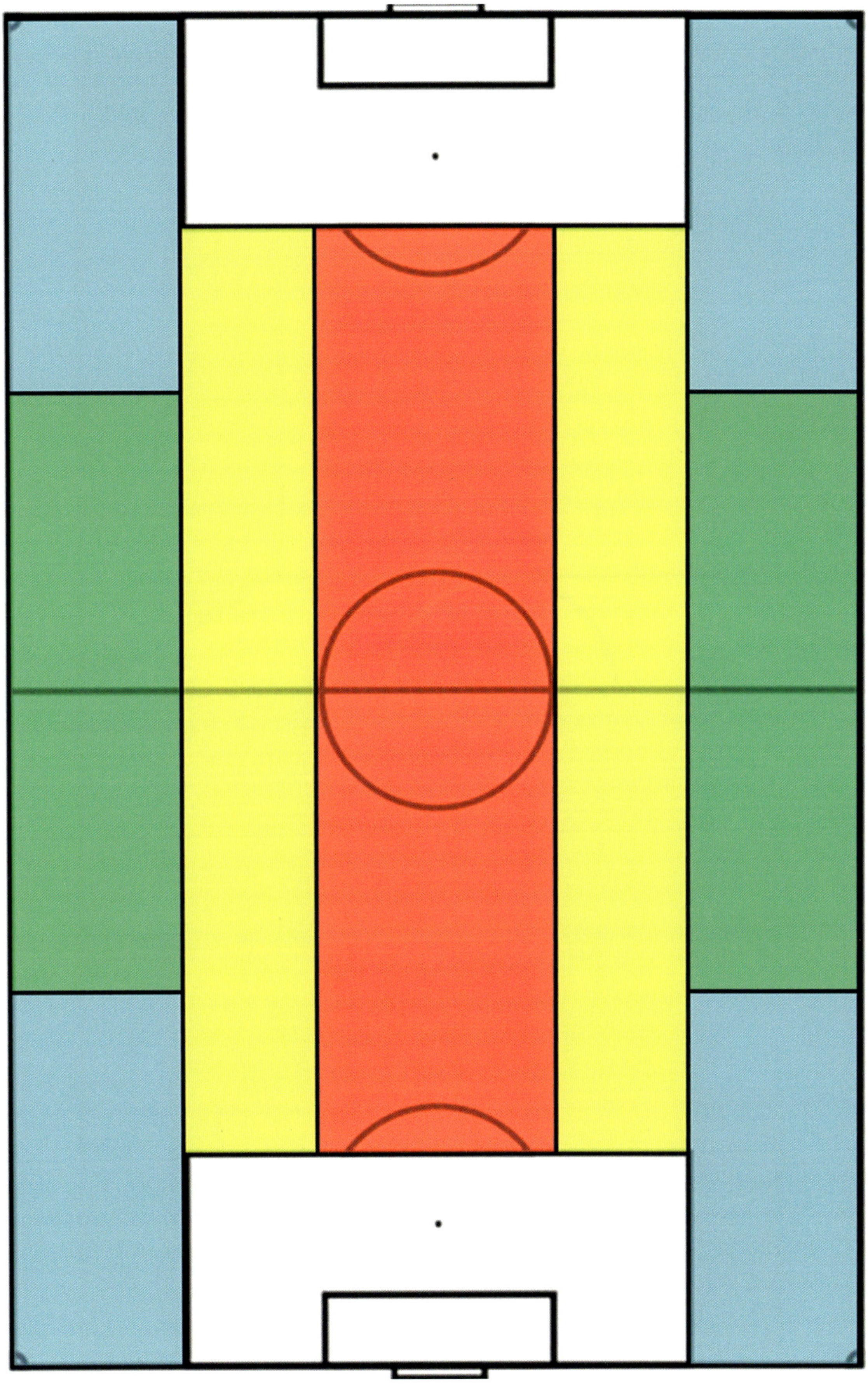

Abb. 144: Komplexe Zonierung

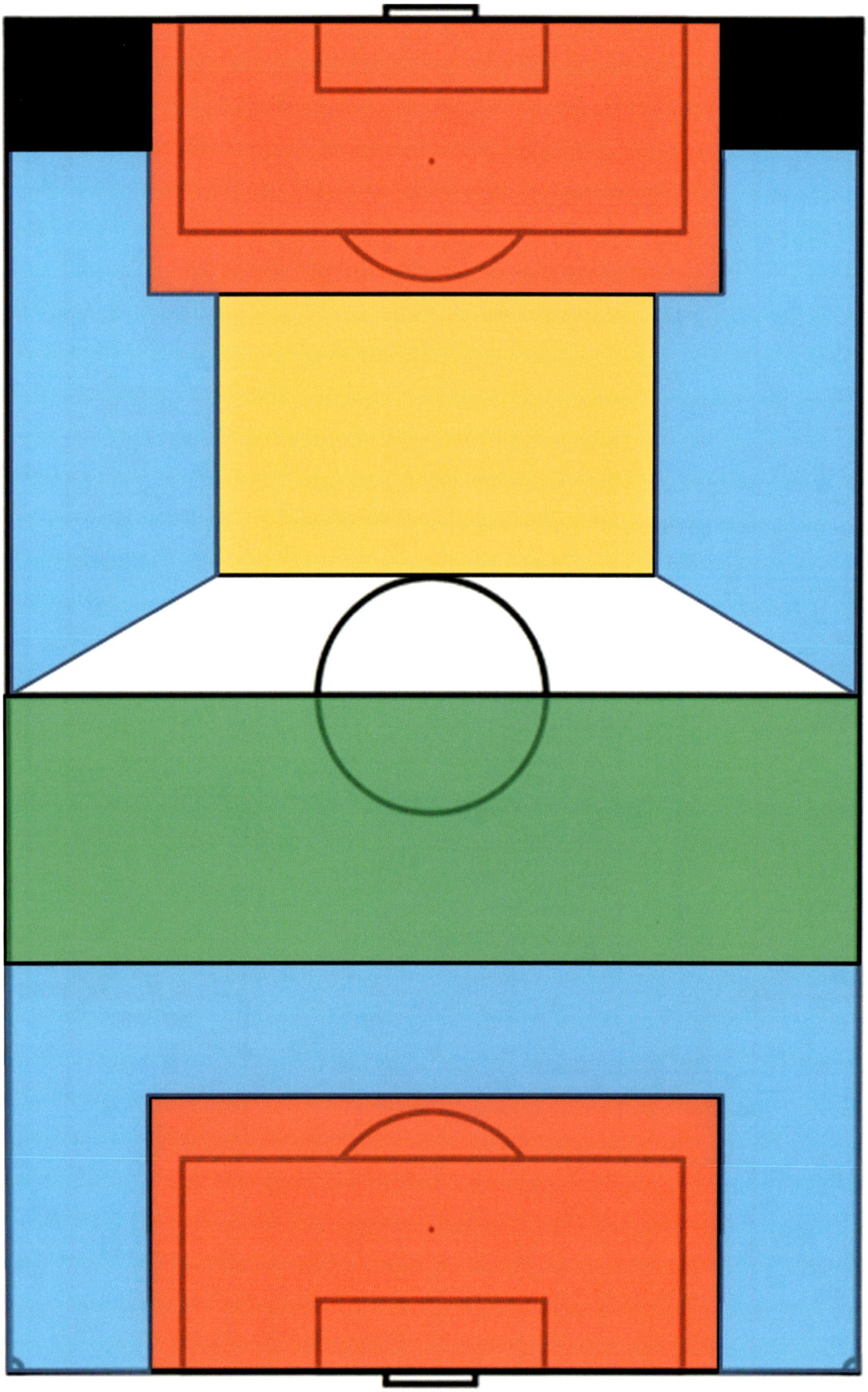

Abb. 145: Offensiv- und Defensivzonen

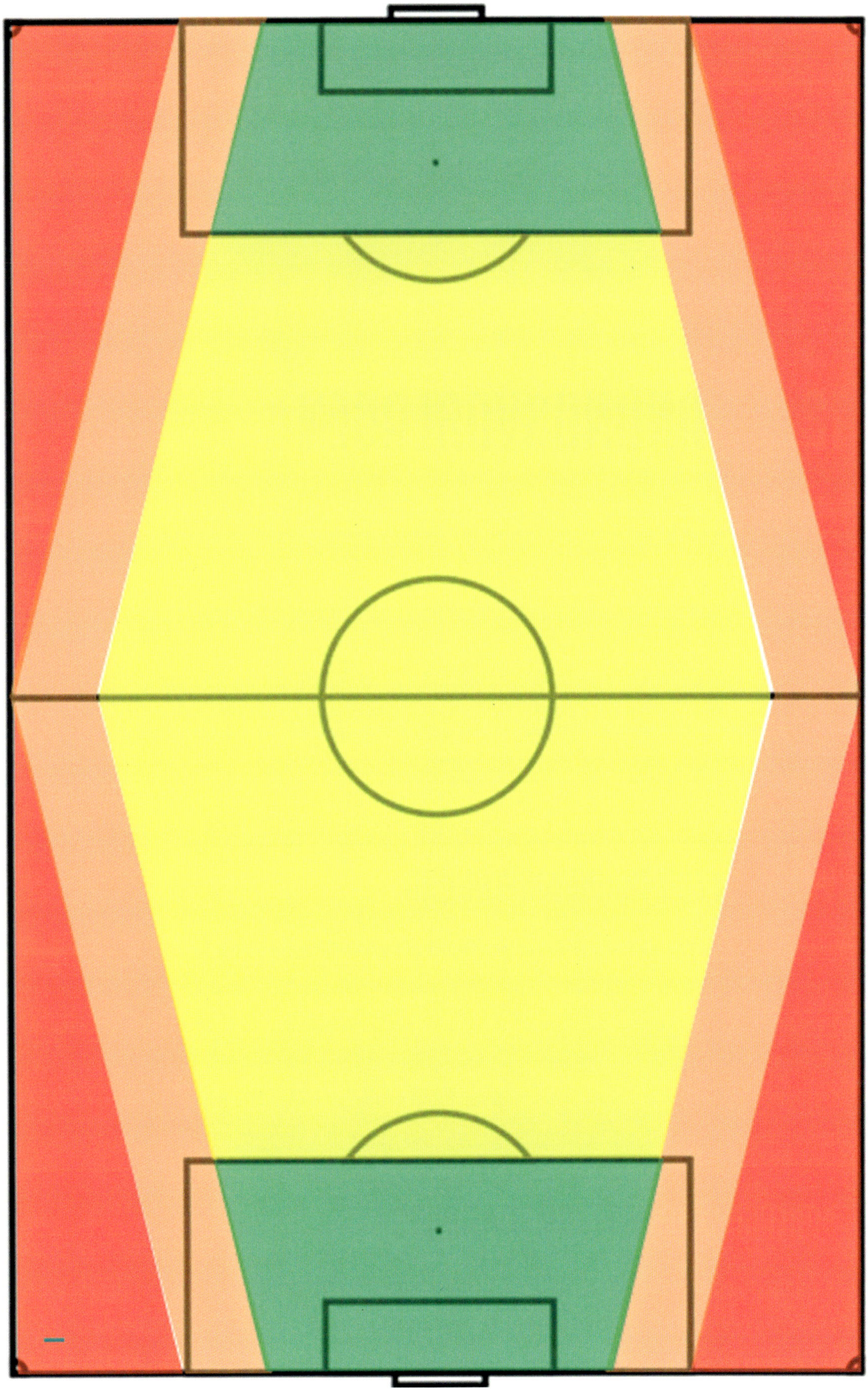

Abb. 146: Diagonalität

12 PLANUNGSVORLAGEN

Die Planung des Trainings und die Steuerung des Wettkampfs gehört zu den Hauptaufgaben eines Trainers. Im Rahmen des Trainings und der Spielbegleitung wiederholen sich bestimmte Abläufe Woche für Woche. In diesem Kontext versuchen die nachfolgenden Kopiervorlagen, Prozesse zu vereinfachen und Arbeitshilfen für die Praxis darstellen. Dabei ist der zonenorientierte Trainings- und Spielansatz in den Vorlagen implementiert. Die Seiten können als Schwarz-weiß-Kopien immer wieder verwendet werden und mit Zeichnungen und Anmerkungen versehen werden. Über vergrößerte Kopien lassen sich die Vorlagen in Mannschaftsbesprechungen einbinden.

12.1 VORLAGEN ZUR TRAININGSPLANUNG

Für die Trainingsplanung besteht die Vorlage aus einer Möglichkeit zur Anfertigung einer Skizze und einem Bereich für Notizen. Als Skizze können Tore, Balldepots, Spielerpositionierungen oder Lauf- und Passwege eingezeichnet werden. Im Bereich der Notizen können Infos zur Organisation und Durchführung, zu Themenschwerpunkten oder Coachingsignalen vermerkt werden. Die Vorlagen sind so angelegt, dass sowohl einzelne Trainingsformen notiert als auch ganze Trainingseinheiten auf einer Seite dargestellt und abgelegt werden können. Die Vorlagen umfassen das klassische 9er-Feld, das 9er-Feld mit Zwischenräumen und das 9er-Feld in Verbindung mit Mini- und Großtoren.

12.2 VORLAGEN ZUR WETTKAMPFPLANUNG

Für die Wettkampfplanung bestehen die Vorlagen aus vorstrukturierten Spielfeldern. In diese Vorlagen können Mannschaftsaufstellungen, Spielpositionen oder Verhaltensweisen durch Lauf- und Passwege skizziert werden. Weiterführend können einzelne Zonen mit Namen belegt und mit Handlungsaufträgen verknüpft werden. Die Vorlagen umfassen eine Einteilung des Spielfelds in quadratische Zonen, in Schläuche bzw. Korridore, in großflächige, in Richtung Tor und Zentrum ausgerichtete Bereiche und in kleinere Teilbereiche.

TRAININGSPLANUNG

NOTIZEN:

NOTIZEN:

NOTIZEN:

ZONENFUSSBALL. Theorie, Methodik und Praxis. 200 Trainingsformen auf dem 9er-Feld.
Lüdemann & Seeger. Meyer & Meyer (2020)

TRAININGSPLANUNG

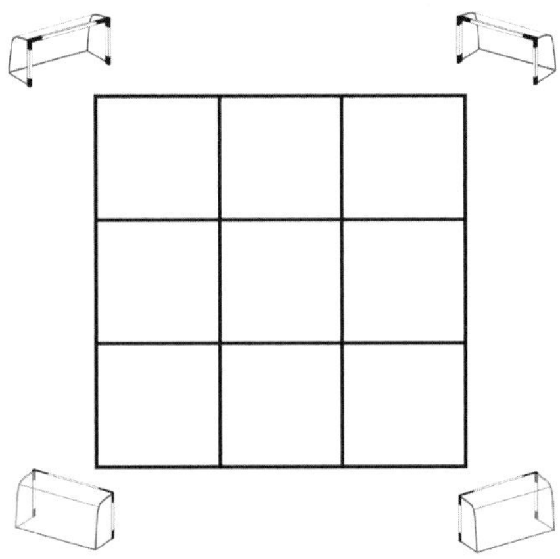

NOTIZEN:

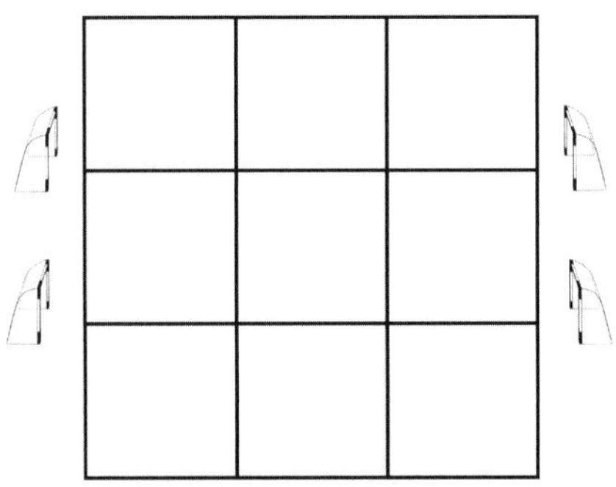

NOTIZEN:

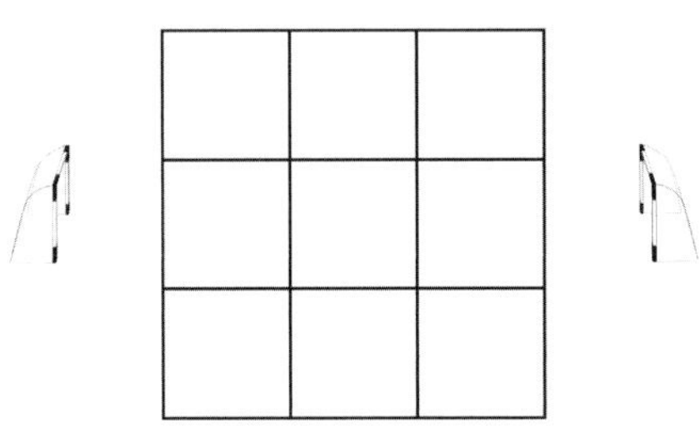

NOTIZEN:

TRAININGSPLANUNG

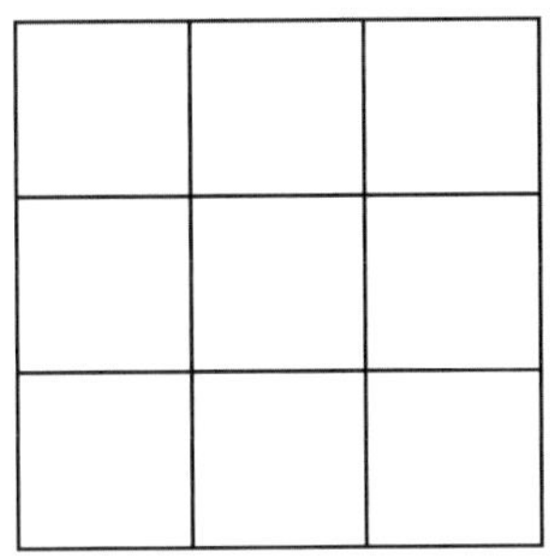

NOTIZEN:

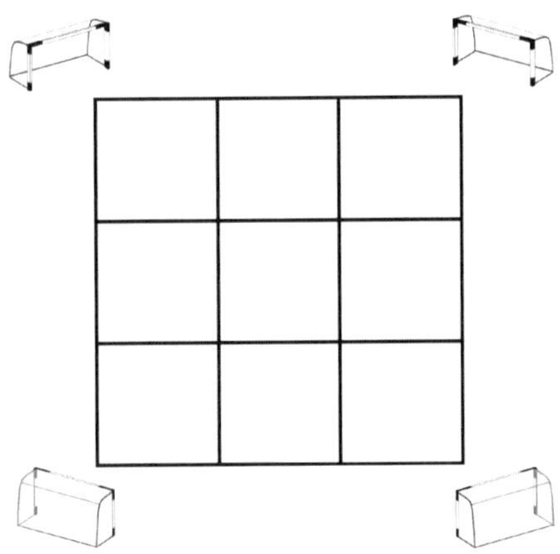

NOTIZEN:

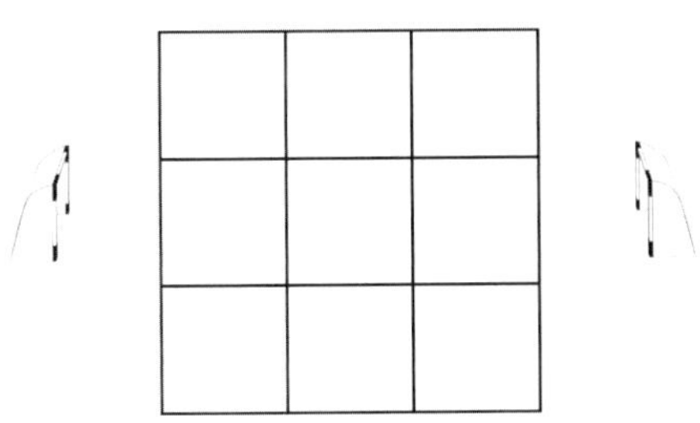

NOTIZEN:

ZONENFUSSBALL. Theorie, Methodik und Praxis. 200 Trainingsformen auf dem 9er-Feld.
Lüdemann & Seeger. Meyer & Meyer (2020)

TRAININGSPLANUNG

NOTIZEN:

NOTIZEN:

NOTIZEN:

WETTKAMPFPLANUNG

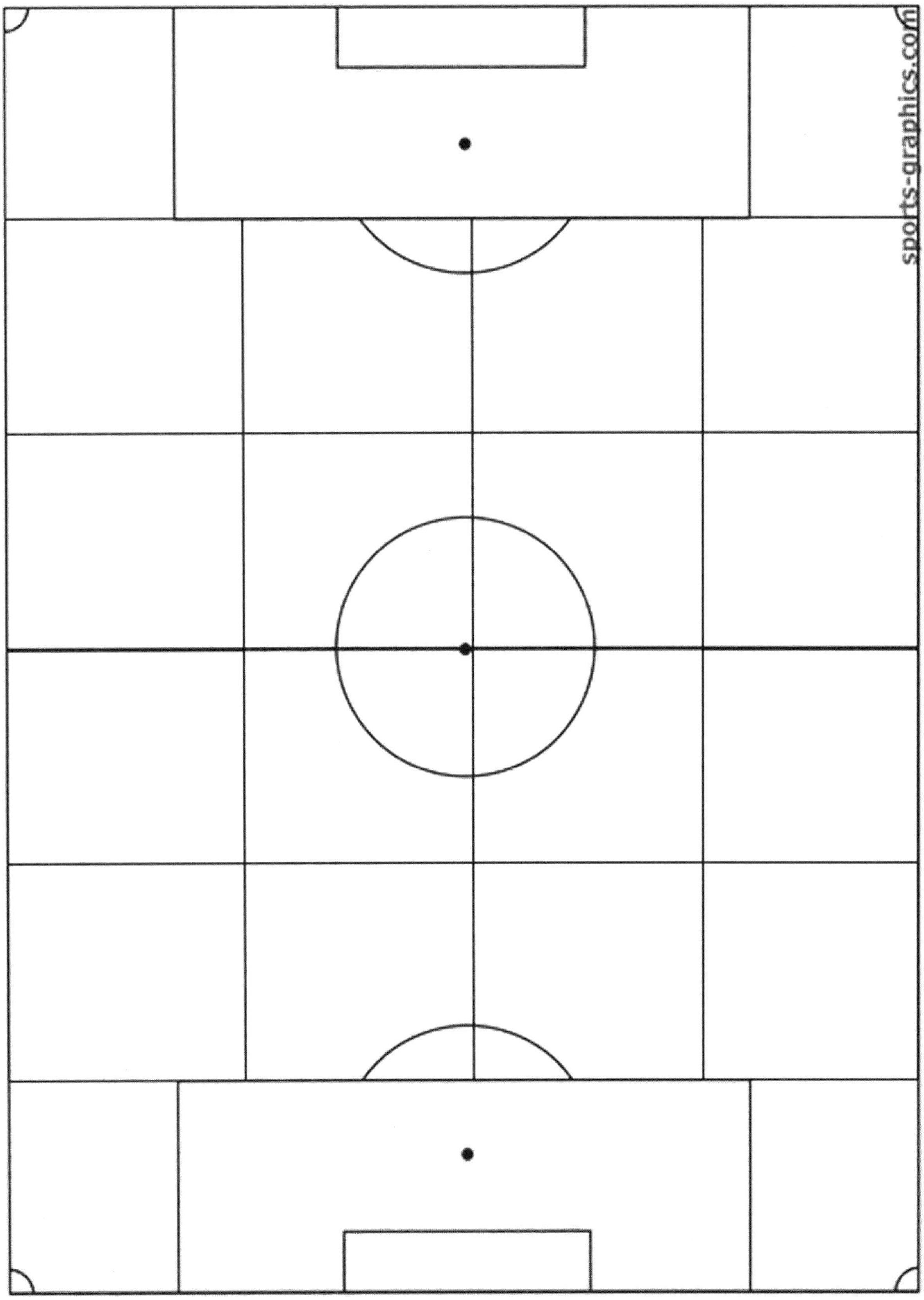

WETTKAMPFPLANUNG

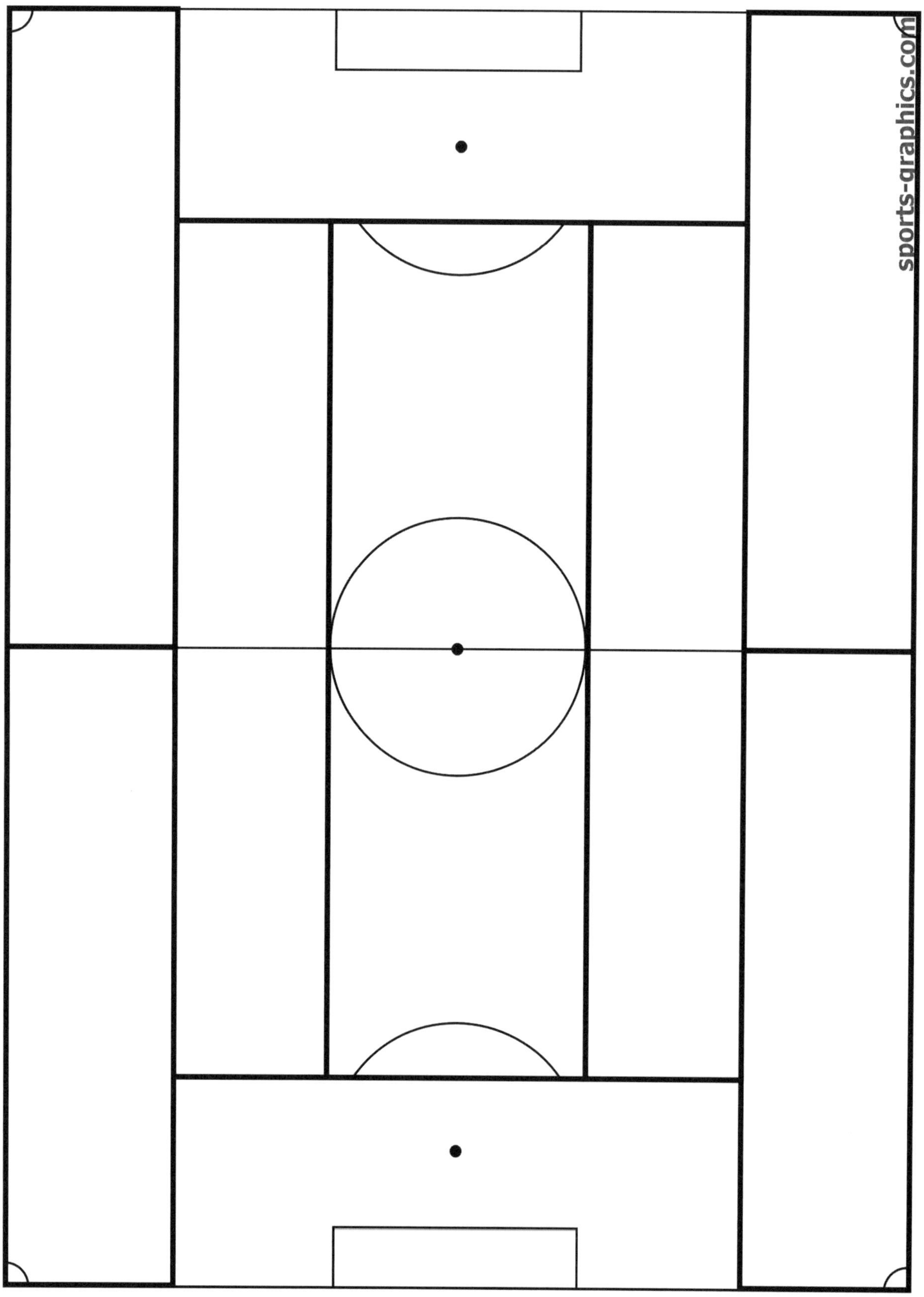

WETTKAMPFPLANUNG

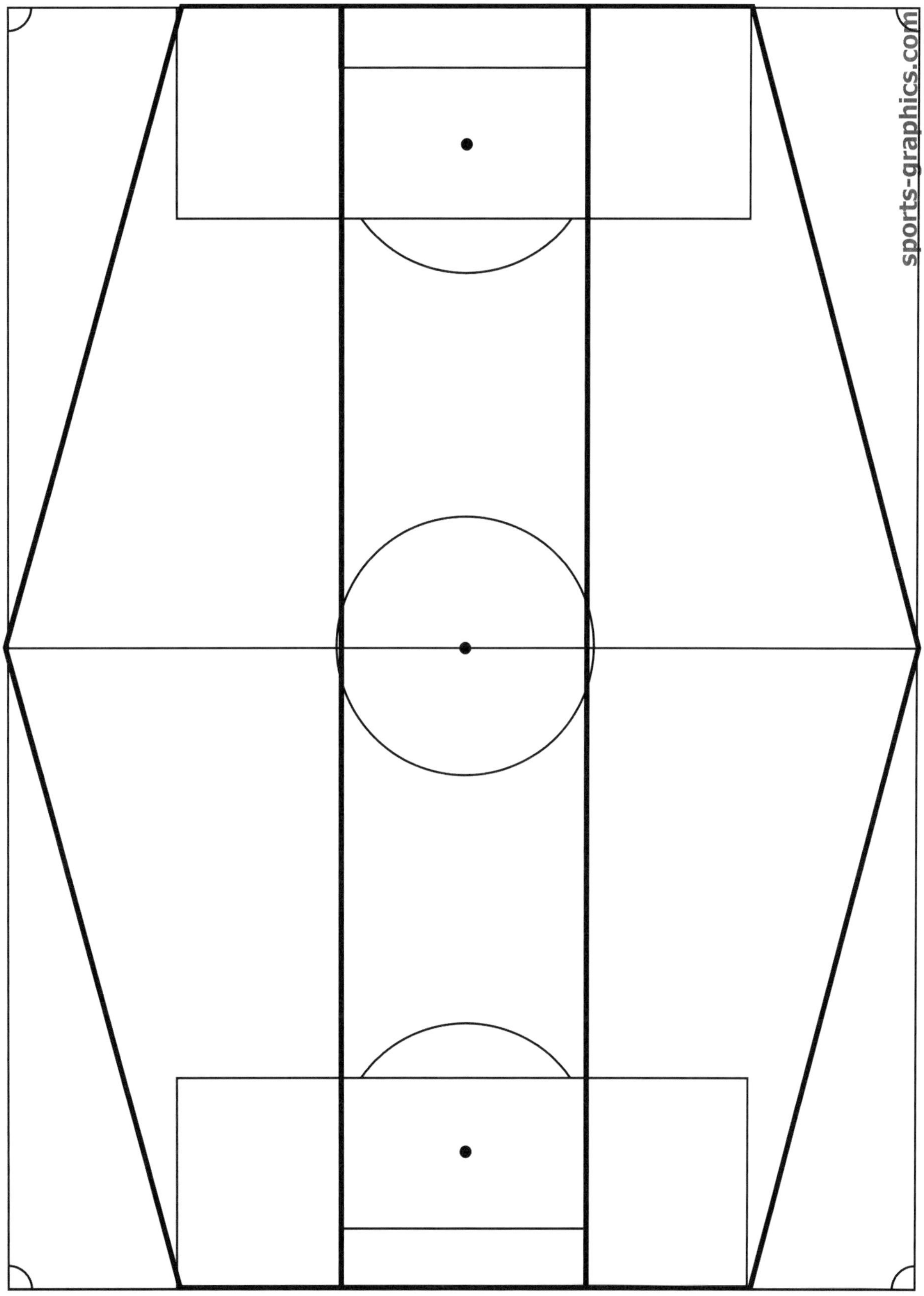

WETTKAMPFPLANUNG

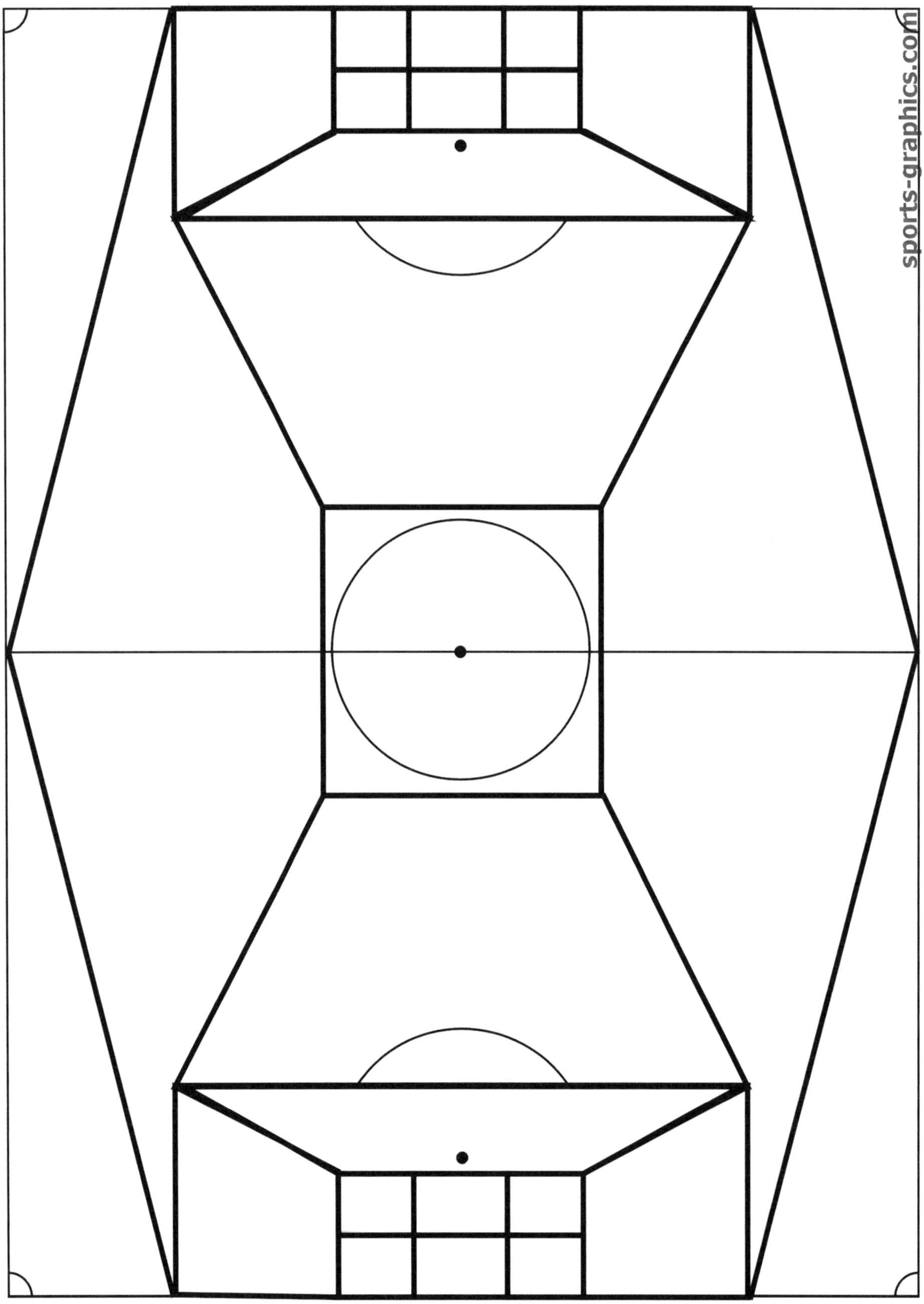

ANHANG

LITERATURHINWEISE

Seeger, F. (2016). *Spielnahes Fußballtraining. 350 Trainingsformen für alle Leistungsstufen.* Aachen: Meyer & Meyer.

Seeger, F. & Favé, L. (2017). *Kreatives Fußballtraining. 350 Trainingsformen für ambitionierte Leistungsstufen.* Aachen: Meyer & Meyer.

Kerber, S. & Seeger, F. (2018). *Kreisfußball. 100 Trainingsformen zur Verbesserung der Spielkompetenz.* Aachen: Meyer & Meyer.

Seeger, F. & Fincke, A. (2018). *Intelligentes Fußballtraining. Spielnahe Trainingsformen zur Verbesserung von Technik und Taktik.* Aachen: Meyer & Meyer.

BILDNACHWEIS

Umschlaggrafik:	Niklas Lüdemann
Umschlaggestaltung:	Katerina Georgieva
Abbildungen:	Alle Grafiken zu den Trainingsformen wurden mit easy Sports-Graphics (www.easy-sports-software.com) erstellt.
Fotos Innenteil.	S. 270, 277-281, 283-290: Autoren S. 271-274: Adobe Stock
Innenlayout:	Katerina Georgieva
Lektorat:	Dr. Irmgard Jaeger
Satz:	www.satzstudio-hilger.de

SO VERBESSERN SIE IHRE SPIELINTELLIGENZ

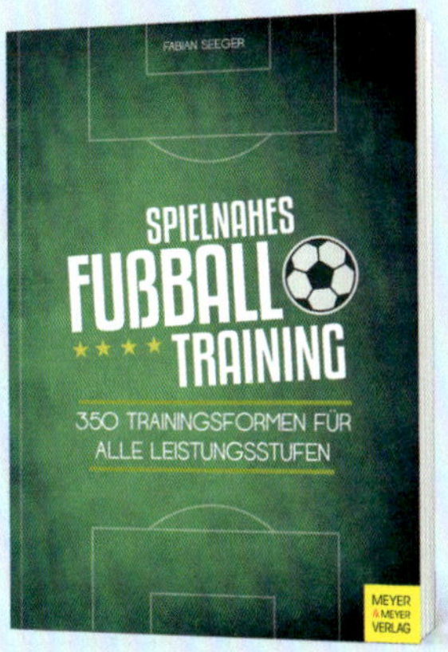

ISBN 978-3-89899-922-9
€ [D] 29,95/[A] 30,80

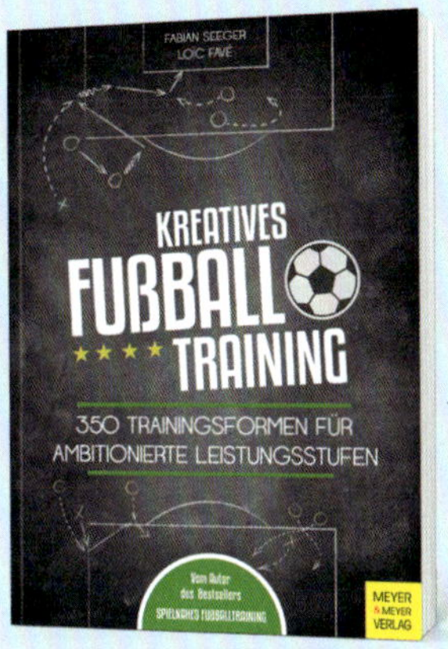

ISBN 978-3-8403-7549-1
€ [D] 35,00/[A] 36,00

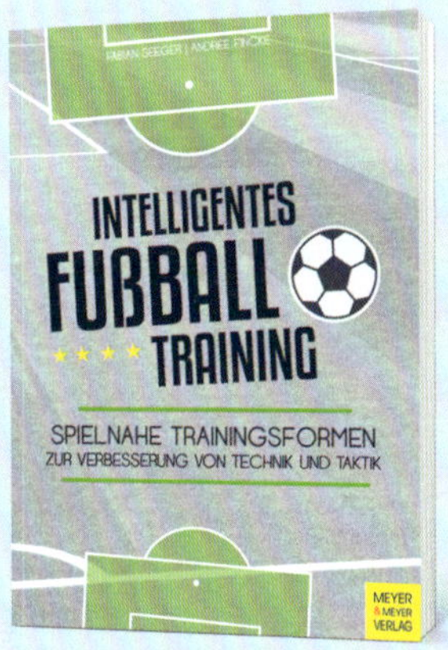

ISBN 978-3-8403-7593-4
€ [D] 19,95/[A] 20,60

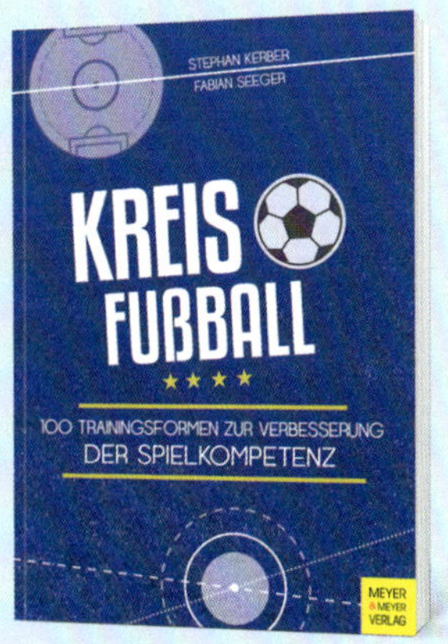

ISBN 978-3-8403-7594-1
€ [D] 29,95/[A] 30,80

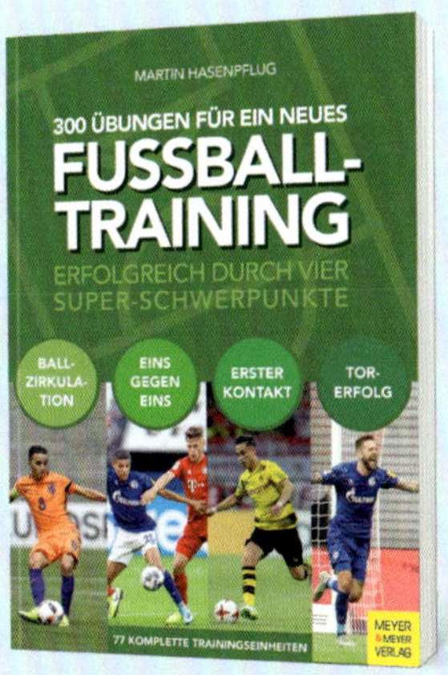

ISBN 978-3-8403-7704-4
€ [D] 25,00/[A] 25,70

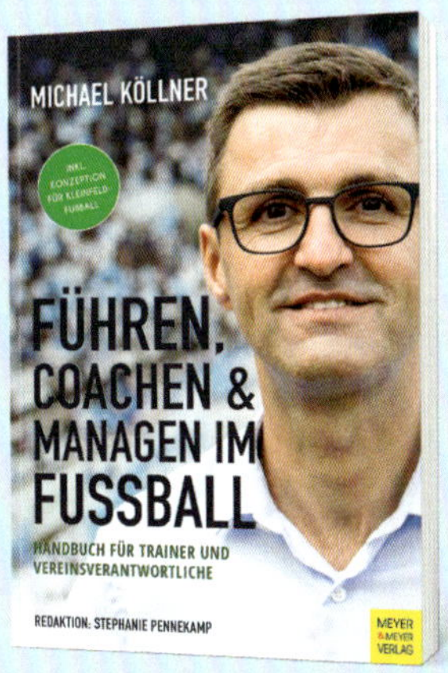

ISBN 978-3-8403-7715-0
€ [D] ca. 24,00/[A] ca. 24,70

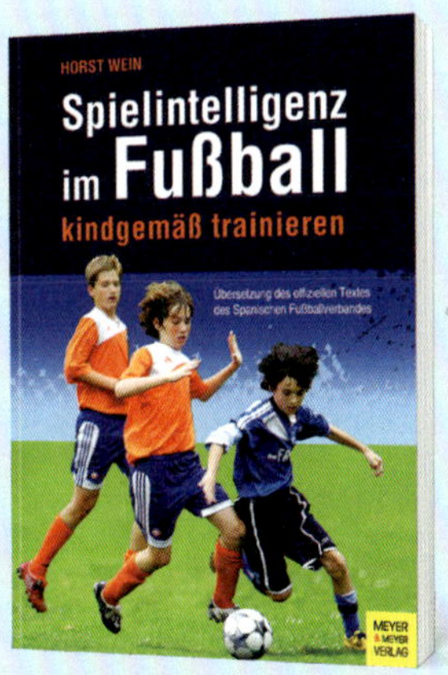

ISBN 978-3-89899-946-5
€ [D] 24,95/[A] 25,70

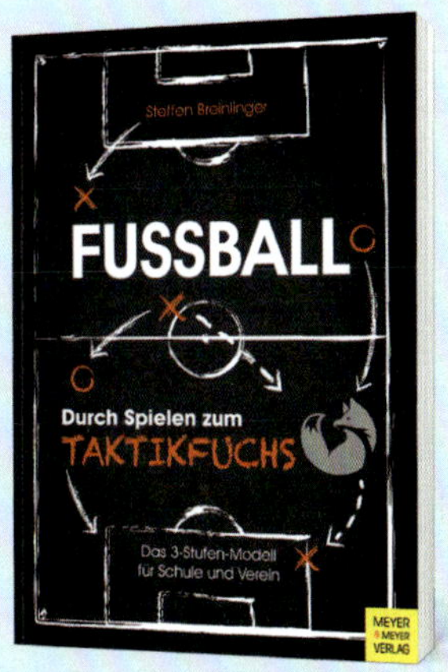

ISBN 978-3-8403-7642-9
€ [D] 22,00/[A] 22,70

MEYER & MEYER Verlag
Von-Coels-Str. 390
52080 Aachen

Telefon 02 41 - 9 58 10 - 25
Fax 02 41 - 9 58 10 - 10
E-Mail vertrieb@m-m-sports.com
E-Books www.dersportverlag.de

MEYER & MEYER VERLAG